LES ACTES

DES DEUX APÔTRES

ÉTUDES BIBLIQUES

(Nouvelle série. N° 14)

LES ACTES

DES DEUX APÔTRES

PAR

M.-É. BOISMARD et A. LAMOUILLE

Préface du fr. Jean-Luc Vesco, O.P.
Directeur de l'École Biblique et Archéologique Française
de Jérusalem

III

ANALYSES LITTÉRAIRES

PARIS
LIBRAIRIE LECOFFRE
J. GABALDA et Cie ÉDITEURS
RUE PIERRE ET MARIE CURIE, 18
1990

ISBN 2-85021-041-2

INTRODUCTION

Dans cette Introduction au tome III de notre commentaire sur les Actes des apôtres, nous allons nous limiter à deux points principaux. Nous allons expliquer d'abord en quoi nos travaux se distinguent de ceux de nos prédécesseurs. Nous donnerons ensuite quelques précisions sur le style si caractéristique de celui que nous avons appelé Act II et qui s'identifie, croyons-nous, au Luc que la tradition reconnaît comme l'auteur du troisième évangile et des Actes.

I. LES SOURCES DES ACTES

J. Dupont a consacré tout un livre[1] pour exposer les diverses théories concernant le problème des sources utilisées par l'auteur des Actes lorsqu'il a composé son ouvrage. Par ailleurs, chaque commentaire des Actes contient, dans son Introduction, une présentation de ces diverses théories. Citons spécialement les commentaires de E. Jacquier, paru dans les Études Bibliques[2], et celui de Haenchen[3]. Tous deux se sont longuement étendus sur le problème. Nous n'entreprendrons pas ici de refaire le travail mené à bien par ces auteurs. Nous allons seulement en donner un bref résumé qui nous permettra de mieux nous situer par rapport à nos devanciers.

---

[1] Dom Jacques DUPONT, *Les sources du Livre des Actes. État de la question.* Bruges, 1960.

[2] E. JACQUIER, *Les Actes des Apôtres* (Études Bibliques), Paris, 1926, pp. cxxxvii-clxiii.

[3] E. HAENCHEN, *Die Apostelgeschichte* (Kritisch-exegetischer Kommentar über das Neue Testament, Meyers Kommentar, III), Göttingen, 1968[6], pp. 22-47. - Traduction anglaise: *The Acts of the Apostles. A Commentary*, Philadelphia, 1971, pp. 24-50.

A) BREF HISTORIQUE DU PROBLÈME

1. Une source unique

Les théories les plus simples sont celles qui supposent l'existence d'une seule source que l'auteur des Actes aurait utilisée et plus ou moins remaniée, que cette source soit repérable dans la première partie des Actes (P. Feine, 1891; B. Weiss, 1893)[1], dans la section paulinienne (A. Pott, 1900) ou dans l'ensemble du livre (A. Loisy, 1920). Le volumineux commentaire de Loisy contient du meilleur et du pire. Pour lui, Luc avait écrit un livre des Actes d'une très grande valeur historique. Mais ce document fut repris par un Rédacteur de mauvaise foi qui l'aurait, tantôt amputé des sections qui le gênaient, tantôt au contraire surchargé d'épisodes dépourvus de toute valeur historique. Loisy voit en lui une sorte de malfaiteur qui aurait très consciemment utilisé sa source pour diffuser des idées on ne peut plus tendancieuses concernant les débuts de l'église. Avouons-le, le ton du commentaire de Loisy est souverainement déplaisant et cet auteur n'a rien compris aux véritables intentions de celui que nous avons appelé Act II. Il faut reconnaître toutefois que les analyses littéraires de Loisy sont souvent fort judicieuses et, à ce titre, nous aurons souvent l'occasion de citer son ouvrage.

Goguel (1922) est très dépendant de Loisy, dont il corrige toutefois les excès. Il admet lui aussi une première rédaction des Actes faite par Luc, reprise par un Rédacteur qu'il appelle "l'auteur à Théophile". Celui-ci n'est plus accusé d'avoir systématiquement faussé les données historiques de sa source, mais seulement de quelques maladresses. Il aurait par ailleurs complété le texte de sa source en y incorporant un certain nombre de récits provenant de traditions différentes. C'est parce que Goguel parle de "traditions", et non de documents écrits, que nous ne le rangeons pas dans le groupe qui sera décrit au § 3.

2. Les deux sources

Selon une théorie un peu plus complexe, l'auteur des Actes aurait utilisé et fusionné deux sources en partie parallèles, mais indépendantes l'une de l'autre. Une source A, de grande valeur historique, et une source B, de valeur plus contestable. Lorsqu'il a repris ces deux sources, le Rédacteur y aurait ajouté un certain nombre de gloses. Proposée d'abord par Spitta (1891), cette théorie fut reprise et amendée par Jüngst (1895) qui multiplia les interventions du Rédacteur.

Harnack (1908) proposa une théorie semblable pour les chapitres 2 à 5 des Actes. Nous l'avons déjà exposée dans notre tome I (pp. 6ss), en mentionnant

---

[1] Nous ne mentionnerons que les noms de ceux dont nous citerons les analyses de détail. Le titre de leurs ouvrages sera donné à la fin de cette Introduction.

ensuite les objections qui lui avaient été faites, en particulier par J. Jeremias. La théorie de Harnack eut un certain retentissement et on en trouve des échos spécialement dans le commentaire de Jackson-Lake.

3. Les sources multiples

En fait, quel fut le nombre des sources utilisées par l'auteur des Actes? La réponse à cette question devient de plus en plus évasive. Pour les chapitres 6 à 15, Harnack reconnaît au moins deux autres sources, l'une d'origine antiochienne, l'autre hiérosolymitaine, sans parler de sources annexes moins importantes, comme pour le récit de la conversion de Paul. - Trocmé (1957) se montre assez dépendant de Goguel, mais il a eu le mérite d'avoir essayé de préciser les "traditions" dont parlait ce dernier, qui deviennent chez lui des sources écrites diverses. On notera que, pour toute la section paulinienne, il donne au "diaire" en style "nous" une amplitude assez considérable.

Devant des théories aussi diverses, il est possible de réagir de deux façons différentes. Frappé par la diversité des solutions proposées pour résoudre le problème des sources des Actes, on peut se réfugier dans un scepticisme plus ou moins marqué et renoncer à retrouver les sources éventuelles utilisées par l'auteur des Actes. C'est ce qu'a fait Haenchen dans son commentaire. Mais on peut aussi remarquer que les diverses théories dont nous avons ébauché l'inventaire s'appuient sur de minutieuses analyses de détail qui se recoupent souvent et qui gardent leur valeur quelle que soit l'utilisation que l'on en fait pour élaborer telle ou telle théorie générale. Ne serait-il pas alors possible de reprendre ces analyses de détail pour essayer de proposer une théorie nouvelle, qui rejoindrait en partie les autres théories mais qui pourrait être étayée d'arguments nouveaux? C'est ce que nous avons essayé de réaliser.

B) NOTRE PROPRE HYPOTHÈSE

Il n'est pas question ici de présenter à nouveau notre théorie sur la composition des Actes puisque nous l'avons fait dans le tome I (pp. 3-5). Nous voudrions seulement indiquer en quoi notre théorie recoupe celles de nos prédécesseurs, et sur quelles données nouvelles nous avons pu nous appuyer.

1. Notre théorie et les autres théories

La théorie que nous avons élaborée se rapproche des théories qui envisagent des sources multiples derrière la rédaction actuelle des Actes, mais avec des modalités qu'il importe de préciser.

a) Pour les cinq premiers chapitres des Actes, nous l'avons expliqué dans le tome I (pp. 6-11), nous rejoignons l'hypothèse proposée par Harnack de deux sources parallèles (Document P et Act I) réutilisées par un Rédacteur (Act II). Nous nous en séparons toutefois sur deux points importants. D'une part, les deux sources parallèles ne sont pas indépendantes l'une de l'autre, mais Act I utilise et réinterprète les récits du Document P de telle sorte qu'il raconte les mêmes épisodes sous une forme entièrement nouvelle. D'autre part, nous avons été amenés à admettre l'intervention d'un second Rédacteur, Act III, qui a plus ou moins modifié certains récits de ses prédécesseurs. Pour cette raison, notre hypothèse est légèrement plus complexe que celle de Harnack.

b) Pour les chapitres 6 à 12, le problème se pose en termes un peu différents. Théoriquement, Act II se trouve toujours en présence de deux sources: le Document P repris par Act I. Mais Act I avait laissé tomber un certain nombre d'épisodes qui ne l'intéressaient pas: le choix des Sept (6,1-7) et l'activité missionnaire de l'helléniste Philippe (8,4-40). En reprenant ces épisodes du Document P, Act II se comporte donc comme s'il se trouvait devant une source unique. Par ailleurs, contrairement à ce qu'il avait fait pour la première partie des Actes, lorsque Act I reprend les récits du Document P, il ne leur apporte pas de modifications substantielles si bien que Act II peut, pour ces épisodes, s'en tenir à la rédaction de Act I. Ici encore, il se comporte comme s'il n'utilisait qu'une seule source.

c) Dans la geste de Paul (13,1-28,31), le Document P a disparu, mais une nouvelle source entre en ligne de compte: le Journal de voyage. Act I le connaît mais ne l'utilise que de très loin, plutôt comme un schéma général que comme une véritable source qu'il aurait incorporée à ses récits. Act II se retrouve donc encore ici devant deux sources différentes: le Journal de voyage et Act I. Il va les utiliser, le Journal de voyage en le fractionnant mais sans le modifier substantiellement (sinon pour y ajouter un certain nombre d'épisodes de son crû) et Act I qu'il ne craint pas au contraire de modifier assez considérablement, du moins pour certains épisodes. Act II se comporte donc ici comme il l'avait fait dans les premiers chapitres des Actes, où les récits du Document P et de Act I étaient de formulation très différente.

Il faut considérer comme un cas particulier le voyage de Paul de Césarée (ou Sidon) à Rome. Act II se trouvait en présence de deux voyages analogues, mais effectués par Paul à des époques différentes, l'un du Journal de voyage (Paul n'était pas prisonnier) et l'autre de Act I (Paul était prisonnier). Au lieu de laisser ces deux voyages à l'état séparé, Act II a jugé plus simple de les fusionner en un récit unique. Il dépend toujours de deux sources, mais il les utilise ici de façon différente.

Toujours dans la geste de Paul, si l'on se place au niveau de Act III, on doit dire qu'il a connu non plus deux, mais trois sources: le Journal de voyage, Act I et Act II. Mais ceci n'a de conséquence que pour certains épisodes, où Act III fusionnera les textes de Act I et de Act II, voire du Journal de voyage.

Notre théorie, on le voit, est donc plus complexe, mais aussi beaucoup plus souple que celles de nos prédécesseurs.

2. Des arguments nouveaux

a) La critique littéraire met en œuvre un certain nombre d'arguments qui permettent de distinguer les divers niveaux rédactionnels. En ce domaine, que le lecteur se rassure, nous n'avons pas complètement innové. Nombre des arguments littéraires sur lesquels sont fondées nos conclusions avaient déjà été mis en avant par nos prédécesseurs; nous le signalerons en note, au moins pour les cas importants. Mais nous avons aussi la conviction d'avoir apporté un assez grand nombre d'analyses nouvelles, de remarques de détail qui n'avaient pas été faites jusqu'ici et qui nous ont permis de mieux serrer les problèmes.

Nous avons en particulier donné une assez grande importance aux remarques stylistiques ou de vocabulaire. Cet argument, il est vrai, est difficile à manier, car rien n'empêchait Act II, par exemple, de teinter de son style les textes qu'il reprenait de ses sources. Nous avons toutefois acquis la conviction que ce principe de solution ne devait pas être écarté et nous espérons ne pas en avoir abusé.

b) En lisant les travaux de nos prédécesseurs, nous avons constaté qu'ils avaient trop souvent négligé de considérer le fait suivant: quand un auteur reprend le récit d'une de ses sources, il pourra lui arriver d'y introduire des gloses plus ou moins importantes destinées à exprimer les idées maîtresses qui étaient les siennes et qui ne se trouvaient pas dans ses sources. Trop souvent, les commentateurs négligent de faire la distinction, dans un récit donné, entre ce qui est de la source et ce qui pourrait être glose du Rédacteur. D'où le danger de brouiller les perspectives et d'attribuer au Rédacteur tout un récit dont quelques détails seulement trahissent la main du Rédacteur. Ce découpage des textes pourra énerver certains lecteurs; mais il s'avérait indispensable dès lors que l'on envisageait la probabilité de gloses introduites par Act I dans des récits repris du Document P, ou de Act II dans des récits repris de ce même Document ou de Act I.

c) Disons encore, et c'est peut-être le point le plus important, que, pour mener à bien nos analyses littéraires, nous avons utilisé un argument totalement négligé par nos prédécesseurs: les leçons propres qui se lisent dans le texte Occidental des Actes. Voici comment nous avons été amenés à nous intéresser à ce texte Occidental. Avec nombre de commentateurs, nous avions acquis la conviction que le récit du choix de Matthias, en Act 1,15-26, était de rédaction tardive. Or, en 2,14, le texte Occidental (D appuyé par un manuscrit de la version éthiopienne) présentait Pierre debout avec les dix apôtres, et non avec les onze comme le disait le texte courant. Le texte Occidental n'était-il pas alors le témoin d'une rédaction des Actes plus ancienne, qui ignorait le récit du choix de Matthias? Quelques exemples analogues nous ont obligés à essayer de reconstituer dans la mesure du possible ce texte Occidental, et le résultat a de loin dépassé toutes nos espérances puisque, finalement, nous avons acquis la conviction que ce texte Occidental nous restituait le texte de Act II par delà les harmonisations faites sur celui de Act III. Nous avions donc là un élément essentiel pour nous guider dans le dédale des analyses littéraires, surtout dans la geste de Paul où, à certains endroits, le texte Occidental diffère profondément du texte Alexandrin.

d) Enfin, pour mener à bien nos analyses littéraires, nous avons été guidés par la personnalité des auteurs de chacun des niveaux rédactionnels que nous arrivions à dégager. Les idées maîtresses de Act I n'étaient pas celles du Document P, et celles de Act II se trouvaient souvent à l'opposé de celles de Act I. Quant à Act III, il suivait aussi sa ligne propre, quoique de façon plus discrète. Ceci nous a permis de procéder parfois par généralisation. Ainsi, ayant acquis la conviction que, dans les onze premiers chapitres des Actes, c'était toujours Act II qui introduisait le thème du baptême, ou celui de l'organisation ecclésiastique, nous étions autorisés, par la suite, à lui attribuer tel ou tel passage qui mettait en évidence le baptême ou qui revenait sur l'organisation des églises. Que l'on songe aussi à l'attitude si différente de Act I et de Act II à l'égard de Paul. Bref, nous avons réussi, croyons-nous, à cerner de plus en plus près la personnalité des auteurs qui ont écrit le Document P, Act I, Act II et Act III. Le résultat était tellement convaincant que nous n'avons pas hésité à présenter nos recherches à l'inverse de ce que l'on aurait attendu: nous avons donné d'abord le sens des récits par niveaux rédactionnels (tome II), ensuite seulement les analyses littéraires qui justifient la distinction de ces différents niveaux.

Nous espérons que le lecteur ne nous quittera pas en se disant: encore une théorie sur la composition des Actes des apôtres! Une de plus qui ne convaincra personne.

II. LE STYLE DE ACT II

Des divers niveaux rédactionnels, c'est Act II qui offre le style le plus caractéristique. Nous avons constaté en particulier qu'il offrait des analogies certaines avec le style de l'évangile de l'enfance de Luc, celui de l'épisode des disciples d'Emmaüs, et surtout celui des épîtres pastorales. C'est le résultat de nos recherches que nous allons exposer maintenant. Mais auparavant, il faut dire un mot de l'influence de la Septante sur le vocabulaire et le style des Actes.

A) ACT II ET LA SEPTANTE

Dans un livre qui eut, en son heure, une certaine influence, C.C. Torrey avait cru pouvoir conclure que les quinze premiers chapitres des Actes avaient été traduits de l'araméen[1]. Cette conclusion se fondait sur la présence de nombreux sémitismes dans cette partie des Actes, voire d'erreurs de traduction d'un original araméen. Mais on a fait remarquer depuis que les prétendues erreurs de traduction relevées par Torrey ne s'imposaient pas, et surtout que cet auteur avait totalement négligé d'envisager l'hypothèse d'une imitation par Luc du style de la Septante[2].

Les influences de la Septante sur le vocabulaire et le style des Actes a déjà fait l'objet d'études très poussées, comme celles de William Kemp Lowther Clarke[3], reprise et complétée par E. Jacquier[4]. Il n'est pas question pour nous de relever à nouveau tous les "septuagintismes" des Actes. Nous voudrions seulement souligner que, dans notre hypothèse, une telle influence du style de la Septante s'est surtout exercée au niveau de Act II.

C'est Act II, par exemple, qui a systématiquement employé la préposition ἐνώπιον, très fréquente dans la Septante, au lieu de ἔμπροσθεν, beaucoup moins employée. C'est lui également qui a utilisé le plus souvent la forme Ἰερουσαλήμ, calquée sur l'hébreu, de préférence à la forme grecque habituelle Ἱεροσόλυμα. On lui doit également la construction grammaticale λέγειν πρός τινα, fréquente dans la Septante. Dans les Actes, il est le seul à construire

---

[1] C.C. TORREY, *The Composition and Date of Acts*, Cambridge, 1916.

[2] Voir en particulier H.F.D. SPARKS, "The Semitisms of St. Luke's Gospel", dans JTS 44 (1943) 129-138. - "The Semitisms of the Acts", dans JTS NS 1 (1950) 16-28. - M. BLACK, *Aramaic Approach to the Gospels and Acts*, Oxford, 1946. - Max WILCOX, *The Semitisms of Acts*, Oxford, 1965.

[3] W.K.L. CLARKE, "The Use of the Septuagint in Acts", dans Foakes Jackson and Kirsopp Lake, *The Beginnings of Christianity*, vol. II, Londres, 1922, pp. 66-105.

[4] E. JACQUIER, *Les Actes des Apôtres* (Études Bibliques), Paris, 1926, pp. cxcvi-cc. D'une façon plus générale, on trouvera une excellente étude sur la langue et le style des Actes aux pp. clxiv-cc. - Le style des sections "nous" a été spécialement étudié par A. HARNACK, *Lukas der Artz* (Beiträge zur Einleitung in das Neue Testament, I), Leipzig, 1906, pp. 19-85.

certaines phrases intolérables en grec, mais qui reflètent une construction hébraïque, comme καὶ ἐγένετο... καὶ ἰδού (2,1 et 3,1). Une telle construction n'est attestée que dans le TO et comme elle se lit en deux textes remontant, l'un au Document P et l'autre à Act I, on peut penser qu'elle fut introduite par Act II tandis que Act III a préféré revenir au texte des sources. Nous pourrions multiplier les exemples. Nous en signalerons d'autres en conduisant les analyses littéraires, surtout lorsque ces "septuagintismes" auront été supprimés par Act III.

B) ACT II ET L'ÉVANGILE DE L'ENFANCE

Act II offre des contacts thématiques et littéraires très étroits avec l'évangile de l'enfance de Lc; nous pourrons en conclure que le même auteur, pour nous Luc, a écrit l'évangile de l'enfance et le niveau II des Actes des apôtres.

1. Un thème commun transposé

En effectuant l'analyse littéraire des consignes que le Ressuscité donne à ses disciples, nous verrons que deux textes doivent être attribués à Act II: Lc 24,49b d'une part et Act 1,8a d'autre part. Or ces textes se complètent pour former un parallèle remarquable avec Lc 1,35: Act II veut montrer que la conception de l'église, sous l'action de l'Esprit, se situe dans le prolongement de la conception du Christ. Donnons les textes en grec:

Lc 1,35	Act 1,8a	Lc 24,49b
		ὑμεῖς δὲ καθίσατε ἐν τῇ πόλει ἕως οὗ
	ἀλλὰ λήμψεσθε δύναμιν	ἐνδύσησθε
πνεῦμα ἅγιον ἐπελεύσεται ἐπὶ σὲ καὶ δύναμις ὑψίστου ἐπισκιάσει σοι	ἐπελθόντος τοῦ ἁγίου πνεύματος ἐφ᾽ ὑμᾶς	ἐξ ὕψους δύναμιν

Dans tout le NT, la construction ἐπέρχεσθαι ἐπί ne se lit qu'en Lc 1,35, Act 1,8 et Act 8,24. Nous attribuerons il est vrai ce dernier texte à Act III, mais il n'y est pas question de l'Esprit saint. Par ailleurs, bien qu'un peu différentes, les formules "la puissance du Très-Haut" et "une puissance d'en-haut" sont analogues et le thème ne se trouve nulle part ailleurs dans le NT.

La transposition est évidente: c'est l'Esprit saint qui sera au principe de la conception de l'église comme il fut au principe de la conception du Christ. Le parallélisme entre les deux textes est encore renforcé par leur contexte. En Lc

1,31-33, l'ange annonce à Marie la royauté de celui qui va naître d'elle. En Act 1,6 (TO), les disciples demandent à Jésus s'il sera bientôt rétabli et quand viendra le royaume d'Israël. Deux des textes parallèles que nous venons de signaler sont donc insérés dans un contexte de royauté.

On pourrait supposer une influence, soit de l'évangile de l'enfance sur les rédactions faites par Act II, soit des rédactions faites par Act II sur le récit de l'annonciation à Marie. Mais les remarques stylistiques suivantes vont nous amener à admettre qu'un seul et même auteur a rédigé les trois textes que nous avons mis en parallèle.

2. Des formules analogues

Relevons d'abord, entre Act II et l'évangile de l'enfance, un certain nombre de séquences, de constructions de phrases, qui dénotent la même main parce que les contextes très différents dans lesquels elles sont insérées excluent l'hypothèse d'une imitation de style, à l'inverse des textes analysés plus haut.

a) Malgré une inversion, on pourra comparer les deux séquences formées par Lc 2,20 et Act 4,20-21 :

Lc 2,20	Act 4,21.20
δοξάζοντες καὶ αἰνοῦντες	ὅτι πάντες ἐδόξαζον
τὸν θεὸν ἐπὶ πᾶσιν	τὸν θεὸν ἐπὶ τῷ γεγονότι.
	–οὐ δυνάμεθα γὰρ ἡμεῖς
οἷς ἤκουσαν καὶ εἶδον	ἃ εἴδαμεν καὶ ἠκούσαμεν
καθὼς ἐλαλήθη πρὸς αὐτούς	μὴ λαλεῖν

Ce sont les deux seuls textes du NT où l'expression "glorifier Dieu" n'est pas employée absolument (opposer Lc 5,25-26; 7,16; 13,13; 17,15; 18,43; 23,47; Act 11,18; 21,20). Quant à la construction du relatif suivi du couple "entendre et voir" (ou "voir et entendre"), on ne la trouve ailleurs qu'en Lc 7,22 dans un remaniement lucanien (opposer Mat 11,2-6).

b) Comparons encore Lc 1,65a-66a et Act 5,4-5, en tenant compte ici aussi d'une inversion :

Lc 1,65a-66a	Act 5,5.4
καὶ ἐγένετο	καὶ ἐγένετο
ἐπὶ πάντας φόβος	φόβος μέγας ἐπὶ πάντας
τοὺς περιοικοῦντας αὐτούς...	τοὺς ἀκούοντας.
καὶ ἔθεντο	–τί ὅτι ἔθου
πάντες οἱ ἀκούσαντες	
ἐν τῇ καρδίᾳ αὐτῶν...	ἐν τῇ καρδίᾳ σου...

La construction "tous ceux qui écoutaient" (Ab 16) ne se lit ailleurs dans le NT qu'en Lc 2,18.47 et Act 2,37 (TO); 5,11; 9,21 et 26,29, donc soit dans l'évangile de l'enfance, soit dans des textes que nous attribuerons à Act II. En 10,44, de Act I, on peut se demander si le πάντες n'aurait pas été inséré par Act II puisqu'il a ajouté le détail de la présence de parents et d'amis en 10,24b. Il faut encore noter que la formule "dans le cœur (de quelqu'un)", héritée probablement de la Septante, construite dans ces deux textes avec le verbe τίθημι, se retrouve dans l'évangile de l'enfance avec les verbes συνβάλλειν (Lc 2,19) et διατηρεῖν (Lc 2,51). Ce dernier verbe ne se lit ailleurs dans tout le NT qu'en Act 15,29, un texte de Act II.

c) C'est encore la même phraséologie que l'on retrouve en Act 14,6 (TO, de Act II) et Lc 2,4.39 (nous les donnons dans cet ordre):

κατήντησαν εἰς τὴν Λυκαονίαν, εἰς πόλιν τινὰ καλουμένην Λύστραν
ἀνέβη... εἰς τὴν Ἰουδαίαν, εἰς πόλιν Δαυὶδ ἥτις καλεῖται Βηθλέεμ
ἐπέστρεψαν εἰς τὴν Γαλιλαίαν, εἰς πόλιν ἑαυτῶν Ναζαρέθ

d) Notons encore un certain nombre de phrases ou d'expressions identiques ou analogues:
 - la phrase ἐξίσταντο δὲ πάντες οἱ ἀκούοντες se lit en termes identiques en Act 9,21 et en Lc 2,47.
 - On lit en Act 10,38 "(Dieu l'a oint) d'esprit et de puissance", et en Lc 1,17 "dans l'esprit et la puissance d'Élie".
 - On pourra comparer Act 16,14 τοῖς λαλουμένοις ὑπὸ Παύλου et Lc 2,33 ἐπὶ τοῖς λαλουμένοις περὶ αὐτοῦ.
 - L'expression "les fils d'Israël", fréquente au niveau de Act II (5,21; 7,37; 9,15; 10,36; cf. 4,10, du Document P), se lisait déjà en Lc 1,16.
 - De même, la formule "l'ange du Seigneur", de Act 8,26, revenait deux fois dans l'évangile de l'enfance (Lc 1,11; 2,9; cf. Mat 1-2).
 - Enfin le couple "jeûner et prier", propre à Act II dans les Actes (10,30; 13,3; 14,23), doit être rapprochée du couple "par les jeûnes et les prières" de Lc 2,37 (ailleurs seulement en Lc 5,33).

3. Un vocabulaire commun

Il existe enfin un certain nombre de mots typiques fréquents dans les textes de Act II et de l'évangile de l'enfance.
 - Pour nommer la ville de Jérusalem, Act II affectionne la forme Ἰερουσαλήμ (Bb 84) qu'il préfère à Ἱεροσόλυμα, seule forme utilisée par ses

sources. La première forme revient cinq fois dans l'évangile de l'enfance (Lc 2,25.38.41.43.45), et la seconde une seule fois (2,22).

- Pour dire "devant", Act II emploie presque toujours la préposition ἐνώπιον (Eb 1) au lieu de ἔμπροσθεν. Il en va de même pour l'auteur de l'évangile de l'enfance (Lc 1,15.17.19.75.76), qui n'utilise jamais la seconde préposition.

- Si fréquente sous la plume de Act III (Cb 57 TA), la particule de liaison τε est rare au niveau de Act II (Eb 24 TO). Or on ne la trouve qu'une fois dans l'évangile de l'enfance, en Lc 2,16 où elle est omise par certains manuscrits.

- Le mot ῥῆμα, au sens de "chose, événement", est une caractéristique lucanienne absolue (Ab 41). En ce sens, il ne se lit que dans l'évangile de l'enfance (1,37; 2,15.19.51) et en Act 5,32 et 10,37. Le premier passage est de Act I et le second de Act II. Au singulier, on ne le trouve qu'en Lc 1,37; 2,15 et Act 10,37. Ces deux derniers textes sont intéressants à comparer parce que le mot en question est précisé par une forme du verbe γίνεσθαι.

- Pour signifier "retourner" dans un lieu, à la place de l'habituel ὑποστρέφειν on a la forme ἐπιστρέφειν en Act 15,36 comme en Lc 2,39, et là seulement dans les écrits lucaniens.

- En Act 11,28 et 18,2, Act II (cf. TO) ajoute le titre de "César" au nom de l'empereur nommé dans ses sources. On comparera avec Lc 2,1 et 3,1.

- Notons maintenant 3 mots relativement rares dans le NT qui se suivent en Act 26,19: οὐκ ἐγενόμην ἀπειθὴς τῇ οὐρανίῳ ὀπτασίᾳ. En dehors de Paul (4 fois, dont 3 dans les épîtres pastorales, cf. *infra*), l'adjectif ἀπειθής ne se lit ailleurs qu'en Lc 1,17. Hormis dans la formule stéréotypée "le Père céleste", l'adjectif οὐράνιος n'est attesté qu'ici et en Lc 2,13. Enfin le substantif ὀπτασία ne se rencontre dans le NT qu'ici, en Lc 1,22, dans le récit des disciples d'Emmaüs (24,23) dont nous verrons bientôt les affinités littéraires avec Act II, et en 2 Cor 12,1. C'est donc un triple cas de contacts de vocabulaire entre Act II et l'évangile de l'enfance de Lc.

- Le substantif ἔθος, au singulier, est lucanien (Cb 75). Mais il n'apparaît que dans des textes de Act II (15,1; 25,16; et dans le seul TO en 6,14 et 19,14) et dans l'évangile de l'enfance (Lc 1,9; 2,42; cf. ailleurs en Jn 19,40 et Hebr 10,25).

- Le verbe εἰσακούειν, avec comme sujet un substantif signifiant "prière", ne se lit dans tout le NT qu'en Lc 1,13 (δέησις) et Act 10,31 (προσευχή), dans un ajout de Act II.

Nous pourrions allonger la liste en citant d'autres mots qui, sans être exclusifs du vocabulaire de l'évangile de l'enfance et de Act II, sont utilisés surtout dans ces deux sections des écrits lucaniens.

Il existe donc un style et un vocabulaire assez typiques, et des récits de l'évangile de l'enfance, et des récits que nous attribuerons à Act II. Selon toute vraisemblance, c'est le même auteur qui les a écrits.

C) ACT II ET LE RÉCIT DES DISCIPLES D'EMMAÜS

Il existe une parenté de style assez nette entre les récits que nous attribuerons à Act II et celui des disciples d'Emmaüs.

a) Le contact littéraire le plus net se lit dans l'épisode de la conversion de Lydie, en Act 16,13-15, de Act II bien que rédigé en style "nous". Au v. 15, Lydie demande à Paul et à Silas: «Demeurez (μένετε) chez moi.» Et le narrateur (Act II) ajoute: «Et elle nous y contraignit (καὶ παρεβιάσατο ἡμᾶς).» On lit le même jeu de scène en Lc 24,29, à propos des disciples d'Emmaüs et de Jésus: «Et ils le contraignirent (παρεβιάσαντο) en disant: "Demeure (μεῖνον) avec nous."» Le verbe "contraindre" ne se lit que dans ces deux textes du NT. Le parallélisme entre les deux récits commençait déjà en Act 16,14: «Le Seigneur ouvrit (διήνοιξεν) le cœur de Lydie.» On comparera avec Lc 24,32: «Notre cœur n'était-il pas brûlant... tandis qu'il nous ouvrait (διήνοιγεν) les Écritures?» Voir aussi le v. 31 où il est dit que leurs yeux s'ouvrirent. La parenté des thèmes est indéniable.

b) Comparons encore Lc 24,25.27 et Act 3,24. En Lc 24,25, Jésus reproche aux deux disciples d'être lents à croire "à tout ce qu'ont parlé (ἐλάλησαν) les prophètes". Et le narrateur poursuit au v. 27: «Et, commençant à Moïse et à tous les prophètes, il leur interpréta, grâce à toutes les Écritures, ce qui le concernait.» En Act 3,24, Act II insère dans un texte de Act I: «Et tous les prophètes, depuis Samuel et ses successeurs, qui ont parlé (ἐλάλησαν), ont annoncé ces jours.» L'expression "tous les prophètes" ne se lit ailleurs dans les Actes qu'au niveau de Act II (3,18; 10,43). D'autre part, contrairement à ce que l'on pourrait penser, la formule "les prophètes ont parlé" (ἐλάλησαν) est très rare dans le NT puisqu'on ne la trouve ailleurs qu'en Act 26,22, un texte de Act III, et en Jac 5,10. - Ajoutons trois remarques. En Lc 24,27, la formule "commençant à" (ἀρξάμενος ἀπό) ne se lit ailleurs que dans des textes de Act II (Lc 24,47; Act 1,22; 8,35; 10,37) et en Mat 20,8 (cf. Jn 8,9, que nous croyons de rédaction lucanienne). Par ailleurs, la formule de Lc 24,27 "ce qui le concernait" (τά περὶ ἑαυτοῦ; cf. encore le v. 19) rejoint celles de Act 18,25 "ce qui concernait Jésus" et de 28,31 "ce qui concernait le Seigneur Jésus". Enfin le thème de "l'interprétation" de la vie de Jésus grâce aux Écritures (Lc 24,27) se lira en Act 18,5 (TO), dans un remaniement du texte de Act I fait par Act II.

c) En Act 25,19, Festus explique à Agrippa que les griefs des Juifs contre Paul portent sur "un certain Jésus, mort, que Paul disait vivre" (ὃν ἔλεγεν αὐτὸν ζῆν). C'est en termes analogues que les disciples d'Emmaüs rapportent le propos des femmes revenues du tombeau vide et disant qu'elles ont eu "une vision d'anges qui disent qu'il vit" (οἳ λέγουσιν αὐτὸν ζῆν)" (Lc 24,23). À propos de ce dernier texte, rappelons ce que nous avons dit plus haut: le substantif "vision" (ὀπτασία) ne se lit ailleurs que dans l'évangile de l'enfance (Lc 1,22), en Act 26,19, un texte de Act II, et en 2 Cor 12,1.

d) La description, d'une part de Jésus en Lc 24,19, d'autre part d'Apollos en Act 18,24, est assez semblable:

ἀνὴρ προφήτης δυνατὸς ἐν ἔργῳ καὶ λόγῳ
ἀνὴρ λόγιος... δυνατὸς ὢν ἐν ταῖς γραφαῖς

La formule "puissant en" (δυνατὸς ἐν) ne se lit dans tout le NT que dans ces deux textes et en Act 7,22, en principe du Document Johannite[1].

e) Signalons encore quelques particularités de vocabulaire.

- Nous avons déjà dit que, pour nommer la ville de Jérusalem, Act II employait le plus souvent la forme Ἰερουσαλήμ, particularité qui se retrouvait dans l'évangile de l'enfance. Or, dans le récit des disciples d'Emmaüs, cette forme revient 3 fois (Lc 24,13.18.33) tandis que la forme concurrente y est inconnue.

- Le verbe rare προσποιεῖσθαι ne se lit dans tout le NT qu'en Lc 24,28 et Act 18,17 (TO, de Act II).

- En Lc 24,15 comme en Act 9,29, le verbe "discuter" (συζητεῖν) est employé en coordination avec un verbe signifiant "parler". En Lc 24,15, ce second verbe est ὁμιλεῖν (cf. déjà au v. 14) et il ne se lit ailleurs dans tout le NT qu'en Act 24,26, de Act II et 20,11, de Act III (cf. συνομιλεῖν en 10,27, dans le seul TA et donc probablement aussi de Act III).

- La formule οὕτως καθώς, avec les deux adverbes placés côte à côte, se lit en Lc 24,24 et, dans le seul TO, en Act 15,2 et 17,11; elle est donc assez typique du style de Act II. On ne la trouve ailleurs dans le NT, mais avec les deux adverbes séparés, qu'en Act 15,15 TO (de Act III?) et Phil 3,17.

- La formule ἡ κλάσις τοῦ ἄρτου ne se lit dans tout le NT qu'en Lc 24,35 et Act 2,42, un sommaire composé par Act II. Dans les deux cas, le premier substantif est au datif.

De tous ces exemples, on peut conclure qu'un seul et même auteur a rédigé l'épisode des disciples d'Emmaüs et le deuxième niveau des Actes (= Act II).

---

[1] Ce v. 22 pourrait être un ajout de Act II.

D) ACT II ET LES ÉPÎTRES PASTORALES

Il y a juste 20 ans, August Strobel a publié un long article pour prouver que les épîtres pastorales avaient été rédigées par Luc[1]. L'idée n'était pas nouvelle, et Strobel a consacré les trois premières pages de son article pour retracer les vicissitudes de cette hypothèse émise pour la première fois en 1830 par H. A. Schott. Puis il a accumulé une masse de matériaux touchant le vocabulaire, le style, les centres d'intérêt, les thèmes, prouvant qu'un même auteur avait rédigé les écrits lucaniens et les épîtres pastorales. Il n'est pas question de reprendre ici toutes les analyses de Strobel, auxquelles nous renvoyons. Nous voudrions simplement y ajouter quelques compléments et préciser que, dans notre perspective générale de composition des Actes, c'est au niveau de Act II que se situent les contacts littéraires avec les épîtres pastorales. Nous ne ferons donc état que des textes des Actes que nous attribuerons à Act II.

1. L'organisation des communautés chrétiennes

La dimension ecclésiale de certaines additions faites par Act II au texte de ses sources rejoint les données des épîtres pastorales concernant l'organisation des communautés chrétiennes.

a) Selon Act 14,23, Paul et Barnabé repassent par Lystre, Iconium et Antioche de Pisidie "ayant désigné, par églises, des Anciens" (χειροτονήσαντες κατ' ἐκκλησίαν πρεσβυτέρους). Il faut noter la parenté de ce texte avec ce qu'écrivait Paul en Tit 1,5: «Je t'ai laissé en Crète... afin que tu établisses en chaque ville des Anciens (κατὰ πόλιν πρεσβυτέρους).» Une telle précision concernant les Anciens n'est jamais donnée ailleurs. Remarquons de plus que ces Anciens, très souvent mis en scène par Act II (15,2.4.6.22.23; 15,41 TO; 20,17; 21,18), ne sont mentionnés par Paul que dans les épîtres pastorales (1 Tim 5,1.2.17.19; Tit 1,5).

Le verbe utilisé en Act 14,23, χειροτονήσαντες (cf. 2 Cor 8,19), évoque certainement un rite d'imposition des mains pour instituer les Anciens. Même s'il ne s'agit pas toujours d'Anciens, ce rite est bien attesté dans les épîtres pastorales (1 Tim 4,14; 5,22; 2 Tim 1,6). Pour ce qui est de la formulation littéraire du thème, on rapprochera 2 Tim 1,6 de Act 8,18. Dans ces deux textes on a la même façon d'exprimer ce rite: διὰ τῆς ἐπιθέσεως τῶν χειρῶν + génitif (cf. aussi 1

---

[1] August STROBEL, "Schreiben des Lukas? Zum sprachlichen Problem der Pastoralbriefe", dans NTS 15 (1968-69) 191-210. - Voir aussi Jerome D. QUINN, "The Last Volume of Luke: The Relation of Luke-Acts to the Pastoral Epistles", dans Perspectives on Luke-Acts (Special Studies Series n. 5), éd. par Charles H. TALBERT, Edimbourg, 1978, pp. 62-75.

Tim 4,14, avec la préposition μετά), et dans les deux textes il s'agit de conférer l'Esprit (cf. 2 Tim 1,7). Le substantif ne se lit ailleurs dans le NT qu'en Hebr 6,2.

b) En 6,1ss, selon Act II, qui remanie profondément le récit de sa source (Document P), les apôtres auraient institué sept "diacres" préposés au service des tables. Il s'agit d'un groupe qui a une fonction bien déterminée dans l'église et que Paul mentionne aussi en 1 Tim 3,8-10.12, mais sans préciser leur rôle dans la communauté.

c) Dans cette même lettre à Timothée, avant de décrire le "diacre" idéal (3,8ss), Paul avait énuméré les qualités que doit avoir un bon "épiscope" (3,1-7; cf. Tit 1,7-9). Act II ne mentionne pas explicitement ce fonctionnaire de la communauté chrétienne, mais nous avons vu en donnant le sens du sommaire sur les richesses composé par Act II (4,32.34-35) que, par anachronisme, cet auteur décrivait en fait les "épiscopes" de son temps lorsqu'il parlait des apôtres chargés de distribuer aux pauvres les biens rassemblés à leur intention.

d) Le récit de Act 6,1ss, sous la forme que lui a donnée Act II, met en scène encore un groupe bien déterminé: celui des veuves, que l'on retrouvera dans le récit de la résurrection de Tabitha (9,39). Ce groupe des veuves est mentionné aussi en 1 Tim 5,3-10. On notera en passant que Tabitha était pleine "d'œuvres bonnes", ce que Paul demande aux veuves à la fin du passage mentionné à l'instant.

e) Dans le récit d'Ananie et Saphire, composé par Act II, les "jeunes gens" semblent aussi constituer un groupe à part dans la communauté, chargés ici d'ensevelir les morts. Ne serait-ce pas à un tel groupe que feraient allusion 1 Tim 5,1-2 et Tit 2,6?

f) À deux reprises, Act II appelle les chrétiens "les croyants" (οἱ πιστοί; 10,45; 12,3 TO), appellation qui leur est donnée aussi en 1 Tim 4,3.12.

g) Puisque nous venons de parler des "croyants", disons tout de suite que Act 10,42 et 2 Tim 4,1 sont les deux seuls textes du NT à mentionner le jugement final "des vivants et des morts". Mais voyons les textes de plus près. En Act 10,42, Pierre déclare que Jésus a ordonné aux apôtres "de témoigner (διαμαρτύρασθαι) que lui, il est celui qui a été établi juge des vivants et des morts". Quant à Paul, il écrit à Timothée: «Je témoigne (διαμαρτύρομαι) devant Dieu et le Christ Jésus qui doit juger les vivants et les morts...» La parenté des deux textes est évidente.

2. Les menaces contre la saine doctrine

a) Dans les épîtres pastorales, une des préoccupations de Paul est de mettre en garde Timothée et Tite contre les faux docteurs qui se lèveront au sein des communautés chrétiennes pour répandre de fausses doctrines (1 Tim 1,3-7; 4,1-7; 2 Tim 4,3-4). Selon Act 20,29-30, Paul aurait donné le même avertissement aux Anciens d'Éphèse qu'il a convoqués à Milet et, d'après 1 Tim 1,3-7, il semble que Paul se méfiait précisément des gens d'Éphèse.

b) Qu'elles soient exprimées dans les épîtres pastorales ou dans le discours de Milet, ces mises en garde contre les fausses doctrines ne comportent pas de contacts littéraires précis. Lisons toutefois un autre passage du discours de Paul selon Act II: «Mais en rien je n'estime ma vie pour précieuse, en sorte que j'achève ma course et le ministère de la Parole que j'ai reçue du Seigneur: attester aux Juifs et aux Grecs l'évangile de la grâce de Dieu» (20,24). Paul écrira de même à Timothée : «... j'ai achevé ma course» (2 Tim 4,7). Et, après l'avoir mis en garde contre les faux docteurs, il l'exhortera en ces termes: «... fais œuvre d'évangéliste, acquitte-toi pleinement de ton ministère» (2 Tim 4,5). Notons en passant que le terme de "évangéliste" ne se lit dans tout le NT qu'en Act 21,8; 2 Tim 4,5 et Eph 4,11.

3. Une parenté de vocabulaire

Les passages dont nous avons attribué la rédaction à Act II offrent une certaine affinité de vocabulaire et de style avec les épîtres pastorales. Relevons les cas les plus typiques[1].

a) Pour exprimer l'idée d'être "devant" quelqu'un ou quelque chose, le vocabulaire grec offre deux prépositions: ἔμπροσθεν et ἐνώπιον, qui sont toutes deux très bien attestées dans le NT. La première ne se lit jamais, ni au niveau de Act II, ni dans l'évangile de l'enfance de Lc, ni dans le récit des disciples d'Emmaüs, ni dans les épîtres pastorales. En revanche, la seconde abonde sous le calame de Act II, revient 5 fois dans l'évangile de l'enfance, 1 fois dans le récit des disciples d'Emmaüs et 8 fois dans les épîtres pastorales (sur 16 emplois chez Paul).

b) Voici une liste de mots ou d'expressions relativement rares qui, dans le NT, ne se rencontrent qu'au niveau de Act II et dans les épîtres pastorales (ou l'évangile de l'enfance de Lc):

---

[1] Cf. Strobel, art. cit. pp. 194ss. Nous apportons quelques compléments à sa liste, tout en négligeant les contacts de vocabulaire qui n'affectent que l'évangile de Luc.

- ἀγαθοεργεῖν (ἀγαθουργεῖν): Act 14,17; 1 Tim 6,18.
- ἀντιλαμβάνεσθαι: Lc 1,54; Act 20,35; 1 Tim 6,2.
- δρόμος: Act 13,25; 20,24; 2 Tim 4,7.
- δυνάστης: Lc 1,52; Act 8,27; 1 Tim 6,15.
- ἐξαρτίζειν: Act 21,5; 2 Tim 3,17.
- ἐπιμελεῖσθαι: Act 27,3 TO; 1 Tim 3,5; cf. Lc 10,34.
- ἐπιφαίνειν: Lc 1,79; Act 27,20; Tit 2,11; 3,4.
- εὐεργεσία: Act 4,9; 1 Tim 6,2
      (cf. εὐεργετεῖν: Act 10,38; εὐεργέτης: Lc 22,25).
- νεώτεροι: Act 5,6; 1 Tim 5,1s. 11.14; Tit 2,6.
- νοσφίζεσθαι: Act 5,2.3; Tit 2,10.
- οἱ πιστοί = les croyants: Act 10,45; 12,3 TO; 1 Tim 4,3.12.
- περίεργος: Act 19,19; 1 Tim 5,13.
- περιποιεῖσθαι: Act 20,28; 1 Tim 3,13; cf. Lc 17,33.
- προπετής: Act 19,36; 2 Tim 3,4.
- φιλανθρωπία: Act 28,2; Tit 3,4 (cf. φιλανθρώπως: Act 27,3;
                        φίλανδρος: Tit 2,4).
- ἀρνεῖσθαι δύνασθαι: Act 4,16; 2 Tim 2,13.
- ἐλέγχειν μετὰ πάσης + substantif: Act 6,10 TO; Tit 2,15.
- εὑρίσκειν χάριν/ ἔλεος παρά: Lc 1,30; Act 28,16 TO; 2 Tim 1,18.
- πληροῦσθαι χαρᾶς: Act 13,52; 2 Tim 1,4.
- ὑπενόουν πονηράν: Act 25,18; cf. ὑπόνοιαι πονηραί: 1 Tim 6,4.

On notera aussi la construction du substantif πίστις suivi d'un déterminatif, construction selon laquelle l'article est placé après le substantif, comme
dans la formule πίστει τῇ εἰς ἐμέ: Act 20,21 TO; 26,18; 1 Tim 3,13; 2 Tim 1,13;
3,15. Il existe toutefois une différence: dans les Pastorales, πίστις est suivi de ἐν
et du datif.

c) Les cas suivants donnent encore des mots ou des expressions qui sont
attestés dans une très forte proportion au niveau de Act II et dans les épîtres
pastorales:
- ἀπειθής: Lc 1,17; Act 26,19; 2 Tim 3,2; Tit 1,16; 3,3; cf. Rom 1,30.
- βεβηλοῦν/ βέβηλος: Act 24,6; 1 Tim 1,9; 4,7; 6,20; 2 Tim 2,16; cf. Mat 12,5; Hebr
    12,16.
- ἐπίθεσις: Act 8,18; 1 Tim 4,14; 2 Tim 1,6; cf. Hebr 6,2.
- εὐσεβεῖν: Act 17,23; 1 Tim 5,4
      (cf. εὐσεβῶς: 2 Tim 3,12; Tit 2,12;
      εὐσεβής: Act 10,2.7; 2 Pi 2,9;
      εὐσέβεια: 10 fois dans les Pastorales; cf. 4 fois en 2 Pi; et Act 3,12, de Act III).
- ἐνδυναμοῦν: Act 9,22; 1 Tim 1,12; 2 Tim 2,1; 4,17; cf. Rom 4,20; Eph 6,10; Phil 4,13.
- ζήτησις: Act 15,2.7; 25,20; 1 Tim 6,4; 2 Tim 2,23; Tit 3,9; cf. Jn 3,25.
- πειθαρχεῖν: Act 5,29.32; Tit 3,1; cf. Act 27,21 (Journal de voyage).
- περιέρχεσθαι: Act 19,13 et TO: 9,32; 10,38; 13,6; 17,23; 1 Tim 5,13; cf. Hebr 11,37.
- διδόναι μετανοίαν: Act 11,18; 2 Tim 2,25; cf. Act 5,31 (Act I).

- δι᾽ ἣν αἰτίαν (ou ordre inverse): Act 10,21 (Act III); 22,24; 23,28; 2 Tim 1,6.12; Tit 1,13; cf. Lc 8,47; Hebr 2,11.

4. L'analyse de 2 Tim 3,10-4,8[1]

Nous allons reprendre d'un autre point de vue le problème des rapports littéraires entre Act II et les épîtres pastorales, en analysant 2 Tim 3,10-4,8.

a) En 2 Tim 3,10-11, Paul rappelle à Timothée les persécutions et les souffrances qu'il a endurées à Antioche, à Iconium et à Lystre. Nul ne doute que les événements auxquels l'apôtre fait allusion correspondent à ceux que racontent les Actes des apôtres en 13,14-14,20. Précisons simplement que, selon notre théorie, Act I ne parlait que d'Antioche et d'Iconium, et que c'est Act II qui a ajouté tout ce qui concerne les événements qui se passent à Lystre. Il aurait donc complété le rapprochement avec 2 Tim 3,11.

b) Paul précise, à la fin du v. 11, que Dieu l'a arraché à toutes les persécutions qu'il a subies dans les villes qu'il vient de mentionner. Avec raison, on voit d'ordinaire dans cette phrase une allusion à Ps 34,20. Reportons-nous alors à Act 14,2, lu dans le TO, un texte de Act II rapportant les persécutions que font subir à Paul les chefs de synagogue et les chefs de la ville d'Iconium. Lisons à la suite les trois textes:

Ps 34,20:	πολλαὶ αἱ θλίψεις τῶν δικαίων
	καὶ ἐκ πασῶν αὐτῶν ῥύσεται αὐτούς
2 Tim 3,11:	οἵους διωγμοὺς ὑπήνεγκα
	καὶ ἐκ πάντων με ἐρρύσατο ὁ Κύριος
Act 14,2:	ἐπήγειραν διωγμὸν κατὰ τῶν δικαίων
	ὁ δὲ Κύριος ἔδωκεν ταχὺ εἰρήνην

En Act 14,2, le fait que les chrétiens soient désignés par l'expression inhabituelle de "les justes" rend certaine l'allusion à Ps 34,20. Donc 2 Tim 3,11 et Act 14,2 se complètent pour redonner la phraséologie de Ps 34,20. On notera que Paul et l'auteur de Act II sont d'accord pour changer θλίψις en διωγμός et pour introduire le titre "le Seigneur".

c) En 2 Tim 3,12-17, notons en passant au v. 12, l'adverbe εὐσεβῶς, dont nous avons dit plus haut qu'il était assez typique du vocabulaire commun à Act II et aux épîtres pastorales. Mais analysons surtout le v. 15: «... depuis ta tendre enfance tu connais les Lettres sacrées, elles qui peuvent te donner la sagesse en

---

[1] C'est ce paragraphe qui apporte le meilleur complément aux matériaux inventoriés par Strobel.

vue du salut par la foi, celle dans le Christ Jésus.» Paul rappelle d'abord à Timothée qu'il a connu les Lettres sacrées dès sa plus tendre enfance. Or, en 16,1, Act II nous apprend qu'effectivement sa mère était juive. Notons aussi ce terme de γράμματα pour désigner les Écritures, comme en Act 26,24. Par ailleurs, le thème du salut par la foi est cher à Act II (cf. 14,9; 15,11; 16,31) tandis que Paul, dans ses lettres, parle plutôt de la justification par la foi. Rappelons enfin ce que nous avons dit plus haut: la formule διὰ πίστεως τῆς ἐν Χριστῷ Ἰησοῦ, avec un seul article placé après le substantif, est typique du style de Act II et des épîtres pastorales.

d) Pour approfondir les rapports entre Act 10,42 et 2 Tim 4,1-2, dont nous avons parlé plus haut, partons du texte des Actes: καὶ ἐνετείλατο ἡμῖν κηρῦξαι τῷ λαῷ καὶ διαμαρτύρασθαι ὅτι αὐτός ἐστιν ὁ ὡρισμένος κριτὴς ζώντων καὶ νεκρῶν. Le thème de Jésus établi juge des vivants et des morts ne se lit, nous l'avons dit, que dans ces deux textes et, dans ces deux textes, en liaison avec le verbe διαμαρτύρασθαι. Mais notons de plus le verbe κηρύσσειν, au début de Act 10,42 comme au début de 2 Tim 4,2. Quant au substantif κριτής, absent de 2 Tim 4,1, on le retrouvera quelques versets plus loin, en 4,8. Or, dit de Jésus, il ne se lit que dans ces deux textes et en Jac 4,12; 5,9 (cf. Hebr 12,23, dit de Dieu).

e) En 2 Tim 4,3-5, Paul met Timothée en garde contre ceux qui vont propager de fausses doctrines. C'est aussi ce que fera Paul, d'après Act II, dans le discours de Milet aux Anciens d'Éphèse qu'il a convoqués (Act 20,29-30). Au v. 5, notons le substantif εὐαγγελιστής, comme en Act 21,8 (ailleurs seulement en Eph 4,11), et l'injonction "accomplis pleinement ton service" (τὴν διακονίαν σου πληροφόρησον), dont on a noté le rapprochement avec Act 20,24: ὥστε τελειῶσαι... τὴν διακονίαν τοῦ λόγου.

Ce contact littéraire avec Act 20,24 se complète en 2 Tim 4,7, où la phrase de Paul τὸν δρόμον τετέλεκα se retrouve dans celle des Actes ὥστε τελειῶσαι τὸν δρόμον μου.

L'ensemble de ces contacts thématiques et littéraires entre Act II et 2 Tim 3,10-4,8 ne peuvent s'expliquer que si l'on admet que l'auteur qui a rédigé Act II, pour nous Luc, est aussi celui qui a rédigé la section des épîtres pastorales que nous venons d'analyser.

E) APPENDICE

Le style de Act II se caractérise, entre autres, par l'abondance des verbes composés au moyen de deux préfixes. Nous n'avons trouvé d'exemples qu'à son niveau. Voici la liste de ces verbes.

διακατελέγχειν: 18,28
ἐκδιηγεῖσθαι: 15,3
κατεφιστάναι: 18,12
προσαπειλεῖσθαι: 4,21
προκαταγγέλλειν: 3,18; 7,52
συναναβαίνειν: 13,31; cf. Mc 15,41
συνεκπορεύεσθαι: 3,11 TO
συνεπιτίθημαι: 24,9
συνεφίστημι: 16,22
συνκαταβαίνειν: 25,5
συνκατανεύειν: 18,27 (TO)
συνκατατίθημαι: 4,18 TO; 15,12 TO; cf. Lc 23,51
συνκαταψηφίζεσθαι: 1,26
συμπαραλαμβάνειν: 12,25; 15,37.38; cf. Gal 2,1
συμπάρειμι: 25,24
συμπεριλαμβάνειν: 20,10

AUTEURS CITÉS

Nous donnons ici la liste des auteurs le plus souvent cités dans les pages qui vont suivre. En les citant, nous donnerons seulement leur nom avec le numéro de la page à laquelle nous renvoyons.

FEINE, Paul, *Eine vorkanonische Überlieferung des Lukas in Evangelium und Apostelgeschichte*. Gotha, 1891.

SPITTA, Friedrich, *Die Apostelgeschichte. Ihre Quellen und deren geschichtlicher Wert*. Halle, 1891.

WEISS, Bernhard, *Die Apostelgeschichte. Textkritische Untersuchungen und Textherstellung* (Texte und Untersuchungen, IX, 3/4). Leipzig, 1893.

JÜNGST, Johannes, *Die Quellen der Apostelgeschichte*. Gotha, 1895.

WENDT, Hans Hinrich, *Die Apostelgeschichte* (Meyers Kommentar, III). Göttingen, 1899[8].

POTT, August, *Der abendländische Text der Apostelgeschichte und die Wir-Quelle*. Leipzig, 1900.

HARNACK, Adolf, *Die Apostelgeschichte* (Beiträge zur Einleitung in das Neue Testament, III). Leipzig, 1908.

WELLHAUSEN, Julius, *Kritische Analyse der Apostelgeschichte* (Abhandlungen der königlichen Gesellschaft der Wissenschaften zu Göttingen. Philologisch-historische Klasse. Neue Folge, Bd XV; n. 2). Berlin, 1914.

LOISY, Alfred, *Les Actes des Apôtres*. Paris, 1920.

GOGUEL, Maurice, *Introduction au Nouveau Testament*. Tome III: *Le livre des Actes*. Paris, 1922.

JACKSON, F.J. Foakes and LAKE, Kirsopp, *The Beginnings of Christianity*, Part I: *The Acts of the Apostles*. Vol. IV et V. Londres, 1933.

BAUERNFEIND, Otto, *Die Apostelgeschichte,*. Leipzig, 1939 - Réimprimé dans l'ouvrage: *Kommentar und Studien zur Apostelgeschichte* (Wissenschaftliche Untersuchungen zum Neuen Testament 22). Tübingen, 1980.

TROCMÉ, Étienne, *Le "Livre des Actes" et l'histoire* (Études d'histoire et de philosophie religieuses, 45). Paris, 1957.

HAENCHEN, Ernst, *Die Apostelgeschichte* (Meyers Kommentar, III). Göttingen, 1968[6].

DUPONT, Jacques, *Les Actes des Apôtres* (Bible de Jérusalem en fascicules). Paris, 1964[3]. Sera cité sous le sigle BJ.

DELEBECQUE, Édouard, *Les deux Actes des Apôtres* (Études Bibliques, Nouvelle Série n. 6). Paris, 1986.

I. LES CONSIGNES AUX DISCIPLES
(Lc 24,45-49; Act 1,4.8)

Les dernières recommandations du Christ à ses disciples se lisent: d'une part bien groupées en Lc 24,46-49, d'autre part en Act 1,4 et 1,8. Ces deux séquences se recoupent en partie puisque tous les thèmes exprimés en Act 1,4.8 l'étaient déjà en Lc 24,48-49: témoignage des apôtres (24,48; 1,8b), envoi de la promesse du Père (24,49a; 1,4b), consigne de rester à Jérusalem (24,49b; 1,4a), pour y recevoir la puissance (24,49c; 1,8a).

Lc 24,46-49 précède immédiatement le récit de l'ascension qui se lit dans le Document P (24,50-52), tandis que Act 1,4.8 accompagne le récit de l'ascension composé par Act I (1,6-12). On serait donc tenté d'attribuer Lc 24,46-49 au Document P et Act 1,4.8 à Act I. Mais c'est une solution impossible, comme nous le verrons au cours des analyses suivantes. Le discours primitif ne remonte pas au Document P, mais seulement à Act I. Il comprenait Lc 24,46.48 et Act 1,4a. Tout le reste fut ajouté par Act II lorsqu'il a séparé évangile et Actes.

A) LES ADDITIONS DE ACT II

1. Lc 24,47

Dans le discours de Lc 24,46-49, le v. 47 est un ajout que l'on doit attribuer à Act II pour les raisons suivantes. Au v. 48, Jésus dit à ses disciples ὑμεῖς μάρτυρες τούτων, qu'il faut traduire "De cela vous êtes témoins" (BJ), ou encore "C'est vous qui en êtes les témoins" (TOB). Mais de quoi les disciples sont-ils les témoins, dès maintenant? De deux événements appartenant déjà au passé: la mort et surtout la résurrection du Christ, selon un refrain qui revient à neuf reprises dans les Actes[1]. C'est ce mystère qui est affirmé au v. 46: «Ainsi est-il écrit que le Christ souffrirait et qu'il ressusciterait des morts le troisième jour.» L'affirmation de ce mystère devait être suivie primitivement du thème exprimé

---

[1] Voir Act 1,22; 2,32; 3,15; 5,32; 10,39ss; 13,30ss; et même Paul en raison de l'apparition sur le chemin de Damas: 22,15; 26,16.

au v. 48: «Vous en êtes témoins.» Mais le v. 47, qui annonce un événement futur: la prédication de la pénitence à toutes les nations, ne peut pas rentrer dans ce thème du témoignage; c'est un corps étranger.

En donnant le sens du récit, nous avons fait remarquer que la formule "être proclamé... à toutes les nations" s'inspirait de Mc 13,10, avec inversion des termes. Sur ces emprunts de Act II à Mc, voir tome I, p. 41.

2. Lc 24,49

Le v. 49, qui forme une unité littéraire, doit être aussi attribué à Act II. Mais pour le comprendre, nous devons anticiper des analyses littéraires qui seront faites plus tard. Le Christ y annonce aux apôtres qu'il va leur envoyer "la promesse (ἐπαγγελία) de (son) Père". Ce terme ne se rencontre jamais dans le Document P. Au niveau de Act I, il désigne très précisément la "promesse" faite par Dieu à Abraham de donner, à lui et à sa descendance, la terre de Canaan (7,17; 13,23.32; cf. 7,5); et nous avons vu que, pour Act I, cette promesse devait se comprendre au sens littéral et restait encore valide. Ici, il s'agit de la promesse d'envoyer l'Esprit (cf. Act 1,4b), comme en 2,33, un texte que nous attribuerons à Act II. On notera que, en Lc 24,49 comme en Act 2,33, ce thème de la promesse fut ajouté aussitôt après celui du témoignage. De même, en 5,32b, Act II ajoutera le thème de l'Esprit à celui du témoignage. Ces analyses que nous ferons plus tard nous invitent donc à attribuer Lc 24,49 à Act II.

3. Act 1,4b-5a

Analysons maintenant le texte de Act 1,4-5. Le TO offre une variante curieuse: à la fin du v. 5, il a l'expression "jusqu'à la Pentecôte" (ἕως τῆς πεντη-κοστῆς). Une telle expression est difficile dans son contexte actuel: «... lui que vous allez recevoir dans peu de jours, jusqu'à la Pentecôte.» E. Delebecque tra-duit: «et c'est lui que vous allez recevoir d'ici peu de jours, pas au-delà du Cin-quantième.»[1] Mais comment justifier une telle traduction? Ropes est mieux avisé lorsqu'il remarque que, avec cette addition, le v. 5 fait l'effet d'une parenthèse. Voici alors la solution que nous proposons.

a) Le texte de Act I ne comportait que le v. 4a, complété par la fin du v. 5 selon le TO: «Et... il leur ordonna de ne pas s'éloigner de Jérusalem mais d'attendre ( ) jusqu'à la Pentecôte.» Le texte ainsi reconstitué correspond au parallèle de Lc 24,49b et lui a servi de modèle:

---

[1] E. Delebecque, pp. 28, 301, 308, 353.

Act 1,4a.5c	Lc 24,49b
καὶ... παρήγγειλεν αὐτοῖς	ὑμεῖς δὲ
ἀπὸ Ἱεροσολύμων μὴ χωρίζεσθαι	
ἀλλὰ περιμένειν ( )	καθίσατε ἐν τῇ πόλει
ἕως τῆς πεντηκοστῆς	ἕως οὗ ἐνδύσησθε ἐξ ὕψους δύναμιν

et... il leur ordonna	mais vous,
de ne pas s'éloigner de Jérusalem	
mais d'y attendre ( )	restez dans la ville
jusqu'à la Pentecôte.	jusqu'à ce que vous soyez revêtus
	de la puissance d'en-haut.

On pourra se reporter aussi à 1 Cor 16,8: «Je reste (ἐπιμένω) à Éphèse jusqu'à (ἕως) la Pentecôte.»

b) Act II a ajouté le v. 4b: «... la promesse du Père que vous avez entendue, dit-il, de ma bouche.» Le rappel de Lc 24,49a est évident: «Et voici que j'envoie sur vous la promesse de mon Père.» Il a ajouté aussi le v. 5 (sauf la finale propre au TO). Cette opposition entre les deux baptêmes, attribuée ici à Jésus, aurait été prononcée par le Baptiste d'après Mc 1,8: «Moi je vous ai baptisé avec de l'eau, mais lui vous baptisera avec l'Esprit saint.» Cet emprunt à l'évangile de Mc dénote la main de Act II (tome I, p. 41). On retrouvera la même opposition entre le baptême de Jean et le don de l'Esprit en 19,2-6, un texte que nous attribuerons encore à Act II.

c) Ajoutons un détail. Au début du v. 4, les mots "et comme il logeait (mangeait) avec eux" sont probablement un ajout de Act II. Ayant séparé évangile et Actes, il a voulu rappeler le contexte primitif des consignes de Jésus: le repas mentionné en Lc 24,41-43. Ce repas avec les disciples sera mentionné encore en 10,41b, un texte de Act II.

4. Act 1,8

Nous avons vu plus haut qu'il fallait considérer Lc 24,49b, lié littérairement à 49a, comme une addition de Act II. Nous en trouvons confirmation dans le fait suivant. Lc 24,49b d'une part, Act 1,8a d'autre part, se complètent pour former un parallèle remarquable à Lc 1,35:

Lc 1,35	Act 1,8a	Lc 24,49b
		ὑμεῖς δὲ καθίσατε
		ἐν τῇ πόλει
		ἕως οὗ ἐνδύσησθε
	ἀλλὰ λήμψεσθε δύναμιν	
πνεῦμα ἅγιον	ἐπελθόντος τοῦ ἁγίου	
ἐπελεύσεται ἐπὶ σὲ	πνεύματος ἐφ᾽ ὑμᾶς	

καὶ δύναμις ὑψίστου ἐπισκιάσει σοι		ἐξ ὕψους δύναμιν
		mais vous, restez dans la ville jusqu'à ce que
	mais vous recevrez une puissance,	vous soyez revêtus
l'Esprit saint surviendra sur toi, et la puissance	l'Esprit saint étant survenu sur vous.	
du Très-Haut te couvrira de son ombre.		de la puissance d'en-haut.

L'expression "survenir sur" ne se lit dans tout le NT qu'en Lc 1,35, Act 1,8 et 8,24. Quant à l'expression "d'en haut", elle ne se lit ailleurs qu'en Lc 1,78, donc dans l'évangile de l'enfance. Cette parenté thématique avec l'évangile de l'enfance nous indique la main de Act II (tome I, pp. 13ss). De même, les deux parties de Act 1,8 ne peuvent être séparées l'une de l'autre; or 1,8b dédouble Lc 24,48, avec le thème du témoignage, et doit donc être aussi de Act II. On notera enfin la perspective universaliste de ce verset 8b, avec les mots "... jusqu'aux extrémités de la terre", qui convient bien à Act II (cf. Lc 24,47) mais serait anachronique au niveau de Act I.

Ajoutons un détail: en Act 1,8 comme en Lc 24,47, texte que nous avons attribué à Act II, le nom de "Jérusalem" est donné avec la forme héritée de la Septante Ἰερουσαλήμ; mais en Act 1,4a, texte de Act I, nous avons la forme Ἱεροσόλυμα.

En résumé, on devra considérer comme des additions de Act II: en Lc 24 les vv. 47 et 49; en Act 1 les vv. 4b-5 (sauf la finale propre au TO) et le v. 8.

B) LE RÉCIT COMPOSÉ PAR ACT I

Nous allons montrer maintenant que le récit remanié par Act II ne peut pas être du Document P, mais seulement de Act I. Nous ajouterons ensuite une précision sur la teneur exacte de ce récit.

1. Le don de l'Esprit

D'après les analyses qui précèdent, dans le récit primitif, les consignes que Jésus donne à ses disciples avant de les quitter se lisaient, d'une part en Lc 24,46.48, d'autre part en Act 1,4a.5c. Ces textes sont certainement de Act I et non pas du Document P. Pour le montrer, il faut anticiper sur les analyses ultérieures. Nous verrons que le récit du don de l'Esprit aux disciples le jour de la Pentecôte, en 2,1ss, ainsi que le discours prononcé par Pierre après cet événement, en 2,14ss, sont de Act I. En revanche, le don de l'Esprit mentionné en 4,31 est du Document P. Or, les consignes que donne Jésus à ses disciples sont liées à l'événement de la Pentecôte et au discours de Pierre qui le suit, non au don de l'Esprit raconté en 4,31. En Act 1,4a.5c, Jésus commande à ses disciples de rester à Jérusalem "jusqu'à la Pentecôte" (v. 5c TO); mais la fête de la Pentecôte est explicitement nommée en 2,1, et non en 4,31. Le noyau primitif des consignes que Jésus donne à ses disciples fut donc rédigé par Act I, non par l'auteur du Document P.

2. Le retour à Jérusalem

Il reste un dernier point à régler. Aussi bien dans le Document P (Lc 24,52) que dans Act I (Act 1,12), le récit de l'ascension se termine par un retour des disciples à Jérusalem. Les deux récits devaient donc mentionner qu'ils avaient quitté Jérusalem en compagnie de Jésus. Ce départ se lit en Lc 24,50: «Or il les fit sortir jusqu'à Béthanie.» Ce verset, nécessaire au récit du Document P, avait dû être repris sans modification essentielle par Act I.

Au niveau de Act I, il se placerait très bien entre Lc 24,46.48 et Act 1,4a.5c. En Lc 24,46ss, Jésus donne ses consignes à ses disciples, parlant à la deuxième personne du pluriel. Puis le récit reprend, à la troisième personne du singulier: «Or il les fit sortir jusqu'à Béthanie (Lc 24,50), et ( ) il leur ordonna de ne pas s'éloigner de Jérusalem, mais d'attendre ( ) jusqu'à la Pentecôte» (Act 1,4a.5c).

II. L'ASCENSION

(Lc 24,50-53)

(Act 1,6-14)

L'ascension est l'aspect de la victoire du Christ sur la mort à propos duquel les écrits du NT manifestent le plus de discrétion. Matthieu termine son évangile sans y faire allusion. Marc n'en parlait pas, et c'est une main anonyme qui la mentionne dans la conclusion actuelle de l'évangile (16,19). Jean n'évoque ce mystère que dans un message assez bref du Christ ressuscité à Marie de Magdala (20,17). Dans les écrits pauliniens, l'unique mention explicite se lit dans une hymne christologique de facture liturgique reprise en 1 Tim 3,16. Face à ce silence presque total du reste du NT, qui préfère parler de l'exaltation du Christ en référence à Ps 110,1[1], Luc suscite l'étonnement. Il a en effet deux recensions de cet événement. La première est située à la fin de l'évangile (24,50-53); elle fait partie d'un récit d'apparition aux Onze (24,36-52) dont elle forme la conclusion. La seconde est donnée au début du livre des Actes (1,6-12), à la suite d'un court Prologue (1,1-3). Ce fait provient de ce que Act I a réinterprété un récit qu'il lisait dans le Document P, et que Act II les a incorporés tous les deux dans son œuvre double.

Le récit de l'évangile offre une christologie assez sommaire, à peine élaborée; c'est le plus ancien, celui que nous avons attribué au Document P. Le récit des Actes offre au contraire une christologie très affirmée: Jésus est le nouvel Élie qui quitte ses apôtres et va leur envoyer l'Esprit. C'est une réinterprétation lucanienne du récit primitif.

A) LE RÉCIT DU DOCUMENT P

(Lc 24,50-53)

AA) PROBLÈMES DE CRITIQUE TEXTUELLE

---

[1] M. GOURGUES, À la droite de Dieu. Résurrection de Jésus et actualisation du Psaume 110:1 dans le Nouveau Testament (Études Bibliques). Paris, 1978.

Aux vv. 51-52, il faut choisir entre les leçons longues du TA et les leçons courtes du TO. Au v. 51, les mots "et il était emporté vers le ciel" (καὶ ἀνεφέρετο εἰς τὸν οὐρανόν) sont omis par les principaux représentants du TO des évangiles: S D a b d e ff² l Syr^S Aug. Les mêmes témoins, sauf S, omettent au v. 52 les mots "s'étant prosternés devant lui" (προσκυνήσαντες αὐτόν). Ces deux variantes sont solidaires l'une de l'autre étant donné les témoins qui les rattachent toutes deux au TO. La première est la plus importante, et nous allons montrer que c'est la signification même du récit qu'elle met en jeu.

1. Simple apparition du Ressuscité ou ascension?

Dans l'évangile de Luc, les versets 50-53 forment la conclusion du récit de l'apparition de Jésus aux Onze, rassemblés à Jérusalem (24,36-53). Ce récit est encadré par deux formules complémentaires: au v. 36, la formule "lui se tint au milieu d'eux" (αὐτὸς ἔστη ἐν μέσῳ αὐτῶν) forme antithèse avec celle du v. 51 "il fut séparé d'eux" (διέστη ἀπ᾽ αὐτῶν). Nous trouvons un jeu de scène analogue dans les Actes, lorsqu'un ange est envoyé par Dieu pour délivrer Pierre enchaîné dans sa prison sur l'ordre d'Hérode; l'arrivée brusque de l'ange est exprimée en ces termes: «Et voici qu'un ange survint» (ἐπέστη; 12,7); puis il disparaît tout aussi brusquement: «Et aussitôt l'ange le quitta» (ἀπέστη ἀπ᾽ αὐτοῦ; 12,10). Que l'on se reporte aussi au récit de l'apparition de Jésus aux disciples d'Emmaüs; Jésus est apparu soudain aux côtés des disciples qui cheminent ensemble (Lc 24,15); il va disparaître de même: «Leurs yeux s'ouvrirent et ils le reconnurent, mais il avait disparu de devant eux» (ἄφαντος ἐγένετο ἀπ᾽ αὐτῶν; 24,31b). Étant donné ces parallèles, le récit de Lc 24,50-53 prend une tonalité très différente selon que l'on adopte la leçon courte du TO ou la leçon longue du TA. Avec la leçon courte, nous aurions un simple récit d'apparition de Jésus aux disciples: il apparaît (v. 36) et il disparaît brusquement (v. 51), comme il l'avait fait lors de l'apparition aux disciples d'Emmaüs, comme le fera l'ange qui viendra délivrer Pierre de sa prison. C'est seulement avec la leçon longue du TA que l'on peut parler d'une "ascension" de Jésus: «et il était emporté vers le ciel» (καὶ ἀνεφέρετο εἰς τὸν οὐρανόν).

2. Un problème de vocabulaire

Contre l'authenticité des variantes longues du TA, on pourrait invoquer le fait qu'elles contiennent un vocabulaire étranger à celui de Luc. Au v. 51, le verbe "emporter" (ἀναφέρειν) ne se lit nulle part ailleurs dans les écrits luca-niens. On peut même noter qu'au début du récit de la Transfiguration, là où Mat 17,1 et Mc 9,2 ont ce verbe "emporter", Lc 9,28 a "il monta". Pour exprimer le thème de l'ascension, Luc emploie d'ordinaire le verbe "être enlevé" (ἀνα–

λαμβάνεσθαι) qui est celui que la Septante utilise pour décrire l'enlèvement d'Élie vers le ciel (2 Rois 2,11; cf. Act 1,2.11.22, et aussi Lc 9,51 avec le substantif correspondant). Par ailleurs, au moins dans l'évangile, Lc n'emploie le verbe "se prosterner" (προσκυνεῖν; v. 52) que lorsqu'il cite Dt 6,13, comme dans le parallèle de Mat 4,9-10. Les variantes longues du TA seraient donc suspectes.

Mais cet argument de vocabulaire ne vaut plus dans l'hypothèse où, ici, Luc dépendrait d'une source particulière. Le vocabulaire, insolite sous la plume de Luc, proviendrait de sa source. Lorsque nous analyserons le texte qui, dans le Document P, suivait immédiatement l'épisode de l'ascension, à savoir le sommaire de Act 2,44-45, nous noterons encore un vocabulaire étranger à celui, non seulement de Luc, mais encore des Synoptiques.

3. Arguments en faveur de la leçon longue

En revanche, en faveur de ces leçons longues on peut faire valoir les arguments suivants.

a) Nous l'avons dit plus haut, si le texte de Luc se terminait par la phrase "et il fut séparé d'eux", l'apparition aux Onze disciples ne serait qu'une apparition parmi d'autres. Or Luc veut certainement nous dire beaucoup plus. Jésus emmène ses disciples hors de l'endroit où ils sont rassemblés, jusqu'à Béthanie, sur le mont des Oliviers. Pourquoi ce changement de lieu s'il s'agissait simplement pour Jésus de "s'éloigner" des disciples? Si Luc nous montre Jésus et ses disciples allant jusqu'à Béthanie, c'est que ce lieu évoque pour lui une circonstance très spéciale, comme nous l'avons vu en commentant le récit. Le moment est d'ailleurs très solennel, d'où la bénédiction que Jésus donne aux disciples avant de les quitter "et ayant levé ses mains, il les bénit" (v. 50). Cette apparition aux Onze n'est pas assimilable aux autres apparitions du Ressuscité: non seulement Jésus les quitte, comme il avait quitté les disciples d'Emmaüs, mais il s'en va définitivement, il est emmené au ciel. Seule, cette circonstance peut justifier le déplacement vers Béthanie et la solennité du récit.

b) Par ailleurs, l'omission des détails propres à l'ascension s'explique plus facilement que leur addition. En les omettant, on aura voulu éliminer une anomalie des récits lucaniens: Jésus serait monté deux fois au ciel, difficulté d'autant plus grande que, la première fois, c'est au jour même de la résurrection (Lc 24), tandis que la seconde fois, c'est après 40 jours (Act 1,3). Il était donc tentant de supprimer du texte de Luc toute référence à la première ascension[1].

---

[1] Voir en ce sens : E. J. EPP, "The Ascension in the Textual Tradition of Luke-Acts", dans : *New Testament Textual Criticism. Essays in Honour of Bruce M. Metzger*, Ed. by Eldon Jay EPP and

Comme l'explique fort bien une note de la BJ: «Cette omission veut éviter une Ascension au jour même de la Résurrection, qui paraît contredire celle de Ac 1 3,9, quarante jours plus tard.»[1]

Qui est responsable, aux vv. 51-52, des textes courts attestés dans le TO? On pourrait penser à l'activité d'un scribe. Mais ne serait-ce pas plutôt Act II au moment où il a fusionné les deux traditions parallèles du Document P et de Act I, et séparé l'évangile des Actes? Ne voulant pas avoir deux récits d'ascension dans son double ouvrage, il aura transformé le récit du Document P en un simple récit d'apparition de Jésus aux disciples, en supprimant les expressions que nous avons discutées plus haut. Ce serait l'ultime Rédacteur lucanien (Act III?) qui aurait replacé dans l'évangile les expressions omises par Act II, par respect pour les textes qu'il lisait dans le Document P.

AB) UNE ADDITION DE ACT II

Au début du v. 51, Act II a ajouté au texte du Document P les mots "il arriva, comme il les bénissait". Ces mots en effet imitent le style de la Septante, ce qui est typique de l'activité rédactionnelle de Act II (tome III. p.13). Avec la reprise du verbe précédent, ils ont leur parallèle en Lc 9,29 et 24,15, des textes de rédaction tardive:

24,51:	εὐλόγησεν αὐτούς.	(καὶ) ἐγένετο ἐν τῷ εὐλογεῖν αὐτὸν αὐτούς
9,29:	προσεύξασθαι	καὶ ἐγένετο ἐν τῷ προσεύχεσθαι αὐτόν
24,15:	ὡμίλουν	καὶ ἐγένετο ἐν τῷ ὁμιλεῖν αὐτούς

24,51:	il les bénit	et il arriva, tandis qu'il les bénissait
9,29:	pour prier	et il arriva, tandis qu'il priait
24,15:	ils conversaient	et il arriva, tandis qu'ils conversaient

Il est possible d'ailleurs de serrer le problème de plus près en référence aux Actes. Nous avons ici deux caractéristiques littéraires. La première est constituée par le verbe ἐγένετο suivi de ἐν τῷ et un verbe à l'infinitif (caractéristique Bb 2). Fréquente dans Lc, où elle se rencontre 20 fois, elle ne se lit dans les Actes qu'au niveau de Act II (2,1 et 9,3, mais dans le seul TO) et de Act III (19,1, où la note temporelle fut ajoutée par Act III). La seconde caractéristique est encore constituée par le verbe ἐγένετο suivi d'une expression temporelle, puis vient la proposition principale seulement juxtaposée[2]. Cette construction sémiti-

---

and Gordon D. FEE, 1981, pp. 131-145. - Aux vv. 51-52, la double leçon longue du texte Alexandrin a été adoptée dans la 26e édition de Nestle-Aland ainsi que dans la BJ et la TOB.

[1] Bible en un volume, p. 1519, note e.

[2] Voir E. DELEBECQUE, Études grecques sur l'évangile de Luc (Coll. Et. Anc.). Paris, 1976, pp. 130ss.

sante, qui se lit vingt-et-une fois dans Luc, ne se rencontre dans les Actes qu'en 9,3 (TO), dans un texte de Act I (cf. TA) remanié par Act II pour y introduire cette construction. Il aurait agi de même ici.

B) LE RÉCIT DE ACT I
(Act 1, 6-14)

Pour écrire ce récit, Act I reprend le schéma du récit du Document P, y compris le petit sommaire sur la vie de prière de la communauté primitive; d'où les deux séquences parallèles:

ascension de Jésus:	Lc 24,50-51	Act 1,6-11
retour des disciples à Jérusalem:	24,52	1,12
lieu où ils sont rassemblés:	24,53a	1,13a
leur vie de prière:	24,53b	1,14a

Mais Act I a amplifié et remanié le récit primitif afin d'y introduire une christologie plus élaborée: Jésus est à la fois le nouvel Élie qui monte au ciel avant d'envoyer son Esprit sur ses disciples, et le Fils d'homme dont avait parlé Dan 7,13-14. Act II a modifié les vv. 6 et 7 et ajouté la liste des apôtres au v. 13b ainsi que la mention des saintes femmes au v. 14b. Quant à Act III, il a changé la description de l'ascension de Jésus au v. 9.

BA) LES RETOUCHES DE ACT III

Act III a changé la description de l'ascension de Jésus au v. 9; sa nouvelle rédaction se lit dans le TA, tandis que Act II (TO) a reproduit fidèlement le texte de Act I[1].

BB) L'ACTIVITÉ LITTÉRAIRE DE ACT II

1. Aux vv. 6b et 7a

Aux vv. 6b et 7a, le TO et le TA sont assez différents. Nous pensons que, ici, Act III est revenu au texte de Act I, alors que Act II l'avait modifié. Au v. 7, la phrase du TO "Personne ne peut connaître les temps et les moments que le Père a fixés de son propre pouvoir" reprend le thème de Mc 13,32: «Quant à ce jour et à cette heure, personne ne (les) sait, ni les anges dans le ciel, ni le Fils, mais seulement le Père.» Cette influence de Mc dénote la main de Act II (tome I, p.

---

[1] Sur la raison de ce changement, voir les explications qui ont été données lorsque nous avons traité du sens des récits dans Act III, tome II, p. 201.

41). Au v. 6, le TA donne un texte qui, on l'a vu en commentant ce récit, est parfaitement dans la ligne de la christologie élaborée par Act I; Act III a donc gardé le texte de Act I.

2. L'addition du v. 8

Au chapitre précédent (p. 31), nous avons donné les raisons pour lesquelles nous pensions que le v. 8 avait été ajouté par Act II. Nous ne reviendrons pas sur ce point.

3. La liste des apôtres et la mention des femmes (vv. 13b et 14b)

C'est Act II qui a ajouté la liste des apôtres au v. 13b. Elle est en effet liée au récit de l'élection de Matthias (1,15-26) puisque cette élection a pour but de compléter le nombre des douze apôtres. Or, nous le verrons, ce récit fut composé par Act II. Il est probable aussi que Act II, ayant séparé le livre des Actes de l'évangile, a éprouvé le besoin de remettre, au début des Actes, la liste des apôtres.

Le v. 14b, avec la mention des saintes femmes, de Marie et des frères de Jésus, est de même tonalité que le v. 13b; il doit donc être aussi de Act II.

III. LE CHOIX DE MATTHIAS
(1,15-26)

A) DEUX NIVEAUX DIFFÉRENTS

Act 1,15-26 est constitué de deux niveaux différents: le récit de l'élection de Matthias (vv. 15-16 et 20b-26), dans lequel est inséré celui de la mort de Judas (vv. 17-20a)[1].

1. Les deux citations du v. 20

Le v. 20 contient deux citations scripturaires. La première est une adaptation de Ps 69,26: «Que son campement devienne désert et que personne n'y habite.» La seconde est le Ps 109,8: «Qu'un autre reçoive sa charge.» Ces deux citations, faites d'après la Septante, sont introduites par la même formule "Il est écrit en effet au livre des psaumes" (v. 20a), et sont liées entre elles par un simple "et". Or elles renvoient à deux événements différents dont l'un est déjà passé: la mort de Judas, mais dont l'autre est encore à venir: l'élection de celui qui va remplacer Judas dans le collège des Douze. Cette situation est anormale; elle provient de ce que tout le bloc concernant la mort de Judas, avec la citation de Ps 69,26 (adaptée au contexte), a été inséré dans un récit déjà constitué, celui de l'élection de Matthias, en accord avec ce qu'avait annoncé Ps 109,8.

2. La leçon du TO au v. 16

Cette insertion d'un récit dans l'autre fut effectuée au cours de la rédaction des Actes des apôtres. Nous en trouvons la preuve au début du v.16, où le TO a conservé le texte primitif: «il faut que s'accomplisse cette écriture.» Ce verbe au présent ne peut se rapporter qu'à l'élection du remplaçant de Judas, qui va avoir lieu dans un avenir immédiat (vv. 20b-26), et non à la mort de Judas, qui se situe dans le passé. Avec ce "il faut" du v. 16, tout ce qui concerne cette mort

---

[1] Cf. P. Feine (p. 165), F. Spitta (p. 14), B. Weiss (p. 77s), M. Goguel (p. 175). Au dire de Spitta, c'était déjà l'opinion de Calvin. Les auteurs précédemment cités laissent le v. 17 à la source, sauf Goguel qui semble le rattacher aux vv. 18-20a, comme nous.

(vv. 18-20a) apparaît à l'évidence comme un corps étranger. Le changement de "il faut" en "il fallait" est une correction du texte primitif destinée à estomper la difficulté des deux récits télescopés; cet imparfait, en effet, prépare bien les vv. 17-20a, le contexte qui suit immédiatement, où il est question de la mort de Judas, un événement du passé.

3. Le cas du v. 17

Le cas du v. 17 est plus délicat. Son vocabulaire le rattache aux vv. 25-26, avec la formule τὸν κλῆρον τῆς διακονίας ταύτης, qui contient les mots que nous retrouverons à la fin du récit de l'élection de Matthias. Nous pensons toutefois que ce v. 17 est lié aux vv. 18-20a. En ajoutant les détails concernant la mort de Judas, il fallait rappeler que ce Judas était l'un des Douze. En d'autres termes, c'est tout le bloc des vv. 17-20a qui développe, par anticipation, le thème contenu au v. 25: Judas, qui partageait le "service" confié aux Douze, a connu une mort ignominieuse.

Dégagé de ces éléments intrusifs, le récit primitif redevient parfaitement cohérent. Pierre se lève au milieu des disciples (v. 15) et annonce qu'il faut (δεῖ) que s'accomplisse l'Écriture concernant Judas (v. 16): «Qu'un autre reçoive sa charge» (v. 20b). Il précise ensuite les conditions que doit réaliser le candidat (vv. 21-22), puis on procède à l'élection de Matthias (vv. 23-26). Tout le reste (vv. 17-20a) fut ajouté au récit primitif.

B) ATTRIBUTION DES NIVEAUX DE RÉDACTION

Nous pensons que le récit de l'élection de Matthias doit être attribué à Act II, ce qui place au niveau de Act III l'insertion des détails concernant la mort de Judas.

a) Au niveau de Act I, le récit de la Pentecôte (2,1-4) formait la suite normale du récit de l'ascension (1,6-12): après avoir été enlevé au ciel, Jésus, le nouvel Élie, envoie l'Esprit sur ses disciples. Dans cet ensemble, le récit de l'élection de Matthias fait l'effet d'un corps étranger, introduit par une formule temporelle très vague "Or en ces jours-ci" (1,15)[1]. C'est ce qu'a bien vu J.

---

[1] Cf. Loisy (p. 173): «"En ces jours-là". Indication vague, qui trahit quelque peu le caractère adventice et fictif du morceau qu'elle introduit.» - Dans le même sens, E. Trocmé (p. 199) écrit à propos de 1,13-26: «Le lien chronologique entre ces versets et leur contexte n'est pas très solide. Luc les a placés à un moment - entre l'Ascension et Pentecôte - qui leur convient bien. Mais le récit lui-même ne contient rien qui impose une datation aussi précise: il se situe seulement après la mort de Judas.»

Dupont, qui note dans la BJ, sur Act 2,1 où il nous est dit que les apôtres "se trouvaient tous ensemble dans le même (lieu)": «Ces indications se rattachent à 1 13-14, notice qui, avec les rappels de la promesse de l'Esprit (1 4-5.8), constitue l'introduction naturelle du récit de la Pentecôte; 1 15-26 doit être considéré comme une parenthèse.»[1]

b) En 2,14, le TO a d'ailleurs conservé un indice du fait que le récit de l'élection de Matthias ne se lisait pas au niveau de Act I. Le discours que Pierre prononce après la Pentecôte, dont le noyau primitif remonte à Act I, y commence par ces mots: «Alors, Pierre, debout avec les dix apôtres, leva sa voix et dit.» Au niveau de Act I, les apôtres n'étaient qu'au nombre de onze, ce qui veut dire qu'il n'y avait pas eu d'élection de Matthias pour revenir au chiffre de douze. Act II a ajouté cet épisode, mais en oubliant de corriger le texte de 2,14. C'est Act III qui aurait effectué la correction, d'où sa présence dans le TA.

c) Ajoutons une précision concernant le v. 15. La parenthèse constituée par les mots "La foule des personnes était d'environ cent vingt" sépare indûment le verbe "dire" de l'adresse "frères" qui commence le discours de Pierre, au v. 16. C'est une glose de Act III comme le reconnaissent nombre de commentateurs.

---

[1] BJ, p. 41, note c.

IV. LE RÉCIT DE LA PENTECÔTE
(2,1-13)

A) LES DEUX NIVEAUX DE RÉDACTION[1]

Le récit de la Pentecôte a connu deux états successifs qui impliquent deux interprétations différentes du don de l'Esprit aux apôtres. Au niveau de Act I et de Act II, il s'agissait d'un phénomène de "parler en langues", de glossolalie, bien connu des églises pauliniennes. Ce récit fut réinterprété par Act III en phénomène de "parler en langues étrangères"[2]. Un certain nombre d'indices convergents permettent de le penser.

1. Les apôtres sont accusés d'ivresse

a) Un premier indice nous en est donné dans la réaction des gens qui entendent "parler" les apôtres. Certains se contentent d'exprimer leur étonnement: «Qu'est-ce que cela peut-être?» (v. 12); mais d'autres se moquent d'eux en disant: «Ces (gens) sont alourdis par le vin doux» (v. 13), c'est-à-dire: ils ont bu trop de vin, ils sont ivres. Or, de gens qui s'expriment en une langue étrangère, et si correctement que leurs interlocuteurs peuvent les comprendre, on ne dit pas qu'ils sont ivres. L'ivresse n'a jamais fait parler un français en anglais, ni un anglais en allemand.

---

[1] Notre position est très proche de celle de P. Feine (pp. 166ss) qui attribue à la source les vv. 1-4a.6a.12-13. - Voir encore dans le même sens: B. Weiss (pp. 78ss) - K. Lake (vol. V, pp. 116-119). - W. GRUNDMANN, "Der Pfingstbericht der Apostelgeschichte in seinem theologischen Sinn", dans *Studia Evangelica II* (TU 83), Berlin, 1964, 584-594. - Pour Spitta aussi (pp. 22ss), la source A contenait un récit de glossolalie (vv. 1.4.12-13), fusionné par le Rédacteur avec un récit selon lequel la voix de Dieu se faisait entendre à tous les peuples. - Sa position fut reprise et un peu modifiée par J. Jüngst (pp. 27ss). - Pour l'unité littéraire du récit, voir surtout: J.G. DAVIES, "Pentecost and Glossolalia", dans JTS NS3 (1952) 228-231. - K. HAACKER, "Das Pfingstwunder als exegetisches Problem", dans *Verborum Veritas*, Festschrift für Gustav Stählin, Wuppertal, 1970, 125-131.

[2] De façon curieuse, E. Trocmé (pp. 201ss) adopte une position inverse.

En revanche, les moqueries des assistants se comprennent très bien s'il s'agit d'un phénomène de "parler en langues", de glossolalie. Paul a décrit ce phénomène dans sa première lettre aux fidèles de Corinthe. Sous l'influence de l'Esprit, des gens se mettent à prononcer des paroles inintelligibles, à moins qu'elles ne soient "interprétées" par celui qui parle en langues ou par un autre. Le "parler en langues" est donc de soi incompréhensible. Quelle sera alors la réaction de ceux qui, sans y être initiés, assistent à ce phénomène? Paul le dit sans ambages: «Si, au cours d'une assemblée, tous parlent en langues et que surviennent des particuliers ou des non croyants, ne diront-ils pas que vous êtes fous?» (1 Cor 14,23). C'est une réaction analogue qu'ont les moqueurs le jour de la Pentecôte: ils sont ivres. Il n'y a pas loin de l'ivresse à la folie: toutes deux font prononcer des paroles incohérentes. Le récit de la Pentecôte devait donc, primitivement, décrire un phénomène de glossolalie, et non de "parler en langues étrangères".

2. Une reprise rédactionnelle

Dans ce récit de la Pentecôte, nous constatons que le v. 11b et le début du v. 12 ne font que reprendre les expressions qui se lisent à la fin du v. 6 et au début du v. 7. Nous sommes en présence d'une reprise rédactionnelle, indice que toutes les expressions incluses à l'intérieur de cette reprise, ainsi que les mots "repris", ont de fortes chances d'être une addition au récit primitif. Or ici, on trouve précisément à l'intérieur de la reprise ce qui accentue au maximum le caractère de "parler en langues <u>étrangères</u>" du récit: la constatation que, bien que galiléens, les apôtres parlent des langues que tous comprennent (vv. 7-8), et surtout la nomenclature des peuples divers qui composent l'assistance (vv. 9-11b). La suite de nos analyses va confirmer que cette nomenclature ne pouvait pas faire partie du récit primitif. On doit donc supposer un récit plus ancien dans lequel on passait directement du v. 6a au v. 11b: «Ce bruit étant arrivé, la foule se rassembla et ( ) ils les entendaient parler en langues les grandeurs de Dieu.»

3. Les auditeurs de Pierre sont de Jérusalem

Dans le récit actuel, d'après les vv. 9-11b, la foule qui entend "parler" les apôtres est composée de gens en provenance de pays très divers, où ils "habitent" en temps normal (v. 9); s'ils se trouvent actuellement à Jérusalem, ils n'y sont que "en résidence" (v. 10b). Mais, lorsque Pierre prononce son discours devant la même foule, il s'adresse à eux en ces termes: «Hommes de Judée, et vous tous qui <u>habitez</u> Jérusalem» (2,14). Dans le cours du discours, il suppose que ses auditeurs ont pu être témoins des miracles accomplis par le Christ: «Jésus le Nazôréen, homme accrédité par les signes et les prodiges qu'Il a faits grâce à lui <u>au milieu de vous, comme vous le savez</u>» (2,22). Les auditeurs de Pierre sont donc des gens qui habitent le pays, non des étrangers venus de l'extérieur. La conclusion du récit nous le confirme: «Eux donc, ayant accueilli avec joie la Parole, crurent et furent baptisés... Et ils étaient assidus à l'enseignement des apôtres et à la communion (fraternelle), à la fraction du pain et à la prière» (2,41-42). Tout ceci ne peut pas concerner les gens dont la provenance est décrite aux vv. 9-11a, ce qui confirme que ces versets furent ajoutés au récit primitif, comme le suggérait la reprise rédactionnelle dans laquelle ils sont insérés.

4. Le "parler en langues" dans les Actes

Le fait de parler en langues étrangères est un phénomène unique dans le NT. Le seul texte comparable se trouve dans la finale de Mc: «Ils parleront des langues nouvelles» (16,17). Mais cette finale, qui n'est pas de la main de Mc, est de rédaction tardive et fut probablement influencée par le récit des Actes sous sa forme actuelle.

En revanche, la glossolalie était un phénomène bien connu des églises pauliniennes (1 Cor 14) et que l'on retrouve encore deux fois dans les Actes, en 10,46 et 19,6, comme une conséquence du don de l'Esprit. Il est intéressant de comparer les textes de 2,11b-12 (TO) et de 10,45-46:

ἤκουον λαλούντων αὐτῶν γλώσσαις τὰ μεγαλεῖα τοῦ θεοῦ.
ἐξίσταντο δέ...

Ils les entendaient parler en langues les grandeurs de Dieu.
Ils étaient stupéfaits...

καὶ ἐξέστησαν οἱ ἐκ περιτομῆς πιστοί...
ἤκουον γὰρ αὐτῶν λαλούντων γλώσσαις καὶ μεγαλυνόντων τὸν θεόν.

Et furent stupéfaits les croyants issus de la circoncision...
Car ils les entendaient parler en langues et magnifier Dieu.

Les deux passages sont de rédaction trop semblable pour ne pas renvoyer au même phénomène: la glossolalie.

B) ATTRIBUTION DES DIVERS NIVEAUX

En analysant le sens de l'épisode, nous avons vu que le récit du don de l'Esprit le jour de la Pentecôte se situe dans la perspective de celui de l'ascension: il complète le thème de Jésus, nouvel Élie. Comme l'avait fait Élie, Jésus envoie son Esprit sur ses disciples après son ascension. Ce récit doit donc être de Act I, comme celui de l'ascension. Il forme d'ailleurs doublet avec 4,31, un texte du Document P, où nous voyons encore une fois l'Esprit envoyé aux disciples de Jésus pour leur donner de "parler".

Mais le TO a conservé des échos de ce récit primitif, ce qui nous a permis de le reconstituer avec quelque probabilité; et puisque le TO nous donne le texte de Act II, il faut en conclure que Act II avait gardé substantiellement le récit de Act I.

C'est donc Act III qui a changé un récit de glossolalie en récit de "parler en langues étrangères".

C) LES RETOUCHES DE ACT II

Act II a repris le récit de Act I sans le modifier substantiellement, et il est difficile de détecter les modifications stylistiques qu'il a apportées à sa source. Signalons toutefois deux cas qui semblent assez clairs.

1. Le style de la Septante

Il a entièrement remanié le v. 1 et le début du v. 2 pour introduire le style de la Septante: καὶ ἐγένετο + note temporelle + καὶ ἰδού. On lit la même construction en Lc 5,12 et 24,4. Nous la retrouverons encore en Act 3,1-2, dans le seul TO. Et puisque Act 2,1-2 et 3,1-2 proviennent de deux niveaux rédactionnels différents, Act I et le Document P, la structure imitée de la Septante doit avoir été ajoutée par Act II, d'où sa présence dans le seul TO. Act III, qui évite les structures sémitisantes de Act II, est revenu aux textes de Act I et du Document P. Notons encore que le v. 1 (TO) a même structure que Lc 9,51:

Act: καὶ ἐγένετο ἐν τῷ συμπληροῦσθαι τὰς ἡμέρας τῆς πεντηκοστῆς
Lc: ἐγένετο δὲ ἐν τῷ συμπληροῦσθαι τὰς ἡμέρας τῆς ἀναλήμψεως αὐτοῦ

Act: et il arriva, tandis que s'achevaient les jours de la Pentecôte
Lc: or il arriva, tandis que s'achevaient les jours de son enlèvement

2. Deux retouches stylistiques

Au v. 12 (TO), Act II a probablement ajouté au texte de Act I l'expression "de ce qui était arrivé" (ἐπὶ τῷ γεγονότι), qui lui est familière (5,7; 13,12; et dans le seul TO: 9,5; 16,35; en 4,21, il pourrait s'agir aussi d'une glose de Act II).

Au v. 13, il est difficile de dire en quel sens s'est effectuée la modification du texte. La formule qui se lit dans le TO "Ces (gens) sont alourdis par le vin doux" a son équivalent en Lc 9,32: «(ils) sont alourdis par le sommeil.» La formule qui se lit ici dans le TA est plus banale et semble une correction de Act III.

D) LES REMANIEMENTS DE ACT III

1. Le "parler en langues étrangères"

Les principales transformations qu'il a fait subir au texte de ses sources ont eu pour but de changer le thème "parler en langues" en "parler en langues étrangères".

a) Au v. 3, ce n'est plus seulement "comme du feu" qui apparaît sur les apôtres, mais "des langues divisées, comme (des langues) de feu". Cette nouvelle rédaction prépare évidemment le thème des "langues étrangères" que vont parler les apôtres.

b) Au v. 4, Act III ajoute l'adjectif "autres", ou "étrangères" (ἑτέραις), au mot "langues", ce qui modifie le sens de l'épisode.

c) C'est Act III qui a ajouté, d'une part le v. 5, d'autre part les vv. 6b-11a, qui sont étroitement liés au thème du "parler en langues étrangères". Sur sa lancée, il a mis le v. 11b à la première personne du pluriel et ajouté l'adjectif "nos" devant le mot "langues".

d) Au v. 12, Act III a complété le texte en introduisant les mots "et ils étaient perplexes, (disant) l'un à l'autre" de façon à introduire un crescendo entre les vv. 7 et 12, qu'il dédouble pour former la reprise littéraire.

2. Tendances harmonisantes

Les tendances harmonisantes de Act III (tome I, p. 46) se manifestent au v. 4a: il a ajouté la phrase "et tous furent remplis de l'Esprit saint" d'après le parallèle de 4,31, où se lit une phrase quasi identique. On peut penser alors que, au v. 2, l'addition des mots "et il emplit toute la maison où ils étaient assis" fait écho à ce même passage parallèle: «...le lieu où ils étaient rassemblés fut secoué.»

V. LE DISCOURS DE PIERRE
(2,14-41; 3,19-26)

Le jour de la Pentecôte, après l'effusion de l'Esprit sur les apôtres, Pierre prononce un discours pour proclamer la bonne nouvelle de la résurrection de Jésus. Au niveau de Act I, ce discours était divisé en deux parties. La première (2,14-41, moins les longues additions de Act II et de Act III) reprenait le discours de Pierre donné par le Document P en 3,14-16. La seconde partie (3,19-26, moins les retouches de Act II) formait inclusion avec la scène de l'ascension en développant le thème de Jésus, le nouvel Élie. C'est Act II qui l'a déplacée pour en faire la conclusion du discours que prononce Pierre au chapitre 3.

A) PREMIÈRE PARTIE DU DISCOURS
(2,14-41)

AA) UNE ADDITION DE ACT III

Au v. 14b, les mots "... et vous tous qui habitez Jérusalem ( ) prêtez l'oreille (ἐνωτίσασθε) à mes paroles" reprennent ceux de Joël 1,2: «Prêtez l'oreille (ἐνωτίσασθε), tous ceux qui habitent la terre.» Mais cette citation de Joël est coupée en deux par les mots "que ceci vous soit connu et", qui viennent en surcharge. Par ailleurs, c'est le seul cas où l'expression "que vous soit connu" est précédée d'un pronom démonstratif, comme ici. Nous proposons donc l'hypothèse suivante: au niveau de Act II, le v. 14b ne comportait que la citation de Joël. Act III avait remplacé la finale "prêtez l'oreille à mes paroles" par la phrase "que ceci vous soit connu". Les deux formules ont été ensuite fusionnées par les scribes aussi bien dans le TA que dans le TO.

AB) LES ADDITIONS DE ACT II

1. Les citations de l'AT

C'est Act II qui a ajouté la plupart des longues citations de l'AT qui émaillent ce discours.

a) La première citation, de Joël 3,1-5, se lit aux vv. 17-21. Elle est immédiatement suivie par une nouvelle adresse: "Hommes d'Israël, écoutez mes paroles", qui reprend celle du v. 14b: "Hommes de Judée, ...prêtez l'oreille à mes paroles". Nous sommes en présence d'une reprise rédactionnelle, signe très probable d'une insertion. Notons toutefois que, ici, la reprise est inversée. En effet, le v. 14b reprend déjà les expressions de Joël 1,2 et ne peut donc pas être séparé de la citation qui suit. On laissera donc au texte de Act I le v. 22a "Hommes d'Israël, écoutez mes paroles", tandis que l'on attribuera à Act II le v. 14b "Hommes de Judée, et vous tous qui habitez Jérusalem ( ) prêtez l'oreille à mes paroles".

b) La deuxième citation, de Ps 16,8-11, se lit aux vv. 25-28; elle est introduite par le v. 24b, qui anticipe le thème du v. 27. Avec son complément des vv. 29b-31, qu'il faut laisser à Act I comme nous le verrons plus loin, elle aussi se trouve insérée dans une reprise rédactionnelle: "... que Dieu a ressuscité" (v. 24a) et "Ce Jésus, Dieu l'a ressuscité" (v. 32a). Ici encore, nous sommes en présence d'une addition.

c) La troisième citation, de Ps 110,1, se lit aux vv. 34-35. Puisqu'elle présente les mêmes caractéristiques littéraires que les deux premières, elle doit être du même niveau rédactionnel: Act II.

2. Allusion à l'effusion de l'Esprit

En 3,16, l'auteur du Document P avait fait allusion à la guérison miraculeuse de l'infirme de la Belle Porte du Temple, occasion du discours de Pierre. Act I ne pouvait évidemment pas garder ce verset puisqu'il plaçait le discours de Pierre dans un autre contexte. L'aurait-il alors remplacé par 2,33, qui fait allusion à l'effusion de l'Esprit le jour de la Pentecôte? Ce serait possible, mais nous croyons préférable de voir dans ce v. 33 une composition de Act II.

a) Dans ce v. 33, nous lisons que le Christ exalté à la droite de Dieu "répandit" (ἐξέχεεν) ce don (TO), à savoir "la promesse de l'Esprit". Cette façon de parler convient à Act II, et non à Act I. Le verbe "répandit", en effet, fait écho à la citation de Joël 3,1-5 ajoutée par Act II en 2,17-21, où à deux reprises Dieu déclare qu'il "répandra" (ἐκχεῶ) son Esprit sur toute chair (vv. 17-18). Par ailleurs, nous avons dit déjà que, pour Act I, la "promesse" était celle faite à Abraham de donner, à lui et à sa descendance, la terre de Canaan (Act 7,17; 13,23.32; cf. 7,5). C'est Act II qui, dans la perspective de l'eschatologie déjà réalisée, a appliqué le thème au don de l'Esprit, influencé par Gal 3,14 (cf. déjà Act 1,4b, que nous avons attribué à Act II).

b) En faisant du v. 33 un ajout de Act II, on retrouve un procédé littéraire qu'il a déjà mis en œuvre dans ce discours (2,24b-28 et 2,33-35): il donne un fait concernant Jésus et il le justifie par une citation de l'Écriture, ce qui constitue une mise en œuvre de la paraclèse. Ici, le fait que Jésus a été exalté à la droite de Dieu, d'où il répand la promesse du Père, est justifié par la citation de Ps 110,1ss qui se lit aux vv. 34-35.

3. La prescience de Dieu

Au v. 23, les mots "livré selon le dessein et la prescience de Dieu" sont une addition de Act II. Nous rencontrerons encore ce thème en 3,18 et 4,28, deux textes que nous attribuerons à Act II. Le rapprochement avec 4,28 est significatif:

2,23: τῇ ὡρισμένῃ βουλῇ καὶ προγνώσει τοῦ θεοῦ ἔκδοτον
4,28: ποιῆσαι ὅσα ἡ χείρ σου καὶ ἡ βουλὴ προώρισεν

4. Une formule littéraire particulière

Au v. 37, nous lisons dans le TO une séquence de mots analogue à celle que nous retrouverons en 4,13, également dans le seul TO: πάντες... καί τινες ἐξ αὐτῶν "tous... et certains d'entre eux..." Elle est propre à Act II. Ici donc, Act III (= TA) a conservé le texte de Act I.

AC) LE TEXTE DE ACT I

Si l'on enlève les additions de Act II, on retrouve un discours de Pierre assez semblable à celui que l'auteur du Document P avait composé en 3,13-15. Mais examinons de plus près les vv. 29-31. Ils ne semblent pas être du même niveau rédactionnel que les vv. 24-28 que nous avons attribués à Act II. En effet, ils font référence à l'AT d'une façon qui ne correspond pas à celle des autres passages ajoutés par Act II. En 2,15-21, 2,24-28 et 2,33-35, un événement concret: glossolalie, résurrection de Jésus, ascension au ciel, est illustré par une longue citation d'un texte biblique, introduite par une formule précise, donnée sans qu'aucune glose n'en interrompe la lecture. En 2,29b-31 au contraire, nous avons trois citations tronquées, glosées, sans aucune introduction, dont la dernière fait double emploi avec celle qui se lisait au v.27 (Ps 16,10). Ce n'est plus du tout le même genre littéraire. Sommes-nous devant une addition de Act III, ou devant un texte que, déjà, Act I aurait ajouté au schéma fondamental qu'il reprenait du Document P? Cette seconde hypothèse semble la meilleure car, nous l'avons vu en donnant le sens du texte, les vv. 29-31 se situent parfaitement dans la ligne des thèmes développés par Act I.

B) DEUXIÈME PARTIE DU DISCOURS
(3,19-26)

Dans l'état actuel du livre des Actes, le discours que prononce Pierre le jour de la Pentecôte se termine par un appel au repentir et au baptême, en 2,38-39. Mais au niveau de Act I, la finale du discours était constituée par le texte qui se lit maintenant en 3,19-26, sous une forme plus simple. C'est Act II qui l'a augmentée et transférée à sa place actuelle, la remplaçant au chapitre 2 par les vv. 38-40.

1. Un texte amplifié

a) Cette partie du discours de Pierre comporte, en 3,22-23, une longue citation assez littérale du texte de Deut 18,15.18-19, complétée par Lev 23,29. Or, nous l'avons vu plus haut, ce genre de citation, absente des discours qui se lisent dans le Document P et en Act I, est au contraire typique de Act II. Ici d'ailleurs, cette citation est insérée dans une reprise rédactionnelle: le renvoi à ce qu'avaient annoncé les prophètes (vv. 21b et 24). Certains indices permettent de penser que l'addition fut effectuée par Act II. Nous avons vu plus haut que Act II avait ajouté dans le discours de Pierre du chapitre 2 (Act I) trois citations tirées de l'AT. La première, de Joël 3,1-5, est introduite par la formule "Mais c'est ce qui a été dit par le prophète" (2,16). La deuxième, de Ps 16,8-11, est précédée des mots "David en effet dit à son sujet" (2,25). La troisième, de Ps 110,1, a encore comme formule d'introduction "David n'est pas monté aux cieux, mais il dit lui-même" (2,34). En 3,22, l'introduction de la citation de Deut 18,15ss a une formulation analogue: "Moïse a dit aux pères". Elle doit donc être encore de Act II.

Il est intéressant d'ailleurs d'analyser de plus près les deux termes de la reprise rédactionnelle qui enserre cette citation. Nous avons dit déjà que la formule qui se lit au v. 21b "dont Il a parlé par la bouche de ses saints prophètes" a son équivalent exact en Lc 1,70, dans le *Benedictus* et qu'elle provenait d'un Document Johannite réutilisé par Act I (tome II, pp. 80ss), comme le thème de l'Alliance avec Abraham qui se lit au v. 25. Ce v. 21b est donc de Act I (ou plus exactement du Document Johannite qu'il reprend). En revanche, au v. 24, la formule "tous les prophètes" ne se lit ailleurs qu'au niveau de Act II (3,18; 10,43).

On rapprochera par ailleurs la phraséologie de ce v. 24 de celle qui se lit en Lc 24,25.27: «... tout ce dont ont parlé les prophètes... Et, commençant par Moïse et par tous les prophètes...» C'est un premier contact entre le style de Act II et celui de l'épisode des disciples d'Emmaüs que nous rencontrerons encore souvent par la suite. Nous pouvons donc penser que la citation de Deut 18,15.18-19 fut ajoutée par Act II au discours primitif.

b) Il faut tenir aussi le v. 26 pour un ajout de Act II. Il suppose d'abord que Dieu a déjà envoyé le Christ, alors que la perspective générale du texte de Act I est que Dieu l'enverra dans un avenir indéterminé (v. 20). - Par ailleurs, Jésus y est appelé le "Serviteur" de Dieu. Ce titre n'est utilisé que dans le contexte des chapitres 3 et 4 (cf. 3,13; 4,27.30; du Document P), abandonnés par Act I. C'est en insérant ce fragment de discours de Act I dans le contexte des chapitres 3 et 4 que Act II a donné ce titre à Jésus, sous l'influence de 3,13. - Notons encore le début de ce v. 26: «Pour vous d'abord... Il (l')a envoyé...» Cet adverbe de temps suppose l'évangélisation des païens, perspective absente des récits de Act I mais développée au contraire abondamment par Act II (cf. 13,46; 26,20).

2. Une partie de discours transférée

Dans l'état actuel du livre des Actes, 3,19-21.25 forme la conclusion du discours que Pierre prononce devant la foule qui s'est rassemblée après la guérison de l'infirme, à la porte du Temple (3,12ss). Plusieurs arguments nous permettent de penser que, primitivement, ces versets constituaient la conclusion du discours que Pierre prononçait devant la foule rassemblée le jour de la Pentecôte (2,14ss). Ces arguments ont été développés lorsque nous avons exposé le sens du discours de Pierre. Nous nous contenterons, ici, d'en donner un bref aperçu.

a) Les vv. 20-21 font allusion au thème de la "restauration de tout" que doit accomplir Jésus, considéré comme un nouvel Élie. Ce thème, absent des récits du Document P, domine au contraire tout le récit de l'ascension de Jésus (1,6-12) et se continue dans le récit de l'effusion de l'Esprit au jour de la Pentecôte (2,1-4), qui sont de Act I. Ces vv. 20-21 du chapitre 3 se rattachent donc normalement au discours que Pierre prononce le jour de la Pentecôte, et non à celui qu'il prononce après la guérison de l'infirme de la Belle Porte.

b) Il est facile de voir comment Act II a procédé pour effectuer le transfert du texte. La conclusion actuelle du discours de Pierre le jour de la Pentecôte contient un appel au repentir pour obtenir la rémission des péchés (2,38-39); le début du texte que nous croyons avoir été déplacé contient le même appel (3,19).

Act II a donc déplacé la finale du discours primitif, mais l'a remplacée par un texte en partie analogue[1].

Un indice, d'ailleurs, permet d'attribuer à Act II, et non à Act I, au moins le v. 39. La finale de ce v. 39 contient une allusion à Joël 3,5 "...tous ceux qu'appellera le Seigneur notre Dieu"; mais c'est Act II qui a ajouté dans le discours la longue citation de Joël 3,1-5 (vv. 17-21). Le v. 39 doit être du même auteur. Comme le dit fort bien J. Dupont dans une note de la BJ sur ce v. 39: «Expressions de Joël dans la suite immédiate du passage cité aux vv. 17 à 21. Le rédacteur doit avoir ce texte sous les yeux.»[2]

C) LA CONCLUSION DE L'ÉPISODE
(2,40-41)

1. Le v. 40

Le v. 40 fut probablement ajouté par Act II. L'adjuration "sauvez-vous" pourrait être un écho du texte de Joël cité au v. 21: «Et quiconque aura invoqué le nom du Seigneur sera sauvé.» On a vu plus haut que le v. 39, de Act II, contenait lui aussi une allusion au texte de Joël qui suit immédiatement. Par ailleurs, c'est le seul cas dans les Actes où il est fait allusion à une suite d'un discours qui ne serait pas rapportée par le narrateur. Ici, cette allusion ne renverrait-elle pas implicitement aux paroles que Act II a transférées au chapitre 3?

2. Le v. 41

Le v. 41a, avec la forme qu'il revêt dans le TO, donne une excellente conclusion au récit de la Pentecôte et au discours de Pierre qui le suit: «Eux donc, ayant accueilli avec joie la parole, crurent.» On attribuera toutefois à Act II les mots "et furent baptisés", qui renvoie au v. 38 ajouté, on l'a vu, par lui.

Sur le nombre des convertis mentionné au v. 41b, voir la section suivante.

---

[1] Au v. 38, contrairement à ce que nous avions proposé, il faut garder dans le TO, et donc au niveau de Act II, la finale "et vous recevrez le don de l'Esprit saint". Elle correspond aux préoccupations et au style de Act II. L'omission n'est d'ailleurs attestée que par le seul Augustin.

[2] P. 50, note b.

VI. LES SOMMAIRES DES ACTES
(2,41b-47; 4,32-35; 5,12-16)

Act 2,41b-47 contient un sommaire assez complexe sur la vie des premières communautés chrétiennes. Il se compose des éléments suivants: une notice sur l'accroissement du nombre des fidèles (41b), une description de la vie liturgique de la communauté (42), un rappel des miracles effectués par les apôtres (43), la mise en commun de tous les biens (44-45), une nouvelle description de la vie de prière de la communauté (46-47a), enfin une seconde notice sur l'accroissement du nombre des fidèles (47b) qui forme inclusion avec celle de 41b. La plupart de ces thèmes se retrouvent dans d'autres sommaires des Actes. En Lc 24,53 et en Act 1,14a, le thème de la prière se lit dans le Document P et dans Act I. En 4,32-35, le rappel des miracles accomplis par les apôtres est inséré dans un ensemble qui décrit la mise en commun de tous les biens. En 5,12-16, un petit couplet sur l'accroissement des fidèles est inséré dans un ensemble qui décrit les miracles accomplis par les apôtres.

A) LES THÉORIES PROPOSÉES

Depuis longtemps, les commentateurs se sont penchés sur le problème des relations que peuvent avoir entre eux ces divers sommaires. Voici quelques-unes des positions qui ont été adoptées depuis un demi-siècle. Nous les schématiserons quelque peu pour mieux faire ressortir leurs affinités et leurs divergences.

K. LAKE[1]	prélucanien:	4,32-35 (mais fortement remanié par Lc)	
		5,12-16 (fortement remanié par Lc)	
	lucanien:	2,41-47	
L. CERFAUX[2]	prélucanien:	2,46-47a	4,32.34-35
	lucanien:	2,41-45.47b	4,33

[1] Vol. V, pp. 143-145. On trouvera là, bien classés, tous les parallèles aux textes du sommaire de 2,41-47, y compris celui de 1,14.

[2] "La composition de la première partie du livre des Actes", dans ETL 13 (1936) 667-691.

J. JEREMIAS[1]	prélucanien:	2,41-42	4,32.34-35	5,11-14
	lucanien:	2,43-47	4,33	5,15-16
P. BENOIT[2]	lucanien:	2,42.46-47	4,32.34-35	5,12a.15-16
	éditorial:	2,43-45	4,33	5,12b-14
H. ZIMMERMANN[3]	prélucanien:	2,41.44a.46-47	4,32b.34-35	5,11-12a.15
	lucanien:	2,42-43.44b-45	4,32ac.33	5,12b-14.16
H.J. DEGENHARDT[4]	prélucanien:	2,41-42	4,31c.32a.33-35	
	lucanien:	2,43-47	4,32bc	

Sauf pour le sommaire de 4,32-35, les prises de position sont fort différentes. En élargissant quelque peu le débat, et en tenant compte de notre théorie générale sur la composition des Actes, nous avons adopté les positions suivantes:

Document P	Lc 24,53		
	Act 2,44-45	4,33	5,12b-13
Act I	1,14		5,12a.15a.16b
Act II	2,42.46-47	4,32.34-35	5,14.15b-16a
Act III	2,43		

C'est Act II qui serait responsable de l'organisation actuelle des Sommaires. Act III y aurait apporté quelques retouches et, surtout, aurait ajouté le v. 43 du chapitre 2 sur les miracles. Nous allons entreprendre l'examen de ces sommaires en commençant par ceux du Document P et de Act I; nous verrons ensuite comment ils ont été réutilisés et amplifiés par Act II.

B) DEUX MINI-SOMMAIRES
(Lc 24,53; Act 1,14)

Rappelons d'abord l'existence de deux mini-sommaires concernant la vie de prière de la communauté des disciples, au lendemain de l'ascension. Ils nous seront indispensables pour préciser l'activité littéraire de Act II. Le premier, du Document P, se lit en Lc 24,53; il fut repris sous une forme littéraire différente par Act I en Act 1,14. Ils apparaissent dans les deux séquences parallèles suivantes:

[1] "Untersuchungen zum Quellenproblem der Apostelgeschichte", dans ZNW 36 (1937) 205-221.

[2] "Remarques sur les "sommaires" des Actes II, IV, V", dans *Aux Sources de la Tradition Chrétienne*, Mélanges M. Goguel, 1950, pp. 1-10.

[3] "Die Sammelberichte des Apostelgeschichte", dans BZ NF.5 (1961) 71-82.

[4] *Lukas, Evangelist der Armen*, 1965.

Document P		Act I	
ascension	24,50-51	ascension	1,6-11
retour à Jérusalem	24,52	retour à Jérusalem	1,12-13a
prière dans le Temple	24,53	prière en privé	1,14a

Lc 24,53: καὶ ἦσαν διὰ παντὸς ἐν τῷ ἱερῷ αἰνοῦντες τὸν θεόν

Act 1,14a: καὶ ἦσαν προσκαρτεροῦντες τῇ προσευχῇ

Lc 24,53: et ils étaient sans cesse dans le Temple, louant Dieu

Act 1,14a: et ils étaient assidus à la prière

Selon le sommaire du Document P, les disciples prient dans le Temple; selon celui de Act I, ils sont dans la chambre haute mentionnée au v. 13a.

C) UN SOMMAIRE SUR LES RICHESSES
(2,44-45)

Les Actes contiennent deux sommaires sur l'attitude des premiers chrétiens à l'égard des biens matériels: le premier se lit en 2,44-45 et le second en 4,32.34-35. Pour tous les auteurs mentionnés plus haut, le sommaire de 4,32.34-35 serait le plus ancien et proviendrait d'une source prélucanienne (ou de Luc pour Benoit); celui de 2,44-45 n'en serait qu'un résumé effectué par Luc (par le Rédacteur, pour Benoit). Cette position est intenable, étant donné les caractéristiques stylistiques des deux textes, comme nous le verrons plus loin. Pour nous, le sommaire de 2,44-45 est le plus ancien et il remonte au Document P. C'est ce que nous allons montrer maintenant.

1. La teneur exacte du sommaire

Il faut d'abord en préciser la teneur exacte. À la fin du v. 45, Act III (TA) a harmonisé le texte sur celui du sommaire parallèle de 4,35, en remplaçant la formule "à ceux qui étaient dans le besoin" (τοῖς χρείαν ἔχουσιν: TO) par celle qui se lit en 4,35 "selon que quelqu'un était dans le besoin" (καθότι ἄν τις χρείαν εἶχεν: TA). Pour étudier ce sommaire, nous nous appuierons donc sur le TO et non sur le TA.

De même, au début du v. 44, la mention de "ceux qui avaient cru" est anachronique, comme nous l'avons vu en donnant le sens des sommaires. C'est une addition de Act III faite par harmonisation sur le sommaire parallèle de 4,32. Sur ces tendances harmonisantes de Act III, voir tome I, p. 46.

2. Une composition du Document P

Ainsi reconstitué, ce sommaire doit être attribué au Document P pour les raisons suivantes.

a) Il est certainement antérieur au sommaire parallèle de 4,32.34s. Nous avons vu en effet, en précisant le sens de ces sommaires, que celui de 2,44-45, lu selon le TO, reflète la vie des disciples de Jésus au lendemain de l'ascension. En revanche, le sommaire de 4,32ss, qui reprend et développe celui de 2,44-45, suppose une église beaucoup plus évoluée et déjà hiérarchisée, telle qu'elle devait exister quelques décades plus tard.

Un argument d'ordre littéraire vient d'ailleurs confirmer le rattachement primitif de Act 2,44-45 au texte de Lc 24,53. Reprenons les deux séquences parallèles du Document P (Lc 24,50-53) et de Act I (Act 1,6-14) notées plus haut: ascension (Lc 24,50-51; Act 1,6-11), retour des disciples à Jérusalem (Lc 24,52; Act 1,12), mini-sommaire sur la prière (Lc 24,53; Act 1,14a). Nous avons vu que, au niveau de Act I, le récit de la Pentecôte (2,1ss) faisait suite à celui de l'ascension (1,6ss) et suivait donc immédiatement le mini-sommaire de 1,14a. Or, ce récit de la Pentecôte comporte, dès son premier verset, la formule "ils étaient tous... dans le même (lieu)" (ἦσαν πάντες ἐπὶ τὸ αὐτό). C'est exactement, sauf inversion du mot "tous", la formule qui commence le sommaire de 2,44-45. Ce sommaire complète ainsi le parallélisme entre les textes du Document P et de Act I. Au niveau du Document P, il devait donc se lire immédiatement après Lc 24,53. En fait, Act II l'a laissé à la place qu'il occupait dans le texte primitif: entre le récit de l'ascension (Lc 24,50-53) et celui de la guérison de l'infirme à la Belle Porte (Act 3,1ss).

b) Ce sommaire de 2,44-45 est écrit dans un style qui n'est pas lucanien. Ce fait apparaît surtout au v. 45:

καὶ ὅσοι κτήματα εἶχον ἢ ὑπάρξεις ἐπίπρασκον
καὶ διεμέριζον αὐτὰ τοῖς χρείαν ἔχουσιν

et tous ceux qui avaient biens ou possessions, ils (les) vendaient
et les distribuaient à ceux qui étaient dans le besoin

Pour dire "les possessions", au lieu du très lucanien τὰ ὑπάρχοντα, on a ici le mot ὕπαρξις qui ne se lit ailleurs dans le NT qu'en Hebr 10,34. De même, pour exprimer la séquence "vendre/distribuer", nous avons les verbes πιπράσκειν et διαμερίζειν[1] au lieu de πωλεῖν et διδόναι (ou d'un composé de ce verbe). Enfin, pour désigner les nécessiteux, au lieu de l'habituel "pauvres", nous avons

---

1 Au sens de "distribuer", courant en grec.

l'expression "ceux qui étaient dans le besoin". Pour souligner ces particularités, citons les passages suivants de l'évangile de Luc:

18,22:   πάντα ὅσα ἔχεις πώλησον καὶ διάδος πτωχοῖς
12,33:   πώλησατε τὰ ὑπάρχοντα ὑμῶν καὶ δότε ἐλεημοσύνην
19,8:   ἰδοὺ τὰ ἡμίσυ μου τῶν ὑπαρχόντων... τοῖς πτωχοῖς δίδωμι
14,33:   ὃς οὐκ ἀποτάσσεται πᾶσιν τοῖς ἑαυτοῦ ὑπάρχουσιν

Ce fait est d'autant plus frappant que, dans le sommaire parallèle de Act 4,32.34-35 le vocabulaire est parfaitement lucanien, avec la séquence: τῶν ὑπαρχόντων αὐτῷ... πωλοῦντες ἔφερον... διεδίδετο[1]. Le vocabulaire non lucanien de 2,44-45 s'harmonise donc avec celui du récit de l'ascension, de Lc 24,50-53, qui était lui aussi non lucanien.

Nous croyons donc pouvoir attribuer au Document P le sommaire de 2,44-45, tandis que celui de 4,32.34-35 serait de Act II.

D) UN DOUBLE SOMMAIRE
(5,12-16)

Act 5,12-16 contient un sommaire du Document P (vv. 12b-13) encastré dans un sommaire de Act I (vv.12a.15a.16b). La fusion de ces deux sommaires fut effectuée par Act II, qui a ajouté les vv. 14 et 15b-16a.

1. Deux sommaires fusionnés

Act 5,12-16 contient deux textes d'origine différente imbriqués l'un dans l'autre. Il est clair en effet que, au v. 15, la proposition consécutive "au point que (ὥστε) dans les rues on apportait les malades..." doit dépendre de la proposition principale qui se lit au v.12a "Or par la main des apôtres il arrivait des signes et des prodiges dans le peuple."[2] On obtient alors la même séquence qu'en 19,11-12, où le thème est développé à propos de Paul:

---

1 Il est curieux de constater que tous les auteurs que nous avons cités plus haut, sauf Benoit, font remonter 4,32.34-35 à une source prélucanienne, tandis que 2,44-45 ne serait qu'un résumé de ce texte fait par Luc. On aboutit alors à cette situation impossible: serait prélucanien ce qui a un vocabulaire typiquement lucanien, et lucanien ce qui offre un vocabulaire non lucanien!

2 Outre Benoit et Zimmermann, cités plus haut, voir déjà: J. Wellhausen, p. 10. - M. Goguel, p. 186. - J. Dupont, note dans la BJ: «Il faut donc considérer **5** 15 comme la suite immédiate de 12a» (note *d*). - Mais la plupart des auteurs tiennent les vv. 12b-14 pour composés par le Rédacteur des Actes.

Act 5	Act 19
	11 δυνάμεις τε οὐ τὰς τυχούσας ὁ θεὸς ἐποίει
12a διὰ δὲ τῶν χειρῶν τῶν ἀποστόλων ἐγίνετο σημεῖα καὶ τέρατα πολλὰ ἐν τῷ λαῷ	διὰ τῶν χειρῶν Παύλου
15a ὥστε καὶ εἰς τὰς πλατείας ἐκφέρειν τοὺς ἀσθενεῖς...	12 ὥστε καὶ ἐπὶ τοὺς ἀσθενοῦντας ἀποφέ— ρεσθαι...
	11 Dieu faisait des miracles peu ordinaires par les mains de Paul
12a Or par les mains des apôtres il arrivait beaucoup de signes et de prodiges dans le peuple	
15a à tel point que l'on apportait même dans les rues les malades...	12 au point que sur les malades on appliquait...

En accord avec notre théorie générale des Actes, nous devons attribuer les deux sommaires de 5,12b-13 et de 5,12a.15a.16b, d'une part au Document P, d'autre part à Act I, et c'est Act II qui les aurait fusionnés.

2. Le sommaire de Act I

Le sommaire de Act I est celui qui correspond aux vv. 12a et 15a.16b. Deux problèmes se posent à son sujet: celui de sa teneur exacte, et celui de sa place primitive dans la trame des récits de Act I.

a) Le problème de la teneur exacte du sommaire se pose aux vv. 15-16[1]. Ils contiennent une reprise rédactionnelle très nette: l'expression "apporter... des malades" du v. 15a est reprise, à peine transformée, au v. 16a. On peut donc conjecturer que les vv. 15b-16a furent ajoutés au sommaire primitif.

Ceci nous est confirmé par le fait suivant. Le v. 15 offre des contacts littéraires indéniables avec le sommaire qui se lit en Mc 6,55-56:

Act 5,15	Mc 6,55-56
	περιέδραμον ὅλην τὴν χώραν ἐκείνην καὶ ἤρξαντο ἐπὶ τοῖς κραβάττοις τοὺς κακῶς ἔχοντας περιφέρειν ὅπου ἤκουον ὅτι ἐστίν.
ὥστε κατὰ τὰς πλατείας ἐκφέρειν τοὺς ἀσθενεῖς καὶ τιθέναι ἐπὶ κλιναρίων	καὶ... ἐν ταῖς ἀγοραῖς ἐτίθεσαν τοὺς ἀσθενοῦντας

[1] Zimmermann a bien vu la difficulté d'attribuer les vv. 15 et 16 au même niveau de rédaction.

καὶ <u>κραβάττων</u>

ἵνα ἐρχομένου τοῦ Πέτρου <u>κἂν</u>

ἡ σκιὰ ἐπισκιάσῃ τινὶ αὐτῶν...

καὶ παρεκάλουν αὐτὸν

ἵνα <u>κἂν</u> τοῦ κρασπέδου τοῦ

ἱματίου

αὐτοῦ ἅψωνται...

Ils parcouraient toute cette contrée
et ils commencèrent à <u>apporter</u>
les mal portants <u>sur des grabats</u>,
là où ils entendaient dire qu'il était.

au point que dans les rues | Et... sur les places
<u>on apportait les malades</u>
et <u>on les plaçait</u> sur des lits | <u>on plaçait les malades</u>
<u>et des grabats</u>
<u>afin que</u>, Pierre passant, | <u>afin que</u>
<u>au moins</u> (son) ombre couvrît l'un | <u>au moins</u> ils puissent toucher
d'eux... | la frange de son vêtement.

Le contact littéraire est d'autant plus probable que l'expression "afin que au moins" (ἵνα κἂν) ne se lit que dans ces deux textes dans tout le NT. On notera aussi que, dans l'évangile, Lc évite le mot "grabat", employé volontiers par Mc, alors qu'il l'a ici, probablement par influence marcienne. Mais les influences de Mc sur la rédaction des Actes se sont produites au niveau de Act II (tome I, p. 41); il faut donc attribuer à Act II les vv. 15b-16a.

b) Si l'on se réfère au contexte antérieur, le dernier récit que l'on a attribué à Act I était celui de la Pentecôte, avec le discours de Pierre qui suivait (2,1-41). Le prochain récit que nous attribuerons à Act I sera celui de l'arrestation des apôtres et de leur comparution devant le Sanhédrin (5,17ss), juste après le présent sommaire. La solution la plus simple est donc de supposer que ce sommaire est resté à la place qu'il occupait dans le texte de Act I: entre 3,1-10 (guérison de l'infirme de la Belle Porte, du Document P mais gardé par Act I) et 5,17ss (arrestation des apôtres et comparution devant le Sanhédrin).

c) Il est facile maintenant de comprendre l'activité rédactionnelle de Act I. Il a devant lui le récit du Document P concernant le don de l'Esprit aux apôtres (4,29-31.33). Il le dissocie et en réutilise les principaux éléments de la façon suivante. Il réinterprète le thème du don de l'Esprit pour former le noyau principal du récit de la Pentecôte (2,1ss). Quant au thème des apôtres accomplissant signes et prodiges sous l'action de l'Esprit, il est réutilisé pour former le sommaire de 5,12ss.

3. Le sommaire du Document P

Il se lit aux vv. 12b-13. Deux problèmes se posent à son sujet: quelle était sa teneur exacte? À quel endroit se lisait-il dans le Document P?

a) Selon la quasi totalité des témoins du TO (cf. aussi le TA), le v. 13 aurait eu cette forme: «Et nul n'osait se joindre à eux, mais le peuple les magnifiait.» Mais si tel était bien le texte du Document P, comment Act II a-t-il pu ajouter le v. 14 où il est dit: «De plus, s'adjoignaient à eux ceux qui croyaient au Seigneur, une foule d'hommes et de femmes»? La contradiction est manifeste. Mais elle disparaît si, au v. 13, on adopte la leçon soutenue par l'ensemble de la version éthiopienne. Au lieu du verbe "se joindre" (κολλᾶσθαι), elle suppose le verbe "nuire" (ἀδικεῖν), qui donne un sens excellent: «nul n'osait leur nuire.» Elle a son parallèle en 18,10: «...nul n'essayera de te faire du mal.»

b) Au niveau du Document P, les premiers récits que l'on trouve dans le contexte antérieur à ce sommaire sont ceux des chapitres 3 et 4: guérison de l'infirme de la Belle Porte, opposition des Sadducéens, don de l'Esprit. Le premier récit que l'on trouvera dans le contexte postérieur est celui du choix des Sept (6,1ss). Le sommaire de 5,12b-13 est lui aussi resté à la place qu'il occupait dans les récits du Document P: il formait charnière entre 3,1-4,31.33 et 6,1ss, comme nous l'avons vu en analysant le sens de ces récits.

c) Du point de vue littéraire, on pourra comparer 5,12b à Lc 24,53, le mini-sommaire sur la prière qui se lit dans le Document P:

Act 5,12b: καὶ ἦσαν ὁμοθυμαδὸν ἐν τῇ στοᾷ Σολομῶνος
Lc 24,53:   καὶ ἦσαν διὰ παντὸς ἐν τῷ ἱερῷ

Act 5,12b: et ils étaient ensemble dans le portique de Salomon
Lc 24,53:   et ils étaient sans cesse dans le temple

La mention du portique de Salomon ne se lit ailleurs dans tout le NT qu'en Act 3,11, un texte du Document P.

4. Un ajout de Act II

Nous pensons que le v. 14 est un ajout de Act II. C'est cet auteur en effet qui prend soin de noter régulièrement l'accroissement de l'église (2,41; 4,4), spécialement avec le verbe προστίθημι, comme ici (2,41.47; cf. 11,24 que nous attribuerons aussi à Act II).

E) LES SOMMAIRES SUR LA PRIÈRE
(2,42.46-47)

1. Amplifications de sommaires plus anciens

Ils sont tous deux des amplifications, faites par Act II, des mini-sommaires de Lc 24,53 (Document P) et de Act 1,14a (Act I):

Lc 24,53	Act 2,46-47
et ils étaient sans cesse dans le Temple	or chaque jour ils étaient assidus dans le Temple
	et ils étaient dans le même (lieu), rompant le pain par maison[1], ils prenaient (leur) nourriture dans l'allégresse et la simplicité de cœur,
louant Dieu.	louant Dieu...

Act 1,14a	Act 2,42
et ils étaient assidus	et ils étaient assidus à l'enseignement des apôtres et à la communion (fraternelle), à la fraction du pain
à la prière.	et à la prière.

Les textes de Lc 24,53 et de Act 1,14a forment la conclusion des récits de l'ascension aux niveaux du Document P et de Act I. Les textes de 2,46-47a et de 2,42 les reprennent et les amplifient de la même manière, en gardant au début et à la fin des développements ce qui provient des textes primitifs; ils sont certainement du même niveau rédactionnel. On notera comment, en 2,46, la formule de 2,44 "ils étaient dans le même (lieu)" est reprise afin de bien marquer la distinction d'avec la prière dans le Temple.

2. Leur attribution à Act II

a) Au v. 46, les expressions "rompant le pain" et "ils prenaient (leur) nourriture" se retrouveront en 27,33-35, dans une section ajoutée par Act II. Quant au substantif "allégresse" (ἀγαλλίασις), il ne se lit ailleurs dans le NT qu'en Lc 1,14.44 et Jude 24 (cf. Hebr 1,9, citant Ps 14,8). Ce contact avec l'évangile de l'enfance dénote la main de Act II (Introd. p. 13).

---

[1] Il faut restituer dans le TO l'expression "par maison", tombée par haplographie dans quelques témoins.

b) De même, 2,42, comme 4,32.34-35 (voir plus haut), nous donne une description de la vie liturgique qui serait anachronique au lendemain de l'ascension et de la Pentecôte. Elle est certainement du même niveau rédactionnel que 4,32ss, comme nous l'avons vu en analysant le sens du texte. Il faut donc attribuer à Act II les deux sommaires de 2,42 et de 2,46-47a.

F) LE SOMMAIRE SUR LES MIRACLES
(2,43)

On s'accorde d'ordinaire à reconnaître que 2,43 n'est qu'un décalque de 5,11-12a: «Et il arriva une grande peur sur toute l'église... Or par la main des apôtres il arrivait des signes et des prodiges dans le peuple». Mais ce dernier texte appartient à deux niveaux différents: Act II (5,11) et Act I (5,12a). Il faut donc attribuer 2,43 soit à Act II, soit à Act III. Nous proposons plutôt Act III car, si on enlève ce v. 43, le texte de Act II offre une excellente construction en chiasme (cf. *infra*).

G) L'ACCROISSEMENT DE L'ÉGLISE
(2,41b.47b)

a) Le v. 41b donne avec précision (TO) le nombre de ceux qui sont entrés dans la communauté chrétienne. Il prépare celui qui sera donné en 4,4, et que nous attribuerons aussi à Act II. Ce v. 41b fut donc rédigé par Act II.

b) Le v. 47b forme inclusion avec le v. 41b et l'on peut conjecturer qu'il est de même niveau rédactionnel: Act II. On notera l'expression paulinienne "les sauvés" (οἱ σῳζόμενοι), ici seulement dans les Actes, mais attestée en 1 Cor 1,18 et en 2 Cor 2,15 (cf. Lc 13,23, avec un sens un peu différent).

Pour prendre une vue synthétique de l'évolution de ces sommaires, voir tome I, p. 9.

VII. GUÉRISON, PERSÉCUTIONS ET DON DE L'ESPRIT
(3,1 - 4,31.33)

Cet ensemble, qui forme un tout, remonte pour l'essentiel au Document P. Le récit de la guérison de l'infirme à la Belle Porte du Temple (3,1-11) fut repris par Act I qui l'a plus ou moins modifié. En revanche, cet auteur a profondément remanié le reste de cette longue section. Le discours de Pierre au peuple (3,12ss) se retrouve en 2,14ss, adapté au récit de la Pentecôte auquel il faisait suite. La controverse avec les Sadducéens (4,1ss) est devenue une comparution de tous les apôtres devant le Sanhédrin (5,17ss). Quant au don de l'Esprit (4,31), il est raconté dans l'épisode de la Pentecôte (2,1ss). Nous ne ferons donc intervenir l'activité rédactionnelle de Act I que pour le récit de la guérison de l'infirme.

A) LA GUÉRISON DE L'INFIRME

Ce récit offre un schéma analogue à celui que l'on retrouve dans d'autres récits de guérisons de paralytiques: d'abord Act 14,8-11, mais aussi Act 9,32-35; Jn 5,3-9; Mat 9,1ss et par. (en faisant abstraction du thème de la rémission des péchés, qui est un élément surajouté). Les contacts littéraires les plus précis sont avec le récit de Act 14,8-11; mais le parallélisme le plus complet est offert par le récit matthéen: voici les deux séquences mises en parallèle:

	Mat 9	Act 3
arrivée de Jésus/Pierre	1	1
on apporte un infirme	2	2a
Jésus voit/Pierre regarde	4	2b
ordre donné par Jésus/Pierre	5	6b
guérison de l'infirme	7	7b
la foule voit l'infirme guéri	8a	9
elle est remplie de frayeur	8b	10
Dieu a donné cette puissance aux hommes	8c	12

Ajoutons quelques détails. Le récit de Jn 5,5ss suit un schéma analogue, surtout aux vv. 8-9. Il offre quelques contacts thématiques avec le récit des Actes contre celui de Matthieu. Dans Jean comme dans les Actes: le miracle se passe à Jérusalem, et non en Galilée; l'infirme entre dans le Temple une fois guéri (Jn 5,14; Act 3,8); Jésus ou Pierre commande à l'infirme "marche", et non "va dans ta maison" (mais cf. Mat 9,5).

Mais, comparé aux autres récits, celui de Act 3,1-11 apparaît surchargé. Essayons de voir s'il ne serait pas le résultat d'une évolution littéraire assez complexe.[1]

AA) L'ACTIVITÉ RÉDACTIONNELLE DE ACT III

1. Des harmonisations

L'ultime rédacteur des Actes a d'abord voulu harmoniser ce récit sur celui de Act 14,8-11, selon lequel Paul aurait accompli une guérison analogue à celle que Pierre effectue ici.

a) Le premier cas d'harmonisation est assez anodin. Au v. 4, le texte de Act II (TO) avait la séquence: «Pierre, l'ayant regardé avec Jean, dit: Regarde-nous fixement» (ἐμβλέψας δὲ ὁ Πέτρος... εἶπεν· ἀτένισον); Act III change l'ordre des verbes: «Pierre, l'ayant regardé fixement, avec Jean, dit: Regarde» (ἀτενίσας δὲ ὁ Πέτρος... εἶπεν· βλέψον), de façon à rejoindre le texte de 14,9: «L'ayant regardé fixement... Paul dit» (ἀτενίσας αὐτῷ ὁ Παῦλος... εἶπεν). Dans les deux récits, selon Act III, c'est Pierre ou Paul qui "regarde fixement" l'infirme. On notera que Act III a ainsi détruit sur un point le parallélisme entre les récits de Act 3 et de Mat 9.

b) Le deuxième cas d'harmonisation sur le récit du chapitre 14 est plus important, et il a introduit ici une certaine incohérence. En Act 14,10, Paul ordonne à l'infirme "Lève-toi droit sur tes pieds" et celui-ci aussitôt "bondit et marchait." La traduction de la BJ a très bien rendu le sens du verbe ἥλατο: "il se dressa d'un bond". On a le même jeu de scène en 3,8, mais dans le seul TA: «et bondissant (ἐξαλλόμενος) il fut debout et il marchait.» Or ce jeu de scène n'est pas en situation ici, puisque, d'après le v. 7a, Pierre a déjà fait lever (ἤγειρεν) l'infirme en lui prenant la main. Cette difficulté n'existe pas dans le TO, où le verbe "bondir", avec le sens de "gambader", ne vient qu'au v. 8b: «et il marchait,

---

[1] C'est surtout la fin du récit qui a attiré l'attention des commentateurs. Les vv. 9-10 sont tenus pour une addition du Rédacteur par Feine (pp. 173s), Spitta (p. 77), Jüngst (pp. 38ss); Loisy (p. 227). Par ailleurs, Feine et Jüngst attribuent encore au Rédacteur le v. 8b, Spitta le v. 8a et Loisy le v. 8c. Jüngst a bien vu la complexité des vv. 3-5 et il enlève encore du récit primitif les vv. 3b-4 et le ὁ δέ du v. 5.

joyeux et bondissant (ἀλλόμενος).» Ce dernier thème se lit aussi dans le TA, au v. 8c: «Et il entra avec eux dans le temple, marchant et bondissant et louant Dieu.» Le TA a donc une leçon double, due aux remaniements faits par Act III. Voici comment on peut se représenter l'activité littéraire de celui-ci. Au v. 8a, il introduit dans le récit le thème qui se lit en 14,10: d'un bond, l'infirme se lève. Au v. 8c, il garde le jeu de scène qu'il lisait dans Act II, lequel ne faisait ici que suivre le Document P: l'homme guéri se met à marcher en bondissant, c'est-à-dire en gambadant; mais il le déplace légèrement de façon à rendre moins dure la séquence des deux verbes "bondir". Aux vv. 7b-8, on devra donc se fier à Act II, et non à Act III, pour retrouver la teneur probable du texte du Document P (cf. Act I).

c) Un troisième cas d'harmonisation est constitué par le v. 10a: «or, ils le reconnaissaient, que c'était celui qui était assis à la Belle Porte.» Au v. 2, il n'est pas dit que l'infirme "était assis", tandis que ce détail se lit en 14,8: «Il y avait un homme assis, perclus des jambes.» Un détail confirme l'addition du v. 10a: pour désigner la porte du Temple, on a le mot πύλη au lieu du mot θύρα qui se lisait au v. 2.

2. Un récit plus compréhensible

Act III s'est efforcé aussi de rendre plus compréhensible le texte hérité de Act II, surtout pour des gens ignorants des coutumes juives. Au v. 1, il remplace la formule "le soir", qui faisait allusion à l'une des deux prières officielles qui se tenaient au temple, par la précision "la neuvième" (heure). Aux vv. 2-7, il ajoute un certain nombre de précisions (voir les divergences entre TO et TA); mais il n'est pas facile de faire la part entre son activité rédactionnelle et celle des scribes recopiant les manuscrits.

3. Un style plus acceptable en grec

Act III a voulu éviter certaines tournures stylistiques, héritées de la Septante mais difficilement supportables en grec. Nous en avons ici deux exemples.

a) Le premier exemple se trouve en 3,1-2. Dans le seul TO, le récit commence par la formule "Et il arriva... et voici..." (καὶ ἐγένετο... καὶ ἰδού...), fréquente dans la Septante où elle traduit un hébraïsme (cf. 2,1-2 selon le TO; Lc 5,12; 24,4). Nous pensons que, ici comme en 2,1-2, elle fut introduite par Act II. Act III est revenu aux textes du Document P et de Act I.

b) Le second exemple se lit au début du v. 3. Le seul TO a cette formule: «Celui-ci, ayant regardé fixement de ses yeux, voyant...» (οὗτος ἀτενίσας τοῖς ὀφθαλμοῖς αὐτοῦ ἰδών). Elle est formée à l'analogie d'une formule qui revient souvent dans la Septante, spécialement dans le livre de la Genèse: ἀναβλέψας τοῖς ὀφθαλμοῖς αὐτοῦ εἶδεν, que l'on pourrait traduire littéralement: «ayant regardé-en-haut de ses yeux, il vit.» La formule de Act 3,3 qui, nous le verrons plus loin, se lisait déjà dans Act I, fut rejetée par Act III comme difficile en grec.

AB) LES DOUBLETS CONTENUS DANS LE RÉCIT

Nous avons fait remarquer plus haut que le récit de Act 3,1-11 était beaucoup plus tourmenté que les récits parallèles des Actes, des Synoptiques ou même de Jean. Ce fait provient de ce qu'il contient de nombreux doublets, preuve que deux récits semblables ont été fusionnés.

1. La finale du récit (vv. 9-11)

Le doublet est ici plus apparent dans le TA, dont nous allons donner le texte, que dans le TO.

9 καὶ εἶδεν πᾶς ὁ λαὸς αὐτόν...	11 συνέδραμεν πᾶς ὁ λαός...
10 καὶ ἐπλήσθησαν θάμβους	ἔκθαμβοι
9 et tout le peuple le vit...	11 et tout le peuple accourut...
10 et ils furent remplis de frayeur	effrayés

Aux vv. 9-10, "tout le peuple" se trouve déjà sur place et éprouve une frayeur révérentielle. Au v. 11, "tout le peuple" accourt vers le lieu du miracle, saisi de frayeur. Le doublet est évident. Il est moins marqué dans le TO, où seul le thème de la frayeur se trouve dédoublé. Nous reviendrons plus loin sur ces versets pour expliquer l'activité rédactionnelle de Act II (TO) et de Act III (TA).

2. Les vv. 3-5

Les vv. 3-5 contiennent eux aussi un doublet, mais dans le seul TO puisque, nous l'avons vu plus haut, Act III (TA) a supprimé la formule, difficile en grec, qui commence le v. 3. Nous lisons donc au début du v. 3: «Celui-ci, ayant regardé-fixement (ἀτενίσας) de ses yeux...» Mais au v. 4, Pierre commande à l'infirme: «Regarde-fixement (ἀτένισον) vers nous.» Comment Pierre peut-il commander à l'infirme de faire ce que celui-ci fait déjà? Il y a incompatibilité entre les vv. 3 et 4-5. Nous sommes en présence de deux textes d'origine différente. On notera que, dans le TA, chacun des deux se termine par le même verbe: "recevoir" (λαβεῖν).

3. Les vv. 8-9

Les doublets constatés aux vv. 3-5 et 9-11 nous invitent à regarder de près les vv. 8-9 tels qu'ils se lisent dans le TO. Au v. 8, le résultat du miracle est décrit de façon directe: «et il marchait... et il entra avec eux dans le Temple en louant Dieu (περιεπάτει... αἰνῶν τὸν θεόν).» Au v. 9, le résultat du miracle est décrit de façon indirecte, mais dans les mêmes termes: «Et tout le peuple le vit marchant et louant Dieu (περιπατοῦντα καὶ αἰνοῦντα τὸν θεόν). On pourrait se trouver devant une façon de parler assez redondante. Mais, étant donné les analyses précédentes, le plus logique est de penser que, ici encore, nous avons affaire à un doublet.

4. Deux récits parallèles

Voici dès lors comment il est possible de reconstituer les sections différentes des deux récits parallèles, fusionnées par Act II (cf. Act III). La justification de leur attribution au Document P et à Act I a été donnée lorsque nous avons analysé le sens des récits.

Document P	Act I
4 Pierre, l'ayant regardé, avec Jean, dit: «Regarde-nous fixement.»	3 Celui-ci, ayant regardé-fixement de ses yeux, voyant Pierre et Jean entrer, leur demandait l'aumône.
5 Lui s'attendait à recevoir quelque chose.	
....	....
	9 Et <u>tout le peuple</u> le vit marchant
8 Et il marchait, joyeux et bondissant, et il entra avec eux dans le Temple en louant Dieu.	et louant Dieu.
11b <u>Tout le peuple</u> accourut vers eux au portique appelé de Salomon, effrayés.	10b Et tous furent remplis de frayeur et ils étaient stupéfaits de ce qu'une guérison lui était advenue.

AC) L'ACTIVITÉ LITTÉRAIRE DE ACT II

1. Un emprunt à Mc 9,27 (v. 7a)

Act II a ajouté au récit primitif le v. 7a: «Et ayant pris sa main, il le releva.» Dans le récit actuel, en effet, Pierre guérit le malade en donnant d'abord un ordre: «Au nom de Jésus le Nazôréen, marche!» (v. 6b), puis en le faisant se lever (v. 7a). On a l'impression que la parole de Pierre n'est pas efficace et qu'il est nécessaire de l'accompagner d'un geste qui, lui, produit la guérison; cette façon de procéder est insolite dans le NT.

Dans certains récits, Jésus guérit en effectuant un simple geste; ainsi en va-t-il pour la guérison de la belle-mère de Pierre selon Mc 1,31 et Mat 8,15; d'un aveugle en Mc 8,22s; de la fille de Jaïre selon Mat 9,25; des aveugles de Jéricho selon Mat 20,34. Mais le plus souvent, Jésus guérit en donnant simplement un ordre, par sa seule parole; ainsi lorsqu'il guérit: un paralytique selon Mc 2,11s et par.; l'homme à la main desséchée selon Mc 3,5 et par.; l'aveugle de Jéricho d'après Mc 10,52 et Lc 18,42s; l'enfant épileptique selon Mc 9,25s et par. Dans ce dernier cas, si Jésus ajoute un geste (Mc 9,26b-27), c'est seulement pour ranimer l'enfant que la sortie du démon a laissé comme privé de vie; mais la parole de Jésus avait suffi pour chasser le démon. Dans quelques récits, un geste accompagne la parole, mais il la précède, de sorte que c'est cette parole, souverainement efficace, qui accomplit la guérison; ainsi dans le cas du lépreux en Mc 1,41 et par.; de la fille de Jaïre en Mc 5,41 et Lc 8,54; d'un sourd-muet en Mc 7,33-35. La parole de Jésus est toujours efficace par elle-même.

C'est ce mode de guérison par la seule parole qui est habituel dans les Actes: guérison d'Énée le paralytique (9,34), résurrection de Tabitha (9,40s), guérison d'un infirme par Paul (14,10s). Notons enfin, dans un récit propre à Lc, la résurrection du fils de la veuve de Naïn (Lc 7,14).

Act 3,6-7 est donc le seul exemple dans tout le NT d'une guérison dans laquelle la parole du thaumaturge ne serait pas efficace par elle-même, mais devrait être suivie d'un geste qui, lui, produit la guérison. Ce geste, absent de tous les récits parallèles que nous avons mentionnés plus haut, semble repris de Mc 9,27 "Et ayant saisi (κρατήσας) sa main, il le releva", phrase que l'on retrouve en Act 3,7a selon le TO, avec un changement de participe: «Et ayant pris (πιάσας) sa main, il le releva.» Un tel emprunt à l'évangile de Mc dénoterait la main de Act II[1] (tome I. p. 41).

2. Le cas du v. 11

Revenons sur le problème posé par le v. 11, dans lequel le TO et le TA offrent un texte assez différent. Voici comment nous proposons de justifier ces faits littéraires. Le récit du Document P ne comportait que le v. 11b (TA), lequel était suivi du discours que prononce Pierre aux vv. 12ss. Act I remplaça cette finale par celle qui se lit aux vv. 9.10b (TA). Comme, dans sa rédaction, l'épisode n'était suivi d'aucun discours, il a jugé bon d'en élargir la finale. Act II fusionna les deux textes mais, plaçant le portique de Salomon à l'extérieur du Temple, il se

---

[1] Ici, il ne s'agit pas d'un doublet puisque le v. 6 est nécessaire dans les récits du Document P et de Act I.

crut obligé de mentionner une sortie du trio formé par Pierre, Jean et l'infirme guéri (v. 11a TO). On notera en ce v. 11a (TO) le verbe συνεκπορεύεσθαι, avec son double préfixe typique du style de Act II. Quant à Act III, au v. 11, il revint au texte du Document P parce qu'il plaçait le portique de Salomon à l'intérieur du Temple. Il ajoute le v. 11a pour harmoniser sur Act II.

B) LE DISCOURS DE PIERRE

Au niveau du Document P, le discours de Pierre ne comportait que les vv. 12-14a et 15b-16; il était constitué d'une structure en chiasme très bien élaborée. Les vv. 19-26 sont de Act I, mais formaient primitivement la conclusion du discours de Pierre le jour de la Pentecôte (2,14ss); c'est Act II qui les a déplacés de leur contexte primitif pour les mettre ici. Les vv. 17-18 furent ajoutés par Act II, les vv. 14b-15a par Act III.

BA) L'ACTIVITÉ RÉDACTIONNELLE DE ACT III

1. Des retouches de style

Au v. 12, les divergences entre le TA et le TO proviennent de l'activité rédactionnelle de Act III, tandis que Act II nous a conservé le texte du Document P. Au début du verset, Act III a introduit la forme moyenne ἀπεκρίνατο, cas unique dans les Actes[1]. La construction grammaticale θαυμάζειν ἐπί, fréquente dans Luc (2,33; 4,22; 9,43; 20,26) est ignorée des Actes. Surtout, le verbe ἀτε-νίζειν est suivi du datif, alors qu'au niveau du Document P on aurait attendu εἰς et l'accusatif (3,4). Enfin l'infinitif précédé de l'article au génitif (τοῦ περι-πατεῖν) ne se lit ailleurs dans les Actes qu'en 10,25, dans le seul TA (retouche faite par Act III).

2. Une pointe anti-juive

Act III a ajouté les vv. 14b-15a: «et vous avez demandé (ἠτήσασθε) qu'un homme meurtrier (φονέα) vous soit accordé en grâce; mais (τὸν δέ) l'auteur de la vie...» Ces mots en effet viennent en surcharge dans la structure en chiasme du texte du Document P, comme nous l'avons vu en analysant le sens du discours de Pierre. Ils sont repris de Lc 23,25: «Or il relâcha celui qui avait été jeté en prison pour sédition et meurtre (φόνον), qu'ils demandaient (ὃν ἠτοῦντο), mais (τὸν δέ) Jésus, il le livra à leur volonté.» Cet ajout ne peut pas être attribué à Act II; il insiste en effet sur la faute commise par les Juifs tandis que Act II, on va le voir plus loin, en ajoutant les vv. 17-18, cherche au contraire à les disculper.

---

[1] Il n'existe que deux cas dans l'évangile de Lc: 3,16 et 23,9.

3. Une rédaction plus claire au v. 16

Au v. 16, le TA comme le TO offrent un texte surchargé, avec la double mention de la foi. Une telle maladresse ne peut être imputée, ni à Act II (TO), ni à Act III (TA). Nous pensons qu'elle provient de l'activité des scribes qui ont recopié les manuscrits des Actes. Les témoins du TA ont ajouté τῇ πίστει τοῦ ὀνόματος αὐτοῦ, sous l'influence du TO; quant aux témoins du TO, ils ont ajoutés καὶ ἡ πίστις ἡ δι' αὐτοῦ ἔδωκεν αὐτῷ τὴν ὁλοκληρίαν, sous l'influence du TA. C'est Act II (TO rectifié) qui a gardé le texte du Document P, avec le verbe "a affermi" qui reprend celui de 3,7 "et s'affermirent ses pieds et ses chevilles"; Act III (TA rectifié) l'aurait modifié afin d'éviter la formule "la foi en son nom"; dans sa nouvelle rédaction "nom" et "foi" sont en parallèle synonymique, comme sujets de deux verbes différents. Cette rédaction évite, en ce v. 16, une autre difficulté du texte du Document P: le verbe "a affermi" (cf. 3,7b) n'a pas de sujet explicite; il faut sous-entendre "Dieu", comme souvent dans les Actes[1]. Dans la rédaction de Act III, c'est l'expression "son nom" qui devient le sujet du verbe.

BB) L'ACTIVITÉ LITTÉRAIRE DE ACT II

1. Les Juifs sont excusés

Act II a ajouté les vv. 17-18, qui excusent le meurtre de Jésus par les Juifs en expliquant qu'ils n'ont fait qu'exécuter ce qui avait été annoncé à l'avance par Dieu dans les Écritures. Certains indices littéraires vont dans ce sens. Le substantif "ignorance" (ἄγνοια) ne se lit ailleurs dans les Actes qu'en 17,30, un texte de Act II proche de celui-ci: «Dédaignant donc les temps de l'ignorance, Dieu maintenant (τὰ νῦν), annonce aux hommes d'avoir à se repentir...» L'expression "vos chefs" aura son écho en 4,5.8, deux textes ajoutés par Act II. Au v. 18, la référence à "tous les prophètes" ne se lit ailleurs qu'en 3,24 et 10,43, des textes qui sont de Act II. Enfin, on comparera le début du v. 17 et le v. 18 à 1,16 (Act II): «Hommes (mes) frères, il faut que s'accomplisse cette Écriture qu'Il a prédite dans l'Esprit saint...»

2. Le transfert des vv. 19-26

Comme nous l'avons dit plus haut (p. 55), les vv. 19-26 appartenaient primitivement au discours que Pierre tient le jour de la Pentecôte, et qui est certainement de Act I. Nous l'avons montré en étudiant le sens de ce discours.

---

[1] Voir BOISMARD-LAMOUILLE, *Le texte Occidental*, vol. I, p.107.

C) LA COMPARUTION DEVANT LE SANHÉDRIN

Cette partie du récit (4,1-22) fut profondément remaniée par Act II. Au niveau du Document P, il s'agissait seulement d'une confrontation entre les Sadducéens et les disciples Pierre et Jean, sur le lieu même du miracle[1]. C'est Act II qui a ajouté les scènes de l'arrestation des apôtres, de leur emprisonnement, et de leur comparution, le lendemain, devant le Sanhédrin; il obtenait ainsi deux comparutions successives devant cette instance juridique, en 4,3ss et en 5,17ss, ce qui était conforme à la législation juive, comme nous l'avons vu en analysant le sens des récits. Act III a complété, par quelques détails, l'harmonisation sur le récit de 5,17ss.

CA) L'ACTIVITÉ RÉDACTIONELLE DE ACT III

1. Harmonisations sur 5,17ss

Act III a voulu harmoniser de façon plus complète ce récit avec celui de 5,17ss, où l'on voit tous les apôtres arrêtés, puis comparaître le lendemain devant le Sanhédrin.

a) Au v. 1, il remplace la mention des "prêtres" (TO) par celle des "grands prêtres" (TA), auxquels il ajoute le "commandant du Temple" (TA) afin d'harmoniser sur 5,24: «Lorsqu'ils eurent entendu ( ), le grand prêtre et le commandant du Temple se demandaient avec embarras...»

b) Au v. 3, pour décrire l'arrestation de Pierre et de Jean, il reprend (TA) la formule qu'il lisait en 5,18, mais en style moins lucanien:

4,3	5,18
καὶ ἐπέβαλον αὐτοῖς τὰς χεῖρας	καὶ ἐπέβαλον τὰς χεῖρας
	ἐπὶ τοὺς ἀποστόλους
καὶ ἔθεντο εἰς τήρησιν	καὶ ἔθεντο αὐτοὺς ἐν τηρήσει
εἰς τὴν αὔριον	δημοσίᾳ

On notera la différence de style. En 5,18, le verbe ἐπιβάλλειν est construit avec ἐπί suivi de l'accusatif, ce qui est la construction normale en Lc/Act (Lc 9,62;

---

[1] La reconstitution du récit que nous allons proposer rejoint en grande partie celle de B. Weiss (p. 95-98) et surtout de Loisy (pp. 241ss), suivi par M. Goguel (pp. 179-182). Voir aussi O. Bauernfeind, pp. 72-74. Ces auteurs ont bien vu que tout ce qui se rapporte à une comparution de Pierre et de Jean devant le Sanhédrin avait été ajouté par le Rédacteur. C'était déjà la position de Harnack (p. 184).

20,19; 21,12; Act 21,27). En revanche, en 4,3, nous avons le simple datif, cas unique dans les écrits lucaniens.

c) Aux vv. 15 et 18, Act III (TA) introduit le jeu de scène selon lequel Pierre et Jean sont conduits hors du Sanhédrin, puis on les fait rentrer. Un jeu de scène analogue se lit en 5,34.40.

2. Retouches stylistiques

Signalons aussi deux retouches stylistiques. Au v. 5, au lieu du verbe simple "se rassemblèrent" (συνήχθησαν), Act III introduit une formule qui lui est chère: ἐγένετο δέ suivi d'un infinitif sujet: συναχθῆναι. On peut constater des retouches stylistiques analogues en 11,26 et 22,6. - Au v. 19, il ajoute en finale l'impératif κρίνατε afin d'éviter une construction sémitisante: la conjonction "si" (εἰ) introduisant une interrogation directe. Dans ce même v. 19, Act III donne un tour plus théologique à la réflexion de Pierre; selon Act II, celui-ci aurait dit: «Si ceci vous semble juste...?» Act III écrit: «S'il est juste devant Dieu...»

CB) L'ACTIVITÉ LITTÉRAIRE DE ACT II

Au niveau du Document P, le présent récit n'était qu'une confrontation entre prêtres et Sadducéens d'une part, Pierre et Jean d'autre part, sur les lieux mêmes où s'était effectuée la guérison de l'infirme, donnant à Pierre l'occasion de prononcer un discours devant la foule rassemblée. C'est Act II qui a transformé le récit pour introduire le thème d'une comparution devant le Sanhédrin, le lendemain.

1. La comparution devant le Sanhédrin n'est pas primitive

Voici les arguments qui permettent de penser que, au niveau du Document P, il ne s'agissait pas d'une comparution devant le Sanhédrin qui aurait eu lieu le lendemain.

a) Dans son état actuel, le récit de Act 4,1-22 présente un certain nombre d'anomalies. D'après les vv. 3-7a, il y aurait eu un changement de temps et de lieu par rapport aux événements racontés au chapitre 3: la guérison de l'infirme et le discours de Pierre à la foule. La scène se passe le lendemain (vv. 3 et 5) et l'on ne se trouve plus dans le Temple (3,11), mais dans le bâtiment où se réunissait le Sanhédrin (4,5.15). Or certaines parties du récit supposent le contraire: on serait toujours sur les lieux du miracle et peu de temps après l'événement. L'homme qui vient d'être guéri est toujours là: «Celui-ci se tient devant vous, en bonne santé... Et voyant avec eux l'homme debout, celui qui avait été guéri» (4,10.14). D'après le v. 14, cette présence de l'infirme guéri gêne beaucoup les membres du Sanhédrin; il serait donc invraisemblable de penser qu'ils l'aient convoqué le lendemain, en même temps qu'ils faisaient comparaître Pierre et Jean. Par ailleurs, la foule qui a été témoin du miracle est encore là et pousse des cris pour glorifier Dieu, si bien que les adversaires des deux disciples n'osent s'en prendre à eux de peur d'une réaction violente de cette foule (4,21b). Tout cela serait-il vraisemblable si l'on était au lendemain? La foule avait dû se disperser dans la soirée, et, le lendemain, l'enthousiasme populaire n'avait plus l'occasion de se manifester. Et que pouvaient craindre les Sanhédrites, s'ils se trouvaient à l'intérieur du bâtiment où ils se réunissaient?

Toutes ces difficultés disparaissent si l'on enlève du récit actuel les vv. 3 à 7a: il n'y a plus d'arrestation des deux disciples, ni d'emprisonnement, ni de comparution devant le Sanhédrin le lendemain. Tout se passe le jour même, juste après que Pierre eut prononcé le discours dans lequel il proclame la résurrection de Jésus (3,12-16). Surviennent les prêtres et les Sadducéens, furieux de ce que Pierre parle de résurrection (4,1-2), et ils demandent aux deux disciples par quelle puissance ou par quel nom ils ont agi (4,7b). On comprend alors, et la présence de celui qui vient d'être guéri (vv. 10 et 14), et l'enthousiasme de la foule encore en train de glorifier Dieu et dont on craint une réaction violente contre ceux qui voudraient s'en prendre trop ouvertement aux deux disciples (v. 21b).

b) Si l'on enlève du récit actuel les vv. 3-7a, on obtient une séquence qui a son parallèle exact en Lc 20,1ss, comme nous l'avons vu en donnant le sens du récit.

c) Ajoutons deux remarques stylistiques. Au v. 3, l'arrestation de Pierre et de Jean est exprimée au moyen du verbe κρατεῖν, habituel dans Mc et Mat pour parler de l'arrestation de Jésus (Mc 12,12; 14,1.44.46.49 et les parallèles de Mat). Par ailleurs, au v. 7a, la formule "les ayant placés au milieu" (ἐν τῷ μέσῳ) a son équivalent en 27,21, dans le seul TO "Paul, s'étant placé au milieu"; elle doit donc être de Act II.

2. Modifications complémentaires

Outre l'addition des vv. 3-7a, Act II a procédé encore à un certain nombre d'autres modifications du récit du Document P, dont plusieurs sont liées à l'introduction du thème de la comparution devant le Sanhédrin. Relevons-les dans l'ordre.

a) Il a ajouté les vv. 8b-9. Au v. 8b, l'adresse "chefs du peuple et Anciens d'Israël" suppose l'existence du v. 5, où sont mentionnés les "chefs" et les "Anciens" parmi ceux qui constituent le Sanhédrin. Puisque ce v. 5 fut ajouté par

Act II, il faut en dire autant du v. 8b. Par ailleurs, la présence du v. 9 introduit une structure grammaticale étrangère au style des Actes. Le v. 10 commence par la phrase "Qu'il soit connu de tout le peuple d'Israël..." Ce genre de phrase est propre aux Actes. Mais partout ailleurs, l'expression "qu'il soit connu" se trouve en tête de phrase (Act 13,38; 28,28; 2,14; voir encore 1,19; 9,42; 19,17); ici seulement, elle est précédée par toute une proposition circonstantielle, qui constitue le v. 9. Ce v. 9 fut donc ajouté par Act II en même temps que le v. 8b.

On notera que le terme "bonne action" (εὐεργεσία) ne se lit ailleurs dans tout le NT qu'en 1 Tim 6,2.

b) Le v. 12 constitue une sorte d'inclusion avec le v. 9, sur le thème du "salut". Par ailleurs, l'affirmation "Il n'y a pas d'autre nom... par lequel il faut être sauvé" est un rappel discret du texte de Joël 3,5, cité en 2,21: «Et quiconque aura invoqué le nom du Seigneur sera sauvé.» Mais cette citation de Joël, dans le discours de la Pentecôte, fut ajoutée par Act II. Il est donc vraisemblable que 4,12 est aussi de la main de Act II.

c) Aux vv. 13-14, Act II remanie profondément le texte du Document P, mieux conservé par Act III (TA). Au v. 13, la structure "tous... mais certains d'entre eux" (πάντες... τινὲς δὲ ἐξ αὐτῶν) se lisait déjà en 2,37 dans le seul TO, comme ici; elle doit donc être de Act II. Au v. 14, la formule "avec eux debout" était trop précise pour être conservée dans le cadre de la comparution devant le Sanhédrin; Act II (TO) l'a donc supprimée. Notons enfin que l'expression "l'homme malade" (TO) se lisait aussi au v. 9, dans un texte ajouté par Act II. Ces vv. 13-14, lus dans le TO, sont donc marqués par le style de Act II.

d) Au v. 16b, les Sanhédrites constatent: «En effet, qu'un signe notoire est arrivé par eux, c'est trop clair pour tous les habitants de Jérusalem, et nous ne pouvons pas nier.» Mais tous les habitants de Jérusalem pouvaient-ils être au courant de la guérison de l'infirme aussitôt après l'événement? Cette remarque ne se justifie que le lendemain, lors de la réunion du Sanhédrin introduite par Act II. Nous pensons donc que cet auteur a ajouté les vv. 16b-17a; le texte du Document P passait directement du v. 16a au v. 17b: «Que ferons-nous à ces gens? ( ) Nous leur interdirons par des menaces de parler encore en ce nom à qui que ce soit.»

On notera que nous avons déjà rencontré la formule "tous les habitants de Jérusalem" en 2,14, dans une glose de Act II.

e) Dans le TO, le v. 18 commence par les mots "Étant tous tombés d'accord". Une telle proposition se comprend mieux en conclusion d'une assemblée délibérative, et donc dans le cadre d'une réunion du Sanhédrin. Act II a ajouté le v. 18, qui ne fait que reprendre l'idée exprimée au v. 17b, parce qu'il a voulu qu'une décision officielle du Sanhédrin soit notifiée à Pierre et à Jean (cf.

5,28a, ajouté par Act II); en analysant le sens du récit de Act II, nous avons vu qu'il a voulu tenir compte ici d'un point de jurisprudence.

Mais si l'on attribue à Act II l'addition du v. 18, il faut admettre aussi qu'il a ajouté les vv. 19-20, qui lui sont liés. Cette addition des vv. 18-20 est soulignée par la reprise rédactionnelle, au v. 21a, du verbe "interdire par des menaces", qui se lisait au v. 17b, dans le récit primitif.

Au début du v. 18, le génitif absolu "étant tombés d'accord" (συνκατα-τιθεμένων δὲ πάντων τῇ γνώμῃ) peut se comparer à cette phrase de Lc 23,51, de rédaction tardive: «Il n'avait pas donné son accord à leur décision» (οὐκ ἦν συνκατατεθειμένος τῇ βουλῇ... αὐτῶν).

f) Au v. 21, les mots "ne trouvant pas comment les châtier" doivent être encore une addition de Act II; ils sont en effet liés au refus de Pierre d'obtempérer à l'ordre qui vient de lui être donné, de ne plus parler au nom de Jésus (vv. 18-20). L'idée de "châtier" Pierre et Jean convient d'ailleurs mieux à une réunion officielle du Sanhédrin qu'à un groupe de prêtres et de Sadducéens qui n'avaient aucun mandat pour porter une sanction contre qui que ce soit.

À la fin du même verset, la formule "pour ce qui était arrivé" (ἐπὶ τῷ γεγονότι) est aussi un ajout de Act II. La formule lucanienne habituelle est "glorifier Dieu", sans autre précision (Act 21,20; Lc 5,25.26; 13,13; 17,15; 18,43; et aussi Act 11,18; Lc 7,16; 23,47). La seule exception se trouve en Lc 2,20 "glorifiant et louant Dieu pour tout ce qu'ils avaient entendu et vu"; mais ce contact stylistique avec l'évangile de l'enfance nous oriente vers Act II (cf. p. 13). Cette formule "pour ce qui était arrivé" se lisait déjà en 2,12, dans le seul TO (Act II) et se retrouvera en 9,5, dans une addition de Act II.

Au niveau du Document P, le v. 21 avait donc cette teneur: «Ils les laissèrent aller ( ) à cause du peuple, parce que tous glorifiaient Dieu ( ).»

g) Avec hésitation, nous attribuerons enfin à Act II la précision sur la durée de l'infirmité de l'homme qui vient d'être guéri, au v. 22[1]. L'addition de ce texte a obligé Act II à ajouter un démonstratif "ceux-là" au début du v. 23 (dans le seul TO).

---

[1] Cf. Harnack (p. 167); Wellhausen (p. 9).

D) LE DON DE L'ESPRIT

L'essentiel du récit (4,23-31.33) remonte au Document P[1]. Il est possible toutefois d'y déceler quelques ajouts faits par Act II et par Act III.

DA) L'INTERVENTION DE ACT III

1. Une explicitation du récit

On lit au v. 23b: «et ils racontèrent tout ce que les grands prêtres et les Anciens leur avaient dit.» Cette mention des grands prêtres et des Anciens suppose la présence des vv. 5-6 et ne peut donc pas remonter au Document P. Nous pensons qu'il faut l'attribuer à Act III et non à Act II pour la raison suivante. Au début du v. 24, on lit dans le TO (Document P gardé par Act II): «Eux, ayant reconnu la force de Dieu...» L'expression "Eux" (οἱ δέ) renvoie aux familiers de Pierre et Jean mentionnés au v. 23a (πρὸς τοὺς ἰδίους), par delà le v. 23b qui apparaît ainsi comme un corps étranger. Par ailleurs, ayant introduit au v. 23b le thème des deux apôtres racontant tout ce que leur avaient dit les grands prêtres et les Anciens, Act III, au début de v. 24, remplace les mots "ayant reconnu la force de Dieu" par le simple participe "ayant entendu" (ἀκούσαντες), qui répond mieux au verbe du v. 23b.

2. Une citation explicite de Ps 2,1-2

Aux vv. 25-27 nous trouvons successivement: une citation explicite de Ps 2,1-2 faite d'après la Septante et introduite par la formule "(toi) qui as dit par la bouche de notre père David, ton serviteur" (vv. 25-26), puis une simple allusion aux mêmes versets du psaume 2 (v. 27). Une analyse de ce v. 27 montre que la citation explicite de Ps 2,1-2, aux vv. 25-26, fut ajoutée par Act III. Dans le TO, l'allusion au psaume n'est qu'approximative. Elle est marquée surtout par le verbe "se sont rassemblés" (συνήχθησαν), comme en Mat 22,34, et par les noms d'Hérode et de Pilate, qui représentent les "rois de la terre" et les "chefs" du psaume. Mais il manque la mention des nations, et le mot peuple est au singulier, tandis qu'il est au pluriel dans le psaume. En commentant ce texte, nous avons vu que ces particularités par rapport au texte du psaume s'expliquent par le fait que l'auteur du Document P, au v. 27, dépend d'une tradition qui se retrouve dans l'évangile de Pierre. Dans le TA au contraire, le v. 27 correspond exactement au texte du psaume: «Hérode et Ponce Pilate, avec les nations et les peuples

---

[1] À la suite de Harnack, M. Goguel (pp. 183s) admet que ce récit de l'effusion de l'Esprit est un doublet du récit de la Pentecôte, mais qu'il faut attribuer à la couche la plus ancienne des Actes.

d'Israël.» On peut donc penser que Act III (= TA) a corrigé le v. 27 en même temps qu'il ajoutait la citation explicite du Ps 2,1-2 aux vv. 25-26.

On notera que la formule d'introduction à la citation du psaume "(toi) qui as dit par la bouche de notre père David, ton serviteur" est analogue à celle qui introduit la citation biblique en 1,16, dans le seul TA, et donc dans Act III: «...que l'Esprit saint a dit à l'avance par la bouche de David»; ce sont les deux seuls passages du NT où l'on ait la formule "par la bouche de David". Ajoutons que David est ici appelé "ton serviteur", comme en Lc 1,69; il serait étrange qu'une telle façon de parler puisse remonter au Document P, lui qui insiste tant, dans tous ces passages, sur le titre de "Serviteur de Dieu" donné à Jésus (3,13; 4,27.30).

DB) LES REMANIEMENTS DE ACT II

1. Addition d'un pronom

Au début du v. 23, le pronom "Ceux-ci" (ἐκεῖνοι) fut ajouté par Act II en même temps que le v. 22. Ce pronom ne se lit en effet que dans le TO, et l'on peut penser que, ici, Act III (TA) a conservé le texte du Document P.

2. La prescience de Dieu

Au v. 28, nous lisons que les autorités juives, Pilate et le peuple d'Israël se sont rassemblés (v. 27) "pour faire tout ce que ta main et ton conseil avaient décidé à l'avance". Ce thème, qui tend à diminuer la culpabilité des autorités juives et du peuple d'Israël, est typique de Act II (tome I, p. 33). Nous attribuerons donc ce v. 28 à Act II. On notera le verbe "décider à l'avance" (προορίζειν), de saveur paulinienne (ici et Rom 8,29.30; 1 Cor 2,7; Eph 1,5.11).

3. Finale du récit primitif

a) Quelle était la finale du récit primitif? Dans l'état actuel du texte des Actes, le récit du don de l'Esprit aux apôtres (v. 31) est suivi d'un long sommaire sur la communauté des biens dans l'église primitive (vv. 32-35). Mais dans ce sommaire, le v. 33a, qui parle des signes et prodiges accomplis par les apôtres, fait l'effet d'un corps étranger; la quasi unanimité des commentateurs modernes pense donc qu'il n'appartenait pas au sommaire primitif, mais qu'il fut ajouté par le Rédacteur des Actes. Nous le pensons aussi, mais nous croyons qu'il ne fut pas composé par l'ultime Rédacteur des Actes: il formait primitivement la fin du récit de l'effusion de l'Esprit (du Document P), et il fut intégré par Act II dans le sommaire qu'il composa à l'imitation de celui de 2,44-45. Au niveau du

Document P, le v. 33a faisait donc suite aux vv. 29-31, comme l'avait bien vu Harnack[1].

En effet, aux vv. 29-30, les apôtres demandent à Dieu: «donne à tes serviteurs de parler ta Parole avec assurance, en étendant ta main pour qu'arrivent guérisons, signes et prodiges, par le nom de ton saint Serviteur Jésus.» Au v. 31a, Dieu exauce cette prière en envoyant son Esprit sur les apôtres. Le résultat est que ceux-ci se mettent à parler la parole de Dieu avec assurance (v. 31b). Mais il manque encore le thème des signes et prodiges accomplis par les apôtres sous la puissance de l'Esprit, thème qui avait été annoncé au v. 30. Or ce thème se lit précisément au v. 33a: «Et avec grande puissance (les apôtres) rendaient témoignage à la résurrection de Jésus.» Ce v. 33, inséré maladroitement dans le sommaire sur le partage des biens dans l'église primitive, formait la conclusion du récit concernant le don de l'Esprit.

Il se situe d'ailleurs très bien dans la perspective de tout le récit du Document P, commencé en 3,1. Il nous dit que les disciples rendaient témoignage à la résurrection de Jésus; or c'est précisément ce témoignage concernant la résurrection qui avait excité la colère des Sadducéens contre Pierre et Jean (4,1-2), et qui était à l'origine de toutes leurs difficultés. Par ailleurs, si les apôtres peuvent rendre ce témoignage, c'est qu'ils le donnent avec grande puissance. Or, ce thème de la "puissance" évoque la guérison de l'infirme racontée en 3,1ss; dans son discours à la foule, après le miracle, Pierre déclare: «Pourquoi vous attacher à nous comme si nous avions fait cela par notre propre puissance?»(3,12). Et plus tard, les Sadducéens demanderont aux deux apôtres "par quelle puissance ou par quel nom" ils ont agi (4,7). Le v. 33 est donc parfaitement dans la ligne de tout le récit du Document P.

En insérant ce v. 33 dans le sommaire sur la communauté des biens, Act II y a ajouté l'expression "les apôtres" comme sujet du verbe principal de la phrase. C'était nécessaire après l'interruption du v. 32.

b) Signalons enfin deux additions faites par Act II au récit qu'il reprend du Document P.

À la fin du v. 31, il a ajouté les mots "à quiconque voulait croire", attestés dans le seul TO. Ce thème de la foi est en effet typique des textes de Act II (cf. le début du v. 32) comme cela apparaîtra surtout dans la geste de Paul. Act III n'a pas jugé nécessaire de reprendre cette addition; il a pensé que le début du v. 32 suffisait pour évoquer ceux qui vont croire grâce à l'intervention de l'Esprit sur les disciples.

C'est encore Act II qui a ajouté la fin du v. 33: «Et une grande grâce était sur eux.» Nous avons vu, en exposant le sens du récit, que cette phrase

---

[1] Pp. 143 et surtout 146. Cf. Bauernfeind, p. 81, avec un point d'interrogation - Feine (p. 180) voit aussi dans ce v. 33 un élément de la source, mais sans le rattacher au v. 31.

démarquait celle de Lc 2,40, à propos de l'enfant Jésus, et prolongeait un thème typique de Act II. C'est ici un nouveau contact entre Act II et l'évangile de l'enfance.

VIII. BARNABÉ, ANANIE ET SAPHIRE
(4,36-5,11)

La section de Act 4,36-5,11 est composée de deux récits opposés, bien que liés par leur rapport commun au sommaire sur les richesses de Act II (4,32.34-35). Comme Barnabé (4,36-37), Ananie et Saphire vendent une partie de leurs biens et en apportent le prix aux apôtres (5,1-2). Mais contrairement au premier, ils en gardent une partie pour eux, tout en prétendant le contraire, et seront châtiés cruellement pour ce mensonge. Tout cet ensemble fut rédigé par Act II.

A) L'EXEMPLE DE BARNABÉ
(4,36-37)

a) Comme nous l'avons vu en développant le sens du récit, ce petit épisode concernant Barnabé constitue une application particulière du sommaire général sur les richesses qui précède immédiatement (4,32.34-35). Le v. 37 n'est qu'un décalque des vv. 34b-35a, avec les changements indispensables de nombre (pluriel/singulier) et de temps (imparfait/aoriste). On notera simplement que pour dire "prix", au lieu de τὰς τιμάς on a au v. 37 τὸ χρῆμα; or ce substantif ne se retrouvera plus loin que dans des textes que nous attribuerons à Act II (8,18; 24,26; et 8,20 de Act III par influence de 8,18). Par ailleurs, le début du v. 36 a même forme littéraire que 1,23, un texte de Act II:

4,36: Ἰωσῆς δὲ ὁ ἐπικληθεὶς Βαρναβᾶς
1,23: Ἰωσὴν... ὃς ἐπεκλήθη Ἰοῦστος

4,36: Or José, qui avait été surnommé Barnabé
1,23: José... qui fut surnommé Justus

L'épisode de Barnabé fut donc composé par Act II.

b) Il est possible que l'interprétation du nom de Barnabé "ce qui se traduit fils d'exhortation" ait été ajoutée par Act III. Sur les quatre emplois du terme de "exhortation" dans les Actes, deux peuvent lui être attribués avec vraisemblance puisqu'ils n'apparaissent que dans le seul TA (13,15 et 15,31). Il est vrai que l'expression "fils de" est un sémitisme qui conviendrait mieux à Act II qu'à Act III, puisque celui-ci les évite d'ordinaire. Dans le doute, nous laisserons cette glose à Act II.

B) ANANIE ET SAPHIRE

(5,1-11)

L'épisode d'Ananie et Saphire est étroitement lié, d'une part au sommaire de 4,32.34-35, d'autre part à l'exemple de Barnabé (4,36-37) avec lequel il forme antithèse. Il fut donc certainement rédigé par Act II.

Signalons simplement quelques caractéristiques stylistiques. - Au début du v. 1, la séquence "Or un homme du nom d'Ananie..." se retrouvera en 8,9 et en 10,1, deux textes que nous attribuerons à Act II. - Au même verset, la formule "Ananie, avec Saphire sa femme" aura son équivalent en 18,2 (TO) sous la forme "Aquila... avec Priscille sa femme" (Act II). - Au v. 4, la formule "mettre dans le cœur de quelqu'un" est une caractéristique absolue de Lc/Act (Ab 130); or les autres emplois se trouvent en Lc 1,66, dans l'évangile de l'enfance, et en Lc 21,14, dans une addition de Lc. - Aux vv. 6 et 10, les "jeunes gens" semblent jouer un rôle spécial dans la communauté, ici ensevelir les morts; bien que leur fonction ne soit pas précisée, une telle catégorie de "jeunes" est supposée dans des textes tels que 1 Tim 5,1-2 et Tit 2,6 (cf. 1 Jn 2,13-14; 1 Pi 5,5). Cet aspect "ecclésiastique" du texte est dans la même ligne que le sommaire de 4,32.34-35 et correspond aux renseignements que nous donnent les épîtres pastorales. - À la fin du v. 4, l'opposition "aux hommes/à Dieu" se retrouvera en 5,29 dans une addition faite par Act II. - Au v. 5, le verbe "il expira" (ἐξέψυξεν) est précédé de deux participes construits sur lui, comme ce sera le cas, avec le même verbe, en 12,23 (Act II). - Au début du v. 9, le verbe "dire" est sous-entendu, ce qui est une caractéristique absolue des Actes (Aa 24); toutes les autres occurrences de cette caractéristique ont été ou seront dans des textes de Act II. - Au même v. 9, la formule "vous vous êtes mis d'accord pour" (συνεφωνήθη + datif + infinitif sujet) a son équivalent exact en 23,20, dans le seul TO (Act II); on ne la retrouve nulle part ailleurs dans le NT (Aa 169 TO).

Signalons pour terminer un rapprochement assez remarquable avec le style de l'évangile de l'enfance, bien que les termes de la comparaison soient inversés:

Lc 1,65a.66a	Act 5,5b.4a
καὶ ἐγένετο ἐπὶ πάντας	καὶ ἐγένετο
φόβος	φόβος μέγας
τοὺς περιοικοῦντας αὐτούς...	ἐπὶ πάντας τοὺς ἀκούοντας...
καὶ ἔθεντο	τί ὅτι ἔθου

πάντες οἱ ἀκούσαντες
ἐν τῇ καρδίᾳ αὐτῶν...

ἐν τῇ καρδίᾳ σου...

et il y eut peur
sur tous les voisins...
et tous ceux qui avaient entendu
mirent dans leur cœur...

et il y arriva une grande peur
sur tous ceux qui entendirent...
comment
as-tu mis dans ton cœur...

IX. COMPARUTION DEVANT LE SANHÉDRIN
(5,17-42)

Ce récit, assez long, peut se diviser en trois parties: a) le grand prêtre et les Sadducéens font arrêter les apôtres; mais, durant la nuit, ils sont délivrés par un ange et recommencent à prêcher dans le Temple (5,17-26); b) ils comparaissent finalement devant le Sanhédrin, et Pierre prononce quelques mots devant l'assemblée pour justifier leur prédication au peuple (5,27-32); c) sur l'intervention de Gamaliel, les membres du Sanhédrin discutent entre eux de ce qu'il convient de faire aux apôtres; on décide finalement de les relâcher après leur avoir interdit de prêcher au nom de Jésus (5,33-42).

On reconnaît facilement, remanié et amplifié, le schéma du récit du Document P qui suit l'épisode de la guérison d'un infirme à la Belle Porte du Temple: les prêtres et les Sadducéens s'en prennent à Pierre et à Jean parce qu'ils parlent au nom de Jésus ressuscité (4,1-2); Pierre prononce devant eux un petit discours pour justifier sa prédication (4,10-11); prêtres et Sadducéens discutent alors entre eux pour savoir ce qu'ils vont faire aux deux disciples de Jésus; on décide simplement de leur interdire de parler au nom de Jésus et on les relâche (4,15-16a.17b).

Dans la ligne de nos analyses précédentes, on reconnaîtra donc ici un récit remontant pour l'essentiel à Act I[1]. Mais il fut remanié et amplifié par Act II et par Act III.

---

[1] Dans ses grandes lignes, notre position rejoint celle de M. Goguel, lui-même influencé par Harnack. Citons-le: «Le récit présente avec l'épisode de la guérison de l'impotent des analogies telles qu'il suffit de les signaler pour montrer qu'il n'est qu'un doublet et un doublet aggravé de cet épisode. Comme le récit de la guérison de l'impotent était en relation avec la plus ancienne tradition sur l'effusion de l'Esprit (4,31; c'est nous qui précisons) il serait possible que le récit de la poursuite des apôtres devant le sanhédrin appartînt au même cycle de traditions que le récit de la Pentecôte» (p. 188).

A) L'ACTIVITÉ LITTÉRAIRE DE ACT II

1. Les apôtres libérés par un ange[1]

Après avoir été mis en prison (vv. 17-18), les apôtres sont libérés par un ange durant la nuit (vv. 19-20) et, au matin, se remettent à prêcher dans le Temple (v. 21a). Le Sanhédrin se réunit alors et les envoie chercher, mais ils ne sont plus dans la prison (vv. 21b-24). Finalement, on apprend qu'ils prêchent dans le Temple, et c'est là qu'on les fait arrêter (vv. 25-26). Mis à part le v. 21b, tout cet ensemble fut ajouté par Act II dans le récit de Act I. Voici les raisons qui nous le font penser.

a) Dans la suite du récit, il n'est fait aucune allusion à cet épisode, ni lorsque le grand prêtre interroge les apôtres (v. 28), ni lorsque Pierre répond pour justifier leur attitude (vv. 29-32), ni lorsque Gamaliel prend la parole pour modérer le zèle des Sanhédrites prêts à supprimer les apôtres (vv. 34-39). Il eut été pourtant si normal pour Pierre, de justifier leur prédication en invoquant l'intervention miraculeuse de l'ange et le message qu'il leur a transmis de la part de Dieu (v. 20). Il eut été si normal pour Gamaliel de mettre en garde les Sanhédrites contre le danger de "se trouver en guerre avec Dieu" (v. 39) en rappelant l'intervention divine de la nuit précédente. Tout se passe donc comme s'il n'y avait eu aucun événement miraculeux durant la nuit. L'épisode de la délivrance des apôtres par un ange apparaît alors comme un élément rapporté, n'ayant aucun impact sur la partie principale du récit.

b) Dans le récit sous sa forme actuelle, le Sanhédrin envoie à deux reprises chercher les apôtres. La première fois, alors qu'on les croit encore en prison, de simples serviteurs suffisent pour remplir cette mission (v. 22). Mais la seconde fois, alors que les apôtres prêchent dans le Temple au milieu du peuple, la présence du commandant du Temple est nécessaire (v. 26) afin de prévenir tout mouvement populaire en faveur des apôtres. L'intervention de ce personnage officiel est donc liée au thème des apôtres délivrés par l'ange et venant à nouveau prêcher dans le Temple. Mais au v. 27, nous constatons que Act II donne un rôle de premier plan à ce commandant du Temple: c'est lui qui procède à l'interrogatoire des apôtres. Ce détail est donné par le seul TO, tandis que dans le TA l'interrogatoire est mené par le grand prêtre. Comme nous le préciserons tout à l'heure, Act III (= TA) nous a conservé ici le texte de Act I. De ces remarques, on peut conjecturer que le personnage du commandant du Temple et donc tout l'épisode des apôtres se remettant à prêcher dans le Temple, fut ajouté par Act II.

---

[1] Tout ce qui a trait à la délivrance miraculeuse des apôtres est considéré comme addition du Rédacteur par Feine (pp. 181ss), B. Weiss (pp. 105s) et par M. Goguel (p. 187).

c) Lu dans le TO, le récit offre une contradiction: au v. 19, l'ange ouvre la porte de la prison pour faire sortir les apôtres; mais au v. 22, ce sont les serviteurs dépêchés par le Sanhédrin qui ouvrent cette porte. Cette contradiction, éliminée au v. 22 par Act III (= TA), confirme l'addition par Act II de l'épisode de la délivrance miraculeuse des apôtres.

d) Les vv. 24-25 ont exactement même structure que 10,17 (TO), un texte qui, nous le verrons, fut rédigé par Act II. Il suffit de mettre les textes en regard pour s'en persuader:

5,24-25	10,17 (TO)
ὡς δὲ ἤκουσαν...	ὡς δὲ
διηπόρουν περὶ αὐτῶν	διηπόρει ὁ Πέτρος
τί ἂν γένοιτο τοῦτο	τί ἂν εἴη τὸ ὅραμα ὃ εἶδεν
τότε ἀπήγγειλαν αὐτοῖς	
ἰδοὺ οἱ ἄνδρες...	καὶ ἰδοὺ οἱ ἄνδρες...
lorsqu'ils eurent entendu...	Comme
ils se demandaient (avec embarras)	Pierre se demandait (avec embarras)
à leur sujet	
ce que cela signifiait	ce qu'était
	la vision qu'il avait vue
alors on leur annonça:	
voici: les hommes...	et voici (que) les hommes...

Ces deux séquences furent certainement écrites par la même main, celle de Act II d'après 10,17.

Pour toutes ces raisons, nous pensons que l'épisode de la délivrance miraculeuse des apôtres (vv. 19-20), leur retour au Temple pour y prêcher devant le peuple (v. 21a), la déconvenue des serviteurs envoyés chercher les apôtres (vv. 22b-23), la perplexité des membres du Sanhédrin (vv. 24-25), enfin la nouvelle arrestation des apôtres (v. 26), tout cet ensemble fut ajouté par Act II.

Il faut cependant maintenir dans le récit de Act I la réunion des membres du Sanhédrin au petit matin et l'envoi de serviteurs pour aller chercher les apôtres dans la prison (vv. 21b-22a); ces détails sont nécessaires à la cohérence du récit primitif. Apportons toutefois deux précisions. Au début du v. 21b, les mots "Le grand prêtre et ceux de son entourage", qui se lisaient déjà au v.17, sont superflus une fois que l'on a supprimé les vv. 19-21a; ils ont été ajoutés par Act II. Par ailleurs, comment se faisait le lien entre le v. 22a et le v. 27? Il est difficile de répondre avec certitude. Au v. 27, Act III semble reprendre le texte de Act I, avec la mention du grand prêtre qui se prépare à interroger les apôtres; le plus simple est donc de garder, au v. 22a, la simple mention des serviteurs, puis de passer au v. 27 (TA) en supprimant la particule de liaison initiale: «Mais les serviteurs, ( ) les ayant amenés, les présentèrent devant le Sanhédrin...»

2. Un titre dédoublé

Au v. 21, nous avons deux expressions pour désigner la même réalité: "Sanhédrin" et "tout le sénat des fils d'Israël". Le mot "sénat" (γερουσία) est un hapax du NT. Mais la formule "fils d'Israël" est ailleurs de Act II (7,37; 9,15; 10,36[1]); elle se lit aussi une fois dans l'évangile de l'enfance (Lc 1,16). Act II a donc complété ici le texte de Act I.

3. La défense d'enseigner

Au v. 28a, le grand prêtre dit aux apôtres: «Ne vous avions-nous pas expressément ordonné de ne plus enseigner en ce nom.» C'est un rappel du texte de 4,18, selon lequel les prêtres et les Sadducéens (Document P), ou le Sanhédrin (Act II) ont déjà interdit aux disciples Pierre et Jean d'enseigner au nom de Jésus. Ce rappel ne se lisait certainement pas dans le récit de Act I qui ne comportait pas les événements racontés au chapitre 4. Faut-il attribuer cet ajout à Act II ou à Act III?

a) Étant donné les tendances harmonisantes de Act III, on serait tenté de lui attribuer la paternité du v. 28a. Ici toutefois, il n'y a pas à proprement parler une harmonisation, mais plutôt le souci de lier entre eux deux épisodes en provenance de sources différentes. Le v. 28a pourrait donc avoir été écrit par Act II puisque c'est lui qui a fusionné les récits du Document P et de Act I. Un léger indice favoriserait cette hypothèse: la forme interrogative du TO (= Act II) "Ne vous avions-nous pas expressément ordonné...?" semble plus primitive que la forme affirmative du TA (= Act III) "Nous vous avions interdit..."

b) Un autre indice, beaucoup plus net, va dans le même sens. Au v. 29b, Pierre rétorque qu'il vaut mieux obéir à Dieu plutôt qu'aux hommes. Cette réflexion de Pierre est certainement liée au v. 28a "Ne vous avions-nous pas expressément ordonné...?" Elle ne peut donc pas remonter à Act I. Or, elle revêt une forme très différente dans le TA et dans le TO. Cette dualité de forme serait impossible à expliquer si l'addition avait été faite par Act III. Il faut donc attribuer à Act II le v. 29b sous sa forme TO, et à Act III la forme TA, plus simple mais dans laquelle la mention des apôtres est certainement secondaire.

---

[1] L'expression se lit aussi en 7,23, de Act III, mais par emprunt à Ex 2,11.

c) On notera en passant que, si l'on supprime du récit ce v. 29b, le v. 30 se rattache beaucoup mieux au v. 28b. On retrouve la séquence telle qu'elle se lisait dans le récit de Act I: «... vous voulez amener sur nous le sang de cet homme. Répondant, Pierre lui dit: ( ) "Le Dieu de nos pères a ressuscité Jésus que vous, vous aviez fait mourir..."»

4. La mention de l'Esprit au v. 32

Comme conséquence des remarques précédentes, il faut attribuer aussi à Act II le v. 32b "et l'Esprit qu'Il a donné à ceux qui lui <u>obéissent</u>". Il se rattache en effet au v. 29, que nous venons d'attribuer à Act II: «À qui faut-il <u>obéir</u>? À Dieu ou aux hommes?» Le lien entre ces deux passages est établi par le verbe "obéir" (πειθαρχεῖν), assez rare dans le NT (ici, 27,21 et Tit 3,1).

5. La révolte de Theudas (v. 36)[1]

Aux vv. 36-37, Gamaliel donne deux exemples de révolte nationaliste qui ont mal tourné: celle d'un certain Theudas (v. 36), puis celle de Judas le Galiléen (v. 37). Du point de vue littéraire, le TO et le TA ont au v. 37 un texte quasi identique, alors qu'ils offrent des divergences nombreuses et importantes au v. 36. Il est possible de justifier ce fait en supposant que le v. 37 remonterait à Act I tandis que le v. 36 serait une addition de Act II. On sait que Act III prend des libertés à l'égard des textes ajoutés par Act II plus volontiers que lorsqu'il suit un texte de Act I. Au v. 37, il aurait donc gardé assez scrupuleusement le texte qu'il lisait à la fois dans Act I et dans Act II, tandis qu'au v. 36, il aurait profondément remanié le texte qu'il lisait dans le seul Act II.

Un détail littéraire pourrait confirmer cette hypothèse. Au v. 36, nous lisons la formule "disant qu'il était grand" (λέγων εἶναι ἑαυτὸν μέγαν); elle a son équivalent en 8,9, un texte que nous attribuerons à Act II: «se disant être quelqu'un de grand» (λέγων εἶναί τινα ἑαυτὸν μέγαν).

6. Un conseil de Gamaliel (v. 38b-39)

Voyons maintenant le problème posé par les vv. 38b-39. Ils sont encastrés dans une reprise littéraire caractéristique, au moins dans le TO; on lit au v. 38a "Ne vous occupez pas de ces gens-là" (ἀπόστητε ἀπὸ τῶν ἀνθρώπων τούτων), et au v. 39b "ne vous inquiétez pas de ces hommes-là" (ἀπόσχεσθε οὖν ἀπὸ τῶν ἀνδρῶν τούτων). On aura remarqué la différence des formulations littéraires, indice probable de deux mains différentes. On peut donc suspecter les vv. 38b-39 d'avoir été surchargés par Act II. Ici encore, Act III (TA) se montre assez libre envers sa source.

---

[1] Ce v. 36 est considéré comme un ajout du Rédacteur par Feine (p. 183) et par B. Weiss (p. 109).

Mais comment définir exactement les limites de l'insertion faite par Act II? Le problème est difficile. Au v. 39b, aussi bien le TA que le TO donnent la raison pour laquelle il faut se garder d'agir avec précipitation: "de peur que (μήποτε) vous ne vous trouviez en guerre avec Dieu". Cette raison est liée au v. 39a, où Gamaliel dit que le mouvement provoqué par les apôtres pourrait avoir été voulu par Dieu; elle doit donc être de Act II. Au v. 38a, le TO seul donne une raison pour motiver la première mise en garde: «sans (μή) souiller vos mains.» Puisque cette raison est donnée par le seul TO, on serait tenté de l'attribuer aussi à Act II. Mais elle ne se comprend que dans la perspective des préoccupations juives concernant la pureté rituelle (voir le commentaire), et l'on voit difficilement Act II introduisant ce thème (tome I, p. 32). Le mieux est donc de laisser ce thème à Act I et de supposer qu'il aura été supprimé par Act III parce que peu compréhensible pour des grecs.

À la fin du v. 39, il faut laisser au texte de Act I la phrase "Ils furent persuadés par lui", nécessaire dans son récit.

7. L'interdiction de parler (v. 40b)

Aux vv. 40-41 enfin, le TO offre de nouveau une reprise littéraire absente du TA: le verbe "ils relâchèrent" (ἀπέλυσαν) est repris au v. 41 sous la forme "ayant été relâchés" (ἀπολυθέντες). On peut donc penser que le v. 40b "leur ayant interdit de parler à quelqu'un au nom de Jésus", ainsi que la "reprise" "ayant été libérés" au v. 41, furent ajoutés par Act II. Quant à Act III, il a remanié le texte de Act II pour obtenir une séquence plus logique: on bat les apôtres, on leur interdit de prêcher, puis on les relâche.

8. Un sommaire sur l'activité des apôtres (v. 42)

Pour clore le récit de la comparution devant le Sanhédrin, Act II a ajouté le court sommaire du v. 42 sur l'enseignement public et privé des apôtres: il résume leur activité à Jérusalem. Avec les expressions "chaque jour dans le Temple et par maison", on retrouve la séquence parallèle de Act II en 2,46: «Or chaque jour ils étaient assidus dans le Temple et ils étaient dans le même (lieu), rompant le pain par maison», sommaire que nous avons attribué à Act II. Une telle séquence ne se retrouve pas ailleurs dans les Actes.

B) LES REMANIEMENTS DE ACT III

1. Le message de l'ange (v. 20)

a) Le v. 20 nous donne les paroles que l'ange libérateur aurait adressées aux apôtres: «Allez-vous en et, vous tenant dans le Temple, dites au peuple toutes les paroles de cette vie.» Mais au début du v. 21, tandis que le TO a le participe "étant sortis", le TA a "ayant entendu", qui se réfère beaucoup plus étroitement aux paroles de l'ange. Nous pensons que le changement de participe dans le TA vient de ce que Act III a introduit dans le récit les paroles de l'ange, ou du moins la plus grande partie de son message. Nous avons rencontré un cas analogue en 4,23-24 (cf. p. 80).

   Voici donc comment nous proposons de voir l'évolution des textes aux vv. 19-21. Le texte de Act II avait simplement: «... (l'ange) ouvrit les portes de la prison et il dit: "Allez-vous en" ( ). Étant sortis...» De même en 16,36, le gardien de la prison congédiera Paul et Silas avec un simple "Maintenant donc, allez" (TO). Act III veut compléter le message de l'ange afin de justifier la prédication des apôtres dans le Temple, au v. 21. Il ajoute donc le v. 20 dans sa quasi totalité. Puis, au début du v. 21, il supprime le participe "étant sortis" qu'il remplace de deux façons différentes: d'une part en ajoutant à la fin du v. 19 les mots "Les ayant fait sortir" (sur l'équivalence des formules, voir le TA et le TO en 12,9a), d'autre part en mettant le participe "ayant entendu" au début du v. 21.

2. Une prison bien gardée (vv. 22-23)

   Dans le TO, les vv. 22-23 contiennent ce qui pourrait être une reprise littéraire: "et ayant ouvert la prison, ils ne les trouvèrent pas" - "mais ayant ouvert, nous n'avons trouvé personne". Nous avons vu, en analysant le sens des récits, que ce verset 23 insiste sur le fait que les prisonniers étaient parfaitement bien gardés, ce qui met en évidence l'intervention miraculeuse de l'ange; mais ce n'est pas là l'intérêt de Act II, et nous pensons que la fin du v. 22, le v. 23 et, au début du v. 24, les mots "ces paroles" furent ajoutés par Act III.

   Certains détails littéraires vont dans ce sens. À la fin du v. 22, le verbe "annoncer" est suivi du participe "disant"; on ne trouve qu'un autre cas semblable dans les Actes, en 22,26, mais dans le seul TA et donc de la main de Act III. De même, au v. 23, les mots "et les gardes se tenant devant les portes" a son équivalent en 12,6, mais dans le seul TA: «et des gardes, devant la porte, gardaient la prison» (le TO parle de "soldats").

3. Quelques retouches rédactionnelles

   a) Au v. 17, on attribuera à Act III, avec hésitation, la glose "à savoir la secte des Sadducéens"; ce pourrait être une harmonisation sur 4,1.

   b) Au v. 22, on l'a déjà dit plus haut, Act III supprime le détail des serviteurs qui "ouvrent la prison", puisque la porte de la prison aurait déjà été ouverte par l'ange, au v. 19. Il remanie le texte en conséquence.

c) Au début du v. 25, Act III évite le pluriel impersonnel utilisé par Act II "ils annoncèrent", et le remplace par "Or quelqu'un, étant arrivé, leur annonça".

d) Au v. 26b, Act III modifie le texte de Act II de façon à introduire la formule "car ils craignaient le peuple", par harmonisation sur Lc 22,2 (cf. Lc 20,19).

e) Aux vv. 36, puis 38b-39, il remanie et simplifie considérablement les textes de Act II.

X. LE CHOIX DES SEPT
(6,1-7)

Sous sa forme actuelle, Act 6,1-7 contient l'épisode suivant. À une époque indéterminée, il y aurait eu, au sein de l'église de Jérusalem, une dispute entre Hellénistes et Hébreux au sujet des veuves; celles des Hellénistes jugeaient qu'elles étaient négligées dans le service quotidien. Les Douze rassemblent alors la communauté, et l'on décide de choisir sept frères qui seront attachés plus spécialement au service des tables, de façon à ce que les apôtres puissent se consacrer au service de la parole. La proposition étant adoptée, on procède au choix des Sept, dont on nous donne les noms.

En lui-même, ce récit n'offre pas de difficulté littéraire, même s'il contient des problèmes de critique textuelle dont nous devrons tenir compte; mais il se concilie difficilement avec ce que nous savons par ailleurs de l'activité de deux des Sept: Étienne et Philippe. Voici donc l'hypothèse que nous nous proposons de défendre: le récit a connu un état plus ancien, remontant au Document P, dans lequel la discussion entre Hellénistes et Hébreux portait sur un problème touchant la diffusion de l'évangile; c'est Act II qui aurait transformé le récit primitif pour en faire une discussion au sujet du service des tables[1]. Quant à Act I, il n'aurait pas repris ce récit qui ne l'intéressait pas. Il omettra de même tout ce qui concerne l'activité de Philippe, l'un des Sept, en Samarie puis auprès de l'eunuque de la reine Candace (8,5-40).

---

[1] Loisy (pp. 297s) a bien vu le problème, même s'il n'essaie pas de reconstituer le récit primitif; il écrit: «On peut craindre que le rédacteur n'ait imaginé ce motif des veuves négligées, afin de le substituer au motif plus grave et plus général qu'indiquait peut-être la source.» - Dans le même sens, voir Bauernfeind (pp. 101ss) et Trocmé (p. 188s) qui écrit: «Le sens du document primitif était-il celui-là? Il existe quelques raisons d'en douter.» Cet auteur a bien compris que le vrai problème était celui de l'indépendance du groupe des "stéphaniens" à l'égard de Jacques (p. 191).

A) LE SENS DU RÉCIT PRIMITIF

Survient donc une discussion entre Hellénistes et Hébreux: sur quoi a-t-elle porté exactement?

1. Les Sept restent au service de la Parole

Selon le récit sous sa forme actuelle, on aurait institué les Sept afin de s'occuper du service des tables, ce qui aurait permis aux apôtres, les Douze, de se consacrer entièrement au service de la Parole (vv. 2-4). Mais la suite du livre des Actes ne correspond pas à cette présentation des faits. Dès l'épisode suivant, nous voyons Étienne, l'un des Sept (v. 5), en pleine activité missionnaire: comme les Douze, il accomplit des signes et des prodiges parmi le peuple (6,8), signes et prodiges qui ont pour but d'authentifier la prédication de ceux qui les accomplissent (4,29ss); il discute avec les gens d'une synagogue, qui ne peuvent lutter de sagesse avec lui (vv. 9-10); on l'accuse de proférer des blasphèmes contre Dieu et contre Moïse (v. 11), ce qui suppose qu'il parle en public. Bref, il exerce les mêmes activités que les apôtres; comme eux, il est au service de la Parole, et non au service des tables. Il en va de même de Philippe. Aussitôt après l'épisode de la mort d'Étienne, on le voit partir pour la Samarie, qu'il se met à évangéliser en faisant force "signes" (8,5-12). Plus tard, il réside à Césarée, et l'auteur du Journal de voyage lui donne alors le titre de "évangéliste" (21,8); il est un de ceux qui annoncent l'évangile. Rien ne nous est dit concernant les cinq autres du groupe des Sept.

Nous nous trouvons donc devant ce phénomène curieux: en principe, les Sept auraient été choisis pour assurer le service des tables; en fait, le livre des Actes ne contient aucune autre allusion à ce rôle qu'auraient joué les Sept; les deux seuls qui sont encore nommés dans la suite du livre exercent une activité qui ne les distingue en rien des apôtres: ils sont eux aussi au service de la Parole.

2. La sagesse au service de la Parole

Au v. 3, les Sept que l'on va choisir devront être des hommes "remplis d'Esprit et de sagesse". Mais dans la tradition lucanienne, la sagesse est ce qui permet de discuter, de défendre la Parole avec succès, et non d'accomplir fidèlement le service des tables. Jésus l'avait promis à ses disciples: «Je vous donnerai un langage et une sagesse à quoi nul de vos adversaires ne pourra résister ni contredire» (Lc 21,15). En accord avec cette promesse de Jésus, nous voyons Étienne en discussion avec les gens de la synagogue des Affranchis; or ceux-ci, nous dit le texte: «ne pouvaient pas s'opposer à la sagesse et à l'Esprit qui le faisaient parler» (6,10). Le lien avec 6,3 est évident: si les Sept doivent être "remplis d'Esprit et de sagesse", c'est pour pouvoir discuter victorieusement avec les contradicteurs de la Parole. En Act 13,15, après la lecture de la Loi dans la synagogue d'Antioche de Pisidie, on demande à Paul s'il estime avoir assez de sagesse (TO) pour commenter les Écritures que l'on vient de lire. Il s'agit toujours d'un problème de "Parole". Si donc les Sept que l'on va choisir doivent être remplis d'Esprit et de sagesse, c'est en raison des qualités qu'ils devront posséder pour pouvoir annoncer victorieusement la Parole. C'est effectivement ce que feront Étienne et Philippe. Act II a bien vu le problème, et c'est pourquoi, faisant du différend entre Hellénistes et Hébreux un problème de service de tables, il supprime au v. 3 le thème de la sagesse; les Sept devront seulement être remplis de "l'Esprit du Seigneur" (6,3 TO); il n'est pas besoin de posséder la "sagesse" pour servir aux tables.

3. L'imposition des mains

Un autre détail du récit nous oriente dans la même direction. Selon le v. 6, une fois que les Sept ont été choisis, on les place devant les apôtres et "ayant prié, ils leur imposèrent les mains". Dans les Actes, on impose les mains sur quelqu'un pour le guérir d'une maladie (9,17; 28,8), mais ce n'est pas le cas ici; ou pour lui communiquer l'Esprit (8,17; 19,6), mais ce n'est pas encore le cas puisque les Sept sont déjà "remplis d'Esprit et de sagesse" (v. 3). Le seul parallèle valable est 13,1-3: parmi cinq membres de l'église d'Antioche (13,1; cf. 6,5!), Barnabé et Saul sont désignés par l'Esprit pour aller porter l'évangile au loin (13,2). Alors, "ayant jeûné et prié et leur ayant imposé les mains, ils les laissèrent aller" (13,3). Ici, prière et imposition des mains semblent destinées à recommander à la grâce de Dieu ceux qui vont partir en mission (cf. 14,26); il y a de fortes chances qu'il en soit de même en 6,6, étant donné la similitude des récits.

Les Sept doivent être remplis d'Esprit et de sagesse. Après avoir prié, on leur impose les mains. Ces détails nous prouvent que les Sept ont été choisis en vue d'exercer un ministère apostolique, et non pour servir aux tables.

4. Le service des tables: un thème surajouté (v. 1)

Examinons alors de plus près le v. 1b du récit. Dans le TA, on a d'abord la mention des Hellénistes et des Hébreux, puis la raison pour laquelle il y avait tension entre les deux communautés: les veuves des Hellénistes étaient négligées dans le service quotidien. Mais le TO a l'ordre inverse: il donne d'abord la raison pour laquelle il y avait tension, puis il mentionne les Hellénistes et les Hébreux. Nous trouvons assez souvent un phénomène semblable dans les Actes; d'ordinaire, il résulte du processus littéraire suivant: un texte de Act I (ou du Document P) a été amplifié par Act II (= TO); puis Act III (= TA) reprend le texte de Act I (ou du Document P) et le complète en fonction de Act II, mais sans tenir compte de la place exacte des composantes du texte de Act II, d'où une inversion des thèmes. En tenant compte de ce fait, voici comment on pourrait se représenter l'évolution des textes en 6,1b. Au niveau du Document P, on avait seulement la phrase: «... il y eut des murmures de la part des Hellénistes contre les Hébreux.» Act II veut introduire ce qu'il dit être le motif de ces murmures; il remanie donc la phrase en ces termes: «... il y eut des murmures parce qu'étaient oubliées, dans le service quotidien, les veuves des Hellénistes par les "diacres" des Hébreux.» Act III garde le texte du Document P "il y eut des murmures de la part des Hellénistes contre les Hébreux", mais il ajoute le motif des murmures en simplifiant le texte de Act II afin de ne pas répéter la mention des protagonistes: «parce qu'étaient oubliées, dans le service quotidien, leurs veuves.» Nous aurions donc ici la confirmation que, dans cette querelle entre Hellénistes et Hébreux, le motif du service des tables fut ajouté par Act II.

5. Hellénistes et Hébreux

En analysant le sens de ce récit, nous avons vu que le véritable motif des dissensions entre Hellénistes et Hébreux fut le problème de la diffusion de l'évangile auprès des non-Juifs: Samaritains et païens.

B) ESSAI DE RECONSTITUTION DU RÉCIT PRIMITIF

Nous avons vu que, aux vv. 1 et 3, Act III avait en partie conservé le texte du Document P; c'est donc à partir du TA que nous allons tenter cette reconstitution difficile.

Au v. 1, la formule initiale "en ces jours-là" fut introduite par Act II; nous l'avons déjà rencontrée au début du récit de l'élection de Matthias, en 1,15, un texte de Act II. Aussitôt après cette formule, le thème de la foule des disciples qui augmente doit être aussi de Act II: elle prépare en effet le thème des murmures provoqués par la négligence des Hébreux à l'égard des veuves des Hellénistes. C'est parce qu'il y a trop de monde que ces veuves sont négligées. On ne gardera donc au texte du Document P que le v. 1b: «Or ( ) il y eut des murmures de la part des Hellénistes contre les Hébreux.»

Aux vv. 2 et 3, la reconstitution est plus délicate. Il faut évidemment omettre du récit primitif le v. 2b "il ne convient pas que nous délaissions la parole de Dieu pour servir aux tables". De même, à la fin du v. 3, il faudra omettre les mots "que nous chargerons de cette fonction", qui font allusion au service des tables. Mais quelle était, aux vv. 2a et 3a, la teneur exacte du TA, et donc du texte de Act III reprenant celui du Document P? C'est ici qu'il faut tenir compte de certaines données de la critique textuelle. Au v. 2a, un manuscrit de la version éthiopienne[1] a ce texte curieux: «Ayant appelé les Douze, la foule des disciples dirent...» Est-ce une simple fantaisie du traducteur éthiopien? Il ne semble pas. Ce manuscrit appartient à l'une des deux branches de la tradition éthiopienne qui fut révisée sur le TA[2]. Or, au début du verset suivant, le meilleur représentant du TA, le Vaticanus, a comme verbe, non pas "cherchez", mais "cherchons". Un peu plus loin, certains manuscrits ont "parmi nous" au lieu de "parmi vous"[3]. En réunissant ces témoignages, on arrive à reconstituer, aux vv. 2a et 3a, le texte suivant: «Or, ayant appelé les Douze, la foule des disciples dit: "Cherchons, frères..."» Dans la perspective de Act II, il est normal que ce soient les Douze qui prennent l'initiative; mais dans celle du Document P, ce sont les opposants hellénistes qui convoquent les Douze et leur proposent de choisir parmi eux, hellénistes, des hommes éprouvés, remplis d'Esprit et de sagesse, qui seront capables d'annoncer et de défendre la Parole.

Le v. 4 ne peut pas être gardé sous cette forme dans le récit du Document P. Mais, puisqu'il faut un complément au v. 3; on ne peut pas le rejeter tout entier. Voyons alors quelle pouvait être la teneur primitive de ce verset. Il faut omettre le pronom initial "quant à nous", qui forme opposition avec la fin du v. 3, de Act II. La seule difficulté provient alors du verbe final, que l'on ne peut pas laisser à la première personne du pluriel "nous serons assidus". Deux solutions sont possibles. On peut supposer que le verbe était à la troisième personne du pluriel "ils seront assidus". On pourrait aussi proposer un participe pluriel, comme dans le TO, mais que l'on mettrait à l'accusatif, "étant assidus". Cette seconde hypothèse a l'avantage de s'appuyer sur une variante qui existe réellement, malheureusement dans le seul TO! Les vv. 3-4 auraient alors eu cette forme: «Cherchons, frères, parmi nous sept hommes de bon renom, remplis d'Esprit et de sagesse ( ), assidus à la prière et au service de la Parole.»

Au début du v. 5a, la phrase "La proposition plut à toute la foule" ne peut pas avoir existé sous cette forme dans le récit du Document P, puisque c'est la foule qui fait la proposition. Elle fut introduite par Act II. On comparera d'ailleurs la formule "et plut la parole..." (καὶ ἤρεσεν ὁ λόγος) avec celle qui se lit en 15,36 dans le seul TO, et qui doit donc être de Act II "Et plut... l'idée" (ἤρεσεν δὲ... ἡ βουλή).

Les vv. 5b et 6 peuvent être gardés sans modification, de même que le v. 7a qui souligne la diffusion de la parole de Dieu. Quant au v. 7b, il note l'accroissement des disciples à Jérusalem et forme inclusion avec le v. 1a qui, on l'a

---

[1] Paris, Bibliothèque Nationale, Eth. 42 (Zotenberg); non publié.
[2] Voir BOISMARD-LAMOUILLE, *Le texte Occidental*, vol. I, pp. 84-85.
[3] *id.* vol. II, p. 42.

dit plus haut, doit être de Act II; on a déjà noté une inclusion analogue, concernant l'accroissement du nombre de fidèles, en 2,41b.47b et elle était due à Act II. On attribuera donc aussi à Act II la rédaction du v. 7b. Précisons toutefois que le texte du Document P avait: «Et la parole de Dieu croissait <u>et se multipliait.</u>» Nous retrouverons une formule identique en 12,24. Act II a donné un nouveau sujet au verbe "se multipliait" de façon à obtenir le texte sous sa forme actuelle: c'est le nombre des disciples qui se multiplie.

C) LES SOURCES VÉTÉRO-TESTAMENTAIRES

La distinction que nous venons de faire, entre les deux étapes du récit, est confirmée par l'analyse des précédents de l'AT dont se sont inspirés l'auteur du Document P et Act II pour composer leurs textes. Nous l'avons établi lorsque nous avons précisé le sens du récit au niveau du Document P et à celui de Act II (tome II, pp. 50s).

D) UN RÉCIT DU DOCUMENT P

a) Le récit primitif, qui donne une importance spéciale aux Hellénistes et qui prépare l'évangélisation des non-Juifs ne peut pas avoir été composé par Act I, qui ne s'intéresse pas au problème de la conversion des païens et ne devait donc pas avoir de sympathie spéciale pour les Hellénistes. Il doit remonter au Document P. Nous avons d'ailleurs noté plus haut le rapprochement entre 6,3 et 6,10, un texte que nous attribuerons au Document P: il faut choisir sept frères "remplis d'Esprit et de sagesse" (6,3); et précisément les gens de la synagogue des Affranchis ne pourront pas s'opposer "à la sagesse et à l'Esprit" avec lesquels Étienne parlait (6,10).

b) Ce récit ne fut pas repris par Act I, qui ne s'intéressait pas aux Hellénistes et à l'évangélisation des païens. Il omettra de même tous les événements racontés au chapitre 8, qui décrivent l'activité évangélique de Philippe.

XI. LE MARTYRE D'ÉTIENNE
(6,8-8,2)

Le récit actuel de la lapidation d'Étienne comprend trois parties: Étienne est accusé de divers méfaits et conduit devant le Sanhédrin (6,8-15); sur la demande du grand prêtre, il prononce un long discours terminé par une diatribe incendiaire contre les Juifs (7,1-53); remplis de fureur, les membres du Sanhédrin l'entraînent hors de la ville où ils le lapident (7,54-8,2). Depuis longtemps, beaucoup de commentateurs ont mis en doute l'unité littéraire de ce récit. Ils ont remarqué d'abord qu'il contenait un certain nombre de doublets (voire même de triplets): dans la première partie du récit, on accuse Étienne une première fois d'avoir blasphémé contre Moïse et contre Dieu (6,11), une deuxième fois d'avoir parlé contre le saint Lieu et contre la Loi (6,12), une troisième fois d'avoir colporté une parole de Jésus annonçant la destruction du Temple (6,14)[1]. Aux vv. 10 et 11a, selon le TO, il est dit sous deux formes différentes que les adversaires d'Étienne étaient incapables de répondre aux arguments qu'il leur opposait. Dans la troisième partie du récit, après qu'Étienne eut prononcé son grand discours, la réaction hostile des assistants est mentionnée à deux reprises (7,54 et 57). On lit deux fois qu'il était lapidé par les Juifs (7,58a et 59a). Ces doublets obligent à poser le problème de l'unité littéraire du récit.

Par ailleurs, en 7,57, la conduite des membres du Sanhédrin est étrange: ils se précipitent tous ensemble sur Étienne pour le conduire au lieu de la lapidation. Une telle manifestation de fureur s'expliquerait mieux dans le cadre d'une émeute populaire que de la part de membres du Sanhédrin réunis en séance officielle.

On en vient alors à la conclusion suivante: le récit actuel du martyre d'Étienne résulterait de la fusion de deux récits distincts. Dans l'un des récits, le plus ancien, Étienne aurait été lapidé au cours d'une émeute populaire; selon le

---

[1] Loisy a bien vu qu'il y avait là au moins un doublet; il écrit à propos du v. 11: «Ce qu'on lit ici signifie la même chose que l'accusation formelle qu'on dira plus loin (vv. 13-14) avoir été portée contre Étienne devant le sanhédrin. L'accusation est donc anticipée, et elle fait doublet avec la suivante, tout comme "les hommes subornés" font double emploi avec "les faux témoins" dont on va parler» (p. 309).

plus récent, il aurait été lapidé après avoir comparu devant le Sanhédrin.[1] C'est l'hypothèse que nous allons nous-mêmes reprendre en l'étayant d'arguments nouveaux et en l'adaptant à notre théorie générale concernant la composition des Actes.

A) LE RÉCIT PROPREMENT DIT

1. Reconstitution du récit du Document P

a) Nous avons dit plus haut que nombre de commentateurs admettaient l'existence d'un récit primitif selon lequel Étienne aurait été lapidé au cours d'une émeute populaire, et non à la suite d'un procès devant le Sanhédrin. Or les ressources de la critique textuelle viennent appuyer cette hypothèse. En 7,57, selon le TA (seul connu des commentateurs[2]), ce sont les membres du Sanhédrin qui se précipitent sur Étienne pour l'entraîner hors de la ville et le lapider. Mais on lit dans le TO: «Mais le peuple, ayant entendu cela, cria à pleine voix... et ils se précipitèrent tous sur lui...» Il n'est plus question des membres du Sanhédrin, mais du peuple. Le TO a donc gardé un écho du récit primitif selon lequel Étienne aurait été lapidé au cours d'une émeute populaire. Dans le cadre de cette émeute populaire, il n'était plus question pour Étienne de prononcer un long discours, lequel se situe d'ailleurs dans la perspective de la comparution devant le Sanhédrin (7,1ss). Au niveau du récit primitif, 7,57 devait donc faire suite à 6,11 puisque, dès 6,12, on nous dit qu'Étienne est mené devant le Sanhédrin: si le

---

[1] Depuis le début du siècle, la plupart des commentateurs admettent qu'il y eut un récit primitif selon lequel Étienne aurait été lapidé au cours d'une émeute populaire. Mais ils se divisent en deux tendances pour expliquer le récit actuel. Selon les uns, ce récit aurait été amplifié par l'auteur des Actes, qui aurait ajouté tout ce qui concerne la comparution devant le Sanhédrin (B. Weiss, pp. 113ss; Wellhausen, p. 14; Trocmé, p. 186). Selon les autres, l'auteur des Actes aurait fusionné ce récit primitif avec un autre récit, plus récent, selon lequel Étienne aurait été lapidé après avoir comparu devant le Sanhédrin (Feine, p. 186; Spitta, pp. 96ss; Jüngst, pp. 67ss; Goguel, p. 194; Bauernfeind, p. 108). Notre position rejoint l'une et l'autre de ces deux tendances. Outre les commentaires, on pourra se référer à: H.W. SURKAU, *Martyrien in jüdischer und frühchristlicher Zeit* (FRLANT, 54), 1938, pp. 105-119. - J. BIHLER, *Die Stephanusgeschichte im Zusammenhang der Apostelgeschichte*. München, 1963. - M.-É. BOISMARD, "Le martyre d'Étienne", dans RSR 69 (1981) 181-194. - De façon curieuse, Loisy (pp. 308ss) donne la comparution devant le Sanhédrin comme récit primitif, le lynchage par la foule comme remaniement du rédacteur. - L'unité du récit a été défendue récemment par E. RICHARD, *Acts 6,1-8,4. The Author's Method of Composition* (SBL, Diss. ser. 41). Missoula, 1978.

[2] Lorsque nous écrivions l'article cité à la note précédente, nous n'avions pas tenu compte non plus des particularités du TO en 7,57.

peuple en fureur va lapider Étienne (7,57ss), c'est parce que le bruit court qu'il aurait blasphémé contre Moïse et contre Dieu (6,11).

b) Le récit du Document P devait commencer dès le v.8. Nous avons vu en effet, en donnant le sens du récit, que ce v. 8 se situe dans le prolongement exact de la scène que nous lisons en 4,29-31.33, composée par l'auteur du Document P. On notera que, en 4,30, on a la séquence "signes et prodiges", comme ici dans le TO; c'est Act II qui a donc ici conservé le plus fidèlement le texte primitif.

c) Le v. 9 remonte aussi pour l'essentiel au Document P, car il est nécessaire à l'intelligence du récit; mais il semble surchargé. Après la mention des gens de la synagogue des "Affranchis", le style change: «et d'autres Cyrénéens et d'Alexandrie et de Cilicie et d'Asie» (TO). Par ailleurs, ce complément de nomenclature est exprimé de façon très différente dans le TA. Une telle liberté vis-à-vis de ses sources est caractéristique de Act III lorsqu'il reprend un texte ajouté par Act II. Nous pensons donc que c'est Act II qui a complété la liste des gens qui s'opposent à Étienne, mais de façon un peu maladroite; cette liste fut ensuite littérairement remaniée par Act III: tout est mis au génitif pluriel.

d) Au v. 10, nous avons dans Act II (TO) un doublet évité par Act III (TA): d'une part "Ils ne pouvaient pas s'opposer à la sagesse et à l'Esprit qui le faisait parler", et d'autre part "donc, ne pouvant pas regarder en face la vérité". Act II a conservé ici les textes parallèles du Document P et de Act I. On attribuera au Document P le premier de ces deux textes, mais sous la forme qu'il a dans le TA. Il correspond en effet à 6,3, un texte du Document P où il est dit qu'il faut rechercher dans la communauté des hommes "remplis d'Esprit et de sagesse..." Notons que ce texte de 6,10a est archaïque puisqu'il fut repris en Lc 21,15 et combiné avec le texte d'une autre tradition:

Lc 21,15	Act 6,10 (TA)
Car je vous donnerai un langage	
et une sagesse	
à laquelle ne pourront pas	et ils ne pouvaient pas
s'opposer	s'opposer
	à la sagesse...
ou contredire	
tous ceux qui s'opposeront à vous	

Les doublets du texte de Lc sont l'indice qu'il mêle deux traditions différentes, dont l'une est précisément le texte de Act 6,10.

On attribuera alors à Act I la fin du v. 10 du TO "donc, ne pouvant pas regarder en face la vérité".

e) Le v. 11 contient la première des trois accusations lancées contre Étienne. Elle provient sans aucun doute du texte du Document P puisque la deuxième (6,13b) et la troisième (6,14) rentrent dans la perspective de la comparution devant le Sanhédrin.

f) La suite du récit du Document P se trouve maintenant rejetée en 7,57 (TO), comme nous l'avons dit plus haut: on accuse Étienne d'avoir blasphémé Dieu et Moïse (6,11); en entendant cela, le peuple entre en fureur contre Étienne (7,57). Act I a gardé un écho du récit primitif en 6,12: «Ils ameutèrent le peuple...» Mais dans son récit le peuple, accompagné par les Anciens et les scribes, n'a plus pour rôle que de mener Étienne devant le Sanhédrin.

Dans ce verset 57, toutefois, il faut omettre du récit du Document P la phrase "et ils se bouchaient les oreilles". Ce jeu de scène se rattache au v. 56: les Sanhédrites se bouchent les oreilles pour ne pas entendre la parole d'Étienne qu'ils tiennent pour un blasphème. Le verbe au pluriel "ils se bouchaient" est d'ailleurs difficile après la phrase au singulier "mais le peuple... cria à pleine voix". En revanche, la dernière phrase du verset "et ils se précipitèrent tous sur lui" supporte bien le pluriel, étant donné la présence du pronom "tous" (absent du TA).

Pour le Document P on obtient donc ce texte: «Mais le peuple, ayant entendu cela, cria à pleine voix ( ) et ils se précipitèrent tous sur lui.»

g) Aux vv. 58-59, on trouve une reprise rédactionnelle: "ils le lapidaient" (v. 58), et "et ils lapidaient Étienne".[1] Nous sommes en présence d'une insertion faite par Act III, comme nous le verrons en étudiant son récit. Le texte du Document P passait donc du v. 58a au v. 59b : «Et l'ayant traîné hors de la ville, ils le lapidaient ( ) priant et disant: Seigneur Jésus, reçois mon esprit.» Après cette parole d'Étienne, le v. 60a est hors de situation. On passera donc immédiatement au v. 60b: «Et, ayant dit cela, il s'endormit.» On obtient un texte qui a même structure qu'en Lc 23,46, à propos de Jésus: «Et, ayant clamé à grande voix, Jésus dit: "Père, entre tes mains je remets mon esprit." Et ayant dit cela, il expira.»

h) Il ne semble pas que la mention de l'ensevelissement d'Étienne, en 8,2, puisse se rattacher au récit du Document P. Avec hésitation, nous l'avons attribué à Act III.

2. Le récit de Act I

Act I reprend sans modifications appréciables le début de ce récit (6,8-9) ainsi que sa conclusion (7,57-58a.59b.60b). Il va toutefois le transformer et

---

[1] Il ne s'agit donc pas là d'un doublet indiquant l'utilisation de deux sources différentes.

l'amplifier de façon assez considérable. Étienne n'est plus lapidé au cours d'une émeute populaire, mais à la suite d'une comparution devant le Sanhédrin (6,12.13b); cette comparution lui donne l'occasion de prononcer un long discours (7,1ss) dont nous avons vu l'utilité pour Act I. Nous allons essayer de reconstituer le récit de Act I en éliminant les gloses de Act II et de Act III.

a) Le récit actuel contient trois accusations contre Étienne: selon la première, du Document P, il aurait blasphémé contre Moïse et contre Dieu (6,11); selon la deuxième, de Act I, il aurait parlé contre le saint Lieu et contre la Loi (6,13b); selon la troisième, il aurait rapporté une parole de Jésus annonçant la destruction du Temple et le changement des coutumes remontant à Moïse (6,14). Cette troisième accusation, avec le v. 13a, décalque les accusations portées contre Jésus selon Mc 14,57-58:

Act 6	Mc 14
13a et ils présentèrent de faux témoins disant: ( )	57 et certains, s'étant levés, témoignaient à faux contre lui disant:
14 «Nous l'avons entendu dire que Jésus le Nazôréen, celui-ci détruira ce Lieu...»	58 «Nous l'avons entendu dire: Moi je détruirai ce Temple...»

Cet emprunt aux récits de Mc dénote la main de Act II.

b) Pour faire le lien entre 6,12 et 6,13b, il suffit de remplacer, au v. 13b, l'accusatif λέγοντας par le nominatif λέγοντες. La construction de la phrase serait alors analogue à celle qui se lit en 18,12-13: ἤγαγον αὐτὸν ἐπὶ τὸ βῆμα λέγοντες (Le TO est un peu différent, mais offre même structure littéraire).

c) Le v. 15 doit être maintenu au niveau de Act I. Au début du verset, en effet, le verbe ἀτενίζειν est construit, avec εἰς et l'accusatif dans le TA, avec un simple datif dans le TO. Or la première construction est propre aux textes du Document P (3,4 TO) ou de Act I (1,10; 7,55; 13,9)[1], tandis que la seconde se lit aussi bien au niveau de Act III (3,12; 10,4 TA) qu'à celui de Act II (14,9; 23,1). Il est impensable que, ici, Act III ait changé le simple datif en εἰς suivi de l'accusatif. Nous sommes devant un texte de Act I. Si ce v. 15 est de Act I, il est d'ailleurs plus facile d'expliquer les divergences entre TO et TA: Act III a conservé le texte court de Act I, tandis que Act II l'a amplifié en finale. L'inverse serait plus difficile à justifier.

---

[1] En 3,4 (TA), Act III a la première construction, mais reprise du texte du Document P.

d) Nous avons vu que Act II avait ajouté les vv. 13a.14, repris de Mc 14,57-58: Étienne a colporté la parole de Jésus annonçant qu'il détruirait le Temple. On serait alors tenté d'attribuer aussi à Act II les vv. 55-56 du chapitre 7, qui semblent reprendre la parole de Jésus devant le Sanhédrin: «Vous verrez le Fils de l'homme assis à la droite de la Puissance» (Mc 14,62). Mais le thème est différent: en Mc 14,62, l'insistance est sur le Ps 110,1, avec l'expression "assis à la droite". En Act 7,56, Étienne voit le Fils de l'homme debout à la droite de Dieu, dans la ligne plutôt de Dan 7,13: le Fils d'homme arrive jusqu'à l'Ancien des Jours[1]. Par ailleurs, Act 7,55-56 fait certainement référence à la conclusion de l'épisode de l'ascension selon Act I. La formule "ayant regardé fixement vers le ciel" reprend celle de 1,10 "Et comme ils regardaient fixement vers le ciel". Étienne voit le Fils de l'homme arrivé au ciel, selon le scénario décrit en 1,9-10.

e) Au v. 57, Act I supprime du texte du Document P la mention du peuple, dont le rôle n'est plus que de conduire Étienne devant le Sanhédrin (6,12). En revanche, il ajoute la phrase "et ils se bouchaient les oreilles", qui rappelle la séance devant le Sanhédrin: les membres de cette assemblée ne veulent pas entendre le blasphème qu'Étienne était censé avoir prononcé. Le texte de Act I fut donc repris intégralement par Act III (TA). Notons que Act II a complété le texte de sa source principale, le Document P, en insérant de façon assez maladroite la phrase "et ils se bouchaient les oreilles".

3. Quelques retouches dues à Act II

Au v. 10, en fusionnant les textes du Document P et de Act I, Act II les a complétés. Après la mention de la sagesse (Document P), il ajoute "qui était en lui" (TO); la structure ainsi obtenue a son équivalent dans le TO en 13,15: «S'il y a quelque sagesse en vous.»

À la fin de ce verset 10, il ajoute la phrase "du fait qu'ils étaient réfutés par lui en toute assurance", attestée par le seul TO. On comparera avec Tit 2,15: «réfute en toute autorité»; ce verbe est spécialement fréquent dans les épîtres pastorales (1 Tim 5,20; 2 Tim 4,2; Tit 1,9.13).

4. Une addition de Act III

Il faut attribuer à Act III l'addition des vv. 58b-59a. L'insertion est rendue sensible par la reprise rédactionnelle "ils le lapidèrent" (v. 58a) - "ils lapidèrent Étienne" (v. 59a). Selon Act III, Paul lui-même révèlera sa présence au cours du martyre d'Étienne lorsqu'il racontera à nouveau sa conversion sur le chemin de Damas (22,20). Ici, le v. 58b prépare la déclaration que Paul fera en 22,20.

---

[1] Ce point a bien été noté par J. Dupont dans la BJ, note sur 7,56.

Comme 22,20 ne peut être que de Act III, il faut attribuer au même auteur l'insertion des vv. 58b-59a.

B) LE DISCOURS D'ÉTIENNE

Nous avons vu que, pour composer ce discours, Act I avait réutilisé la partie centrale d'un Document Johannite centré sur le thème de la promesse faite par Dieu à Abraham de lui donner, à lui et à sa descendance, la terre de Canaan. Exception faite d'un certain nombre de retouches que nous préciserons plus loin, le texte de ce Document J s'étend du v. 2b au v. 34. À partir du v. 35, nous rejoignons la section ajoutée par Act I. Essayons de préciser la teneur du texte de Act I en éliminant les additions faites par Act III et par Act II.

BA) L'ACTIVITÉ LITTÉRAIRE DE ACT III

1. La citation de Am 5,25-27 (vv. 42-43)

En conclusion du rappel de l'épisode du veau d'or, Act III a ajouté les vv. 42-43, qui forment un tout. Cet ensemble contient la longue citation d'Am 5,25-27. Jusqu'ici, Act I ne nous avait pas habitué à de telles citations formelles de l'AT alors qu'elles sont fréquentes aux niveaux de Act II et de Act III. Par ailleurs, cette citation est introduite par la formule "comme il est écrit au livre des prophètes" (καθὼς γέγραπται ἐν βίβλῳ προφητῶν). Or nous avons déjà rencontré une formule analogue en 1,20, un texte de Act III: «Car il est écrit au livre des psaumes» (γέγραπται γὰρ ἐν βίβλῳ ψαλμῶν). L'expression "il est écrit au livre de..." ne se lit ailleurs dans le NT qu'en Lc 3,4. On attribuera donc les vv. 42-43 à Act III plutôt qu'à Act II. À son habitude, il a voulu accentuer la culpabilité des Juifs.

2. La culpabilité des Juifs

a) Il faut attribuer aussi à Act III l'addition du v. 52: «Combien de prophètes vos pères n'ont-ils pas persécuté? Et ils ont tué ceux qui annonçaient à l'avance touchant la venue du Juste envers lequel vous êtes devenus des traîtres et des meurtriers.» Il existe un lien certain entre ce texte et celui qui se lit en 3,14-15a.18: «Mais vous, le Saint et le Juste, vous (l') avez renié et vous avez demandé qu'un meurtrier vous soit donné en grâce mais l'auteur de la vie, vous (l')avez tué... Mais Dieu, ce qu'il avait annoncé à l'avance par la bouche de tous les prophètes, que son Christ souffrirait, il (l')a aussi accompli...» De tous ces mots communs aux deux passages, on notera spécialement: l'adjectif substantivé "le Juste" (ὁ δίκαιος), pour désigner Jésus, qui ne se lit ailleurs qu'en Act 22,14; le substantif "assassin" (φονεύς), ailleurs seulement en 28,4; et le verbe "annoncer à l'avance" (προκαταγγέλλειν), nulle part ailleurs dans le NT. De ces trois mots rares communs aux deux passages, les deux derniers se trouvent dans des amplifications d'un texte du Document P dues à Act II (v. 18) et à Act III (vv. 14b-15a). Act II avait ajouté les vv. 17-18 pour excuser les Juifs du meurtre de Jésus; Act III avait au contraire augmenté leur culpabilité en ajoutant les vv. 14b-15a. Le présent passage insiste lourdement sur la culpabiblité des Juifs; il doit donc être de Act III.

b) Ces remarques nous invitent à poser le problème des vv. 23-29. Dans un ensemble très irénique, ils donnent une note polémique contre les Hébreux qui annonce déjà les développements que l'on trouvera à partir du v. 35 et surtout du v. 39. D'autre part, ils sont encadrés par ce qui pourrait être une reprise rédactionnelle: la mention de l'achèvement d'une période de quarante années, aux vv. 23a et 30a. On notera encore le thème exprimé aux vv. 25-29: les Hébreux ne comprirent pas que Moïse devait leur apporter le salut; bien au contraire, ils l'accusèrent d'être un meurtrier et ils l'obligèrent à fuir pour ne pas être lui-même mis à mort. On pourra comparer ce thème à celui qui fut ajouté par Act III en 3,14b-15a: «Vous avez demandé qu'un meurtrier vive et vous soit donné en grâce mais l'auteur de la vie, vous l'avez tué.»

Rien de ceci ne serait décisif pour attribuer ces versets à Act III. Mais une remarque d'ordre stylistique va emporter notre conviction. Nous avons noté plus haut la reprise rédactionnelle constituée par les vv. 23a et 30a. Analysons alors le v. 23. Dans le TO comme dans le TA, il commence par ces mots: ὡς δὲ ἐπληροῦτο αὐτῷ τεσσερακονταετής χρόνος. Pour dire "quarante ans", la formule habituelle des Actes est ἔτη τεσσεράκοντα (4,22; 7,30.36.42; 13,21), qui est celle de la Septante. On ne trouve τεσσερακονταετής, en un seul mot, qu'en 13,18, et dans le seul TA, le TO ayant la formule habituelle. Comparons TA et TO en 13,18:

TA: καὶ ὡς τεσσερακονταετῆ χρόνον ἐτροποφόρησεν
TO: καὶ ( ) ἔτη τεσσεράκοντα ( ) ἐτροφοφόρησεν

Le TA nous donne en 13,18 le texte de Act III, avec son style inhabituel. C'est exactement le style que l'on a en 7,23, y compris l'addition du substantif χρόνος. On peut alors penser que Act III est l'auteur de la reprise rédactionnelle (inversée) qui se lit aux vv. 23a et 30a. C'est donc lui qui a ajouté les vv. 23-29 au discours primitif.

BB) L'ACTIVITÉ LITTÉRAIRE DE ACT II

1. L'inutilité du Temple de Jérusalem

a) Aux vv. 44-50, nous avons un long développement sur la construction du Temple de Jérusalem et son inutilité relative. Cette section, de tonalité très irénique, ne motive en aucune manière les violentes invectives d'Étienne contre les membres du Sanhédrin, aux vv. 51-53. En revanche, nous l'avons vu en donnant le sens du récit, ces invectives, reprises de l'AT, se rattachent étroitement à l'épisode du veau d'or mentionné aux vv. 40-41. Il faut en conclure que ces vv. 44-50 constituent un ajout dans le texte de Act I.

b) Quelques indices littéraires permettent d'attribuer cet ajout à Act II. Au v. 48, l'argument selon lequel Dieu "n'habite pas dans ce qui est fait de main d'hommes" sera repris en 17,24 à propos des temples païens, un texte qui, dans notre perspective, ne peut être que de Act II. - Au v. 46, la formule "il trouva grâce devant (Dieu)" (εὗρεν χάριν ἐνώπιον τοῦ θεοῦ) est reprise de l'AT (cf. Gen 6,8) où elle revient fréquemment avec, dans la Septante, la préposition ἐναντίον (Gen 18,3; 30,27; 32,6; etc.). Elle traduit la formule מצא חן בעיני. Une telle imitation du style de la Septante convient bien à Act II. Par ailleurs, la même formule aura son équivalent en Act 28,16 (TO), un texte de Act II, et en Lc 1,30, dans l'évangile de l'enfance. - Enfin, au v. 48, la citation de Is 66,1-2 est introduite par la formule "comme dit le prophète". On comparera avec les formules utilisées en 2,16.25.34, toutes de Act II.

2. La citation de Ex 3,12 au v. 7b

Ce passage sur le Temple a pour but de répondre à une des critiques faites à Étienne en 6,14: il aurait colporté une parole de Jésus contre le saint Lieu, c'est-à-dire contre le Temple. On notera l'insistance sur le thème du "lieu", à la fin de la citation d'Isaïe, qui forme le nœud de l'argumentation. Dans ces conditions, on peut penser que, en 7,7b, la citation aberrante de Ex 3,12 est une addition de Act II. En introduisant cette citation, il a en effet changé "montagne" en "lieu" pour préparer le thème de l'inutilité du Lieu par excellence.

3. La citation de Ex 3,5 au v. 33

De même, au v. 33, nous avons une citation de Ex 3,5 : «Dénoue la sandale de tes pieds car le lieu où tu te tiens est une terre sainte.» Mais cette citation est déplacée par rapport à son contexte de l'Exode. Puisqu'elle contient le thème du "lieu", il est vraisemblable qu'elle fut ajoutée par Act II.

4. La citation de Deut 18,15.18 au v.37

Cette citation de Deut 18,15.18 a exactement même formulation littéraire que celle qui se lit en Act 3,22, une formulation littéraire propre au livre des Actes. Toutes deux furent composées par le même auteur. Mais nous avons attribué celle de 3,22 à Act II. Il doit en être de même de celle qui se lit en 7,37. Nous avons vu d'ailleurs, en donnant le sens du discours, que cette citation du Deutéronome répondait fort bien aux intentions de Act II.

D'après les analyses précédentes, on peut conclure que Act I a repris du Document Johannite les vv. 2b-34, moins les deux interpolations faites par Act II et la longue insertion due à Act III, et il y a ajouté les vv. 35-36; 38-41, puis 51 et 53 qui préparent la violente réaction des Sanhédrites notée au v. 54.

XII. L'ÉVANGÉLISATION DE LA SAMARIE
(8,1-25)

Dans ce passage, les vv. 1-4 sont formés d'une mosaïque de textes allant du Document P à Act III; nous en ferons l'inventaire plus loin. Les vv. 5-25 contiennent le récit de l'évangélisation de la Samarie par Philippe. Le récit primitif, remontant au Document P, ne racontait que l'évangélisation proprement dite d'une ville de Samarie, aux vv. 5-8. Act I n'avait pas repris ce récit. Act II ajouta l'envoi de Pierre et de Jean pour conférer l'Esprit aux nouveaux convertis (vv. 14-15a; 17; 25) et inséra l'épisode de Simon le Mage (vv. 9-12; 18-24). Act III compléta le récit de Act II en introduisant un certain nombre de gloses.

A) LES VERSETS 1 À 4

1. Le v. 1a, un ajout de Act III

Au début du récit (v. 1a), Act III a ajouté la phrase "Quant à Saul, il approuvait ce meurtre", qui se réfère à la présence de Paul lors de la lapidation d'Étienne (7,58b). Mais nous avons vu que ce texte avait été ajouté par Act III afin de préparer le discours que, selon lui, Paul tiendra devant la foule ameutée par les Juifs d'Asie (22,1ss). Il faut en dire autant de 8,1a dont on trouve un écho dans ce même discours de Paul; il leur dira, entre autres: «Et lorsqu'était versé le sang d'Étienne, ton témoin, moi aussi j'étais présent et approuvant et gardant les manteaux de ses meurtriers» (22,20). On notera que le verbe "approuver" (συνευδοκεῖν) ne se lit qu'en 8,1 et 22,20 dans les Actes (cf. Lc 11,48). Puisque tout le discours de Paul au chapitre 22 est de Act III, il faut lui attribuer aussi la rédaction de la phrase qui constitue le début de 8,1.

2. Le v. 1b, un texte du Document P

Il faut attribuer au Document P le v. 1b concernant l'épreuve qui s'est abattue sur l'église de Jérusalem, entraînant la dispersion des chrétiens, à l'exception des apôtres. Il forme l'introduction du récit de l'évangélisation de la Samarie par Philippe (8,5ss), dont le noyau central est du Document P, comme on le verra.

3. Le v. 2, un ajout de Act III

Le v. 2 donne un complément au récit de la mort d'Étienne en mentionnant son ensevelissement. Il s'agit sans aucun doute d'un ajout. On l'attribuera difficilement à Act II. Dans le récit d'Ananie et de Saphire, l'ensevelissement de ces deux personnages est fait par des "jeunes gens" qui, semble-t-il, formaient un groupe spécial dans l'église dont l'une des fonctions était la sépulture des chrétiens (5,6.10). Ici, Étienne fut enseveli par "des gens pieux"; cette expression, propre aux Actes, ne se lit ailleurs que dans des textes de Act III (2,5; 22,12).

4. Le v. 3, un texte de Act I

Le v. 3 formait le début du récit de la conversion de Paul au niveau de Act I, comme nous le montrerons en analysant ce récit. Et comme cet auteur n'avait pas repris les récits du Document P concernant l'activité apostolique de Philippe: évangélisation de la Samarie (8,5ss) et conversion de l'eunuque de la reine Candace (8,26ss), il plaçait le récit de la conversion de Paul aussitôt après celui de la lapidation d'Étienne. Ce v. 3 est donc un organe témoin de la séquence primitive au niveau de Act I.

5. Le v. 4, un ajout de Act II

a) Le problème du v. 4 est plus complexe. Au début du verset, les mots "Ceux donc qui avaient été dispersés" forment une sorte de reprise rédactionnelle par rapport au v. 1b "...et tous furent dispersés". Ils doivent donc être de Act II et non du récit primitif. Cet auteur les auraient ajoutés en même temps que la précision "qui demeurèrent à Jérusalem" (fin du v. 1, TO). On notera que le v. 5, qui commence le récit du Document P, se rattache fort bien au v. 1b, du même Document; et dans cette séquence du Document P, le v. 4 apparaît comme un élément inutile. Par ailleurs le récit de l'évangélisation d'Antioche (11,19ss) commence par une phrase identique à celle qui se lit en 8,4a: «Ceux donc qui avaient été dispersés passèrent...» (οἱ μὲν οὖν διασπαρέντες διῆλθον). Mais nous verrons que 11,19 fut ajouté par Act II au début de ce récit. Il y a donc de fortes chances pour que ce soit lui aussi qui ait ajouté 8,4 au début du récit de l'évangélisation de la Samarie. Il a voulu établir un parallèle entre les deux récits tout en les rattachant à la persécution qui suivit le martyre d'Étienne[1].

b) Mais comment expliquer alors les divergences entre le TO et le TA? La forme littéraire du TA, plus simple et plus proche de celle qui se lit en 11,19, semble plus primitive et donnerait donc le texte de Act II. Mais comment justifier alors le TO? En fait, la variante "traversant... évangélisaient..." ne se lit que dans une citation d'Augustin; elle ne mérite pas d'être retenue. Quant aux mots "par villes et villages", ils pourraient avoir été ajoutés dans le seul TO[2] par influence à la fois du v. 1b et de Lc 13,22. En fait, le TO primitif devait avoir exactement même teneur que le TA.

B) L'ÉVANGÉLISATION DE LA SAMARIE

1. Le problème des vv. 6-7

Les vv. 6-7 posent deux problèmes difficiles qu'il nous faut examiner en premier. D'une part, le v. 6 est rédigé de façon très différente dans le TO et dans le TA. D'autre part, le v. 7 donne une construction impossible en grec et semble corrompu. Voyons d'abord le second de ces problèmes.

a) Si l'on admet la restitution que nous avons proposée, le v. 7 n'offre aucune difficulté dans le TO; le texte présente une grande ressemblance avec celui de Lc 4,41: «Or, même des démons sortaient de beaucoup (de gens), criant et disant...» On aurait peut-être aussi un écho de Lc 6,18: «et ceux qui étaient tourmentés par des esprits impurs étaient guéris» (cf. Act 5,16). Dans le TA, les vv. 6b-7 sont parallèles à Lc 6,18, mais avec une harmonisation sur le TO qui en rend le sens impossible[2]. Voici les trois textes mis en parallèle:

Lc 6,18	Act 8,6b-7 (TA)	Act 8,6b-7 (TO)
qui étaient venus l'écouter	du fait qu'ils entendaient,	
et se faire guérir de leurs	et voyaient les signes	ayant vu les signes
maladies;	qu'il faisait;	qu'il faisait;
et ceux	car beaucoup	car, de beaucoup,
qui étaient tourmentés	de ceux qui avaient	
par des esprits impurs	des esprits impurs	des esprits impurs
	criant à pleine voix	criant à pleine voix

---

[1] Cf. Trocmé (p. 184): «Quant aux deux notices de 8/4 et 11/19, elles sont trop étroitement liées à 8/1 b pour qu'on puisse y voir autre chose que des chevilles créées par Luc pour assurer la cohésion de son récit.»

[2] Cf. É. Delebecque (p. 63, en note): «...mais le nominatif πολλοί du texte court est inacceptable chez Luc.»

	sortaient,	sortaient,
	et beaucoup de para-	et beaucoup de para-
	lytiques et d'infirmes	lytiques et d'infirmes
étaient guéris.	furent guéris.	étaient guéris.

Il est clair que, dans le TA de 8,7, les mots que nous avons placés en retrait proviennent du TO et rendent impossible une traduction correcte du texte grec: ce ne sont pas ceux qui avaient des esprits impurs qui sortaient! Comment s'est faite cette contamination du TA par le TO? Il semble difficile de l'attribuer à Act III, et nous verrions plutôt ici une harmonisation faite par un scribe maladroit.

b) Le deuxième problème est d'expliquer pourquoi le TO diffère tant du TA aux vv. 6 et 7. Voici l'hypothèse que nous proposons. Dans le TA, le v. 6b offre une difficulté d'interprétation: comment comprendre l'expression ἐν τῷ ἀκούειν αὐτούς? Beaucoup de commentateurs interprètent le verbe au sens, non pas de "entendre" directement, mais de "entendre dire". La plupart des traductions françaises modernes le rattachent alors à ce qui suit: les gens s'attachent à ce que dit Philippe parce qu'ils <u>entendent parler</u> des signes qu'il accomplit, et parce qu'ils les <u>voient.</u> En d'autres termes, les uns en entendent parler, les autres les voient eux-mêmes. Mais le parallèle avec Lc 6,18 indique qu'il faut rattacher l'expression à ce qui précède: c'est le fait d'entendre directement la prédication de Philippe qui entraîne l'adhésion des gens, autant que la vue des miracles. Le texte de Act II le dit clairement: «Alors qu'ils écoutaient, les gens se laissaient persuader par ce qui était dit par lui, ayant vu les signes qu'il faisait.» Nous pensons donc que, aux vv. 6 et 7 (corrigé), le TA nous donne le texte du Document P, conservé par Act III. Le TO nous donne le texte de Act II, lequel a voulu enlever l'ambiguïté du texte du Document P au v. 6, en se référant à Lc 6,17-18.

Pourquoi a-t-il aussi voulu corriger le v. 7, en s'inspirant de Lc 4,41? Il est plus difficile de répondre. Nous ne ferons ici qu'une suggestion. En mentionnant la guérison des "paralytiques et infirmes" Act II aurait voulu rapprocher les guérisons accomplies par Philippe de celles que fait Pierre: il guérit d'abord un infirme (3,1ss), puis il guérira un paralytique (9,33,ss).

2. L'activité littéraire de Act III

a) Les vv. 10 et 11 contiennent une reprise rédactionnelle constituée par les mots "à lui s'attachaient" (ᾧ προσεῖχον) et "Ils s'attachaient à lui" (προσεῖ-χον δὲ αὐτῷ). Act III a donc ajouté au texte de Act II le v. 10b "en disant: C'est la Puissance de Dieu, la Grande"[1]. Mais d'après le parallèle de 5,36, lu dans le TA

---

[1] Cet ajout est couramment reconnu par les commentateurs.

(= Act III), nous avons ici une reprise rédactionnelle inversée et il faut laisser au texte primitif de Act II le deuxième terme de la reprise, lu au v. 11a "Ils s'attachaient à lui".

Après cette addition, Act III a cru bon d'ajouter au v. 11 l'expression "par ses tours de magie" (ταῖς μαγείαις), afin de rappeler que Simon "exerçait la magie" (μαγεύων), comme cela est dit au v. 9, maintenant situé trop loin.

b) À l'addition du v. 10b est liée celle du v. 13: Simon s'attache à Philippe et il s'émerveillait en voyant les miracles accomplis par lui. Pour désigner ces miracles, au lieu de la formule habituelle "signes et prodiges" (σημεῖα καὶ τέρατα), nous avons "signes et puissances" (σημεῖα καὶ δυνάμεις). Le même changement se lisait en 2,22: tandis que le TO avait "signes et prodiges", le TA disait "puissances et signes"; cette dernière expression est donc de Act III. En 8,13, l'introduction de ce terme de "puissances" pour désigner les miracles doit être mise en relation avec ce que disent les gens à propos de Simon, selon Act III: «C'est la Puissance de Dieu, la Grande.» En donnant le sens du récit de Act III, nous avons vu l'intention ironique de Act III ajoutant ce verset.

c) Aux vv. 20 à 23, Pierre reproche à Simon d'avoir voulu acheter à prix d'argent le pouvoir de conférer aux hommes l'Esprit charismatique. Mais les vv. 20-21 ne semblent pas du même niveau rédactionnel que les vv. 22-23. Comme le note très justement E. Trocmé, après la "réponse foudroyante" de Pierre aux vv. 20-21, «les vv. 22-24 ont les apparences d'une addition de l'auteur *ad Theophilum*, qui, considérant Simon comme chrétien, aura spécifié que la voie de la repentance lui restait ouverte.»[1] Nous voyons toutefois l'évolution des textes de façon différente. Nous maintenons au niveau de Act II les vv. 20a (la formule d'introduction), 21b-22 et 24c (TO). Cet auteur en effet a bon coeur et cherche toujours à excuser les gens. Act III en revanche manifeste une attitude plus rigide et c'est lui qui aurait ajouté les versets "durs" qui condamnent Simon "à la perdition" définitive (vv. 20-21a). Il faut aussi lui attribuer le v. 24 (TA), avec les mots "afin que rien n'arrive sur moi de ce que vous avez dit", qui renvoient aux dures paroles des vv. 20-21. Disons aussi que Act III a ajouté, au v. 22, les mots "et prie le Seigneur", attestés dans le seul TA: pour lui, le repentir ne suffirait pas à obtenir le pardon de Dieu; il faut surtout que Dieu lui-même se montre bien disposé grâce à notre prière. C'est toujours la tendance "dure" qui prévaut. Pour Act II au contraire, le repentir suffit à nous obtenir le pardon de Dieu (Lc 24,47; Act 3,19).

Act III estompe enfin l'idée d'un "repentir" de Simon en éliminant de son récit la fin du v. 24 (TO) "il ne cessait de pleurer beaucoup" (cf. Lc 22,62).

---

[1] P. 183.

d) Il faut enfin attribuer à Act III l'insertion des vv. 15b-16 précisant que les gens de Samarie avaient été baptisés sans recevoir l'Esprit. Cette glose explicative à l'intention du lecteur, bien dans la manière de Act III, est indiquée par la reprise rédactionnelle constituée par les mots "ils priaient sur eux afin qu'ils reçussent l'Esprit saint" (v. 15b) et "ils leur imposaient les mains et ils recevaient l'Esprit saint" (v. 17). Mais nous avons encore ici une reprise inversée, en ce sens que c'est le v. 15b qui fut ajouté par Act III en même temps que le v. 16, tandis que le v. 17 serait de Act II (cf. 19,6).

3. Les additions de Act II

L'activité de Act II apparaît ici assez considérable. Il a ajouté au récit du Document P, non seulement tout ce qui concerne Simon le mage, comme le pensent certains commentateurs[1], mais encore les thèmes du baptême (v. 12) et du don de l'Esprit (vv. 14-15a.17), et la conclusion que forme le v. 25.

a) Commençons par les thèmes du baptême et du don de l'Esprit. Le thème du baptême apparaît au v. 12. Mais ce v. 12 ne fait que dédoubler le v. 6 du récit du Document P, précisément pour y introduire le thème en question. Il doit être d'un niveau rédactionnel plus récent, certainement celui de Act II qui a déjà montré son intérêt pour le baptême (1,5; 2,38.41). On notera la formule "annonçant ce qui touchait (τὰ περί) le royaume de Dieu", qui a son équivalent en 1,3, composé par Act II.
Ce thème du baptême était immédiatement suivi par celui du don de l'Esprit grâce à l'intervention de Pierre et de Jean (8,14-15a.17) puisque, nous l'avons dit plus haut, le v. 13 est un ajout de Act III. L'attribution de ce passage à Act II ne peut se prouver qu'en référence à des textes que nous étudierons plus tard. Au v. 14, la formule "recevoir la parole de Dieu" ne se lit ailleurs qu'en 11,1 et 13,48 (TO), deux passages qui ne peuvent être que de Act II[2]. Le rapprochement avec 11,1 est des plus significatif: ici, ce sont les apôtres qui, à Jérusalem, entendent dire que la Samarie a reçu la parole de Dieu; en 11,1, ce sont les apôtres et les frères de Judée qui entendent dire que les païens ont reçu la

---

[1] Cf. Bauernfeind, (p. 124), qui attribue au récit primitif, non seulement les vv. 5-8, mais aussi le v. 12. Goguel (pp. 200s) dit plus justement: «Faisons d'abord abstraction de ce qui concerne le magicien Simon. Les *versets 5 à 8* sont un petit tableau qui semble complet des succès de la prédication de Philippe. Le dernier trait "et il y eut une grande joie dans cette ville" a tout à fait l'allure d'une conclusion. On ne comprend pas comment ce n'est que plus tard - au *verset 12* - qu'est raconté le baptême des Samaritains.» Goguel souligne aussi le caractère "ecclésiastique" des vv. 14-17, qui les rapproche de 6,1ss sous sa forme actuelle. - En ce sens, voir encore Trocmé, p. 182.

[2] En 2,41a et 17,11, deux textes de Act I et de Act II, on a plus simplement "recevoir la Parole".

parole de Dieu. Malgré une formulation plus sémitique en 11,1, les deux passages doivent être du même auteur, Act II.

Aux vv. 15a.17, en faisant abstraction de l'addition faite par Act III, on obtient la séquence "qui, étant descendus, ( ) leur imposaient les mains et ils recevaient l'Esprit saint". Deux textes du Document P (6,6) et de Act I (13,3) sont proches de celui-ci; il y est aussi question d'imposition des mains. Mais ici, l'imposition des mains a pour effet de communiquer l'Esprit. En 6,6 et en 13,3, il n'est pas question de communiquer l'Esprit puisque ceux à qui on impose les mains le possèdent déjà; c'est explicite dans le premier texte d'après 6,3, et implicite dans le second puisque les gens en question sont déjà prophètes (v. 1), le don de prophétie étant communiqué par l'Esprit. En 6,6 et en 13,3, le rite de l'imposition des mains a simplement pour but de confier aux intéressés une mission déterminée, comme souvent dans l'AT. En fait, 8,17 doit être rapproché, non pas de 6,6 et de 13,3, mais de 19,6: Paul impose les mains aux disciples d'Éphèse qui avaient reçu simplement le baptême de Jean, et ils reçoivent l'Esprit. Ce sont les deux seuls textes des Actes où l'Esprit est explicitement communiqué par imposition des mains. Or, nous le verrons, 19,6 ne peut être que de Act II. On pourra rapprocher aussi de 9,17, un texte de Act II, où le lien entre l'imposition des mains et le don de l'Esprit est moins net, mais encore réel.

b) Beaucoup de commentateurs admettent que tout ce qui concerne les démêlés entre Pierre et Simon le mage ont été ajoutés au récit primitif. Nous tiendrons la même position puisque ces démêlés seraient incompréhensibles sans l'épisode de Pierre et de Jean qui confèrent l'Esprit.

c) Le v. 25 ne peut être que de Act II puisqu'il mentionne le retour des deux apôtres à Jérusalem.

XIII. PHILIPPE ET L'EUNUQUE
(8,26-40)

En 6,5, l'auteur du Document P avait introduit le personnage de Philippe. En 8,5-8, il nous l'a montré portant l'évangile dans une ville de Samarie. Il nous indique maintenant comment, grâce à ce personnage, l'ouverture de l'évangile aux non-Juifs se continue par la conversion d'un païen, l'eunuque de la reine Candace. Le présent récit, omis par Act I, fut très amplifié par Act II, qui ajouta en particulier: l'intervention de l'ange aux vv. 26-27a; le v. 28b, qui fait double emploi avec 30a; la citation de Is 53,7-8 aux vv. 32-34; tout le thème du baptême de l'eunuque aux vv. 36b-39a; enfin le v. 40b décrivant la venue de Philippe à Césarée. Act III a fusionné les textes du Document P et de Act II aux vv. 28-30.

A) LES ADDITIONS DE ACT II

1. L'intervention de l'ange (v. 26)

a) Au v. 26, l'ange du Seigneur donne l'ordre à Philippe de se rendre sur la route qui descendait de Jérusalem vers Gaza. Cette intervention d'un ange étonne dans ce récit puisque, au v. 29, c'est l'Esprit qui donnera ses ordres à Philippe, et au v. 39 (TA) c'est encore l'Esprit qui enlèvera Philippe d'auprès de l'eunuque. Or au v. 39, Act II (TO) substitue l'action d'un ange à celle de l'Esprit: ce n'est plus l'Esprit, mais un ange qui enlève Philippe. On peut donc le soupçonner d'avoir introduit le thème de l'ange qui donne un ordre à Philippe au v. 26. Effectivement, certains indices viennent confirmer cette hypothèse.

b) Nous avons vu que, dans le récit de la comparution des apôtres devant le Sanhédrin, au chapitre 5, Act II avait déjà introduit ce personnage de "l'ange du Seigneur" (comme ici) dans un récit de Act I où il n'était nullement question de lui: il ouvre les portes de la prison pour délivrer les apôtres et leur donne l'ordre d'aller prêcher dans le Temple (5,19). Le rapport entre 8,26 et 5,19 est assez clair, et l'on peut déjà conjecturer que 8,26 fut rédigé par Act II comme 5,19. On notera que l'expression "l'ange du Seigneur" revient plusieurs fois dans les évangiles de l'enfance, soit de Matthieu (1,20.24; 2,13.19), soit de Luc (1,11; 2,9). Ce contact avec l'évangile de l'enfance dénote la main de Act II.

c) Du point de vue littéraire, la parole de l'ange à Philippe a même formulation que la parole du Seigneur adressée à Ananie en 9,11, un texte que nous attribuerons avec quelque certitude à Act II:

8,26: ἀναστὰς πορεύθητι... ἐπὶ τὴν ὁδὸν τὴν καταβαίνουσαν
9,11: ἀναστὰς πορεύθητι ἐπὶ τὴν ῥύμην τὴν καλουμένην

8,26: t'étant levé, pars... sur la route qui descend...
9,11: t'étant levé, pars sur la rue qui est appelée...

C'est certainement la même main qui a écrit ces deux textes.

Pour ces raisons, nous pouvons penser que le v. 26 et le début du v. 27, qui lui est lié, furent ajoutés par Act II. Le récit du Document P commençait au v. 27 par les mots "et voici (qu')un homme..." (cf. Lc 23,50; et aussi 5,12.18; 19,2).

2. Le problème du v. 28b

Au v. 28b, nous apprenons que l'eunuque, assis sur son char, lisait le prophète Isaïe. Le même renseignement, sous une forme un peu différente, nous est donné au v. 30a. Sommes-nous en présence d'une reprise rédactionnelle? Il ne semble pas car le v. 29, dans lequel l'Esprit donne un ordre à Philippe, faisait certainement partie du récit primitif. Voici alors la solution que nous proposons. Le v. 28b ne se lisait pas au niveau du Document P et, au v. 28a, c'est Act III (TA) qui nous a conservé son texte: «Or il s'en retournait et (était) assis sur son char...» C'est seulement au v. 30a que, nous apprenait l'auteur du Document P, l'eunuque lisait un passage du prophète Isaïe. Act II a voulu rendre le texte plus logique et il a ajouté le v. 28b, en remaniant le style de tout ce v. 28 (TO). Act III a fusionné les deux textes, mais en prenant celui du Document P comme texte de base. Il a donc ajouté le v. 28b au texte du Document P, repris de Act II. Un détail littéraire le confirme. Au lieu d'écrire "Isaïe le prophète", comme Act II (TO; cf. 28,25), il préfère dire "le prophète Isaïe" (TA), comme en 2,16 (TA) il avait écrit "le prophète Joël".

3. La citation de Is 53,7-8 (vv. 32-33)

a) Act II a encore ajouté la longue citation de Is 53,7-8, faite d'après le texte de la Septante, qui se lit aux vv. 32-33 (complétés par le v. 34), ainsi que, au v. 35, les mots "commençant par cette Écriture", qui se rapportent à la citation. Aussitôt après cette citation, le v. 35 commence par ces mots: «Or Philippe, ouvrant sa bouche, ... annonça Jésus.» Dans une note de la BJ, J. Dupont commente ainsi les mots que nous avons soulignés: «Expression biblique pour annoncer une déclaration importante...; elle gêne ici, après la citation qu'on vient de lire (v. 32^b).»[1] La citation pourrait donc bien avoir été ajoutée à un texte qui ne la comportait pas, d'où la juxtaposition difficile de cette citation avec les mots qui commencent le v. 35.

b) L'attribution des vv. 32-34 et 35b à Act II est confirmée par les remarques littéraires suivantes. Aux vv. 32a et 35b, nous lisons le mot "Écriture" au singulier. Or il ne se lit sous cette forme qu'une seule fois ailleurs dans les Actes, en 1,16, un texte que nous avons attribué à Act II. Il est intéressant de comparer les formules:

1,16: τὴν γραφὴν ταύτην ἣν προεῖπεν
8,32: τῆς γραφῆς   ἣν ἀνεγίνωσκεν
8,35: ἀπὸ τῆς γραφῆς ταύτης

1,16: cette Écriture qu'il a dite à l'avance
8,32: de l'Écriture qu'il lisait
8,35: par cette Écriture

Par ailleurs, la formule du v. 35b "commençant par" est typique du style de Act II (Lc 24,47; Act 1,22; 10,37).

4. Baptême et venue de l'Esprit

a) Act II a encore ajouté aux vv. 36-39 le double thème du baptême de l'eunuque et de la venue de l'Esprit sur lui. Ceci ressort d'une comparaison entre la scène écrite ici dans les Actes et le récit de l'enlèvement d'Élie raconté en 2 Rois 2,11-12. Mais avant de comparer les textes, il faut donner quelques mots d'explication sur le récit du livre des Rois. Élie et son disciple Élisée font route ensemble tout en devisant, et, brusquement, Élie est enlevé d'une façon mystérieuse "dans un tourbillon" de vent. Mais d'après le v. 16 du même récit, et aussi d'après 1 Rois 18,12, il est clair que le prophète fut enlevé par l'Esprit de Dieu, identification d'autant plus facile que, en hébreu, le même mot signifie "esprit" et "vent". Le "tourbillon" de vent qui enlève Élie au ciel est donc en fait l'Esprit. Comparons alors le récit des Actes à celui de 2 Rois 2,11-12:

---

[1] BJ, p. 91, note c.

Act 8,36a.39b	2 Rois 2,11-12
	– καὶ ἐγένετο
– ὡς δὲ ἐπορεύοντο...	αὐτῶν πορευομένων
	ἐπορεύοντο καὶ ἐλάλουν
	καὶ ἰδοὺ ἅρμα πυρός...
– πνεῦμα κυρίου	
ἥρπασεν τὸν Φίλιππον	καὶ ἀνελήμφθη Ηλιου
	ἐν συσσεισμῷ
	ὡς εἰς τὸν οὐρανόν.
	– καὶ Ελισαιε ἑώρα καὶ ἐβόα...
καὶ οὐκ εἶδεν αὐτὸν οὐκέτι	καὶ οὐκ εἶδεν αὐτὸν ἔτι...
ὁ εὐνοῦχος...	

	- et il arriva que,
- Comme ils allaient...	tandis qu'ils allaient,
	ils allaient et parlaient
	et voici un char de feu...
- l'Esprit du Seigneur	
enleva Philippe	et Élie fut enlevé
	dans un tourbillon
	comme vers le ciel,
	- et Élisée voyait et criait...
et l'eunuque	et il ne le vit plus...
ne le vit plus.	

L'emprunt littéraire au récit de l'enlèvement d'Élie dans le livre des Rois est certain. Mais le récit du Document P a été surchargé au niveau de Act II (TO) par tout ce qui concerne le baptême de l'eunuque. On notera spécialement la transformation faite au v. 39: en complément de la scène du baptême, l'Esprit "tombe" sur l'eunuque (cf. 10,44; 11,15; 8,16), et c'est l'ange du Seigneur qui emporte Philippe, ce qui forme inclusion avec le début du récit: l'ange du Seigneur donne un ordre à Philippe (v. 26). Pour ajouter ce double thème du baptême et du don de l'Esprit, Act II s'est probablement inspiré du récit du baptême du Christ d'après Mc 1,9b-10 et Mat 3,16: Jésus est baptisé par Jean (Mc), il remonte de l'eau (Mc et surtout Mat) et il voit l'Esprit descendre sur lui; de même de l'eunuque: Philippe le baptise, il remonte de l'eau et l'Esprit tombe sur lui.

b) Il reste un problème difficile à résoudre. Au v. 37, le dialogue entre Philippe et l'eunuque et la confession de foi de celui-ci remontent-ils à Act II, ou furent-ils ajoutés par un scribe à une époque plus tardive? Ce dialogue est absent du TA; pourquoi Act III l'aurait-il supprimé s'il le lisait dans le texte de Act II? Il est vrai qu'il ne retient pas le thème de la venue de l'Esprit sur l'eunuque au v. 39, mais c'est parce qu'il s'en tient au récit du Document P; tandis qu'aux vv. 36-38, il suit Act II en adoptant le thème du baptême de l'eunuque. Pourquoi aurait-il omis la confession de foi de celui-ci? Malgré cette difficulté, nous pensons que le dialogue entre Philippe et l'eunuque, au v. 37, remonte bien à Act II. La question de Philippe, en effet, commence par un "si" interrogatif, qui est un sémitisme que Act III cherche à éviter: «Si tu crois de tout ton cœur?», c'est-à-dire: «Est-ce que tu crois de tout ton cœur?» (cf. 1,6; 19,2; 21,37; 22,25; et dans le seul TO: 4,19; 5,8; 8,30; 22,27). On imagine difficilement un scribe introduisant ce style lucanien, très sémitisant, dans le récit des Actes. Le mieux est donc de penser que le v. 37 remonte bien à Act II, bien que son omission par Act III reste difficile à expliquer.

5. La conclusion du v.40

Le v. 40a peut être maintenu dans le récit du Document P. Bien que fréquente au niveau de Act II (9,26, 13,14; et dans le TO en 16,39; 21,16 et 23,16), l'expression παραγίνεσθαι εἰς n'est pas inconnue de ce Document (cf. 15,4). En revanche, la seconde partie du verset fut ajoutée par Act II. En 21,8, en effet, cet auteur reprendra une notice du Journal de voyage selon laquelle Paul et ses compagnons rencontrent "Philippe l'évangéliste" à Césarée; c'est pour préparer cette rencontre qu'il indique ici que Philippe arrive finalement dans cette ville.

B) LE RÉCIT DU DOCUMENT P

Il se déroulait selon un schéma assez simple. L'eunuque est d'abord présenté au lecteur (8,27-28a, surtout TA). Puis l'Esprit ordonne à Philippe de se joindre à lui (v. 29). Celui-ci obéit et entend l'eunuque en train de lire le livre du prophète Isaïe (v. 30a). Il lui demande s'il comprend le sens profond de ce qu'il lit, et l'eunuque l'invite alors à monter avec lui sur son char pour lui donner des explications (vv. 30b-31). Philippe peut alors annoncer à l'eunuque la Bonne Nouvelle de Jésus (v. 35). Puis l'Esprit s'empare de Philippe et l'emmène au loin (v. 39b TA).

1. Analogie avec le récit de la conversion des païens de Césarée

Sous cette forme, le récit offre des analogies certaines avec celui de la conversion des païens de Césarée (Act 10) tel qu'il se lisait dans le Document P: c'est l'Esprit qui prend l'initiative des événements en ordonnant à Pierre de suivre les gens venus de Césarée (10,19b-20), c'est encore l'Esprit qui agit en fin du récit (v. 44). On notera spécialement la même formule utilisée pour introduire l'intervention de Philippe (8,35) et celle de Pierre (10,34) "ouvrant la bouche..." Une telle formule ne se lit nulle part ailleurs dans les Actes.

2. Un récit du Document P

Ajoutons trois détails qui confirment que nous sommes bien devant un récit primitif appartenant au Document P, et non à Act I. La partie du récit concernant l'enlèvement de Philippe est littérairement influencée par le récit de l'enlèvement d'Élie. Mais un tel rapprochement serait difficile à justifier au niveau de Act I; pour cet auteur, en effet, c'est Jésus qui doit jouer le rôle d'Élie, et ce thème est tellement essentiel dans sa christologie qu'il exclut une identification Philippe-Élie.

Par ailleurs, selon 8,30, l'eunuque lisait un passage du prophète Isaïe et Act II ne fera qu'expliciter l'intention du récit primitif en précisant qu'il s'agissait d'un passage concernant le Serviteur souffrant (vv. 32-33). Cette identification de Jésus au mystérieux Serviteur de Dieu avait déjà été faite par l'auteur du Document P en 3,13ss.

Enfin, l'épisode se termine par le thème de la joie (fin du v. 39), typique des récits du Document P comme nous l'avons vu en donnant le sens du récit.

XIV. LA CONVERSION DE PAUL
(9,1-30)

Les Actes des apôtres contiennent trois relations différentes de la conversion de Paul sur la route conduisant à Damas: en 9,1ss sous forme de récit, puis en 22,1ss et 26,1ss sous forme de discours prononcé par Paul lui-même. Le récit de 9,1ss ne se lisait pas dans le Document P puisqu'il appartient déjà à la geste de Paul. Il remonte pour l'essentiel à Act I; il fut repris successivement par Act II et Act III, qui l'amplifièrent plus ou moins considérablement. Les discours de 22,1ss et de 26,1ss furent composés respectivement par Act III et par Act II. Nous tiendrons ces deux derniers points pour acquis, bien qu'ils ne puissent être prouvés que lorsque nous analyserons ces discours[1].

Essayons de reconstituer le récit de Act I par delà les additions qu'il a reçues.

A) L'ACTIVITÉ LITTÉRAIRE DE ACT III

1. Le remplacement de 8,3 par 9,1-2

Au niveau de Act I, le début du récit de la conversion de Paul se lisait en 8,3a; il contribuait à former la séquence: 7,1-60 + 8,3 + 9,3ss. C'est Act III qui l'a remis à sa place primitive et l'a remplacé par le texte de 9,1-2[2]. Voici les raisons qui nous le font penser.

a) Dès les premiers versets du récit, nous nous trouvons devant une difficulté. Nous y apprenons que Paul, acharné à poursuivre "les disciples du Seigneur", va trouver le grand prêtre et lui demande des lettres pour les synagogues de Damas afin d'y rechercher les chrétiens, de les enchaîner et de les ramener à Jérusalem. Une telle présentation des faits est impossible au niveau de

---

[1] Goguel (pp. 205ss) donne aussi le récit du chap. 9 comme antérieur aux deux autres; mais il pense que celui du chap. 22 serait antérieur à celui du chap. 26.

[2] Trocmé (p. 178) a bien vu que 9,1-2 devait être rédactionnel.

Act I: puisque l'évangile ne s'est pas encore répandu hors de Jérusalem (Act 1-7), comment pourrait-il y avoir de nombreux chrétiens à Damas? En revanche, ce début de récit pourrait s'expliquer au niveau de Act II ou à celui de Act III, qui sont moins scrupuleux en cette matière et ne reculent pas devant les anachronismes.

b) Plutôt qu'à Act II, il faut attribuer les vv. 1-2 à Act III. Nous sommes en effet en présence de trois textes parallèles: 9,1-2, 22,4-5 et 26,9-12, ces deux derniers textes, nous l'avons dit plus haut, remontant respectivement à Act III et à Act II. Or, la rédaction de 9,1-2 offre des contacts littéraires très étroits avec le parallèle de 22,4-5, tandis que le texte de 26,9-12 est de rédaction très différente. Comparons ces trois textes:

9,1-2	22,4-5
- Or Saul, respirant encore menaces et meurtre contre les disciples du Seigneur,	
	- (Moi) qui ai persécuté à mort cette Voie, enchaînant et livrant aux prisons des hommes et des femmes,
s'approchant du grand prêtre,	- comme même le grand prêtre m'en rend témoignage et tout le collège des Anciens,
- lui demanda des lettres pour Damas, aux synagogues, afin que, s'il trouvait des (gens) étant de la Voie, hommes et femmes, il les amenerait liés à Jérusalem.	desquels ayant aussi reçu des lettres pour les frères, j'allais à Damas
	pour amener liés à Jérusalem même ceux qui étaient là-bas afin qu'ils soient châtiés.

26,9-12: Moi donc, j'avais cru devoir faire beaucoup de choses hostiles contre le nom de Jésus, ce que précisément je fis à Jérusalem et j'ai enfermé en prison beaucoup des saints... Dans ces (conditions), allant à Damas avec pouvoir des grands prêtres...

En 9,1 et 22,5, il est question du grand prêtre; en 26,10.12, des grands prêtres, au pluriel. En 9,2 et 22,5, Paul reçoit des lettres de recommandation; en 26,12, il reçoit pouvoir d'agir. En 9,2 et 22,4, ceux que Paul persécute appartiennent à la Voie; en 26,10, ce sont les saints. En 9,2 et 22,5 seulement il est dit que Paul doit ramener liés à Jérusalem ceux qu'il poursuit; rien de tel en 26,12. On peut donc conclure que 9,1-2 et 22,4-5 furent écrits par la même main, celle de Act III puisque 22,4-5 est de Act III.

c) La question se pose alors: quelle était l'introduction du récit au niveau de Act I? Reportons-nous au texte que nous avons déjà vu en 8,3; il mentionne les persécutions de Paul contre l'église et forme un excellent parallèle à 9,1 et surtout à 22,4, mais en style différent:

8,3	9,1	22,4
σαῦλος δὲ ἐλυμαίνετο	ὁ δὲ σαῦλος ἔτι ἐμπνέων	καὶ ταύτην τὴν ὁδὸν
	ἀπειλῆς καὶ φόνου	ἐδίωξα
τὴν ἐκκλησίαν	εἰς τοὺς μαθητὰς	
	τοῦ κυρίου...	
κατὰ τοὺς οἴκους		
εἰσπορευόμενος		
σύρων τε		δεσμεύων
ἄνδρας καὶ γυναῖκας		καὶ παραδιδοὺς εἰς φυλακὴν
παρεδίδου εἰς φυλακήν		ἄνδρας τε καὶ γυναῖκας
or Saul ravageait	or Saul, respirant	(Moi) qui ai persécuté
	menaces et meurtre	cette Voie,
l'église	contre les disciples	
	du Seigneur...	
entrant		enchaînant
de maison en maison,		
traînant		
hommes et femmes		et livrant à la prison
il (les) jetait en prison		des hommes et des femmes

On notera la différence des termes. En 9,1, il est dit que Saul s'en prenait aux "disciples du Seigneur", expression insolite au niveau de Act I. En revanche, en 8,3, il s'agit de "l'église", ce qui convient très bien à un texte de Act I.

Voici donc l'hypothèse que nous proposons. Le récit de Act I commençait par le v. 3a du chapitre 8 et se continuait par les vv. 3ss du chapitre 9. Act I, ne l'oublions pas, n'avait pas repris les récits du chapitre 8 concernant l'activité missionnaire de Philippe. À son niveau, nous avions donc la structure suivante: récit du martyre d'Étienne (6,8-7,60) suivi par le récit de la conversion de Paul (8,3 + 9,3ss). Act II inséra entre ces récits le bloc constitué par l'activité de Philippe, repris du Document P. À son niveau, nous avions donc la structure suivante: martyre d'Étienne (6,8-7,60), activité de Philippe (8,4-40), conversion de Paul (8,3 + 9,3ss). Act III voulu garder un écho de la structure du récit au niveau de Act I, probablement afin d'évoquer le récit de la conversion de Paul juste après celui du martyre d'Étienne. Il remit donc 8,3 à sa place primitive et le remplaça par 9,1-2, dédoublant ainsi le début du récit de la conversion de Paul.

d) Mais un problème annexe se greffe sur celui-ci. Le verset 8,3b est très semblable au verset 22,4b, malgré une inversion: "jetant en prison hommes et femmes." Deux hypothèses se présentent. Selon la première, tout le verset 8,3 serait de Act I, et Act III s'en serait inspiré pour composer son verset 22,4b. Selon la seconde, seul serait de Act I le verset 8,3a: "Or Saul ravageait l'église"; tout le reste aurait été ajouté par Act III, dans le style qu'il adoptera en composant 22,4b. Il est difficile de décider. La description de Saul "entrant de maison en maison" pour y rechercher les chrétiens peut se comprendre de deux façons différentes. S'il s'agit de poursuivre les chrétiens là où ils se réunissent pour y célébrer la fraction du pain, le thème ne peut être que de Act III (cf. 2,42.46); mais le texte pourrait dire seulement que Saul poursuivait ceux qui sont soupçonnés d'appartenir au christianisme jusque chez eux; rien n'empêcherait alors de l'attribuer à Act I. Mais en fait, Act I ne semble pas s'intéresser aux détails de Saul persécuteur; ce qu'il veut avant tout, c'est souligner l'opposition entre le fait que Paul persécutait l'église et sa conversion. Par ailleurs, 8,3b complète 9,1-2 pour donner un parallèle strict au texte de 22,4-5 (cf. *supra*); le tout serait donc de Act III. Avec hésitation, nous pouvons donc attribuer le verset 8,3b à Act III.

2. Un remaniement stylistique (v. 3a)

Une difficulté se présente encore en 9,3. Le début de ce verset donné par le TA serait, du point de vue littéraire, tout à fait insolite: la locution circonstantielle ἐν τῷ πορεύεσθαι devrait suivre, et non précéder, le verbe à l'aoriste ἐγένετο[1]. Nous pensons que Act III, ici, a fusionné de façon un peu maladroite les textes de Act II et de Act I[2]. Le texte donné par le TO est lucanien et remonte certainement à Act II; il a son équivalent exact en Lc 18,35:

Act 9,3 (TO):	ἐγένετο δὲ ἐν τῷ ἐγγίζειν αὐτὸν τῇ Δαμασκῷ
	ἐξαίφνης περιήστραψεν αὐτὸν φῶς ἀπὸ τοῦ οὐρανοῦ
Lc 18,35:	ἐγένετο δὲ ἐν τῷ ἐγγίζειν αὐτὸν εἰς Ἰεριχὼ
	τυφλός τις ἐκάθητο παρὰ τὴν ὁδὸν ἐπαιτῶν

Act 9,3 (TO):	or il arriva, tandis qu'il approchait de Damas,
	(que) soudain une lumière, du ciel, brilla autour de lui.
Lc 18,35:	or il arriva, tandis qu'il approchait de Jéricho,
	(que) un aveugle était assis le long de la route, mendiant.

Pour reconstituer le texte de Act I que Act III fusionne avec celui-ci on pourrait se reporter par exemple à Act 11,15, que nous attribuerons au Document P:

---

[1] Voir la caractéristique Bb 2; une telle construction se lit 20 fois dans Lc et 3 fois dans les Actes (soit dans le TA, soit dans le TO).

[2] On retrouvera le même phénomène en 22,6.

Act 11,15:   ἐν δὲ τῷ ἄρξασθαί με λαλεῖν
                  ἐπέπεσεν τὸ πνεῦμα...

Act 9,3 (?):   ἐν δὲ τῷ πορεύεσθαι ( ) αὐτὸν (εἰς Δαμασκὸν)
                  ἐξαίφνης αὐτὸν περιήστραψεν φῶς...

Act 11,15:   or tandis que je commençais à parler
                  l'Esprit tomba...

Act 9,3 (?)   or tandis qu'il allait (à Damas)
                  soudain une lumière brilla...

L'expression "aller à Damas" se retrouverait dans les récits parallèles qui dépendent de celui-ci, soit au niveau de Act II: "C'est ainsi que, allant à Damas" (πορευόμενος εἰς τὴν Δαμασκόν; 26,12), soit à celui de Act III: "j'allais à Damas" (εἰς Δαμασκὸν ἐπορευόμην; 22,5).

B) LES ADDITIONS DE ACT II

1. Quelques additions faites aux vv. 3-9

Le récit proprement dit de la conversion de Paul se lit aux vv. 3-9. Quelle en était la teneur au niveau de Act I? Pour décrire la vision de Paul, cet auteur suivait d'assez près la description que fait le prophète Ézéchiel de la vision qu'il eut d'un être céleste, en Ez 1,26ss et 3,22s, comme nous l'avons montré en donnant le sens du récit de Act I. Mais ceci nous invite à apporter deux précisions.

a) Aux vv. 4b-5, entre la mention de la voix qui se fait entendre (v. 4a) et l'injonction "Lève-toi" (v. 6), reprises du texte d'Ézéchiel, nous avons un dialogue entre cette voix et Paul centré sur le thème de la "persécution". La voix demande: «Saoul, Saoul, pourquoi me persécutes-tu?» Et, Paul ayant demandé l'identité de son interlocuteur, la voix lui répond: «Je suis Jésus que tu persécutes.» Nous aurons le même dialogue dans le récit de Act II (26,14b-15; cf. Act III en 22,7b-8) où il est beaucoup mieux en situation. Nous avons vu plus haut, en effet, que, dans le récit du chapitre 9, si Paul se rendait à Damas, ce n'était pas pour y persécuter les chrétiens, puisqu'il ne s'en trouvait pas au temps de la conversion de Paul. En revanche, cette persécution des chrétiens de Damas est explicitement mentionnée en 26,11-12: «Or, excessivement en fureur contre eux, je les persécutais jusque dans les villes du dehors. Dans ces (conditions), allant à Damas avec pouvoir des grands prêtres...» On comprend alors, beaucoup mieux qu'au chapitre 9, que Jésus puisse dire à Paul: «Saoul, Saoul, pourquoi me persécutes-tu?... Je suis Jésus que tu persécutes.»[1]

b) Le v. 7 n'a pas, lui non plus, de parallèle dans la vision d'Ézéchiel. Il forme une unité et combine deux autres textes de l'AT: Sag 18,1 et surtout Dan 10,7, comme nous l'avons vu en donnant le sens du récit de Act II. Mais nous avons constaté aussi que l'influence de Dan 10,7 se retrouvait encore dans des détails propres au TO, et donc à Act II, aux vv. 4-8. On peut en conclure que le v. 7 fut ajouté par Act II au récit primitif.

c) Il reste encore deux remarques à faire pour reconstituer le texte du récit de Act I aux vv. 3-9. Au v. 8, la proposition "ses yeux ouverts" se lit à deux places différentes dans le TA et dans le TO. Cette remarque, qui n'est pas nécessaire à l'intelligence du récit, fut probablement ajoutée par Act II, puis insérée dans le texte de Act I par Act III, mais à une place différente.

Au v. 9b, la précision que Paul resta sans manger et sans boire prépare le thème du baptême, introduit par Act II au v. 18; cet auteur notera d'ailleurs que Paul prit de la nourriture après son baptême (v. 19a). Tout ceci fut ajouté par Act II, comme on le verra plus loin.

2. L'intervention d'Ananie (vv. 10-19a)

Toute la section qui concerne l'intervention d'Ananie (9,10-19a) fut ajoutée par Act II, à l'exception du v. 12, absent du TO, et que nous analyserons à part. Voici les arguments que l'on peut invoquer en ce sens.

a) Ananie est présenté comme un disciple qui réside à Damas (v. 10). En finale, on nous dit que Paul resta de nombreux jours avec les disciples habitant la ville de Damas (v. 19). Mais on l'a noté à propos de l'analyse de 9,1-2, la présence de disciples de Jésus à Damas est impossible au niveau de Act I, tandis qu'elle peut se justifier au niveau de Act II. Par ailleurs, toute la scène a comme point culminant le baptême de Paul (v. 18), préparé par les thèmes de l'aveuglement de l'apôtre et de son jeûne[2]. Mais, jusqu'ici, le thème du baptême fut introduit par Act II partout où il se rencontre (1,5; 2,38.41; 8,37-39). Ceci nous indique que l'intervention d'Ananie, en 9,10ss, fut ajoutée par Act II au récit de Act I.

---

[1] Spitta (pp. 276.359) tient les vv. 3b-6a pour une harmonisation sur les récits des chap. 22 et 26. Trocmé (p. 178) omet du récit primitif les vv. 4b-7. Tous deux sont donc d'accord pour voir dans le dialogue entre Jésus et Paul (vv. 4b-5) une harmonisation sur les chap. 22 et 26.

[2] Pour plus de détails, voir les développements que nous avons donnés dans l'analyse du sens de l'épisode.

b) Du point de vue littéraire, c'est "le Seigneur" qui dialogue avec Ananie (vv. 10.11.15), comme il l'avait fait avec Paul aux vv. 4b-6, et donc dans les remaniements apportés au texte de Act I par Act II. On notera d'ailleurs les formules analogues de dialogue: ὁ κύριος πρὸς αὐτόν, sans verbe exprimé (vv. 5 et 6 TO, v. 11) et ἀποκρίνεσθαι (vv. 5a TO et 13).

c) Enfin et surtout, le style des vv. 13-14 rejoint celui du récit de Act II en 26,9ss. Au v. 13, Ananie proteste en ces termes: «...j'ai entendu (dire), à propos de cet homme, tout le mal qu'il a fait à tes saints à Jérusalem»; ces paroles auront leur parallèle en 26,10: «...ce que précisément je fis à Jérusalem, et j'ai enfermé en prison beaucoup des saints ...» De même, au v. 14, Ananie dit au sujet de Paul: «Et voici qu'il a pouvoir de la part des grands prêtres d'enchaîner tous ceux qui invoquent ton nom»; on comparera avec 26,12: «...allant à Damas avec pouvoir des grands prêtres», et avec 26,9: «Moi donc, j'avais cru devoir faire beaucoup de choses hostiles contre le nom de Jésus».[1]

d) Notons enfin, aux vv. 15-16, une influence paulinienne sur le vocabulaire, qui conviendrait bien à Act II: "vase" (σκεῦος) au sens métaphorique (Rom 9,22-23; 2 Cor 4,7; 1 Thess 4,4; 2 Tim 2,21; et aussi 1 Pi 3,7), et le substantif "élection" (ἐκλογῆς; Rom 9,11; 11,5.7.28; 1 Thess 1,4; et aussi 2 Pi 1,10). Au v. 16, le thème de souffrir pour le nom de Jésus pourrait faire écho à Phil 1,29-30: «Car il vous a fait grâce, à l'égard du Christ, non seulement de croire en lui, mais encore de souffrir pour lui.»

3. L'activité de Paul à Damas (vv. 20-22)

Le petit passage racontant l'activité de Paul à Damas (9,20-22) est de rédaction complexe. On y trouve mentionnée deux fois la prédication de Paul auprès des Juifs, au v. 20 puis au v. 22. Cette prédication est centrée sur une affirmation de foi: Jésus est le Fils de Dieu (v. 20), celui-ci est le Christ (v. 22). Mais on s'étonne de cet ordre décroissant, et l'on aurait attendu l'inverse (cf. Lc 22,67.70; Mat 16,16; 26,63; Mc 14,61; Jn 11,27; 20,31). Par ailleurs, au v. 22b, le pronom "celui-ci" est, d'un point de vue grammatical, ambigu; en effet, le dernier sujet au singulier explicitement mentionné est Saul, au début du verset, tandis que "celui-ci" ne peut désigner que Jésus (cf. v. 20). On se trouve donc devant un texte remanié; essayons d'en préciser l'évolution.

---

[1] Cette façon de parler fait contraste avec celle de Act III en 22,4-5 et 9,1-2; voir les remarques que nous avons faites à ce sujet p. 128.

a) La confession de foi qui termine le v. 20 "C'est lui le Fils de Dieu", ainsi que tout le v. 21 sont certainement de Act II. Le v. 21b suppose que Paul est venu à Damas pour y enchaîner les chrétiens et les ramener à Jérusalem; cette présence de chrétiens à Damas, on l'a déjà dit, ne peut être vraisemblable qu'au niveau de Act II. Par ailleurs, le thème du baptême demeure à l'arrière-plan de ce petit ensemble. Paul vient d'être baptisé (v. 18), et aussitôt il se met à affirmer de Jésus: «C'est lui le Fils de Dieu» (v. 20c). On rejoint la version de la conversion de l'eunuque selon Act II: il confesse d'abord que "Jésus est le Fils de Dieu", puis il reçoit le baptême (8,37-38 TO). On notera aussi que Paul est venu à Damas pour y poursuivre "ceux qui invoquent ce nom", expression désignant les baptisés au v. 14, de Act II (cf. 22,16). Une telle insistance sur le thème du baptême convient bien à un récit de Act II, et non de Act I.

Au v. 21, on notera la forme Ἰερουσαλήμ, typique de Act II. Par ailleurs, ce verset contient un écho de Gal 1,13.23 dans l'expression "celui qui s'acharne" (ὁ πορθήσας) contre les chrétiens. Le thème général de ce v. 21 est analogue à celui que Paul développe en Gal 1,23.

b) Voici dès lors comment nous proposons de voir l'évolution des récits. Celui de Act I ne comportait que le v. 20, mais il se terminait avec la formule kérygmatique de la fin du v. 22 "...que c'est lui le Christ". À ce v. 20, on adoptera le TA plutôt que le TO pour reconstituer le texte de Act I, car jusqu'ici Act III (TA) a suivi assez fidèlement Act I. On notera alors que le "aussitôt" du début du verset (TA), qui se justifie difficilement, prend tout son sens si le v. 20 suivait le v. 12 (Act I; cf. infra): Paul reçoit sa mission par imposition des mains (v. 12), et "aussitôt" il se met à prêcher dans les synagogues (v. 20 TA). Act II (TO) a supprimé cet adverbe qui n'avait plus aucun sens pour lui. Mais il amplifie le reste du verset, en ajoutant spécialement la formule "en toute assurance", comme il le fera en 16,4.

Aux vv. 21-22, Act II veut ajouter des détails sur la vie de Paul repris de Gal 1,23 ainsi que le thème du baptême. Il change donc la formule kérygmatique de la fin du v. 20 afin d'introduire le titre de "Fils de Dieu" donné à Jésus, et il ajoute tout le v. 21. Mais voulant garder la formule kérygmatique attestée par Act I, il compose le v. 22 en dédoublant le thème de la prédication de Paul aux Juifs, avec en finale la formule "...que c'est lui le Christ" (Act I), ce qui donne une incorrection grammaticale puisque le pronom devrait se rapporter normalement à Paul, et non à Jésus.

Au v. 22, on notera la saveur paulinienne du verbe "avoir de la force" (ἐνδυναμοῦν; ici et Rom 4,20; Eph 6,10; Phil 4,13; 1 Tim 1,12; 2 Tim 2,1; 4,17). À la fin de ce v. 22, les mots "en qui Dieu s'est complu" sont aussi une addition de Act II puisqu'ils se lisent dans le seul TO.

4. Complot contre Paul et venue à Jérusalem (vv. 24-28)

La fin du récit de la conversion de Paul contient la séquence suivante: à Damas, les Juifs fomentent un complot contre lui et les disciples lui font quitter la ville en le descendant dans une corbeille le long de la muraille (9,23-25); c'est l'épisode auquel Paul fait allusion en 2 Cor 11,32-33. Puis Paul vient à Jérusalem où Barnabé l'introduit auprès des apôtres (9,26-28). Les Hellénistes fomentent alors un second complot contre lui et les frères l'envoient à Tarse, sa ville natale (9,29-30).

a) Plusieurs arguments nous invitent à faire des vv. 24-28 une composition de Act II. Le mot "disciple" y revient trois fois (vv. 25, 26a,26b), et deux fois la forme Ἰερουσαλήμ (vv. 26 et 28); or ces termes sont propres à Act II. Au v. 27, la phrase "il leur raconta comment (Paul) avait vu le Seigneur sur la route" rappelle la formule que Act II met sur les lèvres d'Ananie au v. 17: «Jésus qui t'est apparu (litt. fut vu de toi) sur la route par où tu allais.» Au v. 28, la formule "entrer et sortir", pour dire "vivre avec" ne se lit ailleurs dans les Actes qu'en 1,21, dans le récit de l'élection de Matthias que nous avons attribué à Act II. Nous avons vu encore que, au v. 21, de Act II, l'expression "s'acharner sur" reprenait celle de Gal 1,13.23; or au v. 25 la façon dont Paul quitte Damas pour échapper à ceux qui veulent le mettre à mort s'inspire manifestement de 2 Cor 11,32-33, et sa venue à Jérusalem correspond à ce que dit Paul en Gal 1,18-24. On a donc, au v. 21, de Act II, et aux vv. 25-27, le même souci de reprendre les expressions que Paul a utilisées dans ses lettres. Tout ceci dénote la main de Act II.

b) Le récit de Act I devait donc passer du v. 23 au v. 30: au bout d'un certain temps, les Juifs veulent supprimer Paul (v. 23); en l'apprenant, les frères le font partir à Tarse (v. 30). Nous avons vu, en analysant le sens du récit, que ce scénario allait se retrouver constamment, au niveau de Act I, dans les récits des premier et deuxième voyages de Paul. Mais pour préparer le v. 30, Act II fut obligé de "reprendre" le thème du v. 23 en composant le v. 29. Pour éviter un doublet trop flagrant, il modifie quelque peu ce thème: ce ne sont plus les Juifs, mais les Hellénistes qui veulent supprimer Paul. Il établit ainsi un parallèle entre le destin de Paul et celui d'Étienne (6,8-10).

Dans ce v. 29, la phrase "mais eux entreprirent de le supprimer" (ἐπεχείρουν ἀνελεῖν αὐτόν) offre une certaine parenté avec le texte de Act II (TO) en 12,2-3: «<u>Il supprima</u> (ἀνεῖλεν) par le glaive Jacques, le frère de Jean. Et voyant qu'était agréable aux Juifs <u>son entreprise</u> (ἐπιχείρησις) contre les fidèles...»

c) Au niveau de Act I, l'épisode raconté aux vv. 23.30 se passait à Damas, et non à Jérusalem. Mais pour aller de Damas à Tarse (v. 30), il était illogique de redescendre sur Césarée. Nous pensons donc que, au v. 30, les mots "le firent descendre à Césarée et" furent ajoutés par Act II, qui place le présent épisode à Jérusalem.

5. Le sommaire du v. 31

Le sommaire du v. 31 formait, au niveau de Act II, la conclusion du récit de la conversion de Paul. L'affirmation que les églises se multipliaient jusqu'en Galilée ne peut pas se comprendre dans la perspective de Act I pour qui la prédication de la Parole n'a pas dépassé le cadre de Jérusalem.

On notera en passant le caractère paulinien de ce verset. Le thème de l'édification, au sens métaphorique, ne se lit ailleurs qu'en 20,32, un texte que nous attribuerons à Act II, et chez Paul (7 fois). Mais le parallèle le plus proche est 1 Cor 14,3-4: «Celui qui prophétise au contraire parle aux hommes: édification et paraclèse et consolation. Celui qui parle en langues s'édifie lui-même; celui qui prophétise édifie l'église.»

C) LE RÉCIT DE ACT I

D'après les analyses précédentes, le récit de Act I comprenait les vv. 8,3a; 9,3.4a.6.8.9a.20.22c.23.30ac. Mais il manque un élément entre les vv. 9a et 20. Au v. 6, une voix dit à Paul d'entrer dans la ville (de Damas) où il lui sera dit ce qu'il doit faire et il accomplit cet ordre aux vv. 8-9a. Avant que Paul ne se mette à prêcher dans les synagogues des Juifs (v. 20), on s'attend à ce qu'un texte fasse allusion au message que Paul aurait reçu de Dieu à Damas, d'après le v. 6. Ce texte était constitué par le v. 12, mais sous une forme plus simple.

Ce v. 12 est curieux. Ce cas de vision (v. 12) mentionnée au cours d'une vision (v. 10) est peu vraisemblable. C'est probablement la raison pour laquelle l'expression "en vision" fut supprimée par différents témoins du texte des Actes. Mais c'était créer une difficulté nouvelle: comment Paul peut-il voir, réellement, un homme entrer chez lui puisqu'il est aveugle (v. 9). Par ailleurs, il est impossible que, même en vision (v. 10), le Seigneur s'adresse à Ananie en lui disant que Paul "vit un homme en vision du nom d'Ananie entrant (chez lui)". Ce verset dénote donc une insertion assez maladroite faite par Act III puisqu'il ne se lisait pas dans le TO. Mais fut-il composé par Act III lui-même, ou Act III n'aurait-il pas réinséré dans son récit un fragment du récit de Act I que Act II avait laissé tomber? C'est cette seconde hypothèse qu'il faut retenir. On s'expliquerait mal en effet que Act III ait pu composer un texte aussi maladroit. En revanche, on comprend mieux que, au prix d'une maladresse, il ait voulu conserver un texte qu'il lisait dans le récit de Act I.

Voici alors l'hypothèse que nous proposons. Au niveau de Act I, le rite de l'imposition des mains n'avait pas pour but de guérir Paul de sa cécité, mais de lui confier une mission à remplir (cf. 6,6 du Document P et 13,3, de Act I): celle de porter l'évangile aux Juifs de Damas, ce qu'il va effectivement accomplir d'après le v. 20. En reprenant ce v. 12, Act III l'aurait adapté à son nouveau contexte, d'une part en ajoutant en finale les mots "pour qu'il recouvre la vue", d'autre part en insérant les mots "du nom d'Ananie entrant et". Au niveau de Act I, ce v. 12 aurait eu cette forme: «Et il vit un homme, en vision, ( ) lui imposant les mains ( ).» Cet "homme" était évidemment un ange (cf. 10,30b comparé à 10,3.22).

XV. GUÉRISON D'UN PARALYTIQUE
(9,32-35)

Le récit de la guérison du paralytique (9,32-35) doit remonter au Document P. Il prépare en effet le récit du chapitre 10 qui racontera la conversion des païens de Césarée, récit qui commence abruptement par l'indication que Pierre logeait chez un certain Simon le corroyeur (9,43). Selon le TA, ce Simon habitait Joppé; mais le TO, plus primitif, ne donne aucune indication de ville. Au niveau du Document P, il faut donc un récit indiquant où se trouvait Pierre: c'est le récit de la guérison du paralytique, dont on soulignera d'ailleurs le caractère archaïque.

Le récit primitif ne reçut que de courtes additions de la part de Act I et de Act II.

a) Au v. 32 l'expression "les saints", pour désigner les membres de la communauté chrétienne, ne se lit ailleurs dans les Actes qu'au niveau de Act I (9,41; 13,4) et à celui de Act II (9,13; 26,10). C'est une façon paulinienne de désigner les fidèles, spécialement ceux qui forment la communauté de telle ville (2 Cor 1,1; Eph 1,1; Phil 1,1; et aussi Col 1,2), mais cet usage pouvait être assez répandu même hors des cercles pauliniens (cf. Jude 3; Apoc 5,8; 8,3-4 et *passim*). Se lisait-il ici dans le Document P? On en peut douter pour la raison suivante. Il est dit que Pierre "descendit aussi chez les saints qui habitaient à Lydda". Mais partout ailleurs dans les Actes, le verbe "descendre", pris dans ce sens, gouverne un nom de ville ou de région; on "descend" à (εἰς) une ville de Samarie (8,5), à Séleucie (13,4), etc. (11,27; 12,19; 15,30; 18,22 (bis); 19,1; 21,3; 27,5; Lc 4,31; voir aussi Act 15,1; 18,5; 21,10). Nous sommes donc ici devant un texte remanié.

Ces deux remarques vont dans le même sens: au niveau du Document P, on devait avoir un texte tel que: «Or il arriva (que) Pierre, tout en circulant, descendit à ( ) (εἰς) Lydda.» Le lien avec la suite est ainsi meilleur: «Il y trouva un homme...» C'est Act I qui aurait introduit le terme de "saints".

b) En Act 3,1-11, nous avions un récit du Document P racontant la guérison d'un infirme déposé à la Belle Porte du Temple; ce récit suivait un schéma classique, utilisé aussi par Mat 9,1-8 et Jean dans la deuxième partie de son récit de guérison à la piscine probatique (5,8-9). En 9,32-35, l'auteur du Document P raconte la guérison d'un second infirme, mais il suit alors un schéma en partie différent, attesté aussi dans la première partie du récit johannique (5,5-6). Mettons les deux textes en parallèle:

Act 9	Jn 5
Il trouva là un certain homme du nom d'Énée	Or il y avait là un certain homme
depuis huit ans	depuis trente huit ans affligé de sa maladie. Jésus, en le voyant
gisant sur un grabat, qui était paralysé.	gisant
	et sachant qu'il était dans cet état depuis longtemps,
Et Pierre lui dit: «Jésus-Christ te guérit.»	lui dit: «Veux-tu redevenir sain?»

C'est Act I, semble-t-il, qui a précisé que l'infirme s'appelait Énée, précision absente du parallèle de Jean. Bien entendu, l'auteur du Document P aurait pu ajouter lui-même ce nom au schéma qu'il suivait. Mais nous verrons dans l'épisode suivant que Act I ajoutera le nom de Corneille dans un récit du Document P où cet homme restait anonyme. Un phénomène analogue a pu se produire ici.

Noter que, dans le récit johannique, les mots "en le voyant" proviennent du schéma concurrent utilisé par Mat 9 et Act 3, que Jean suivra plus complètement à partir du v. 8 (cf. Mat 9,2b et Act 3,4, et aussi Act 14,9b); il ne faut donc pas en tenir compte pour reconstituer le récit du Document P.

c) La précision "qui était paralysé" est absente du récit johannique mais elle se lit dans le parallèle de Lc 5,18, où l'on a exactement la même formule. À quel niveau rédactionnel fut-elle ajoutée au schéma de base? Il est impossible de répondre avec quelque probabilité, et nous laisserons donc l'expression au récit de Act I.

XVI. RÉSURRECTION DE TABITHA
(9,36-42)

Le récit de la résurrection de Tabitha n'existait pas au niveau du Document P; il fut composé par Act I pour établir un parallèle entre Pierre, disciple de Jésus, et Élisée, disciple d'Élie, comme on l'a dit en dégageant le sens du récit[1]. Act II l'a complété, en ajoutant en particulier le thème des "veuves". Act III n'a introduit que des retouches de détail.

A) QUELQUES RETOUCHES DE ACT III

a) À la fin du v. 39, selon le TO, Dorcas (Tabitha) confectionnait des vêtements pour les veuves. Mais selon le TA, elle les faisait "quand elle était avec elles". Le changement, dû à Act III, veut préciser que Dorcas appartenait au groupe des veuves.

b) Au v. 41, le TO nous dit que, après la résurrection de Tabitha, Pierre fait venir les veuves. Mais selon le TA, il fait venir "les saints et les veuves". Act III a fusionné ici les textes de Act II et de Act I; ce dernier ne mentionnait que "les saints" (cf. 9,32; 13,4).

B) LES AMPLIFICATIONS DE ACT II

1. Le thème des veuves aux vv. 36 et 39b

Le v. 39b met en scène des "veuves" qui entourent Pierre à son arrivée dans la maison où repose le corps de Tabitha. Elles semblent constituer un groupe spécial au sein de la communauté. Or, en dehors du présent récit, le livre des Actes n'en parle qu'en 6,1, où elles ont été introduites par Act II dans un récit du

---

[1] Voir déjà en ce sens les remarques de Loisy (pp. 430-431) et de Goguel (p 216). - Nous attribuons à deux niveaux rédactionnels différents les récits de la guérison d'Énée et de la résurrection de Tabitha. Voir en ce sens les remarques de Trocmé (p. 169), qui oppose la finale des deux récits: 9,35 et 9,42.

Document P. Dans le reste du NT, elles n'apparaissent comme un groupe bien déterminé qu'en 1 Tim 5,3ss; ce contact avec les épîtres pastorales dénote la main de Act II. On peut donc penser que c'est Act II qui a introduit la mention des veuves dans le récit, comme il l'avait fait en 6,1.

Nous en trouvons une confirmation dans le fait suivant. Au v. 36, le nom de la femme qui vient de mourir est donné sous cette forme: «...du nom de Tabitha, ce qui, traduit, se dit Dorcas.» Le nom araméen est traduit en grec dans une glose destinée à des gens qui ignorent l'araméen. Quand Pierre va ressusciter la femme, il l'appelle par son nom araméen: Tabitha (v. 40). Mais dans le verset qui précède, on lui donne son nom grec en liaison avec le groupe des veuves: «... l'entourèrent toutes les veuves, pleurant et lui montrant les tuniques et les manteaux que leur faisait Dorcas.» Cette mention des veuves doit donc être un élément surajouté dans le récit, comme la glose qui donne en grec le nom de Tabitha.

On attribuera donc à Act II: au v. 36 la précision "ce qui, traduit, se dit Dorcas" et tout le v. 39b qui met en scène le groupe des veuves, en liaison avec le nom de Dorcas.

2. Les œuvres bonnes et les aumônes (v. 36b)

Au v. 36b, nous apprenons que Tabitha, alias Dorcas, "était pleine des bonnes œuvres et des aumônes qu'elle faisait". Cette précision pourrait s'inspirer de 1 Tim 2,10, où il est dit des femmes: «...qu'elles se parent au contraire de bonnes œuvres, comme il sied à des femmes qui font profession de piété.» Dans le récit suivant, on insistera sur les aumônes et les prières faites par Corneille, non seulement en 10,2, mais aussi en 10,31, dans des additions faites par Act II. On peut donc penser que, en 9,36b également, l'insistance sur les bonnes œuvres et les aumônes faites par Tabitha fut ajoutée par Act II, en même temps que la traduction grecque du nom de Tabitha. Cette insistance rejoint d'ailleurs l'intention du v. 39b: les bonnes œuvres de Dorcas consistaient à confectionner des tuniques pour les veuves de la communauté.

3. Influences marciennes

a) Revenons encore à ce v. 39b. On nous dit que le groupe des veuves entoure Pierre, tout en pleurant. Au v. 40a, Pierre met tout le monde dehors avant de ressusciter Dorcas. De tels détails se lisent aussi dans le récit marcien de la résurrection de la fille de Jaïre (Mc 5,38.40), que Jésus ressuscite en lui disant: «Talitha qoumi», ce qui veut dire «Jeune fille, lève-toi». Act II a complété le récit primitif en ajoutant ces détails repris du récit de Marc.

b) Au v. 41a, nous lisons que Pierre "lui ayant donné la main, il la releva". Nous avons vu que, en 3,7, Act II avait ajouté au récit du Document P le détail de Pierre prenant la main du paralytique pour le faire lever, en s'inspirant de Mc 9,27. De même, dans le récit de la résurrection de la fille de Jaïre, Jésus prend la main de l'enfant avant de lui donner l'ordre de se lever (Mc 5,41). Dans le récit de la guérison de la belle-mère de Pierre, Jésus fait lever celle-ci en lui prenant la main (Mc 1,31). Étant donné les influences du récit de Mc sur la rédaction de Act II, que nous venons de signaler, on peut penser que cet auteur a ajouté ici le détail de Pierre qui fait lever Tabitha en lui prenant la main (cf. Mc 5,41 et 9,27), comme il avait ajouté ce détail en 3,7.

Au v. 41b, il est possible que Act II ait ajouté le participe "vivante", d'après le parallèle de 1,3: παρέστησεν ἑαυτὸν ζῶντα.

4. La mention des "disciples"

Il reste enfin à donner quelques précisions sur l'emploi du mot "disciple". Il se lit à deux reprises dans ce récit: une première fois au v. 36, au féminin; une seconde fois au v. 38, au pluriel. Mais jusqu'ici, Act I n'a jamais employé ce terme et dans les récits suivants il désignera les disciples par le terme de "frères". Au v. 36, Act I devait avoir un terme plus vague, tel que "femme" (γυνή), comme en 16,14 "et une femme, du nom de Lydia..." Act II aurait fait d'elle une "disciple" en même temps qu'il ajoutait qu'elle était "riche en bonnes œuvres et en aumônes" (cf. supra). Au v. 38, on pourrait penser que, au niveau de Act I, le verbe "envoyèrent" n'avait pas de sujet (pluriel impersonnel, comme au v. 37); mais cette hypothèse est difficile étant donné le "il vint avec eux" du v. 39. Y avait-il le mot "frères", habituel chez Act I? C'est possible.

C) UN RÉCIT DE ACT I

Le récit de la résurrection de Tabitha offre d'étroits contacts avec deux précédents de l'AT: la résurrection du fils de la veuve de Sarepta par Élie (1 Rois 17,17ss) et surtout celle du fils de la Shunamite par son disciple Élisée; nous l'avons souligné en donnant le sens du récit. En voulant établir ce parallèle entre Pierre, le disciple de Jésus, et Élisée, le disciple d'Élie, il se situe dans la ligne des récits de l'ascension et de la Pentecôte. Il doit donc être de Act I.

A) LES INCOHÉRENCES DU RÉCIT ACTUEL

Le récit de la conversion du centurion Corneille, un païen, occupe tout le chapitre 10 des Actes; il est repris en 11,1-18 par Pierre lors de son entrevue avec les frères de Jérusalem. Une lecture, même superficielle, en fait apparaître assez vite la complexité[1]. Quelques exemples suffiront à le montrer.

1. Quatre descriptions de l'apparition d'un ange

L'apparition d'un ange à Corneille est décrite une première fois par l'auteur du récit (10,3-6), une deuxième fois par les envoyés de Corneille (10,22), une troisième fois par Corneille lui-même (10,30-32), une quatrième fois par Pierre en présence des frères de Jérusalem (11,13). C'est tout de même beaucoup! On notera d'ailleurs un manque de logique évident: en 10,29, Pierre demande pourquoi on est venu le chercher à Joppé, ce qui donne l'occasion à Corneille de raconter comment un ange est venu lui dicter sa conduite (10,30ss); mais Pierre n'avait pas besoin de poser cette question puisque les envoyés de Corneille y avaient déjà répondu en faisant allusion à la vision que leur maître avait eue (10,22). Ne serions-nous pas en présence d'un doublet littéraire? Et comment justifier un vocabulaire entièrement différent pour dire exactement la même chose? En 10,32 comme en 11,13, on nous rapporte les paroles de l'ange à Corneille: «Envoie donc (des gens) à Joppé et convoque Simon, qui est surnommé Pierre.» Or, ces paroles correspondent aux deux textes grecs suivants:

---

[1] Bien des difficultés du récit ont été relevées par les commentateurs; nous le signalerons à propos des passages en question. - M. DIBELIUS a consacré tout un article à ce récit des Actes: "Die Bekehrung des Cornelius", dans *Coniectanea Neotestamentica, XI, in honorem Antonii Fridrichsen*, Lund-Copenhague, 1947, pp. 50-65. Mais ses conclusions sont trop opposées aux nôtres pour que nous puissions faire état de ses analyses.

10,32: πέμψον οὖν εἰς Ἰόππην καὶ μετακάλεσαι Σίμωνα ὃς ἐπικαλεῖται
Πέτρος

11,13: ἀπόστειλον εἰς Ἰόππην καὶ μετάπεμψαι Σίμωνα τὸν ἐπικαλούμενον
Πέτρον

Est-ce le même auteur qui a utilisé un vocabulaire aussi différent?[1]

2. Quel motif décide Pierre à suivre les païens?

Il est difficile de déterminer le vrai motif qui décide Pierre à suivre les
païens qui sont venus le chercher, malgré l'impureté légale qu'il encourait en
faisant route avec eux: la vision des animaux tenus pour impurs et que Dieu déclare purs (10,10-16)? L'ordre qu'il reçoit de l'Esprit (10,19b-20)? Le message de
l'ange à Corneille que lui rapportent les gens envoyés par le centurion (10,22)?

3. Niveaux rédactionnels différents

La narration que Pierre donne de l'événement, en 11,4-18, apparaît à
plusieurs points de vue plus archaïque que celle qui nous est donnée dans le récit
actuel du chapitre 10.

a) En 10,1-2, le héros de l'événement nous est présenté avec force détails:
c'est un centurion de la cohorte Italique nommé Corneille; bien que païen, il est
proche du judaïsme; c'est un "craignant Dieu", connu pour les aumônes qu'il fait
au peuple de Dieu, sa piété et sa vie de prière. Une description analogue, bien
qu'un peu plus brève, revient au v. 22. Il y est encore fait allusion au v. 31. Le
récit actuel du chapitre 10 insiste donc sur la personnalité de ce centurion
Corneille, déjà très proche du judaïsme. Mais tous ces détails sont absents de la
relation que Pierre donne de l'événement au chapitre 11. Le nom de Corneille
n'est pas même prononcé, et l'on ne sait pratiquement rien de lui. Des gens qui
viennent chercher Pierre à Jaffa, on nous dit seulement qu'ils ont été envoyés "de
Césarée" (11,11); arrivés à Césarée, Pierre et ses compagnons "entrèrent dans la
maison de l'homme" (11,12). Une telle imprécision étonne après l'abondance des
détails donnés au chapitre 10; elle nous étonne d'autant plus que, sommé par les
judéo-chrétiens de Jérusalem de dire pourquoi il avait pris ses repas avec des
païens (11,3), Pierre avait tout intérêt à insister sur le fait que Corneille était un
"craignant Dieu".

b) En 10,34-43, Pierre tient un assez long discours devant Corneille et
ceux qui sont avec lui. C'est seulement au terme de ce discours que l'Esprit vient

---

[1] Un problème analogue se pose au sujet de la vision des animaux impurs racontée en 10,11-16 et
en 11,5-10: quelle différence dans l'expression littéraire!

brusquement sur eux (10,44). On s'étonne alors que Pierre puisse dire, en 11,15: «Or, pendant que je commençais à parler, l'Esprit tomba sur eux tout comme sur nous au début.» J. Dupont a bien vu la difficulté et il note dans la BJ, à propos des mots que nous avons soulignés: «Dans son exposé, Pierre voit les choses en raccourci. D'après le ch. **10**, il a donné à Corneille et aux siens un enseignement catéchétique fort complet (**10** 36-43).»[1]

c) En 10,47-48, le récit a son point culminant dans le fait que Pierre, ayant constaté que Dieu avait donné l'Esprit aux païens, accepte de leur conférer le baptême d'eau. On a l'impression que tout le récit a pour but de démontrer que les païens peuvent être baptisés sans avoir été circoncis et sans avoir observé les coutumes de la Loi juive. Mais en 11,16-18, dans la finale du deuxième récit, il n'est pas question du baptême d'eau; bien mieux, la venue de l'Esprit est considérée comme le vrai baptême qui s'oppose au baptême d'eau que donnait le Baptiste.

On peut donc conclure que l'auteur qui a rédigé 11,4-18, ce passage dans lequel Pierre rappelle les événements qui viennent de se passer à Césarée, connaissait une rédaction de ces événements différente de celle que nous avons maintenant au chapitre 10. Le païen qui reçoit l'Esprit n'y était probablement pas nommé par son nom, ni présenté comme un prosélyte déjà à moitié converti. Le long discours que prononce Pierre en 10,34-43 devait être réduit à sa plus simple expression. Enfin il n'était pas question de donner le baptême à ceux qui avaient reçu l'Esprit.

Ne serait-on pas alors en présence, au chapitre 10, d'un récit qui se serait amplifié et compliqué aux divers stades de sa transmission? Essayons donc de retrouver le récit primitif, remontant au Document P, en éliminant les ajouts successifs que nous nous efforcerons d'attribuer à tel ou tel niveau rédactionnel.

B) SÉPARATION DES NIVEAUX RÉDACTIONNELS

1. L'introduction du récit (9,43)

Au niveau du Document P, le récit commençait en 9,43. Ce verset nous apprend que Pierre demeurait chez un certain Simon, un corroyeur. Un tel renseignement est nécessaire à l'intelligence du récit du Document P, qui nous montrera Pierre montant dans la chambre haute (10,9b), ce qui suppose qu'il se trouvait dans une maison précédemment nommée, au moins implicitement. La formule παρά τινι Σίμωνι sera changée en πρὸς Σίμωνά τινα par Act II (10,6

---

[1] BJ, p. 110, note *d*.

TO), formule plus lucanienne mais moins correcte en grec puisqu'il n'y a pas de mouvement; pour éviter une telle incorrection grammaticale Act III reprendra en 10,6 (TA) la formule qu'il lisait en 9,43.

2. Présentation de Corneille et de sa vision (10,1-9a)

a) Ce texte présente en début de récit le personnage de Corneille et décrit la vision qui lui fut accordée par Dieu, anticipant ainsi ce qui sera dit aux vv. 22, puis 30-32. C'est le passage où Corneille est décrit avec le plus de détails; il ne peut donc remonter au récit primitif dans lequel le centurion n'était même pas nommé (cf. *supra*). Le caractère secondaire de 10,1-9a est confirmé par le fait suivant. Les vv. 17b-18 sont étroitement liés à ce passage: ils décrivent l'arrivée à la maison où habite Pierre des gens envoyés par Corneille selon les vv. 7-9a. Or nous sommes en présence d'une insertion dans un récit plus archaïque, insertion indiquée par la reprise rédactionnelle que constituent les vv. 17a "Comme Pierre se demandait (avec embarras) ce qu'était la vision qu'il avait eue..." et 19a "Or, tandis que Pierre était embarrassé (TO) au sujet de la vision..."[1]

b) Certains indices permettent d'attribuer à Act II les vv. 1-9a ainsi que les vv. 17-18 qui leur sont liés.

Au v. 1, le personnage de Corneille est introduit avec la formule qui, en 5,1 et 8,9, introduisait les personnages d'Ananie et de Simon le mage, textes que nous avons attribués à Act II:

10,1:   ἀνὴρ δέ τις... ὀνόματι Κορνήλιος
5,1:   ἀνὴρ δέ τις ὀνόματι Ἀνανίας
8,9:   ἀνὴρ δέ τις ὀνόματι Σίμων

10,1:   or un certain homme... du nom de Corneille
5,1:   or un certain homme du nom d'Ananie
8,9:   or un certain homme du nom de Simon

Une telle formule ne se lit nulle part ailleurs dans le NT (Aa 71).

Aux vv. 2 et 7, l'adjectif "pieux" (εὐσεβής) ne se lit ailleurs dans le NT qu'en 2 Pi 2,9. Mais on notera les mots de même racine qui abondent dans les épîtres pastorales: "piété" (εὐσέβεια: 10 fois dans 1 et 2 Tim, Tit), "avec piété" (εὐσεβῶς: 2 Tim 3,12; Tit 2,12), "agir avec piété" (εὐσεβεῖν: 1 Tim 5,4). Cette parenté avec le vocabulaire des épîtres pastorales indique la main de Act II. - Au v. 2, la formule "avec toute sa maison" a son équivalent en 11,14; 16,15.31; 18,8; 16,33 (TO), des textes que nous attribuerons à Act II. - Au v. 4, la formule "saisi

---

[1] Ce point avait déjà été noté par B. Weiss (p. 146).

de crainte" (ἔμφοβος γενόμενος) se lit encore dans les Actes en 24,25 et 9,5 (TO), deux textes de Act II (cf. Lc 24,5.37). - Au v. 5, la séquence "envoie et fais venir" (πέμψον καὶ μετάπεμψαι), avec les deux verbes semblables, se retrouvera en 20,17 (TO) dans un texte de Act II.

Enfin, le premier élément de la reprise littéraire notée au v. 17 a même structure que 5,24, un texte que nous avons attribué à Act II:

5,24: ὡς δὲ ἤκουσαν.... διηπόρουν... τί ἂν γένοιτο τοῦτο
10,17: ὡς δὲ   διηπόρει... τί ἂν εἴη τὸ ὅραμα

5,24: or, comme ils entendirent... ils se demandaient... ce que cela signifiait
10,17: or, comme Pierre   se demandait   ce qu'était la vision

Comme souvent chez Act II, nous sommes en présence d'une reprise littéraire inversée, dont le premier élément fut composé par Act II.

3. La vision des animaux purs et impurs (10,10-16.19a)

Cette vision semble avoir été insérée dans un texte plus archaïque. Au v. 9, nous voyons Pierre monter dans la chambre haute afin de s'y adonner à la prière. Mais à peine est-il monté qu'il a faim et désire manger! Pourquoi monter prier s'il était l'heure du repas?[1] La suite normale du v. 9 se lit au v. 19b: «(Pierre) monta dans la chambre haute pour prier ( ). L'Esprit lui dit...» C'est tandis que Pierre est en prière que l'Esprit lui parle.

Cette vision concernant le pur et l'impur enlève d'ailleurs une partie de son intérêt au récit primitif[2]. L'intervention de l'Esprit, demandant à Pierre de suivre sans hésiter des païens réputés impurs (v. 20), n'a plus grande signification si celui-ci, grâce à la vision, sait déjà qu'aux yeux de Dieu la distinction entre pur et impur, telle que la concevait le judaïsme, n'existe plus.

L'addition de cette vision dans le récit primitif ne peut être que de Act I puisque, nous venons de le voir, Act II y a ajouté les vv. 17-18. Elle offre peu de caractéristiques stylistiques. On notera seulement que le thème de la vision (θεωρεῖν) du ciel ouvert (v. 11) se lisait déjà en 7,56 et que la formule "fut enlevé au ciel" a son équivalent en 1,11. Or ce sont deux textes que nous avons attribués à Act I.

---

[1] Loisy, qui attribue tout le récit au Rédacteur, note cependant: «Cette combinaison de prière et de grand appétit se présente assez gauchement. Mais l'idée de nourriture est pour accrocher la vision qui vient ensuite» (p. 435).

[2] Ce point, noté déjà par Bauernfeind (p. 143), a été fort bien développé par Trocmé (p. 172) qui conclut: «La vision de Pierre est donc inutile dans ce récit.» En ce sens, voir aussi J. DUPONT, *Les problèmes du livre des Actes d'après les travaux récents*, Louvain, 1950, pp. 73-74.

Ajoutons deux détails. À la fin du v. 9, la précision que Pierre monte dans la chambre haute "vers la sixième heure", c'est-à-dire vers midi, fut ajoutée par Act I. Elle a pour but d'expliquer pourquoi Pierre va avoir faim (v. 10); c'était l'heure du repas. Mais pourquoi Pierre voulait-il prier juste à cette heure-là? - Au même verset, selon le Document P, Pierre montait "dans la chambre haute" pour y prier, texte conservé par Act II (TO). Mais pour préparer la vision céleste qu'il allait introduire aux vv. 10ss, Act I changea "dans la chambre haute" en "sur la terrasse", variante conservée par Act III (TA).

Les analyses que nous venons de mener permettent de nous faire une idée sur la teneur du début du récit au niveau du Document P. Il commençait par le dernier verset du chapitre 9: «Or il arriva (que) lui resta beaucoup de jours chez un certain Simon, un corroyeur.» La suite se lisait en 10,9b: «[Il] monta dans la chambre haute pour prier ( ).» Puis on passait aux vv. 19b-20: «L'Esprit lui dit: "Voici des hommes qui te cherchent. Mais lève-toi, va avec eux sans hésiter, car c'est moi qui les ai envoyés."»

4. Le dialogue entre Pierre et les envoyés de Corneille (10,21-23a)

a) Dans ce dialogue, les envoyés du centurion Corneille donnent à Pierre la raison pour laquelle ils sont venus le chercher. Ils expliquent qui est ce centurion et indiquent le contenu de la vision qu'il aurait eue. Mais ce dialogue est superflu! Il vient mal après l'intervention de l'Esprit au v. 20. Après l'ordre "Va avec eux sans hésiter", c'est-à-dire sans te poser de question, on ne comprend pas que Pierre ait besoin de nouveaux éclaircissements pour suivre les hommes. De plus, d'après le v. 22, on peut comprendre que les hommes qui viennent chercher Pierre ont été envoyés par Corneille; mais au v. 20, l'Esprit dit à Pierre de suivre ces hommes "car c'est moi qui les ai envoyés". Tout ceci manque de cohérence.

D'après le parallèle du chapitre 11, on voit que, dans le récit du Document P, c'est Corneille lui-même qui met Pierre au courant de la vision qu'il a eue une fois que celui-ci est entré chez lui (11,13), thème que l'on trouvera effectivement exprimé en 10,30-32. Et puisque, nous l'avons noté plus haut, les vv. 22 et 30-32 sont difficilement conciliables et forment un doublet littéraire, nous devons en conclure que les vv. 21-23a constituent un ajout dans le récit du Document P.

b) Mais qui est responsable de cet ajout? Vraisemblablement Act I car ce v. 22 est indispensable à ce niveau afin de préparer le v. 25b, qui est, nous le verrons, de Act I et qui suppose déjà connu le personnage de Corneille. On notera par ailleurs l'expression "un ange saint", nulle part ailleurs dans les Actes. Act II aurait écrit, soit "l'ange du Seigneur" (5,19; 8,26), soit simplement "un ange" (10,3; 12,7.23; ces trois textes selon le TO).

c) Mais ce v.22 fut complété par Act III qui a voulu tenir compte de ce que Act II avait écrit de Corneille aux vv. 1ss. Il aurait ainsi ajouté l'éloge de Corneille depuis les mots ἀνὴρ δίκαιος jusqu'à τῶν Ἰουδαίων. En reprenant le v. 2 de Act II, il a changé l'adjectif εὐσεβής en δίκαιος, qu'il apprécie spécialement (4 emplois sur 5: 3,14; 7,52; 22,14; 24,15). Il utilise la formule τὸ ἔθνος τῶν Ἰουδαίων, unique dans les Actes mais que l'on rapprochera de ὁ λαὸς τῶν Ἰουδαίων qui se lit en 12,11 dans le seul TA (Act III). Enfin, la structure littéraire μαρτυρούμενος ὑπό est typique de Act III (cf. 16,2; 22,12). Le rapprochement avec 22,12, un texte qui est sûrement de Act III, est significatif:

10,22: μαρτυρούμενος ὑπὸ ὅλου τοῦ ἔθνους τῶν Ἰουδαίων
22,12: μαρτυρούμενος ὑπὸ πάντων τῶν κατοικούντων Ἰουδαίων

10,22: considéré par toute la nation des Juifs
22,12: considéré par tous les Juifs habitant (la ville)

d) Le récit du Document P passait donc du v. 20 au v. 23b, avec probablement pour faire le lien le "alors" (τότε) resté au début du v. 21: «Mais lève-toi, va avec eux sans hésiter, car c'est moi qui les ai envoyés ( ). Alors ( ), s'étant levé, il partit avec eux et quelques-uns des frères de Joppé vinrent avec lui.[1]»

5. La rencontre entre Pierre et Corneille (10,24-27)

Il existe ici une différence assez considérable entre le TO et le TA. Nous verrons qu'elle est due à l'activité rédactionnelle de Act II tandis que Act III est revenu en partie au texte du Document P (cf. Act I).

a) Analysons d'abord le TA afin d'y retrouver le texte de Act I et, éventuellement, du Document P.

aa) Les vv. 24-25a contiennent une reprise rédactionnelle évidente: "Le lendemain il entra à Césarée" (v. 24a) - "Lorsqu'il arriva que Pierre entra..." (v. 25a). Le v. 24b constitue donc une insertion. À quel niveau la situer? Au v. 25a, la reprise du texte a cette forme: ὡς δὲ ἐγένετο τοῦ εἰσελθεῖν τὸν Πέτρον. Elle contient une caractéristique stylistique lucanienne importante (Bb 3): le verbe à l'aoriste ἐγένετο a pour sujet un second verbe à l'infinitif. Mais cette caractéristique, en apparence lucanienne, contient deux anomalies. D'une part, le verbe à l'infinitif est précédé de l'article, ce qui est un cas unique. D'autre part, le verbe ἐγένετο se trouve dans une proposition subordonnée, et non dans la proposition principale; les seuls cas semblables se trouvent en 21,1 et 21,5, mais

---

[1] En 11,13, du Document P, Pierre suppose qu'il n'est pas seul: «Il (Corneille) nous annonça.»

attesté par le seul TA, dans des retouches effectuées par Act III. Ces remarques stylistiques nous indiquent que la reprise constituée par le v. 25a (TA) est de Act III. Il a donc inséré dans un récit plus ancien (Document P repris par Act I) le texte de Act II qui se lit au v. 24b du TO et qui prépare le jeu de scène du v. 25 (TO).

ab) Les vv. 25b-27 doivent remonter au récit du Document P. D'après le parallèle de 11,12 en effet, Pierre est entré dans la maison de l'homme qui l'avait convoqué, ce qui correspond à 10,27. Mais les vv. 25b-26 sont nécessaires pour faire le lien entre l'arrivée de Pierre à Césarée (v. 24a) et son entrée dans la maison d'un particulier (v. 27); ils devaient donc se lire dans le récit du Document P.

Nous nous trouvons toutefois devant une difficulté. Au v. 25b, Corneille intervient comme s'il nous avait déjà été présenté. Cette situation convient bien au récit de Act I, qui avait introduit le personnage de Corneille dès le v. 22, mais pas à celui du Document P. Voici alors l'hypothèse que nous proposons. Au niveau de ce Document, l'homme qui vient au-devant de Pierre restait indéterminé. Au lieu du nom de Corneille, on avait une expression vague, telle que "un homme" (ἀνήρ τις), comme en Act 25,14 et Lc 8,27 (cf. Act 3,2; 13,6; 14,8). Le texte de Lc 8,27 est spécialement à noter: «Tandis qu'il venait à terre, vint à sa rencontre un homme de la ville...» (ὑπήντησεν ἀνήρ τις). On aurait eu de même ici: «Le lendemain, il entra à Césarée ( ) [et], étant venu à sa rencontre, [un homme]...» Le Document P ferait écho à ce texte en 11,12: «Et nous entrâmes dans la maison de l'homme» (τοῦ ἀνδρός). En 10,25b, c'est Act I qui aurait introduit dans le texte le nom de Corneille.

b) Voyons maintenant l'activité littéraire de Act II, telle qu'elle est reflétée dans le TO, en partie très différent du TA. Notons d'abord que, dans ce TO, il faut omettre le v. 24a "Le lendemain, il entra à Césarée", puisque le v. 25a (TO) nous montrera Pierre "approchant" seulement de cette ville. C'est une harmonisation de scribe faite sur le TA.

L'ensemble des vv. 24-27 n'offre aucune difficulté littéraire et le récit se déroule de façon logique. Notons en passant que, au v. 24, la proposition participiale "ayant convoqué ses parents et ses amis intimes" est littérairement proche de Lc 15,6 (cf. 15,9): le berger qui a retrouvé sa brebis "convoque ses amis et ses voisins". Mais il est plus important de remarquer que le jeu de scène décrit aux vv. 25b-26 a son équivalent en Act 14,14-15. Ici, Corneille "ayant bondi" (ἐκπηδήσας) au-devant de Pierre se prosterne à ses pieds. Mais Pierre lui dit: «Que fais-tu? Car moi, je suis un homme tout comme toi.» En 14,14-15, en apprenant que les gens de Lystres les prennent pour des dieux, Paul et Barnabé "bondirent" (ἐξεπήδησαν) vers la foule en criant: «Hommes, que faites-vous? Nous, nous sommes des hommes de même condition que vous.» La parenté littéraire entre les deux textes est beaucoup plus marquée qu'avec les vv. 25b-26 du TA. Nous verrons en commentant ce passage que 14,14-15 fut rédigé par Act II. C'est donc lui ici qui a remodelé le texte du récit du Document P/Act I afin de l'harmoniser sur 14,14-15.

c) Au v. 27, les divergences entre le TA et le TO sont plus difficiles à apprécier. Au lieu de "il entra et il trouve", Act II écrit "étant entré il trouva"; cette caractéristique lucanienne (Ab 180) ne se lit ailleurs qu'en 5,10, un texte de Act II, et Lc 24,3; elle serait donc plutôt ici de Act II. On peut penser également que Act II a voulu éviter le présent historique "il trouve", difficile après l'aoriste. Quant aux participes "conversant avec lui" et "rassemblés", absents du TO, est-ce Act II qui les a retranchés ou Act III qui les a ajoutés? Il est difficile de répondre. Act II a pu omettre le participe "rassemblés", estimant que l'idée avait été clairement exprimée dans son ajout du v. 24b. Tout compte fait, nous garderons au Document P le v. 27 sous sa forme TA.

6. Le dialogue entre Pierre et Corneille (10,28-33)

Le noyau de cette partie du récit doit remonter au Document P puisqu'il a son parallèle en 11,13: une fois que Pierre est entré chez (Corneille), celui-ci lui raconte l'ordre qu'il a reçu d'un ange. Mais le texte du récit primitif fut considérablement amplifié aux niveaux ultérieurs.

a) Aux vv. 28b-29a, Pierre renvoie à la vision des animaux impurs racontée aux vv. 10-16. On notera spécialement l'opposition "pur/impur" (κοινὸν ἢ ἀκάθαρτον) qui reprend en écho le thème du v. 15. Comme la vision des animaux impurs fut ajoutée par Act I, on peut lui attribuer aussi l'insertion de ces vv. 28b-29a.[1] L'insertion est d'ailleurs littérairement un peu maladroite puisqu'elle a provoqué, au v. 29, le redoublement du verbe μεταπέμψασθαι, utilisé une première fois au passif, une seconde fois au moyen à sens actif.
Le texte du Document P devait passer des mots "de fréquenter ou d'approcher un étranger" (v. 28) aux mots "je demande donc" (v. 29b).

b) Aux vv. 30-33, Corneille prend la parole pour expliquer à Pierre qu'un ange lui est apparu pour lui dire de l'envoyer chercher à Joppé. Ce passage, nous l'avons dit plus haut, doit être fondamentalement du Document P puisqu'il a son

---

[1] L'insertion de ce passage est admise par Bauernfeind (p. 143) et Trocmé (p. 173), ce qui est normal puisqu'ils ont reconnu l'addition de la vision des animaux purs et impurs en 10,10ss. Trocmé note d'ailleurs que 10,28-29 fait double emploi avec 10,34-35, qu'il attribue, comme nous, au récit primitif.

parallèle en 11,13. Le contenu en avait été transféré par Act I en 10,22. Act II a repris le texte du Document P mais en a modifié le style et l'a amplifié.

ba) Pour reconstituer le texte du Document P aux vv. 30-32, mettons en parallèle ces versets du chapitre 10 avec 11,13-14a:

10,30-32	11,13-14a
- Et Corneille déclara:	- il nous annonça comment il vit
«Depuis quatre jours jusqu'à	
maintenant, j'étais jeûnant et priant	
dans ma maison	dans sa maison
et voici (que) un homme se tint	un ange debout
devant moi en vêtement resplendissant	
- et il déclara:	et lui disant:
"Corneille, ta prière a été exaucée	
et tes aumônes ont été remémorées	
devant Dieu.	
- Envoie donc (des gens) à Joppé	"Envoie (des gens) à Joppé
et convoque	et fais venir
Simon qui est surnommé Pierre;	Simon qui est surnommé Pierre,
celui-ci loge dans la maison de Simon,	
un corroyeur, près de la mer,	
qui, en arrivant, te parlera"».	lui te parlera..."»

L'activité littéraire de Act II est assez facile à préciser. Il a avant tout "personnalisé" le personnage qui dialogue avec Pierre en fonction des détails qu'il avait donnés aux vv. 1-6. En 10,30, le texte du Document P devait avoir seulement "et [il] déclara"; c'est Act II qui a précisé qu'il s'agissait de Corneille. Au même verset, Act II a ajouté le thème de Corneille s'adonnant durant plusieurs jours au jeûne et à la prière (cf. 14,23; 13,3; Lc 2,37; 5,33): c'est un homme pieux, d'après 10,2. Il a de même inséré la quasi totalité du v. 31: Dieu s'est souvenu de la prière et des aumônes de Corneille (cf. 10,2). Au v. 32 enfin, la précision que Pierre demeure chez Simon, un corroyeur, dont la maison est située près de la mer, est encore un ajout de Act II (cf. 10,6).

N'oublions pas enfin ce que nous avons dit au début de notre étude sur cette section des Actes: l'ordre donné par l'ange à Corneille "Envoie (des gens) à Joppé et convoque Simon qui est surnommé Pierre" est exprimé en 10,32 avec un vocabulaire entièrement différent de celui que l'on trouve en 11,13; il a donc été changé par Act II.

On peut maintenant conclure que, aux vv. 30-32, le texte du Document P avait à peu près cette teneur: «Et il déclara: "( ) J'étais ( ) dans ma maison et voici (qu')un homme[1] se tint devant moi en vêtement resplendissant. Et il déclara: "( ) [Envoie] (des gens) à Joppé et [fais venir] Simon [qui est surnommé] Pierre ( ); en arrivant, il te parlera".»

bb) Le problème du v. 33 est plus difficile à résoudre. Il n'offre aucun écho dans le récit de 11,13-14. Par ailleurs, la deuxième partie du verset suppose que Pierre va prononcer un discours-programme, ce qui n'est pas le cas au niveau du Document P. Avec hésitation, nous proposons de considérer tout ce verset comme un ajout de Act II.

7. Le discours de Pierre (10,34-43)

Pierre prononce maintenant un long discours (vv. 34-43) pour présenter Jésus aux païens de Césarée, au terme duquel l'Esprit viendra sur eux (v. 44). Mais d'après 11,15, un texte du Document P, Pierre dit que l'Esprit est venu "pendant que je commençais à parler". Pierre n'aurait donc prononcé que quelques mots avant que ne vienne l'Esprit. Il faut en conclure que, au niveau du Document P et aussi de Act I, le discours était beaucoup plus court qu'il ne l'est maintenant. Essayons de préciser ce qui devait se lire au niveau du Document P, puis de Act I, et les additions de Act II[2].

a) Aux vv. 34-35, Pierre dit qu'il a compris que Dieu ne faisait pas acception des personnes, mais qu'il regarde avec faveur quiconque le craint et pratique la justice. C'est l'idée qui avait été exprimée déjà au v. 28b par Act I, mais ici elle est formulée en termes bibliques qui ne font pas intervenir les notions de pur et d'impur. Ce texte doit remonter au Document P. Pierre ne fait qu'expliciter ce qui avait été implicite dans l'ordre reçu de l'Esprit de suivre les païens qui sont venus le chercher (vv. 19b-20).

b) Le problème du v. 36 est plus délicat. La finale "... c'est lui le Seigneur de tous" dépend de Rom 10,12 "Il n'y a pas de distinction entre Juif et Grec, car il n'y a qu'un seul Seigneur de tous". De même, la formule "annonçant la paix" semble reprise de Eph 2,17. Le thème des vv. 34-35 est donc explicité en fonction de textes pauliniens. Mais une telle influence des épîtres pauliniennes serait tout à

---

[1] Corneille parle simplement d'un homme qui lui est apparu. Quand Pierre racontera l'événement, il interprètera la vision en disant qu'il s'agissait d'un ange (11,13). On trouve la même transposition entre Lc 24,4 et 24,23.

[2] L'addition de 10,36-43 est communément admise: Spitta (pp. 130ss), Jüngst (pp. 97s), Bauernfeind (p. 142), Trocmé (p. 171). Ces auteurs ont bien noté la contradiction avec 11,15 comme aussi le style du Rédacteur (pour nous Act II) qui court tout au long de ce discours. Voir aussi J. Dupont, *Les problèmes du livre des Actes*, p. 74. Wellhausen (p. 20) avait remarqué la liaison difficile entre les vv. 35 et 36 (mais aussi entre les vv. 36 et 37).

fait anormale au niveau du Document P. Le mieux est donc d'attribuer ce v. 36 à Act II.

c) Les vv. 37 à 43 nous donnent une véritable catéchèse faite par Pierre à Corneille et à ses compagnons. Elle ne se lisait certainement pas dans le récit du Document P puisque, selon lui, l'Esprit serait venu sur les païens de Césarée alors que Pierre venait juste de commencer à parler (11,15). Nous pensons qu'elle fut rédigée par Act II pour préparer le thème du baptême de Corneille et de ses compagnons, que cet auteur ajoutera aux vv. 47-48: avant d'être baptisés, les païens reçoivent une véritable catéchèse baptismale.

Voici un certain nombre de remarques stylistiques ou thématiques qui confirment que les vv. 37-43 furent composés par Act II.

Aux vv. 37b-39a, il est dit que les apôtres sont les témoins (v. 39a), non seulement de la mort et de la résurrection de Jésus, mais encore de toute sa vie terrestre "commençant en effet par la Galilée, après le baptême que Jean a proclamé" (v. 37b), et incluant tous les miracles qu'il a accomplis en Judée et ailleurs (v. 38). Or cette extension du témoignage des apôtres ne se lit ailleurs dans les Actes qu'en 1,21-22, dans le récit de l'élection de Matthias, que nous avons attribué à Act II. Les deux passages contiennent d'ailleurs un contact littéraire précis:

> 1,22: ἀρξάμενος ἀπὸ τοῦ βαπτίσματος ᾿Ιωάννου
> 10,37: ἀρξάμενος ἀπὸ τῆς Γαλιλαίας μετὰ τὸ βάπτισμα ὃ ἐκήρυξεν ᾿Ιωάννης

> 1,22: en commençant au baptême de Jean
> 10,37: commençant par la Galilée après le baptême que Jean a proclamé

On notera aussi le parallèle avec Lc 23,5: «... parce qu'il soulève le peuple en enseignant par toute la Judée en commençant par la Galilée jusqu'ici.» Les mots que nous avons soulignés se retrouvent, identiques, en Act 10,37b.

Aux vv. 39-40, l'allusion à la mort de Jésus est donnée en termes analogues à ceux qui se lisent en 5,30-31, un texte de Act II:

> καὶ ἀνεῖλαν κρεμάσαντες ἐπὶ ξύλου. τοῦτον ὁ θεὸς ἤγειρεν
> ὃν ὑμεῖς διεχειρίσασθε κρεμάσαντες ἐπὶ ξύλου. τοῦτον ὁ θεὸς... ὕψωσεν

> et ils l'ont supprimé en le suspendant au bois. Celui-ci Dieu l'a ressuscité
> que vous aviez fait mourir en le suspendant au bois. Celui-ci Dieu... l'a exalté

Par ailleurs tout le thème des apparitions du Christ, aux vv. 40b-42, est très proche de ce que Act II (TO) a écrit en 1,2-4.

Au v. 43, avec le thème de la rémission des péchés, nous rejoignons à nouveau le discours de Pierre de 5,30-32a, mais c'est dans une addition de Act II.

L'expression "tous les prophètes" ne se lit ailleurs que dans deux textes de Act II (3,18 et 3,24).

Tous ces rapprochements littéraires confirment que les vv. 37-43 furent ajoutés par Act II au texte de ses sources.

8. Le don de l'Esprit et le baptême (10,44-48)

La finale du récit contient elle aussi trois niveaux différents.

a) Au v. 44, nous apprenons que, tandis que Pierre parlait encore, l'Esprit tomba sur tous ceux qui l'écoutaient. C'est là la pointe de tout le récit, qui se lisait certainement déjà au niveau du Document P: l'Esprit achève ce qu'il avait commencé au v. 19.

b) Les vv. 45-46a doivent être fondamentalement de Act I, avec le thème de la glossolalie qui manifeste la venue de l'Esprit, comme en 2,4. Mais Act II a surchargé le texte de Act I en y ajoutant deux gloses.

- Au v. 45, le texte de Act I avait seulement "tous ceux ( ) qui étaient venus avec Pierre"; Act II a précisé en ajoutant "les croyants issus de la circoncision". Au v. 23, le Document P avait noté simplement que quelques <u>frères</u> de Joppé accompagnèrent Pierre (cf. 11,12). L'expression utilisée au v. 45 ne va pas au niveau du Document P ni à celui de Act I. Elle suppose en effet, par opposition, qu'il y avait déjà des croyants issus du paganisme, alors que Corneille est le premier païen à se convertir. L'expression recouvre donc un anachronisme, mais qui ne nous étonne pas de la part de Act II. On a vu que, dans le récit de la conversion de Paul, il supposait un certain nombre de chrétiens vivant à Damas, ce qui est impossible dans la perspective de Act I. On notera que l'adjectif substantivé "croyant" (πιστός) ne se lit ailleurs dans le NT qu'en 1 Tim 4,3.12; c'est un nouveau contact du vocabulaire de Act II avec celui des épîtres pastorales. De même, l'expression "ceux de la circoncision" (οἱ ἐκ περιτομῆς) est paulinienne (cf. Rom 4,12; Gal 2,12; Col 4,10; Tit 1,10).

- Dans la seconde partie du v. 45, Act II a ajouté la proposition complétive "que même sur les païens le don de l'Esprit avait été répandu". On retrouve dans cette proposition le verbe "être répandu" pour désigner l'effusion de l'Esprit, comme en 2,33, un texte que nous avons attribué à Act II. Rappelons que ce verbe fait écho au texte de Joël 3,1-2, cité par Act II en Act 2,17-18: «Il se fera que je répandrai mon esprit sur toute chair...» Par ailleurs, le terme de "don" (δωρεά) correspond au mot "don" (δῶρον) qui se lit dans le même texte de 2,33 (TO).

- Si l'on fait abstraction des deux gloses de Act II, le texte des vv. 45-46a correspond exactement, moyennant une inversion, à celui de Act I que nous avons reconstitué[1] en 2,6a.11b.12:

Act 2,6a.11b.12	Act 10,45-46a
	καὶ <u>ἐξέστησαν</u> οἱ ἐκ περιτομῆς πιστοὶ ὅσοι
γενομένης δὲ τῆς φωνῆς ταύτης συνῆλθεν τὸ πλῆθος	συνῆσαν τῷ Πέτρῳ ὅτι καὶ ἐπὶ τὰ ἔθνη ἡ δωρεὰ τοῦ πνεύματος ἐκκέχυται
– καὶ ἤκουον λαλούντων αὐτῶν γλώσσαις τὰ μεγαλεῖα τοῦ θεοῦ – <u>ἐξίσταντο</u> δέ...	– ἤκουον γὰρ αὐτῶν λαλούντων γλώσσαις καὶ μεγαλυνόντων τὸν θεόν
	- et furent <u>stupéfaits</u> tous ceux (les) croyants issus de la circoncision
- ce bruit étant arrivé la foule se rassembla et	qui étaient venus avec Pierre parce que même sur les gentils le don de l'Esprit avait été répandu
- ils les entendaient parler en langues les grandeurs de Dieu - or ils étaient <u>stupéfaits</u>...	- car ils les entendaient parler en langues et magnifier Dieu

Selon Act I, en 10,45-46, si les gens qui accompagnent Pierre sont stupéfaits, ce n'est pas parce que les païens ont reçu l'Esprit, mais parce qu'ils parlent en langues. Le verbe "être stupéfait" suppose presque toujours un fait miraculeux qui vient de se produire (cf. Act 2,7.12; 8,9.11.13; 12,16; 1 Cor 14,22; opposer Act 9,21).

c) Les vv. 46b-48a, qui mentionnent le baptême des païens, doivent être de Act II. La suite du récit ne mentionnera plus ce baptême, ni en 11,1, ni surtout en 11,15.17.

d) Au v. 48b, nous apprenons que Pierre reste quelques jours à Césarée. Ce détail introduit le thème de Pierre qui a pris ses repas avec les païens, détail ajouté, nous le verrons, par Act II. Il fut donc ajouté ici aussi par Act II.

---

[1] En éliminant une insertion de Act III délimitée par une reprise rédactionnelle.

9. Pierre revient à Jérusalem (11,1-3)

Au début du chapitre 11, les vv. 1-3 sont de rédaction très différente dans le TO et dans le TA. Voici comment nous voyons l'évolution des textes. Le récit du Document P était constitué par les vv. 2-3 lus selon le TO. Act I simplifia le texte, ce qui donna les vv. 2-3 lus selon le TA. Act II composa le v. 1 (TO), puis il reprit le texte du Document P aux vv. 2-3 (TO). Il introduisit deux petites gloses dans le texte de ce Document, l'une à la fin du v. 2, l'autre à la fin du v. 3. Quant à Act III, il grécisa la rédaction de Act II au v. 1 (TA), puis il suivit le texte de Act I, sa source principale, aux vv. 2 et 3 (TA), le complétant en tenant compte des gloses introduites par Act II.

a) Le v. 1 fut composé par Act II, et sa forme TO est plus primitive que sa forme TA. Voici les arguments que l'on peut invoquer en ce sens.

aa) Ce verset se situe dans le prolongement des additions faites par Act II au chapitre 10. Il insiste sur le fait que les païens ont reçu la parole de Dieu. Mais, d'une part, c'est seulement au niveau de Act II que la parole de Dieu leur a été annoncée, grâce au discours catéchétique que prononce Pierre en 10,37-43; d'autre part, Act II seul insiste sur le fait que l'Esprit a été répandu même sur les païens (10,45b).

ab) Ce verset doit être rapproché de 8,14, que nous avons attribué à Act II. Ici, les apôtres et les frères qui sont en Judée ont entendu dire que les païens ont accueilli la parole de Dieu; en 8,14, les apôtres qui sont à Jérusalem ont entendu dire que la Samarie a accueilli la parole de Dieu. Malgré une formulation littéraire différente, c'est exactement le même thème.

ac) Notons aussi que le TO donne un texte qui convient très bien au style de Act II. Le début du verset contient une formule héritée de la Septante: «Or il fut entendu (dire) par les apôtres...» C'est la formule que l'on trouve par exemple en Gen 45,2: «et il fut entendu (dire) par la maison de Pharaon»[1]. Cette imitation du style de la Septante est typique de Act II. Par ailleurs, la formule qui termine ce verset "et ils bénissaient Dieu" ne se lit ailleurs dans les écrits lucaniens qu'en Lc 1,64 et 2,28; ce contact avec le vocabulaire de l'évangile de l'enfance dénote la main de Act II.

ad) La phraséologie de ce verset, notons-le tout de suite, se retrouvera dans d'autres textes que nous attribuerons à Act II. Comparons d'abord le milieu de ce verset avec 13,48 (TO):

---

[1] Cf. encore Is 23,5, avec le datif comme ici; Is 48,3.20.

11,1:   ὅτι καὶ τὰ ἔθνη ἐδέξαντο τὸν λόγον τοῦ θεοῦ
13,48: καὶ ἀκουόντα τὰ ἔθνη ἔχαιρον καὶ ἐδέξαντο τὸν λόγον τοῦ κυρίου

11,1:   que même les gentils avaient reçu la parole de Dieu
13,48: en entendant, les gentils se réjouissaient et ils reçurent la parole du Seigneur

Comparons encore une structure littéraire de ce v. 1 avec celles que l'on trouve dans deux autres textes que nous attribuerons à Act II:

11,1:   τοῖς ἀποστόλοις καὶ τοῖς ἀδελφοῖς τοῖς κατὰ τὴν Ἰουδαίαν
15,23: τοῖς κατὰ τὴν Ἀντιόχειαν καὶ Συρίαν καὶ Κιλικίαν ἀδελφοῖς
21,21: διδάσκεις... τοὺς κατὰ τὰ ἔθνη Ἰουδαίους

11,1:   aux apôtres et aux frères qui (sont) en Judée
15,23: aux frères qui (sont) à Antioche et en Syrie et en Cilicie
21,21: tu enseignes... aux Juifs qui (sont) chez les païens

Ce sont, avec 24,5 et 27,2, de Act III, les seuls textes où l'on rencontre cet emploi de la préposition κατά. En 11,1, nous avons donné le texte du TO, mais celui du TA offre la même structure, le ὄντες pouvant être considéré comme une addition facilitante. Ajoutons que si, en 11,1, la construction est un peu différente de ce qu'elle est en 15,23 et en 21,21, c'est parce que la préposition κατά dépend de deux substantifs; il était donc impossible de la placer entre τοῖς et ἀδελφοῖς.

On peut donc conclure que le v. 1 fut ajouté par Act II dans le récit primitif, avec une facture très sémitisante. Act III l'a remanié afin d'en donner une version plus grecque.

b) On serait tenté d'attribuer à Act II également la rédaction des vv. 2-3, sous la forme qu'ils ont dans le TO. Certains indices iraient dans ce sens. La formule "beaucoup de temps" (ἱκανὸς χρόνος) se lisait déjà en 8,11, un texte de Act II, et se retrouvera en 14,3, également de Act II (mais cf. 27,9 TA, de Act III). - La séquence "il voulut aller à Jérusalem" a son équivalent en 19,1, dans le seul TO: «Tandis que Paul voulait... aller à Jérusalem», un texte qui ne peut être que de Act II. - La formule "faisant force discours" (πολὺν λόγον ποιούμενος) aura son équivalent en 13,44 (TO) πολὺν λόγον ποιησαμένου, un texte de Act II (cf. encore 20,2; 18,5, ces deux textes dans le TO).

Mais cette solution s'avère impossible, pour plusieurs raisons. Tout d'abord, les vv. 1 et 2 sont inconciliables. Au v. 1, Act II nous a dit que les apôtres et les frères qui sont en Judée ont appris la conversion des païens. Mais d'après le v. 2, c'est Pierre qui va les mettre au courant de cet heureux événement: «... il leur annonça la grâce de Dieu», c'est-à-dire la conversion des païens (cf. 11,23; 8,14). - La notice chronologique du début de v. 2 "après beaucoup de temps" fait double emploi avec celle du v. 48 "quelques jours", et elles sont difficilement conciliables. Or nous avons vu que le v. 48 avait été ajouté par Act II. Il est donc impossible d'attribuer à Act II la rédaction des vv. 2-3 sous leur forme TO.

Une rédaction par Act I est difficile à admettre, car les récits de cet auteur forment la source principale de Act III, et l'on voit mal celui-ci supprimer délibérément tout ce passage. Un indice positif nous indique d'ailleurs une composition de l'auteur du Document P. Au v. 2, le double thème d'affirmer les frères et de faire "force discours" se retrouvera, par mode d'inclusion, à la fin du récit du Document P, transposé maintenant en 15,32. Nous le préciserons en étudiant le récit de l'assemblée de Jérusalem. - Notons tout de suite aussi l'opposition voulue par l'auteur du Document P: en 10,20 (Document P), l'Esprit disait à Pierre de faire route avec des païens "sans discuter (hésiter)" (μηδὲν δια–κρινόμενος), c'est-à-dire sans se poser de question au sujet de l'impureté légale qu'il était censé contracter en faisant route avec des gens tenus pour impurs; en 11,2, on "discute" (διεκρίνοντο) parce qu'il est entré chez des païens.

On peut donc attribuer à Act I la composition des vv. 2-3 sous leur forme TO. Il est probable qu'en reprenant ce texte, Act II y a quelque peu introduit son propre vocabulaire.

c) Sous leur forme TA, les vv. 2-3 doivent être de Act I, qui a simplifié la rédaction du Document P. Ils ont été repris par Act III. On notera qu'il n'existe aucun lien réel entre le v. 1 et les vv. 2-3.

d) Revenons maintenant sur deux détails qui se lisent aux vv. 2 et 3 dans le TA comme dans le TO. L'expression "les frères (issus) de la circoncision" distingue ceux-ci des frères issus du paganisme, ce qui est anachronique au niveau du Document P comme aussi de Act I puisque les gens de Césarée sont les premiers païens à se convertir. Il faut voir là une précision ajoutée par Act II, comme en 10,45 il avait ajouté les mots "les croyants (issus) de la circoncision". Au niveau du Document P, à la fin du v. 2 (TO), il devait y avoir seulement "Mais les frères" (οἱ δὲ ( ) ἀδελφοί).

On peut se demander alors si Act II n'aurait pas ajouté aussi la finale du v. 3 "et tu as mangé avec eux". Cet ajout, joint au précédent, aurait été fait sous l'influence de Gal 2,12: à Antioche, Pierre "mangeait avec des païens" jusqu'au jour où il cessa de le faire par crainte de "ceux de la circoncision". Nous verrons, en analysant le chapitre 15, si étroitement lié à ce chapitre 11, que Act II a réinterprété les événements en s'inspirant de Gal 2 et 5. L'influence des Galates sur sa rédaction se serait fait sentir dès le présent passage. Au niveau du Document P comme à celui de Act I on reprochait à Pierre le simple fait d'être entré chez des païens (cf. 10,27; 11,12). En 10,48, Act II a ajouté le détail que Pierre est demeuré chez eux quelques jours, ce qui suppose qu'il a pris ses repas avec eux. - Aux vv. 2 et 3 (TA), Act III aurait harmonisé le texte de Act I sur celui de Act II en ajoutant les mots "ceux de la circoncision" et "et qu'il a mangé avec eux".

10. Le deuxième récit du don de l'Esprit aux païens (11,4-18)

Nous avons déjà dit que, dans son ensemble, il était du Document P, repris par Act I. Il fut toutefois augmenté par Act II qui y ajouta la vision des animaux tenus pour impurs, afin de l'harmoniser avec le récit du chapitre 10. Act II remania la finale en ajoutant les vv. 14b-16 et 18b.

a) Act II a ajouté la vision des animaux impurs (11,5b-10). Nous avons vu que, en 10,10-16, cette vision était une rédaction de Act I. Celle du chapitre 11 est certainement d'une autre main, étant donné la différence considérable de style[1]. Mettons les deux passages en regard:

Act 10	Act 11
10 Il devint affamé et voulut manger. Tandis qu'on lui préparait, tomba sur lui une extase.	5b ... et je vis (εἶδον) une vision:
11 Et il voit (θεωρεῖ) le ciel ouvert et, lié aux quatre bouts, un objet s'abaissant jusqu'à terre,	comme une grande nappe, par les quatre bouts s'abaissant du ciel, et elle vint jusqu'à moi.
12 où se trouvaient tous les quadrupèdes et les reptiles et les oiseaux du ciel.	6 L'ayant regardée fixement, je vis les quadrupèdes et les fauves et les reptiles et les oiseaux du ciel.
13 Et lui arriva une voix: «T'étant levé, tue et mange.»	7 Et j'entendis une voix me disant: «Lève-toi, Pierre, tue et mange.
14 Mais Pierre dit: «Seigneur, je n'ai jamais mangé rien de souillé ou d'impur.»	8 Mais je dis: «Pas du tout, Seigneur, car du souillé ou de l'impur n'est jamais entré dans ma bouche.»
15 Et une voix, de nouveau, pour la seconde (fois), (vint) à lui: «Ce que Dieu a purifié, toi, ne le souille pas.»	9 M'arriva la voix, du ciel: «Ce que Dieu a purifié, ne le souille pas.»
16 Or ceci arriva jusqu'à trois fois et l'objet fut enlevé au ciel.	10 Ceci arriva trois fois et (ce) fut retiré au ciel.

---

[1] Les différences entre les deux récits ont été relevées par Bauernfeind (p. 142), mais il les attribue à la liberté de composition de Luc.

La rédaction des deux passages est tellement différente qu'elle ne peut pas être attribuée à la même main. Mais celle du chapitre 11 est postérieure à celle du chapitre 10. Au v. 5, pour dire "vision", au lieu de ἔκστασις on revient à l'habituel ὅραμα. Au même verset, l'expression très vague "un objet" est remplacée par la précision "comme une grande nappe". De cette nappe qui descend du ciel, Pierre dit "elle vint jusqu'à moi", ce qui est encore plus précis que "elle vint jusqu'à terre". À la liste des animaux tenus pour impurs, 11,6 ajoute "les fauves". Au v. 7, la formule sémitique de 10,13 "et arriva une voix à lui" (cf. Gen 15,4; 1 Rois 19,13) est remplacée par l'habituel "et j'entendis une voix me disant" (Act 9,4; 22,7; 26,14). Au v. 8, la phrase "du souillé... n'est jamais entré dans ma bouche" est calquée sur Mat 15,11: «Ce n'est pas ce qui entre dans sa bouche qui souille l'homme.» La rédaction de 11,5-10 est donc postérieure à celle de 10,10-16; et puisque celle du chapitre 10 est de Act I, il faut attribuer à Act II celle du chapitre 11.

On notera que, si l'on enlève cette vision, le passage entre les vv. 5a et 11 se fait très bien: «J'étais dans Joppé, la ville ( ) et voici que trois hommes se présentèrent à la maison où j'étais»; on constate des structures analogues en Lc 1,19b-20; 5,12; 7,12; 7,36b-37; 13,10-11; 19,1-2.

b) Aux vv. 13-14, Pierre rapporte les paroles de l'homme (Corneille) racontant la vision qu'il avait eue; cette description reprend celle qui avait été faite par l'auteur du Document P en 10,30-32 (moins les interpolations de Act II). Mais en 10,32 le texte du Document P avait seulement: «(Simon) qui, étant arrivé, te parlera.» Ici, la phrase est considérablement allongée: «(Simon) lui te parlera des paroles par lesquelles tu seras sauvé, toi et toute ta maison.» Les mots que nous avons soulignés furent ajoutés par Act II. Ce thème du "salut", en effet, ignoré ailleurs du Document P et de Act I, est spécialement fréquent dans les textes de Act II (cf. 2,21 en citation de Joël; 2,40.47; 4,9.12; 14,9; 15,11; 16,30s; 27,31). C'est également Act II qui utilise ailleurs le mot "maison" au sens figuré.

c) Le v. 16 attribue à Jésus une parole qui, selon les évangiles synoptiques, aurait été prononcée par le Baptiste (cf. Mc 1,8): «Jean a baptisé dans l'eau, vous, vous serez baptisés dans l'Esprit Saint.» Une telle transposition se lisait déjà en 1,5, un texte de Act II. Ici aussi, nous sommes devant une addition de Act II, comme l'indique la reprise rédactionnelle dans laquelle elle est encastrée: le v. 17a ne fait que reprendre, sous forme conditionnelle, le thème exprimé au v. 15. On remarquera d'ailleurs que la proposition interrogative du v. 17b "Étais-je quelqu'un, moi, pouvant empêcher Dieu de leur donner l'Esprit saint?" se relie beaucoup mieux au style narratif du v. 15 qu'à la proposition conditionnelle du v. 17a[1].

On notera que la formule du v. 17a "tout comme à nous" (ὡς καὶ ἡμῖν) se retrouvera presque identique en 15,8, dans un texte de Act II qui reprend celui-ci.

Aux vv. 15-17, le texte du Document P avait donc cette teneur: «Or pendant que je commençais à parler, l'Esprit tomba sur eux tout comme sur nous au début; ( ) étais-je quelqu'un, moi, pouvant empêcher Dieu de leur donner l'Esprit saint?»

d) On attribuera enfin à Act II l'addition du v. 18b: «en disant: Ainsi, Dieu a donné même aux gentils le repentir en vue de la vie.» L'expression "(Dieu) a donné le repentir" ne se lit ailleurs dans les Actes qu'en 5,31b, texte que nous avons attribué il est vrai à Act I. Mais on notera la transposition: en 5,31b, Dieu donnait le repentir à Israël; ici, il l'a donné aux païens (cf. Lc 24,47, de Act II qui a effectué la même transposition). On notera d'ailleurs que, dans le passage parallèle de 10,45, les frères qui ont accompagné Pierre sont étonnés, non de ce que Dieu a accordé le repentir aux païens, mais de ce qu'il leur a conféré l'Esprit. Il devait en être de même en 11,18, ce qui confirme le caractère adventice du v. 18b.

---

[1] B. Weiss (p. 156) et Jüngst (p. 99) considéraient le v. 16 comme un ajout du Rédacteur.

XVIII. ÉVANGÉLISATION D'ANTIOCHE
(11,19-30; 15,3-5)

Cette section comporte deux parties distinctes: l'évangélisation proprement dite de la ville d'Antioche par un groupe d'Hellénistes venus de Jérusalem (11,19-26), puis l'envoi de subsides à l'église de Jérusalem en vue de la famine annoncée par le prophète Agabus (11,27-30). Nous allons les analyser séparément.

A) ÉVANGÉLISATION D'ANTIOCHE
(11,19-26; 15,3-4)

Ce récit est fondamentalement du Document P et fut repris sans modification appréciable par Act I. Act II y ajouta les vv. 19, 24 et 26b. Act III apporta quelques retouches au récit de Act II.

AA) LES RETOUCHES DE ACT III

1. Des retouches stylistiques

a) Act III (TA) a corrigé le récit de Act II (TO) en mettant un lien logique entre les vv. 19 et 20, comme nous le préciserons plus loin.

b) Act III a aussi changé le style du v. 26. On notera spécialement la formule ἐγένετο δὲ αὐτοῖς, avec les deux infinitifs sujets qui en dépendent. Une telle construction, avec le datif, ne se lit ailleurs qu'en 22,6 et 22,17, deux textes de Act III. Au début du verset, le verbe συντυγχάνειν, attesté par le TO, ne se lit ailleurs dans tout le NT qu'en Lc 8,19, un texte probablement archaïque; ici, il doit donc appartenir au récit ancien et Act III l'a changé en εὑρών.

2. Il évite une maladresse du texte de Act II

Au lieu de "Or, ayant entendu (dire) que Saul était à Tarse, il partit le chercher" (11,25 TO), Act III écrit: «Or il partit à Tarse chercher Saul.» Il veut éviter ainsi une apparente contradiction avec 9,26-28, un texte ajouté par Act II: puisque Barnabé est à Jérusalem durant le séjour de Paul dans cette ville, il devait savoir que ce dernier avait été envoyé à Tarse (9,30); il n'a donc pas à l'apprendre par ouï-dire, comme le disait le texte du Document P repris par Act II.

AB) LES ADDITIONS DE ACT II

1. Le v. 19

Il faut considérer comme une addition de Act II le v. 19. Il contient en effet exactement les mêmes expressions que 8,4: «Ceux donc qui avaient été dispersés... passèrent...» (οἱ μὲν οὖν διασπαρέντες... διῆλθον...). L'hypothèse la plus simple est de considérer 8,4 et 11,19 du même niveau rédactionnel. Or nous avons vu que 8,4 avait été ajouté par Act II dans un texte du Document P. On peut penser qu'ici aussi Act II a ajouté le v. 19 à un récit plus ancien. Et de fait, la séquence entre les vv. 19 et 20 apparaît artificielle, que l'on considère le TO ou le TA. Dans le TA, la précision "étant venus à Antioche" semble superflue après le v. 19 où l'on nous dit que les chrétiens dispersés par la persécution parcoururent le pays "jusqu'en Phénicie et Chypre et Antioche". Par ailleurs, selon le v. 19, les gens sont venus de Judée "ne parlant à personne la Parole, sinon seulement aux Juifs". Si le v. 20 précise que certains d'entre eux "parlaient aussi aux Hellé-nistes" (TA), c'est par opposition avec ce qui vient d'être dit au v. 19. Mais par "Hellénistes" il faut comprendre des Juifs de formation grecque. On reste donc en milieu juif et l'opposition entre les vv. 19 et 20 est factice[1]. Le manque de lien entre vv. 19 et 20 est encore plus net dans le TO puisque, au v. 20, les gens de Chypre et de Cyrène qui vont parler aux Hellènes (et non à des Hellénistes) n'ont rien à voir avec les gens venus de Judée dont il est question au v. 19. Dans le TO, le v. 20 commence un récit indépendant: «Or il y avait ( ) des gens de Chypre et de Cyrène qui, étant venus à Antioche, parlaient ( ) aux Grecs...» Ce début est analogue à celui que l'on trouvera en 13,1: «Or il y avait à Antioche, dans l'église qui s'y trouvait, des prophètes et des didascales...»

Voici alors comment on peut proposer l'évolution des textes. Le récit ancien (Document P) commençait au v. 20, qu'il faut lire selon le TO. Act II le fait précéder du v. 19, en partie analogue à 8,4. Il précise que les gens venus de Judée, dispersés par la persécution, ne parlaient qu'aux Juifs. Il obtient ainsi, avec les vv. 19 et 20, un thème qui lui est cher: la prédication apostolique atteint aussi

---

[1] Cf. Harnack (p. 171) qui notait que les vv. 19 et 20 forment une séquence maladroite.

bien les Juifs (v. 19) que les Grecs, c'est-à-dire les païens (v. 20; cf. 14,1b; 20,21.24, dans le TO). En reprenant le récit de Act II, Act III met un lien explicite, mais factice, entre les vv. 19 et 20 en ajoutant au v. 20 l'expression "certains d'entre eux" et la préposition adverbiale "aussi"[1].

2. Le v. 24

Le v. 24 est aussi un ajout de Act II. Selon la finale de ce verset, "une foule nombreuse s'adjoignit au Seigneur"; il s'agit certainement de conversions au christianisme, et faites par Barnabé puisqu'on nous dit juste avant qu'il était "rempli d'Esprit saint et de foi". Mais au v. 23, une fois arrivé à Antioche Barnabé se contente d'exhorter les frères à demeurer fidèles au Seigneur. Il n'est pas question d'une quelconque activité missionnaire pour celui qui fut envoyé par l'église de Jérusalem afin de voir ce qui se passe à Antioche. Le v. 24 apparaît ainsi comme une anticipation maladroite de ce qui sera dit au v. 26a: Barnabé et Saul, revenus de Tarse, enseignaient "une foule nombreuse".

Il est vrai que la formule "rempli d'Esprit saint et de foi" se lisait déjà en 6,5 à propos d'Étienne dans un texte du Document P. Mais Act II veut harmoniser les deux récits concernant l'évangélisation de la Samarie (8,5ss) et celle d'Antioche (11,20). Dans ce but, il a ajouté les versets 8,4 et 11,19 et, au chapitre 8, composé tout ce qui concerne l'envoi de Pierre et de Jean en Samarie (8,14ss), parallèle à l'envoi de Barnabé à Antioche. C'est dans ce but d'harmonisation qu'il a ajouté ici le v. 24: il veut établir un parallèle entre Barnabé et Étienne.

3. Le v. 26b[2]

Le v. 26b précise: «Et alors, pour la première fois, à Antioche, les disciples prirent le nom de "chrétiens".» Cette remarque historique est certainement de Act II puisque lui seul, jusqu'ici, a employé ce terme de "disciples" (6,1.2.7; 9,10-26; 9,38; cf. 9,1, de Act III). Cet adjectif ne se lit ailleurs dans les Actes qu'en 26,28, un texte que nous attribuerons à Act II (cf. encore 1 Pi 4,16).

4. Le cas du v. 22a

Le v. 22a pose un problème spécial et l'on peut se demander s'il n'aurait pas été modifié par Act II. Nous ne tiendrons pas compte de la forme Ἰερου–σαλήμ, typique du style de Act II, car il faut lire probablement Ἰεροσολύμοις,

---

[1] Il est possible que Act II ait ajouté aussi la finale du v. 20: «pour leur annoncer le Seigneur Jésus.» La formule "Le Seigneur Jésus", en effet, semble typique de son style (cf. la caractéristique lucanienne Db 1).

[2] Harnack (p. 171) voyait aussi dans le v. 26b un ajout du Rédacteur.

attesté par E, la Koinè et quelques témoins latins mais on notera la formule "La nouvelle fut entendu jusqu'aux oreilles de l'église qui (est) à Jérusalem...", calquée sur la Septante puisqu'on la trouve en Is 5,9: «Car cela parvint aux oreilles du Seigneur Sabaôth.» Ce style imité de la Septante doit être de Act II (tome III. pp. 13s). On notera aussi le mot λόγος avec le sens de "chose, événement", sous l'influence du דבר hébreu, comme en 6,5 dans une addition de Act II. On peut donc se demander si Act II n'aurait pas modifié la rédaction du Document P pour la rendre conforme au style de la Septante, comme il l'a fait en 2,1-2 et en 3,1. Mais dans ce cas, pourquoi Act III, qui rejette souvent les sémitismes de Act II, n'aurait-il pas adopté ici le texte du Document P comme il l'a fait en 2,1-2 et en 3,1-2? Le plus simple est donc de garder la formule sémitisante au Document P, tout en ne rejetant pas absolument l'hypothèse d'une modification du texte par Act II.

AC) UN RÉCIT DU DOCUMENT P

En exposant le sens de ce récit, nous avons montré combien il s'intégrait harmonieusement dans la synthèse de la geste de Pierre composée par l'auteur du Document P. Le v. 21, en particulier, peut être rapproché de plusieurs textes que nous avons attribués au Document P. Le thème de "la main du Seigneur" venant à l'aide des disciples se lisait en 4,30. La formule "se convertit au Seigneur" fait écho à celle de 9,35. Du point de vue thématique et littéraire, on pourra comparer encore 11,23 à 11,2 (TO = Document P):

11,23: ὃς καὶ παραγενόμενος καὶ ἰδὼν τὴν χάριν τοῦ θεοῦ

11,2: ὃς καὶ κατήντησεν αὐτοῦ καὶ ἀπήγγειλεν αὐτοῖς τὴν χάριν τοῦ θεοῦ

11, 21: qui aussi, étant arrivé et ayant vu la grâce de Dieu

11,2: qui aussi arriva là et il leur annonça la grâce de Dieu

C'est bien la même façon de parler.

AD) UN COMPLÉMENT AU RÉCIT

1. La section constituée par 15,3-4

En analysant le récit de l'assemblée de Jérusalem (15,1ss), nous verrons que 15,3-4 n'appartenait pas au récit primitif, ce qui est reconnu par nombre de commentateurs. Certains ont proposé de replacer ce texte après 11,30: il contiendrait la description du voyage de Saul et de Barnabé à Jérusalem pour y porter la collecte réalisée par les frères d'Antioche. L'hypothèse est séduisante, mais se heurte à une difficulté majeure: en 15,3-4, il n'est nullement question de cette collecte, pas même lorsque l'on décrit l'accueil fait aux deux voyageurs par les frères de Jérusalem. Tout l'intérêt du texte est centré sur la grande nouvelle que constitue la conversion des païens. Nous pensons donc que 15,3-4 formait primitivement la conclusion de 11,20-26a: Barnabé et Saul montent à Jérusalem pour y rendre compte de cette conversion des païens. Il est clair d'ailleurs que les expressions de 15,3-4 font écho à celles qui se lisent en 11,20ss:

> v.3: τὴν ἐπιστροφὴν τῶν ἐθνῶν
> cf. 11,21: ἐπέστρεψεν ἐπὶ τὸν κύριον
> v. 3: καὶ ἐποίουν χαράν
> cf. 11,23: καὶ ἰδὼν... ἐχάρη
> v. 4: ὅσα ὁ θεὸς ἐποίησεν μετ' αὐτῶν
> cf. 11,21: καὶ ἦν χεὶρ κυρίου μετ' αὐτῶν
>
> v. 3: la conversion des païens
> cf. 11,21: se convertit au Seigneur
> v. 3: et ils donnaient de la joie
> cf. 11,23: et, ayant vu, il se réjouit
> v. 4: tout ce que Dieu fit avec eux
> cf. 11,21: et la main du Seigneur était avec eux

Nous avons bien les mêmes thèmes et une formulation littéraire semblable.

2. Une addition de Act III

Mais au v. 4, il faut omettre les mots καὶ τῶν ἀποστόλων καὶ τῶν πρεσβυτέρων, ajoutés par Act III pour tenir compte du v. 2: les gens d'Antioche sont envoyés "vers les apôtres et les Anciens". C'est en effet cet auteur qui a inséré ici, dans le contexte du chap. 15, les vv. 3-4, repris du Document P, pour faire le lien entre 15,1-2, de Act II, et 15,5, du Document P.

B) LA COLLECTE POUR JÉRUSALEM
(11,27-30)

Ce récit remonte pour l'essentiel à Act I, mais il a subi quelques retouches de la part de Act II et, dans une mesure bien moindre, de Act III.

1. Un récit de Act I

a) Plusieurs indices littéraires font penser que ce récit remonte essentiellement à Act I.

Au v. 27, la forme Ἱεροσολύμων, tandis que Act II aurait utilisé Ἱερου–σαλήμ.

Au v. 28 (TA, cf. *infra*), la structure de la proposition participiale a son équivalent exact en 5,34, un texte que nous avons attribué à Act I:

5,34:   ἀναστὰς δέ τις ἐκ τοῦ συνεδρίου Φαρισαῖος ὀνόματι Γαμαλιήλ
11,28:   ἀναστὰς δὲ εἷς ἐξ αὐτῶν ὀνόματι Ἄγαβος

5,34:   or s'étant levé, un du Sanhédrin, un Pharisien du nom de Gamaliel
11,28:   or s'étant levé l'un d'eux du nom de Agabus

À la fin du v. 29, le terme de "frères", pour désigner les chrétiens, est bien dans le style de Act I.

Au v. 30, la formule "Barnabé et Saul" ne peut être que de Act I (cf. 12,25; 13,7 et aussi 13,1 (repris par Act II en 13,2). Act II aurait mis Saul (ou plutôt Paul) en premier (cf. 13,43.46.50; 15,2.22.35).

b) Ajoutons un détail. En 11,26, Saul et Barnabé sont décrits comme des didascales (ἐδίδασκον). En 11,27, nous apprenons que des "prophètes" sont descendus à Antioche. Act I prépare ainsi ce qu'il dira en 13,1: l'église d'Antioche comprenait des prophètes et des didascales.

c) Précisons tout de suite qu'il faudra attribuer aussi à Act I la courte notice de 12,25, qui répond à 11,30 (cf. p. 178).

2. Les retouches de Act II

a) La donnée temporelle initiale "En ces jours-là" (v. 27a), très vague, fut probablement ajoutée par Act II car elle correspond à son style (1,15; 6,1) et se lit aussi dans l'évangile de l'enfance (Lc 1,39; cf. Lc 6,12; 23,7; 24,18).

b) À la fin du v. 27, le TO a la phrase "Il y avait grande allégresse". Son absence dans le TA suppose que l'on est devant une addition de Act II. On notera d'ailleurs le substantif ἀγαλλίασις, du style de l'évangile de l'enfance (Lc 1,14.44; aussi Act 2,46, de Act II), apparenté à ἀγαλλιᾶν (Lc 1,47; 10,21; aussi Act 16,34, de Act II).

c) Au début du v. 28, on lit dans le TO: "Tandis que nous étions rassemblés..." L'apparition de ce style "nous" est étrange, d'autant que le reste du récit est rédigé en style "ils". Comme il ne se lit pas dans le TA, on peut penser que c'est Act II qui l'a ajouté ici. En analysant le Journal de voyage (p. 322), nous proposerons d'y voir le début de ce voyage, déplacé de son contexte par Act II.

d) À la fin du v. 28, le titre de "César", donné à Claude, fut ajouté par Act II, comme en 18,2. Aux deux passages, il ne se lit que dans le TO.

e) Au début du v. 29, c'est probablement Act II qui a ajouté le génitif "des disciples", ce terme étant inutilisé par Act I. Cet ajout est lié à l'addition du v. 26b.

3. Un remaniement de Act III

L'activité de Act III se manifeste surtout dans l'addition des mots "par l'Esprit", au v. 28; le don de prophétie d'Agabus est explicitement rattaché à l'action de l'Esprit saint. Act III aura la même réaction en 21,11, en introduisant la prophétie d'Agabus concernant Paul par la phrase: «Ainsi parle l'Esprit saint.»

XIX. PIERRE DÉLIVRÉ DE PRISON
(12,1-25)

Au niveau du Document P, cet épisode formait la conclusion de la geste de Pierre, et donc de tout le complexe évangile/Actes. Il ne comportait que le récit de la délivrance de Pierre proprement dite (12,1-17). Ce récit fut repris par Act I sans modification appréciable. Act II y apporta quelques ajouts et l'augmenta des vv. 18-24, qui racontent la mort d'Hérode. Act III pratiqua lui aussi quelques ajouts dans le texte.

A) EMPRISONNEMENT ET DÉLIVRANCE DE PIERRE

Nous allons analyser d'abord la section qui remonte au Document P. En exposant le sens du récit, nous avons vu combien il formait une excellente conclusion à la geste de Pierre et comment il faisait écho au récit de l'apparition du Christ ressuscité aux disciples réunis à Jérusalem (Lc 24,36-53). Mais il nous faut en préciser la teneur primitive en éliminant les additions de Act II et de Act III.

1. L'activité rédactionnelle de Act III

a) Au v. 3, dans le TO, un adjectif neutre se rapporte à un sujet au féminin. Cette construction n'est pas inconnue du grec classique[1], mais elle a pu choquer Act III qui l'aurait évitée en supprimant les mots "son entreprise sur les fidèles".

b) Au v. 4, nous apprenons qu'Hérode a fait garder Pierre "par quatre tétrades de soldats". Ce renseignement a pour but de confirmer le caractère miraculeux de la délivrance de Pierre: il était si bien gardé! Mais une telle préoccupation est étrangère à l'optique du Document P, pour qui, on l'a vu, l'intention est simplement d'évoquer l'Exode à propos de la libération de Pierre. En revanche, nous avons déjà constaté ce genre de préoccupation de la part de Act III dans le récit de la délivrance miraculeuse des apôtres racontée au chapitre

---

[1] Voir Delebecque, p. 186.

5 (cf. le v. 23, ajouté par Act III). On peut donc penser que, ici aussi, c'est Act III qui a ajouté le détail des seize soldats commis à la garde de Pierre.

On attribuera enfin à Act III le v. 4c "...voulant le produire au peuple après la Pâque." Cette précision suppose qu'Hérode agit pour faire plaisir aux Juifs (v. 3a); elle ne peut donc être que de Act II ou de Act III (cf. *supra*). Le plus simple est de l'attribuer à Act III, comme le reste du v. 4b. On voit alors que l'insertion du v. 4bc est délimitée par une reprise rédactionnelle, le v. 5a, attesté dans le seul TA, ayant été ajouté par Act III pour "reprendre" le v. 4a, du récit primitif.

c) Au v. 6, la précision que des gardes, ou des soldats, se tenaient à la porte pour garder la prison est destinée à montrer la grandeur du miracle de la délivrance de Pierre; l'intention est la même qu'au v. 4b et l'on peut voir là une addition de Act III. La formulation du thème dans le TO semble plus primitive, et les variantes du TA doivent s'expliquer comme des remaniements de scribes.

d) Au v. 9a, le texte du TA provient d'un remaniement fait par Act III. Il a peut-être voulu éviter le réalisme de la scène, où l'on voit un ange marcher devant Pierre. On notera que, dans le TO, la préposition ἔμπροσθεν ne correspond pas au style de Act II; on aurait attendu chez lui ἐνώπιον; cette remarque nous confirme que le texte du TO remonte bien au Document P et qu'il fut repris par Act I et par Act II.

Mais le v. 8b semble un complément superflu au niveau du Document P. Par ailleurs, la finale du v. 8 "suis-moi" s'accorde bien avec le v. 9a du TA "et étant sorti il le suivait", mais non avec le v. 9a du TO. Les vv. 8b et 9a (TA) seraient donc de Act III.

e) Quant au v. 10a, il suppose la présence de nombreux gardiens et il accentue le caractère miraculeux de la délivrance de Pierre: la porte s'ouvre d'elle-même! On reconnaît là l'activité littéraire de Act III.

2. Les remaniements de Act II

a) Au niveau de Act I, ce récit formait, nous l'avons dit, la conclusion de la geste de Pierre. Il se lisait après l'épisode du retour de Barnabé et de Saul à Jérusalem (15,3-4, qui suivaient 11,20-26a). On peut alors suspecter la note temporelle initiale "en ce temps-là" (v. 1) d'être une cheville rédactionnelle introduite par Act II lorsqu'il a disposé les textes dans leur séquence actuelle.

C'est probablement Act II (TO) qui, au même verset, a supprimé le titre de "roi" donné à Hérode. Ce titre n'étonne pas au niveau du Document P (cf. 4,27 et le commentaire), mais il était impropre et c'est la raison pour laquelle il aurait été omis par Act II.

Enfin, à la fin de ce v. 1, on peut attribuer à Act II l'addition de la précision "qui (est) en Judée", attestée dans le seul TO. Cette addition était nécessaire puisque, selon Act II, l'épisode précédent se situait à Antioche.

b) On attribuera aussi à l'activité rédactionnelle de Act II les vv. 2 et 3a, où il est question du meurtre de Jacques par Hérode. Le fait de supprimer (ἀνεῖλεν) Jacques considéré comme une "entreprise" (ἡ ἐπιχείρησις αὐτοῦ) contre les fidèles (vv. 2-3a) doit être rapproché d'un texte que nous avons attribué à Act II, en 9,29: «Mais ceux-ci entreprirent de le supprimer (ἐπεχείρουν ἀνελεῖν)». Au v. 3, l'expression "être agréable à" ne se lit ailleurs dans les Actes qu'en 6,2, un texte de Act II. D'autre part, l'adjectif substantivé "les fidèles", pour désigner les chrétiens, ne se lit ailleurs dans le NT qu'en 1 Tim 4,3.12[1], et la parenté avec cette épître convient bien au style de Act II (cf. p. 19).

c) Au v. 5, nous avons dit déjà plus haut que le rappel "Donc Pierre était gardé en prison" (TA) était dû à une addition de Act III. Par ailleurs, le thème de la prière qui est faite pour Pierre est exprimé de façon assez différente dans le TO et dans le TA. Dans le TA, il est dit que cette prière est faite "par l'église", ce qui conviendrait bien au niveau du Document P (voir le v. 1). La rédaction du TO serait due à un remaniement de Act II, tandis que Act III aurait conservé le texte du Document P et de Act I.

d) Au v. 6, la précision que Pierre était attaché avec deux chaînes offre une difficulté spéciale. Le même détail se retrouvera en 21,33 à propos de Paul, et nulle part ailleurs. Il y a probablement une volonté d'harmoniser les deux récits afin d'établir un parallèle entre Pierre et Paul; mais dans quel sens s'est faite l'harmonisation? Ici, Pierre est lié de deux chaînes en raison des deux soldats qui le gardent: selon l'usage, il était attaché par une chaîne à chacun des soldats. Rien de tel en 21,33. Le chiffre de "deux" est donc normal en 12,6 tandis qu'il n'a aucune signification précise en 21,33. On peut en conclure que c'est 21,33 qui fut harmonisé sur 12,6, et non l'inverse. Il est d'ailleurs probable que le thème des chaînes qui lient Pierre, et qui se délieront lors de l'intervention de l'ange, évoque les "liens de la mort" qui vont être détruits (cf. Ps 18,6); il faut donc laisser ce thème au Document P.

e) Les vv. 9b et 11 semblent solidaires: tout d'abord, Pierre pense voir une vision (v. 9b), mais revenu à lui il comprend que Dieu l'a délivré en lui envoyant un ange (v. 11). On notera la finale du v. 11 "...et il m'a arraché de la main d'Hérode et de toute l'attente des Juifs". La mention des Juifs hostiles nous

---

[1] En 10,45, dans une addition de Act II, on a "les fidèles issus de la circoncision".

renvoie au v. 3, et donc à un texte de Act II. On peut alors tenir les vv. 9b et 11 pour addition de Act II.

f) Au v. 12, c'est probablement Act II qui a précisé que la maison où se rend Pierre est celle de "Marie, la mère de Jean, qui est surnommé Marc". Ce Jean-Marc tiendra une place importante dans la geste de Paul (12,25b; 13,5b.13b; 15,37-39), textes que nous attribuerons à Act II. On notera aussi que ce Jean-Marc fait référence aux épîtres pauliniennes où ce cousin de Barnabé est mentionné comme un collaborateur de Paul (Col 4,10; Phm 24; 2 Tim 4,11). Ces remarques nous invitent donc à rattacher l'épisode à la geste de Paul, et plus spécialement à cette geste telle qu'elle fut composée par Act II.

Par ailleurs, Act II est responsable de l'introduction des femmes dans les récits des Actes. Il mentionne Marie, la mère de Jésus, dès 1,14. Il ajoutera au Journal de voyage le récit de la conversion de Lydie (16,13ss). Il fera jouer à Drusilla un rôle important dans les entretiens de Paul avec Félix (24,24ss). Tout porte à croire que c'est lui aussi qui a introduit le personnage de Marie en 12,12.

Si l'on supprime l'addition de Act II, on obtient un texte dont on a l'équivalent, par exemple, en 1,13:

12,12:   ἦλθεν ἐπὶ τὴν οἰκίαν ( ) οὗ ἦσαν ἱκανοὶ συνηθροισμένοι

1,13:   ἀνέβησαν εἰς τὸ ὑπερῷον οὗ ἦσαν καταμένοντες

12,12:   il vint à la maison ( ) où ils étaient rassemblés, nombreux

1,13:   ils montèrent à la chambre haute où ils étaient demeurant

3. Le texte du Document P

Donnons simplement une précision sur le texte du Document P. Des matériaux contenus dans les vv. 9b-11, on gardera à ce Document la mention du départ de l'ange (fin du v. 10), habituelle dans ce genre de récits, mais en supprimant le mot "ange", inutile après le v. 9a et situé d'ailleurs à deux places différentes dans le TO et dans le TA. On avait donc la séquence: «Il le saisit et il marcha devant lui et il le fit sortir ( ) et aussitôt (il) le quitta.»

B) LA MORT D'HÉRODE

1. La mort d'Hérode

Le récit de la mort d'Hérode comporte les vv. 18-23. Il est, dans son ensemble, de la main de Act II[1].

a) Le début du v. 18, couplé avec la note temporelle du v. 1, trouve un excellent parallèle en 19,23, un texte que nous attribuerons à Act II:

12,1:   κατ᾽ ἐκεῖνον τὸν καιρὸν ἐπέβαλεν...
12,18: γενομένης ἡμέρας ἦν τάραχος οὐκ ὀλίγος...
19,23: ἐγένετο δὲ κατὰ τὸν καιρὸν ἐκεῖνον τάραχος οὐκ ὀλίγος...

12,1:   en ce temps-là...
12,18: le jour venu, il y eut pas mal de trouble...
19,23: il y eut, en ce temps-là, pas mal de trouble...

On ne trouve que dans ces trois textes, d'une part la formule "en ce temps-là", d'autre part le mot "trouble".

b) Les vv. 18b-19a offrent une séquence qui a plusieurs points communs avec l'addition de 5,22-24, faite par Act II: comme les gardes en 5,22, Hérode "ne trouve pas" son prisonnier au moment où il le fait chercher. Par ailleurs, en 12,18b, les soldats chargés de la garde du prisonnier se demandent "ce que Pierre était devenu"; de même, le grand prêtre et ses comparses se demandaient, en 5,24 "ce qui était advenu". Ajoutons encore un détail: à la fin du v. 23, pour signifier la mort d'Hérode, on a le verbe ἐξέψυξεν, comme en 5,5.10 dans un récit composé par Act II. On peut donc attribuer à Act II l'ensemble de cette section.

c) On attribuera toutefois à Act III l'addition du v. 23b: «...du fait qu'il n'avait pas rendu gloire à Dieu.» La raison en a été donnée lorsque nous avons analysé le sens du récit (tome II, p. 213).

2. Les vv. 24-25

a) Le v. 24 note que "la parole de Dieu croissait et se multipliait". Cette notice fait écho à celle qui se lisait, identique, en 6,7a et que nous avons attribuée au Document P. Elle doit être ici aussi de ce Document.

---

[1] Bauernfeind (p. 162) pense aussi que le récit primitif de la délivrance de Pierre s'arrêtait probablement à 12,17.

b) Le v. 25a évoque le retour de Barnabé et de Saul à Antioche après qu'ils eurent porté à Jérusalem l'argent d'une collecte faite en vue de la famine qui devait s'abattre sur le pays (11,27-30). Puisque ce dernier récit fut composé, au moins sous sa forme primitive, par Act I, il est normal de lui attribuer aussi la paternité de 12,25. On notera d'ailleurs la formule "Barnabé et Saul", comme en 11,30, de Act I, tandis que Act II aurait dit "Saul et Barnabé".

c) Mais il faut attribuer à Act II le v. 25b, qui mentionne la présence de Marc auprès de Barnabé et de Saul. On le retrouvera en 13,5 en leur compagnie, mais il se séparera d'eux avant même l'arrivée à Antioche de Pisidie pour retourner à Jérusalem (13,15). Ce dernier passage contient l'objet du litige entre Paul et Barnabé raconté en 15,37-39, un passage qui ne peut être que de Act II. Pour cette raison, toutes les mentions de Jean-Marc dans le livre des Actes ne peuvent être que de Act II.

XX. PREMIER VOYAGE MISSIONNAIRE
(13,1-14,28)

A) LE DÉPART EN MISSION
(13,1-3)

1. Un groupe de missionnaires[1]

La petite section composée de 13,1-3 expose comment Barnabé et Saul furent choisis pour porter l'évangile hors d'Antioche. Mais ces deux personnages furent-ils les seuls à partir pour ce premier voyage missionnaire? Nous pensons que c'est Act II qui a restreint le nombre des missionnaires à deux en ajoutant le v. 2 au récit primitif, avec la phrase restrictive attribuée à l'Esprit: «Mettez-moi à part Barnabé et Saul en vue de l'œuvre à laquelle je les ai appelés.» Le récit de Act I ne comportait que les vv. 1 et 3; en conséquence, les missionnaires étaient au nombre de cinq: tous ceux qui sont mentionnés au v. 1. Voyons les raisons que l'on peut avancer en faveur de cette hypothèse.

a) Il faut d'abord tenir compte d'une variante importante que donne le TO au v. 1. On lit dans le TA: «Il y avait à Antioche, dans l'église qui s'y trouvait, des prophètes et des didascales, à savoir: Barnabé et Siméon... et Saul.» Les cinq qui sont nommés constituent donc le groupe des prophètes et des didascales qui se trouvaient dans la communauté d'Antioche, et c'est parmi eux que, selon le v. 2, l'Esprit va choisir Barnabé et Saul, le premier et le dernier nommés. Mais au lieu de ὅ τε Βαρναβᾶς, on lit dans le TO ἐν οἷς Βαρναβᾶς qu'il faut traduire "parmi lesquels Barnabé". Les cinq qui vont être nommés sont alors distingués des autres prophètes et didascales. Pourquoi cette distinction, sinon parce qu'ils vont tous être envoyés en mission?

---

[1] Nous avons renoncé à utiliser le TO tel que nous l'avions proposé dans notre étude sur le texte Occidental des Actes. Nous appellerons donc TO le texte représenté dans ce volume comme TO2.

b) Notons encore le fait suivant. Au v. 4, selon le TA, il est dit que ceux qui partent ont été envoyés par l'Esprit saint, ce qui correspond aux données du v. 2. Mais selon le TO, ils furent envoyés par "les saints", c'est-à-dire par la communauté d'Antioche. Il n'y est pas question d'un choix de Barnabé et de Saul fait par l'Esprit saint. Au v. 4, le TO semble donc ignorer le v. 2.

c) Reportons-nous maintenant à Act 15,35-36. Le v. 35, qui forme doublet avec 14,28, constituait, sous une forme plus simple, la conclusion du premier voyage missionnaire au niveau de Act I, tandis que 15,1-34 est une insertion faite par Act II. Nous établirons en son temps que les vv. 36-39 furent également rédigés par Act II. Mais examinons le v. 36 sous la forme qu'il revêt dans le TO: «Or, après quelques jours, Paul dit à Barnabé: "Étant retournés, visitons les frères qui (sont) en chacune des villes dans lesquelles nous avons annoncé la Parole: que font-ils?" Le projet plut aussi à Barnabé.» Puisque Paul s'adresse au seul Barnabé, cet "aussi" ne va pas. Notons alors que, après le verbe "dire", l'expression "à Barnabé" se lit à une place différente dans le TO et dans le TA; on peut donc conjecturer qu'elle constitue une addition faite dans le TA et passée dans le TO au niveau de la transmission du texte. Celui-ci devient alors très cohérent: Paul propose à un groupe de retourner visiter les frères des villes qu'ils ont évangélisées durant le premier voyage missionnaire, et cette idée plut aussi à Barnabé. Mais ceci suppose que Paul et Barnabé ne furent pas seuls durant le premier voyage missionnaire: il devait y avoir les cinq "prophètes et didascales" distingués des autres en 13,1 et envoyés en mission par la communauté d'Antioche.

d) Si l'on enlève le v. 2, ce court récit offre un parallélisme étroit avec celui de 6,5b-6, tel qu'il se lisait dans le Document P:

Act 6		Act 13	
		1	il y avait à Antioche
			dans l'église qui s'y trouvait
			des prophètes et des didascales
5b	et ils choisirent		parmi lesquels
	Étienne... et Philippe et Prochore		Barnabé et Siméon... et Lucius...
	et Nicanor et Timon et Parmenas		et Manahem... et Saul
	et Nicolas...		
6	ils les placèrent devant les apôtres		
	et ayant prié	3	alors, ayant jeûné et prié,
	ils leur imposèrent les mains.		et leur ayant imposé les mains,
			ils les laissèrent aller.

e) Qui est responsable de l'addition du v. 2: Act II ou Act III? On penserait d'abord à Act III étant donné les modifications du texte qu'il introduit au v. 1 et surtout au v. 4: les missionnaires sont envoyés par l'Esprit saint (TA). Mais un certain nombre d'indices font plutôt penser à Act II. Dans la suite du récit, il ne parlera pratiquement que de Paul et de Barnabé. L'épisode qui se déroule à Lystre (14,11ss), en particulier, composé par lui, laisse entendre qu'il n'y avait que Paul et Barnabé en scène. - Par ailleurs, à la fin du v. 2, l'expression "en vue de l'œuvre" trouvera un écho en 14,26, dans un texte de Act II qui renvoie précisément à 13,1-3. De même, ce v. 2 aura son répondant thématique en 16,6-10, dans des remaniements du récit de Act I effectués par Act II. - Notons enfin le verbe "mettre à part" (ἀφορίζειν), qui est celui par lequel Paul signifie sa propre vocation en Gal 1,15 et Rom 1,1. Cet emprunt au vocabulaire de Paul indique la main de Act II.

2. Autres remaniements de Act II

a) Le parallèle que nous avons établi entre 6,5b-6 et 13,1.3 invite à poser un problème de détail. En 6,6, le Document P ne mentionne que la prière, tandis qu'en 13,3 le thème de la prière est précédé par celui du jeûne. Mais ailleurs, le couple "jeûner/prier" ne se lit qu'au niveau de Act II (10,30 TO; 14,23). On peut donc penser que, en 13,3, c'est Act II qui a ajouté le thème du jeûne avant celui de la prière.

b) Loisy (p. 502) a fait remarquer que, dans la liste donnée au v. 1, les noms de Barnabé et de Saul ne sont pas suivis d'une notice explicative, comme les trois autres noms. Ces notices n'auraient-elles pas été transférées par le Rédacteur (pour nous par Act II), d'une part en 4,36, d'autre part en 13,9? L'hypothèse est séduisante mais trop peu sûre pour que nous puissions compléter ici le texte de Act I.

B) SAUL ET BARNABÉ À CHYPRE
(13,4-12)

Ce récit fut composé par Act I. Il fut repris par Act II qui a changé le motif de la conversion du proconsul romain. Act III n'y apporta que des retouches de détail.

1. Les remaniements de Act II

Les divergences entre le TO et le TA sont souvent difficiles à apprécier. Notons seulement deux cas où Act II (TO) semble bien avoir retouché le texte de sa source.

a) À la fin du v. 5, nous lisons ce détail: «Ils avaient aussi Jean pour les aider.» Cette précision fait l'effet d'une addition par rapport à 13,1.3. On notera que le verbe ὑπηρετεῖν ne se lit ailleurs que dans des textes de Act II (13,36) ou de Act III (20,34; 24,23 TA). Nous sommes donc probablement devant une addition de Act II[1].

b) Au v. 6, la formule περιελθόντων αὐτῶν (TO) doit être de Act II, qui affectionne ce verbe (cf., dans le seul TO, en 9,32; 10,38; 17,23). Act III aurait gardé ici le texte de Act I.

c) À la fin du v. 8 (TO), Act II a ajouté la proposition "car il les écoutait volontiers", reprise de Mc 6,20 où il s'agit d'Hérode qui écoutait volontiers Jean-Baptiste. Act III n'a pas jugé utile de garder cette addition, et il s'en est tenu au texte de Act I.

d) Mais la retouche la plus importante se trouve au v. 12. Le TA donne deux motifs à la conversion du proconsul: il voit le châtiment divin infligé au mage Élymas (v. 12a), et il est frappé par la doctrine du Seigneur (v. 12b); nous sommes en présence d'un doublet. Au niveau de Act I, il n'y avait que le second motif, lequel correspond au qualificatif donné au proconsul: c'était "un homme avisé" (v. 7), il peut donc comprendre toute la profondeur de la doctrine du Seigneur (v. 12b; cf. le sens des récits). Act II a remplacé ce motif par celui de la vue du châtiment infligé à Élymas (v. 12, TO), et Act III a fusionné les deux textes (TA).

2. Les retouches de Act III

a) Au v. 6, Act III (TA) a grécisé le nom du premier mage: "Bar-Jésus" au lieu de "Bar-Jesoua". Il a de même abandonné la forme complexe "appelé du nom de", attestée aussi en Lc 19,2, pour la forme plus habituelle "dont le nom (était)".

b) Au v. 8, une glose donne le nom d'Élymas comme étant une traduction de Bar-Jesoua, ce qui revient à identifier les deux mages, celui du v. 6 et celui du

[1] Déjà Harnack (p. 171) voyait un ajout dans cette mention de Marc.

v. 8. Mais l'équivalence des noms est impossible[1], et il s'agit certainement de deux personnages différents. Cette identification abusive doit être le fait de Act III. C'est pour la justifier que, au v. 6, il fait de Bar-Jésus un "faux prophète" (TA); cette appellation péjorative convient bien à celui qui, selon Act III, va s'opposer à l'activité missionnaire de Barnabé et de Saul.

3. Le récit de Act I

Dans l'Introduction générale, nous avons souligné la parenté entre le style de Act I, aux vv. 4 et 13, et celui du Journal de voyage qu'il imite (tome I, p. 22). Le corps du récit est rédigé dans un style plus neutre, souvent influencé par des thèmes de l'AT. Nous pouvons toutefois proposer les remarques suivantes.

a) Au v. 9, le verbe "regarder fixement" (ἀτενίζειν) est construit avec la préposition εἰς suivie de l'accusatif, ce qui est normal au niveau du Document P (3,4) et de Act I (1,10; 6,15 TA; 7,55). Act II aurait plutôt construit le verbe avec le datif (6,15 TO; 14,9; comparer aussi 3,3, selon le TO, avec Lc 4,20), de même que Act III (3,12 TA; 10,4; 23,1).

b) Le v. 11 a même rythme que Lc 1,20 et semble bien calqué sur lui:

Lc 1,20	Act 13,11
	et maintenant,
et voici:	voici la main du Seigneur sur toi
tu seras muet	et tu seras aveugle,
et ne pouvant pas parler	ne voyant pas le soleil,
jusqu'au jour où arriveront ces	jusque
(choses) du fait que tu n'as pas	
cru à mes paroles, lesquelles	
s'accompliront	
en leur temps	au temps

Mais ailleurs, nous voyons Act I démarquer systématiquement les textes relatifs à l'histoire de l'enfance de Jean-Baptiste (tome II, p. 80). Nous pouvons donc penser qu'ici aussi, c'est lui qui démarque un texte concernant Zacharie, le père du Baptiste.

---

[1] Noter l'embarras de J. Dupont: «"Élymas" pourrait transcrire l'adjectif araméen qui signifie "magicien". On voudrait pouvoir traduire: "il portait également ce nom"» (BJ, p. 122, note b). Le TO donne Étoimas au lieu de Élymas, mais l'équivalence avec Bar-Jesoua est tout aussi impossible. Nous reparlerons de ce dernier nom à propos de Drusilla, la femme du gouverneur romain Félix, en 24,27.

C) PAUL ET BARNABÉ À ANTIOCHE DE PISIDIE
(13,13-50)

Nous diviserons ce long récit en trois parties: le voyage des missionnaires de Paphos à Antioche et leur entrée dans la synagogue (vv. 13-16a), le discours de Paul dans la synagogue (vv. 16b-41), la fin du séjour de Barnabé et Paul à Antioche (vv. 42-50).

CA) DE PAPHOS À ANTIOCHE
(13,13-16a)

Les vv. 13 à 16a décrivent le voyage de Paul et de ses compagnons de Paphos, en Chypre, jusqu'à Antioche de Pisidie *via* Pergé, petite ville de Pamphylie où le groupe ne semble pas s'être arrêté; ils ne le feront qu'au retour (14,25). L'ensemble est de Act I, avec quelques retouches de Act II et de Act III (TA).

a) Le v. 13b, où nous apprenons la défection de Jean, fut ajouté par Act II puisque c'est lui qui avait mentionné sa présence dans le groupe des voyageurs, en 13,5. Ce détail sera l'occasion de la dispute entre Paul et Barnabé qui sera racontée en 15,36-40; ce récit, nous le verrons, fut composé par Act II et non par Act I. Cette insertion du v. 13b a entraîné l'addition du pronom οὖτοι au début du v. 14.

b) Au v. 15, la parole qu'adressent à Paul les chefs de la synagogue n'est pas la même dans le TO et dans le TA. Selon le TA il faudrait lire "...si vous avez quelque parole d'exhortation"; selon le TO "...si vous avez quelque sagesse". Laquelle provient de Act I? La formule du TO est biblique (cf. Jer 8,9; Dan 2,30). Par ailleurs, le thème de la "sagesse" se trouve ailleurs au niveau du Document P (6,3.10) comme aussi de Act I (7,10.22), jamais à celui de Act II. On peut donc penser que Act II (TO) a gardé ici le texte de Act I et que la formule "parole d'exhortation" qui se lit dans le TA est une modification due à Act III. On ne la trouve ailleurs qu'en Hebr 13,22.

c) Au v. 16, après l'expression "ayant fait signe de la main", le TO ajoute le verbe "(de) se taire". De même, à la fin du discours de Paul, le seul TO note "et il se tut" (13,41). On ne voit pas pourquoi Act III (TA) aurait omis ce verbe à deux reprises; nous sommes donc probablement devant des additions de Act II.

CB) LE DISCOURS DE PAUL
(13,16b-41)

Ce discours de Paul remonte pour l'essentiel à Act I, qui, pour le composer, a repris d'un Document Johannite la grande fresque historique qui se lit aux vv. 17-23.26. Mais le texte de Act I fut considérablement augmenté au niveau de Act II, et Act III le compléta en ajoutant la citation d'Habacuc en finale. Pour distinguer les divers niveaux rédactionnels, nous nous référerons aux analyses que nous avons déjà faites à propos des discours de Pierre de 2,14ss et de 10,37ss, et du discours d'Étienne de 7,2ss.

1. L'activité littéraire de Act III

a) Le discours de Paul se termine (vv. 41-42) par une citation menaçante du prophète Habacuc qui détonne dans ce contexte irénique. Le parallèle entre 13,40 et 8,24, que nous avons souligné en donnant le sens du récit, invite à voir la main de Act III dans l'addition des vv. 40-41 comme dans celle de 8,24.

b) Aux vv. 27-29, les circonstances de la mort du Christ sont décrites de façon très différente dans le TA et dans le TO. Nous verrons plus loin que ce passage doit être attribué à Act II et non pas à Act I. Ce serait donc Act III qui aurait modifié la rédaction faite par Act II afin d'accentuer la culpabilité des Juifs (tome II, p. 358).

2. Les additions de Act II

a) Les vv. 24-25, concernant l'activité de Jean-Baptiste (cf. Lc 3,3.15ss), sont insérés dans un développement repris du Document Johannite dont ils rompent la thématique centrée sur la promesse faite à Abraham (vv. 23 et 26; cf. Gal 3,29). On notera d'ailleurs que, au v. 26, dans l'expression "la parole de ce salut" (ou "cette parole de salut" selon le TO), le démonstratif renvoie au thème du salut exprimé à la fin du v. 23. On s'étonne donc de la présence des vv. 24-25 qui séparent le démonstratif de ce à quoi il renvoie. Mais par qui fut pratiquée cette insertion des vv. 24-25: Act I ou Act II? Grâce à une discrète allusion au texte de Mal 3,1-2, ces versets établissent un parallèle entre Jean-Baptiste et Élie, ce qui est impossible au niveau de Act I pour qui c'est Jésus qui est le nouvel Élie. L'insertion doit donc être attribuée à Act II et non à Act I.

b) Au niveau de Act I, le thème de la réalisation de la promesse par la résurrection de Jésus (vv. 32-33a) devait suivre immédiatement celui de la promesse faite aux fils de la race d'Abraham (vv. 23.26). La séquence est excellente, comme on peut le constater en lisant la reconstitution du texte de Act

I (tome II, p. 237). Les vv. 27-31 seraient donc un ajout de Act II pour expliciter le mystère de la mort de Jésus. Les thèmes développés ici sont typiques de Act II: la volonté de déculpabiliser les Juifs - le kérygme primitif donné en référence à 1 Cor 15,3-5 - l'emprunt à Mc 15,41 - l'allusion aux multiples apparitions à Jérusalem (voir le sens du récit).

Ajoutons quelques remarques stylistiques. Au v. 27, la formule "ceux qui habitent Jérusalem" ne se lit ailleurs que dans des textes que nous avons attribués à Act II (2,14; 4,16). Ici et au v. 31, pour dire "Jérusalem" on a la forme Ἰερουσαλήμ (opposer le texte de Mc), typique de Act II.

Nous pouvons donc tenir les vv. 27-31 pour une addition de Act II.

c) Aux vv. 33-37, les additions de Act II ont été précisées lorsque nous avons analysé le sens du discours de Paul.

d) Aux vv. 38-39, nous avons un doublet indiqué par la récurrence de l'expression "par lui/en lui". Le premier thème, celui de la rémission des péchés, doit remonter à Act I car il est parfaitement dans la ligne du Document Johannite repris par cet auteur. On attribuera donc à Act II l'addition du second thème concernant la justification par la foi, fortement influencé par la pensée paulinienne.

3. Un discours composé par Act I

Nous avons vu (tome II, pp. 77ss) que ce discours de Paul au chapitre 13 avait été composé par Act I, lequel avait repris et amplifié un Document Johannite. Nous ne reviendrons pas sur cette démonstration. Ajoutons seulement quelques détails:

a) Au v. 16b, l'adresse "Hommes d'Israël, et (vous) qui craignez Dieu, écoutez" ressemble fort à celle que prononçait Pierre dans son discours de 2,22, composé par Act I: «Hommes d'Israël, écoutez mes paroles.» L'expression "Hommes d'Israël" ne se lit ailleurs que dans des textes du Document P (3,12) ou de Act I (2,22; 5,35; 21,28).

b) À la fin du v. 23, il faut lire avec le TO "le salut" (cf. v. 26) et non "Jésus comme sauveur" (TA); cette dernière leçon d'ailleurs n'appartenait peut-être pas au TA car elle pourrait provenir d'une simple erreur de scribe[1].

---

[1] Avec le nom de Jésus écrit en abrégé, comme c'était la règle dans les anciens manuscrits, la différence est minime: ΣΩΤΗΡΙΑΝ / ΣΩΤΗΡΑΙΗ.

CC) LA FINALE DU RÉCIT
(13,42-50)

La finale actuelle du récit comporte deux séquences en partie parallèles, l'une de Act I et l'autre de Act II, qui ont été fusionnées par Act III.

a) Le v. 42 commence par la formule "Tandis qu'ils sortaient". Mais on lit au début du v. 43 "L'assemblée s'étant séparée". Nous sommes en présence d'un doublet[1]. Il est clair d'ailleurs que le v. 44 constitue la suite normale du v. 42. Or ce v. 44 (TO) est de Act II car il a un style qui l'apparente à 1,1, le début du prologue composé par Act II pour son second livre:

1,1: τὸν μὲν πρῶτον λόγον ἐποιησάμην περὶ πάντων...
13,44: πολὺν λόγον ποιησαμένου περὶ τοῦ κυρίου...

1,1: j'ai fait le premier livre (= discours) sur toutes les choses...
13,44: ayant fait force discours sur le Seigneur...

Les vv. 45-48 forment une unité développant un thème précis: devant l'incroyance des Juifs, Paul et Barnabé se tournent vers les païens, réalisant ainsi ce qu'annonçait l'oracle de Is 49,6. Par ailleurs, le v. 45 forme la suite normale du v. 44: presque toute la ville s'est réunie pour entendre Paul, et c'est en voyant toute cette foule que les Juifs entrent en fureur. Nous avons donc d'un côté le v. 43, de l'autre les vv. 42, puis 44-48.

Le v. 49 forme doublet avec la fin du v. 43 selon le TO, bien que le sens soit différent. Au v. 43, il faut adopter comme TO le texte que, avec hésitation, nous avions jadis donné comme TO[2]: «Or il arriva que la parole passa par toute la ville.» Mais le mot "parole" a ici le sens de "nouvelle", comme dans le texte semblable de Lc 5,15: «Or se répandait plutôt la parole (= la nouvelle) à son sujet.» Ce texte se situe très bien entre les vv. 42 et 44: la nouvelle de la prédication de Paul se répand par toute la ville, si bien que, le sabbat suivant, presque toute la ville se trouve rassemblée.

Au v. 49, le thème est différent: le mot "parole" y désigne la Parole de Dieu annoncée par les apôtres, comme l'a bien compris le TA; cette Parole se diffuse, non plus "par toute la ville", mais "à travers toute la région". Ce thème va

---

[1] Ce fait a été bien vu par Jüngst (p. 129), Pott (p. 72), Bauernfeind (p. 178). Ce dernier n'exploite pas ce fait littéraire et Pott reconstitue deux récits assez différents des nôtres. En revanche, complétant les analyses de Spitta (p. 168), Jüngst attribue comme nous au récit primitif les vv. 43 et 50-51 tandis que les vv. 42.44-49.52 auraient été ajoutés, selon lui, par le Rédacteur. Spitta, qui tient le v. 42 pour un ajout du Rédacteur, était mieux inspiré en reconnaissant ici la fusion de deux récits différents. La solution que nous allons proposer tient donc le milieu entre celles de Spitta et de Jüngst.

bien avec le v. 50 où l'on nous dit que les Juifs firent chasser Paul et Barnabé, non seulement de la ville, mais de tout le territoire.

Le v. 50 formait la conclusion de l'épisode dans l'un et l'autre récit.

Étant donné le principe que les textes ont été en s'amplifiant, et non en se simplifiant, on attribuera à Act I les vv. 43 (TA), 49 et 50; à Act II les vv. 42, 43c (TO), 44-48 et 50 (repris de Act I sans modification).

b) Au v. 43, le TO seul a la précision "demandant à être baptisés". C'est une addition de Act II que n'a pas retenue Act III. Cette addition complète celle de la rémission des péchés en 13,38b (de Act I). Ces deux thèmes sont associés en 2,38 et 10,43.47, que nous avons attribués à Act II.

D) PAUL ET BARNABÉ À ICONIUM
(13,51-14,6)

1. Les remaniements de Act II

Nous résumons, en les complétant, le résultat des analyses faites en exposant le sens du récit (tome II, p. 271).

a) Le v. 52 du chapitre 13 se relie maladroitement au contexte antérieur, entre les deux mentions de la ville d'Iconium (13,51 et 14,1); en revanche, il complète le thème exprimé au v. 48, de Act II, avec influence de Rom 15,9.13 comme nous l'avons dit en donnant le sens du récit. Nous sommes donc devant un ajout de Act II. Le terme de "disciples" ne convient pas à Act I.

b) Au chapitre 14, les vv. 2 et 5 sont de rédaction très différente dans le TO et dans le TA. Ceci provient de ce que Act II (TO) a remanié l'épisode de façon à tenir compte du thème de l'appel des païens au salut, qu'il a introduit dans la section précédente. Mais Act III (TA) s'en est tenu au texte de Act I.

Cet intérêt pour la conversion des païens, Act II l'a montré dès le v. 1 en ajoutant l'expression "de Juifs et de Grecs" comme il le fera encore en 20,24 (TO). On ne voit pas comment des Grecs, c'est-à-dire des païens, se trouvent dans la synagogue pour écouter Paul! Il s'agit de montrer qu'à Iconium comme à Antioche de Pisidie les païens embrassent la foi chrétienne.

Notons que, en ce v. 1, la séquence "admirer... croire", propre au TO, fut introduite par Act II comme en 13,12.

c) Dans le TA, les vv. 3-4 font figure de corps étranger car le v. 5 forme la suite normale du v. 2 (TA)[1]. Le vocabulaire du v. 3 est d'ailleurs bien de Act II comme le montre une comparaison avec d'autres passages de Act II. La formule "assez longtemps" (ἱκανὸν χρόνον) ne se lit ailleurs dans les Actes qu'en 8,11 (cf. 27,9, de Act III). - Le verbe "être plein d'assurance" (παρρησιάζεσθαι) se lisait déjà en 9,27.28 et surtout 13,46. - Le verbe "témoigner" (μαρτυρεῖν), suivi du datif, ne se rencontre ailleurs qu'en 10,43; 15,8 et 22,5. - L'expression "parole de grâce" se retrouvera en 20,32. - Au v. 4, la désignation de Paul et Barnabé comme "apôtres" convient à Act II et non à Act I (tome I. p. 33). Act II a voulu réintroduire le thème de la valeur apologétique du miracle, exprimé au v. 3. Le v. 4 forme le lien avec le v. 5, où Act II rejoint le fil du récit de Act I.

d) Le problème des vv. 5-7 est complexe. Ici encore, le TO est très différent du TA. Mais comme l'analyse littéraire de ces vv. 5-7 se rattache étroitement aux problèmes posés par la section suivante, nous ne la mènerons qu'à propos de l'évangélisation de Lystre.

2. L'activité rédactionnelle de Act III

Aux vv. 1-2 (et aux vv. 5-6, comme nous le verrons plus loin) Act III a conservé la rédaction de Act I, sauf, au v. 1, où il a inséré l'expression "de Juifs et de Grecs", reprise du texte de Act II. Mais il a complété le texte de Act I en ajoutant les vv. 3-4, repris de Act II.

E) PAUL ET BARNABÉ À LYSTRE
(14,7-20)

Nous pensons que toute cette section fut ajoutée par Act II qui a voulu étoffer le thème qu'il a introduit en finale de l'évangélisation d'Antioche de Pisidie: Paul s'adresse maintenant aux païens. Voici les arguments que l'on peut faire valoir en ce sens[2].

---

[1] Le v. 3 est considéré par Spitta (p. 169) et par Pott (p. 73) comme une insertion dans le récit primitif. Jüngst (pp. 129s) étend l'insertion aux vv. 3-5a.

[2] Pour Spitta (p. 171) et Jüngst (p. 132), l'épisode de Lystre aurait été ajouté au récit primitif qui passait du v. 7 au v. 21b. Selon Spitta, cet épisode proviendrait de sa source B, selon Jüngst, il serait une composition du Rédacteur. Pott (pp. 73ss) garde l'épisode de Lystre mais reconnaît que, dans la source, le v. 21 devait suivre immédiatement le v. 7.

1. Deux récits parallèles

a) La seconde partie du récit de l'évangélisation de Lystre ne fait que reprendre les données que l'on trouve, dans le TO, à propos de l'évangélisation d'Iconium. Dans le premier récit, Paul et Barnabé demeurent (διέτριψαν) dans la ville et y enseignent (v. 3a). Mais des Juifs fomentent contre eux une émeute populaire (v. 5a); ils sont lapidés et jetés hors de la ville (v. 5b TO), ce qui les oblige à fuir dans une autre ville, Lystre (v. 6 TO). - Dans le second récit, Paul et Barnabé demeurent dans la ville et y enseignent (v. 19a TO: διατριβόντων αὐτῶν καὶ διδασκόντων). Mais des Juifs fomentent une émeute populaire contre Paul (v. 19b); il est lapidé et jeté hors de la ville (v. 19c), ce qui oblige les deux apôtres à partir pour une autre ville, Derbé (v. 20).

b) Il existe toutefois une différence essentielle entre les deux récits. Dans le premier, à Iconium, Paul et Barnabé s'adressent aux Juifs puisqu'ils "parlent" dans la synagogue (v. 1). Ce sont les Juifs de cette ville qui fomentent contre eux une émeute populaire en excitant les païens (v. 5). Dans le second récit, à Lystre, c'est aux païens que Paul et Barnabé annoncent l'évangile (v. 7 TO); en effet, il n'y est pas question de synagogue et nous apprenons que "toute la population fut remuée" par la prédication des apôtres, c'est-à-dire toute la population de la ville. La suite du récit montre bien que Paul et Barnabé s'adressent à des païens (vv. 8ss). S'il y a une persécution contre Paul fomentée par des Juifs, ces Juifs sont venus d'Antioche et d'Iconium (v. 19a). On a l'impression qu'il n'y avait pas de Juifs à Lystre. Disons plutôt que l'auteur du récit ne s'occupe pas des Juifs, certainement peu nombreux, qui auraient pu habiter Lystre. Tout le récit est centré sur l'évangélisation des païens de cette ville. La perspective est celle introduite par Act II en finale du récit de l'évangélisation d'Antioche: Paul et Barnabé vont se tourner vers les païens (13,46-48).

2. Le problème des vv. 5-7

Les analyses que nous venons de faire invitent à revenir sur le problème posé par les vv. 5-7 du récit précédent.

a) Dans le TA, il est dit au v. 6 que Paul et Barnabé "s'enfuirent dans les villes de la Lycaonie: Lystre, Derbé et les environs". Mais le TO est beaucoup plus précis: «Et, s'étant enfuis, ils arrivèrent en Lycaonie, dans une ville appelée Lystre.» Cette phrase attestée par le TO a une structure parfaitement lucanienne, mais du Luc de l'évangile de l'enfance:

14,6: κατήντησαν εἰς τὴν Λυκαονίαν, εἰς πόλιν τινὰ καλουμενὴν Λύστραν
Lc 2,4: ἀνέβη... εἰς τὴν Ἰουδαίαν, εἰς πόλιν Δαυὶδ ἥτις καλεῖται Βηθλέεμ
Lc 2,39: ἐπέστρεψαν εἰς τὴν Γαλιλαίαν, εἰς πόλιν ἑαυτῶν Ναζαρέθ

14,6: ils arrivèrent en Lycaonie, dans une ville appelée Lystre
Lc 2,4: il monta... en Judée, dans une ville de David qui est appelée Bethléem
Lc 2,39: ils revinrent en Galilée, dans leur ville de Nazareth

Ce contact littéraire avec l'évangile de l'enfance nous indique la main de Act II.

Il est alors facile de voir ce qui s'est produit. Au v. 6, le texte de Act I nous a été conservé par Act III (TA). Il était très vague et nous indiquait seulement que Paul et Barnabé durent s'enfuir dans les villes de Lycaonie: Lystre, Derbé et les environs. Aucun détail ne nous était donné sur leur activité. Mais Act II voulut introduire l'épisode de Lystre. Il changea donc la rédaction du v. 6 en précisant que Paul et Barnabé arrivèrent en Lycaonie, dans une ville appelée Lystre[1].

b) Puisque Act III a conservé le texte de Act I au v. 6, on peut penser qu'il en va de même au v. 5. En donnant le sens du récit de Act II, nous avons indiqué les raisons pour lesquelles Act II avait modifié le texte de Act I.

c) Nous pensons que le v. 7 est une addition de Act II, reprise et simplifiée par Act III (cf. *infra*).

3. Les remaniements de Act III

Act III, on l'a vu, suivait le texte de Act I aux vv. 5-6. Mais à partir du v. 8, il complète le récit de Act I en reprenant les développements de Act II sur les événements qui se seraient passés à Lystre. Il a toutefois apporté un certain nombre de modifications au texte de Act II.

a) Nous pensons qu'il faut lui attribuer la composition du discours aux païens qui se lit aux vv. 15b-17[2]. Ce discours ne contient rien de spécifiquement chrétien: Paul se contente d'y exhorter les païens à se convertir au vrai Dieu. Sur ce point, on pourra l'opposer à la prédication de Paul aux païens telle qu'elle ressort de 1 Thess 1,9-10. N'importe quel Juif aurait pu le tenir. Il devient difficile alors de justifier les critiques formulées par les Juifs venus d'Antioche et

---

[1] Au v. 6, le nom de "Lystre" est au féminin singulier; au v. 8, il sera au neutre pluriel. Il ne faudrait pas s'appuyer sur cette particularité grammaticale pour distinguer deux niveaux rédactionnels: Act II au v. 6 et Act III au v. 8. Au v. 6, le nom est à l'accusatif tandis qu'il est au datif au v. 8. Le changement de cas justifie le changement de genre et de nombre. Cf. Blass-Debrunner, § 57.

[2] Spitta aussi (pp. 170ss) voyait dans ces vv. 15b-17 un ajout du Rédacteur au récit repris de la source B.

d'Iconium telles que les donne Act II: «Ils ne disent rien de vrai mais ils mentent en tout» (v. 19b TO). Le discours aux païens des vv. 15b-17 ne peut donc avoir été composé par Act II et il faut l'attribuer à Act III. D'ailleurs, pour Act II, l'annonce de l'évangile (v. 7) devait comporter nécessairement la Bonne Nouvelle du salut apporté par Jésus (cf. 5,42; 8,4.35; 11,20; 13,32; 15,35), ce qu'ignore le discours des vv. 15b-17. Nous pensons donc que, au niveau de Act II, la réaction de Paul et de Barnabé, au moment où les païens s'apprêtent à leur offrir un sacrifice, consistait seulement à protester par ces mots: «Hommes, que faites-vous? Nous, nous sommes des hommes de même condition que vous» (v. 15a). C'est la réaction qu'avait eue Pierre lorsque le païen Corneille s'était prosterné devant lui pour l'adorer (10,26; harmonisé par Act II sur 14,14-15a).

b) En reprenant le récit de Act II, Act III l'a simplifié, d'une part en supprimant tout ce qui concerne la réaction des gens de Lystre à la prédication des deux apôtres (v. 7 TA), d'autre part et surtout en amputant le v. 19 d'une partie de son contenu. Comme nous l'avons dit plus haut, en ajoutant les vv. 15b-17, contenant un discours que tout bon Juif aurait pu tenir, Act III ne pouvait pas garder intégralement le v. 19, où les Juifs affirment que Paul et Barnabé ne profèrent que des mensonges. On notera d'ailleurs que, en agissant ainsi, Act III a rendu son récit fort peu vraisemblable. On ne voit plus pourquoi les païens de Lystre, enthousiasmés par le miracle qu'ils viennent de voir, se mettent soudain à lapider Paul à l'instigation des Juifs venus d'Antioche et d'Iconium! Le récit est vraiment trop succinct.

F) RETOUR À ANTIOCHE DE SYRIE
(14,21-28; 15,35)

1. Le retour à Antioche de Syrie

a) Ce retour est décrit aux vv. 21-26a. Sauf la mention de la ville d'Antioche, au v. 26a, l'ensemble de cette partie du récit est une composition de Act II.

Comme nous l'avons noté en donnant le sens du récit, ce retour de Paul et de Barnabé par les villes qui les ont rejetés est peu vraisemblable au niveau de Act I, mais s'explique mieux au niveau de Act II. Nous avons montré aussi les influences pauliniennes sur la rédaction du récit, dont certaines ne peuvent s'expliquer que par l'activité rédactionnelle de Act II (14,23 comparé à 13,3). Ajoutons quelques précisions stylistiques.

Au v. 22, dans un texte dont la rédaction fut influencée par 1 Thess 3,2-3, le terme de "disciples" dénote la main de Act II, comme le verbe "faire des disciples" (μαθητεύειν) au v. 21. - Au v. 23, le verbe χειροτονεῖν ne se rencontre ailleurs dans le NT qu'en 2 Cor 8,19. - Le double thème du jeûne et de la prière se lisait déjà en 10,30, dans une addition de Act II. - Pour la formule "remettre au Seigneur", on se reportera à 20,32, un texte de Act II. - À la fin de ce verset 23, le verbe πιστεύειν est construit avec εἰς et l'accusatif, comme en 10,43 et 19,4, de Act II (cf. Rom 10,14; Gal 2,16; Phil 1,29 et très souvent dans les écrits johanniques). - Au v. 25, la formule "parler la Parole", sans déterminatif, se retrouvera en 16,6 et 16,32, rédigés par Act II.

b) Mais au niveau de Act I, il était nécessaire de faire revenir Paul et Barnabé à Antioche de Syrie, d'où Paul repartira pour un nouveau voyage missionnaire (15,40ss). Il faut donc garder dans le texte de Act I la mention d'Antioche qui se lit au v. 26. La solution la plus simple est de faire confiance au Vaticanus qui, à cet endroit, n'a pas le verbe "ils firent voile", pourtant nécessaire dans le contexte actuel. Au niveau de Act I, le v. 26a suivait immédiatement le v. 6: «... ils s'enfuirent dans les villes de Lycaonie: Lystre et Derbé et les alentours ( ) et de là ( ) à Antioche.» Selon Act I, les deux apôtres seraient revenus à Antioche par la voie de terre, la plus directe. En 15,40-16,1, Paul refera le même trajet, mais en sens inverse.

2. L'accueil à Antioche (vv. 26-28)

a) Au v. 26, Act I n'avait que les mots "et de là ( ) à Antioche". C'est Act II qui a ajouté le verbe "ils firent voile", comme cela ressort des explications précédentes. Dans la deuxième partie du verset, on notera la formule "en vue de l'œuvre qu'ils avaient accomplie" (εἰς τὸ ἔργον ὃ ἐπλήρωσαν), qui reprend par mode d'inclusion celle de 13,2 "en vue de l'œuvre à laquelle je les ai appelés" (εἰς τὸ ἔργον ὃ προσκέκλημαι αὐτούς). Or 13,2 est une addition de Act II dans un texte de Act I.
Pour composer ce v. 26b, Act II décalque 15,40, de Act I.

b) Les vv. 27-28 forment la conclusion du premier voyage missionnaire: Paul et Barnabé rendent compte des résultats qu'ils ont obtenus lors de ce voyage. L'ensemble fut composé par Act II. Au début du v. 27, le participe "ayant rassemblé" a son équivalent en 15,30b, en même contexte; or nous attribuerons 15,30b à Act II. À la fin du v. 27, la proposition "et qu'il avait ouvert aux gentils la porte de la foi" ne peut être que de Act II (cf. 13,46-48 et le commentaire). On notera l'utilisation métaphorique du mot "porte", en liaison avec le verbe "ouvrir", de saveur paulinienne (1 Cor 16,9; 2 Cor 2,12; Col 4,3). Enfin, la mention des "disciples" au v. 28 nous renvoie encore à Act II.

c) Mais pour rédiger le v. 28, Act II a utilisé la conclusion du premier voyage qui se lisait dans le récit de Act I, reportée maintenant en 15,35. Nous avons vu déjà (tome II, pp. 279ss) que toute la section qui va de 15,1 à 15,34 avait été ajoutée par Act II entre le premier et le deuxième voyages missionnaires de Paul et de ses compagnons. Mais nous lisons en 15,35: «Or Paul et Barnabé demeuraient à Antioche, enseignant et évangélisant avec encore beaucoup d'autres la parole du Seigneur.» C'est, en plus développé, le thème de 14,28: «Or ils demeuraient un certain temps avec les disciples.» Nous sommes en présence d'une reprise rédactionnelle motivée par l'insertion de 15,1-34.

Mais ici, il s'agit, comme souvent ailleurs, d'une reprise rédactionnelle inversée: c'est le v. 28 qui fut composé par Act II (cf. *supra*) tandis que 15,35 nous donne le texte de Act I, que Act II a légèrement amplifié. Au début du verset, il a ajouté les noms de Paul et de Barnabé, inutiles là où ce texte se lisait primitivement. Par ailleurs, il doit avoir inséré aussi les mots "avec beaucoup d'autres", qui font écho au fait que, dans le récit de Act I, ce n'étaient pas seulement Paul et Barnabé qui prirent part au premier voyage missionnaire, mais cinq personnes, celles qui sont mentionnées en 13,1.

On notera que le thème de 15,35 répond à celui de 13,1, qui formait l'introduction du premier voyage missionnaire déjà au niveau de Act I: en 15,35, ceux qui sont revenus à Antioche "enseignaient (ἐδίδασκον) et évangélisaient"; en 13,1, ceux qui sont partis étaient "prophètes et didascales (διδάσκαλοι)".

En résumé, la conclusion du premier voyage missionnaire, composée par Act I, a été renvoyée par Act II en 15,35, après l'insertion de toute la section qui va de 15,1 à 15,34. Il en a gardé un écho en 14,28. Les vv. 27-28 furent composés par Act II. Au v. 26, seuls les mots "et de là ( ) à Antioche" remontent à Act I. Act II a ajouté le verbe "ils naviguèrent" ainsi que le reste du verset.

XXI. L'ASSEMBLÉE DE JÉRUSALEM
(15,1-34)

Les péripéties de ce que l'on appelle souvent, à tort, le "concile" de Jérusalem se lisent en Act 15,1-34. Cet épisode a suscité une abondante littérature et il n'est pas question pour nous de pénétrer dans ce maquis; nous renvoyons simplement aux excellents exposés faits par J. Dupont et V. Mancebo[1]. Signalons tout de suite que la solution que nous allons proposer se rapproche beaucoup de celle qu'avait entrevue Pott (pp. 44-48) et qui fut développée par H. Waitz[2], et surtout par L. Cerfaux[3]. Pour ces deux auteurs, le récit actuel des Actes résulterait de la fusion de deux récits en provenance de deux sources différentes. L'un des deux récits, d'origine hiérosolymito-pétrinienne, aurait compris les vv. 5-12a.13-21 et se rattacherait à l'épisode de la conversion de Corneille (10-11,18). Au second récit, d'origine antiocho-paulinienne, il faudrait attribuer les vv. 1-4 et 22ss. Le Rédacteur des Actes aurait effectué la fusion entre les deux récits. C'est, en gros, la solution que nous allons adopter, avec toutefois une précision importante: la source antiocho-paulinienne dont parlent Waitz et Cerfaux ne serait autre que notre Act II qui aurait repris et réinterprété dans une perspective paulinienne le récit que le Document P (repris par Act I sans modification appréciable) avait donné à propos de la conversion de Corneille (10-11). C'est Act III qui aurait effectué la fusion entre les deux récits primitifs.

A) DEUX RÉCITS FUSIONNÉS EN UN SEUL

Le récit actuel de l'assemblée de Jérusalem résulte de la fusion faite par Act III de deux récits plus anciens, l'un du Document P (repris par Act I) et

---

[1] Dom J. DUPONT, *Les problèmes du livre des Actes d'après les travaux récents* (Analecta Lovaniensia Biblica et Orientalia, S. II, fasc. 17), Louvain, 1950 - Venancio MANCEBO, "Gal. II,1-10 y Act. XV. Estado actual de la cuestión", dans Est.B. 22 (1963) 315-350.

[2] H. WAITZ, *Das Problem der sogenannten Aposteldekrets und die damit zusammenhängenden literarischen und geschichtlichen Probleme des apostolischen Zeitalters* (ZKG III 55), 1936, pp. 227-263.

[3] L. CERFAUX, "Le chapitre XVe du livre des Actes à la lumière de la littérature ancienne", dans *Miscellanea Giovanni Mercati* (Studi e Testi, 121), vol. I, Cité du Vatican, (1946) 107-126.

l'autre de Act II. Ce phénomène apparaît surtout dans l'analyse du début et de la fin du récit actuel.

1. Un doublet (vv. 1-2a et 5.7a)

a) Les vv. 1 à 7 contiennent un doublet qui a été reconnu par nombre de commentateurs[1]:

Act 15,1-2a (TO)	Act 15,5.7a
– καί τινες κατελθόντες ἀπὸ τῆς Ἰουδαίας	–ἐξανέστησαν δέ τινες ἀπὸ τῆς αἱρέσεως τῶν Φαρισαίων πεπιστευκότες
ἐδίδασκον τοὺς ἀδελφοὺς ὅτι ἐὰν μὴ περιτμηθῆτε καὶ τῷ ἔθει Μωϋσέως περιπατῆτε οὐ δύνασθε σωθῆναι	λέγοντες ὅτι δεῖ περιτέμνειν αὐτοὺς καὶ τηρεῖν τὸν νόμον Μωϋσέως...
– γενομένης δὲ στάσεως καὶ ζητήσεως οὐκ ὀλίγης...	–πολλῆς δὲ ζητήσεως γενομένης...
- Et certains, descendus de Judée,	- Or se levèrent certains du parti des Pharisiens, qui avaient cru,
enseignaient aux frères: «Si vous n'êtes pas circoncis et si vous ne marchez pas selon la coutume de Moïse vous ne pouvez pas être sauvés.»	disant que il faut les circoncire et observer la Loi de Moïse...
- Or, s'étant produites agitation et vive discussion...	- Or une grande discussion s'étant produite[2]...

b) Le doublet est évident[3]. À quels niveaux rédactionnels faut-il en attribuer les deux éléments?

ba) Les vv. 1-2a doivent être de Act II. En effet, ils sont une réinterprétation des vv. 5.7a comme 6,14b, de Act II, était une réinterprétation de 6,13b, un texte de Act I. Tandis qu'au v. 5 il est demandé de garder la Loi de Moïse, le v. 1 parle de vivre suivant la coutume de Moïse. Or, en 6,13b (Act I), Étienne était accusé d'avoir parlé contre la Loi; en reprenant ce texte (6,14b), Act II l'a changé en écrivant "la coutume que nous a transmise Moïse". Il aurait effectué ici la

---

[1] Cerfaux a bien vu que le doublet était constitué, non seulement des vv. 1 et 5, mais aussi des vv. 2 et 7a (art. cit., p. 124s).

[2] Nous avions donné comme TO la rétroversion en grec d'un texte attesté par le seul manuscrit g de la Vetus Latina. Nous renonçons maintenant à défendre ce texte.

[3] Il est cependant nié par Haenchen (p. 399); mais il ne tient pas compte des vv. 2a et 7a.

même transposition. - D'autre part, la fin du v. 1, offre une structure littéraire analogue à celle qui se lit en 27,31, un passage que nous attribuerons à Act II:

15,1: ἐὰν μὴ... οὐ δύνασθε σωθῆναι

27,31: ἐὰν μὴ... ὑμεῖς σωθῆναι οὐ δύνασθε (TA)

ἐὰν μὴ... ἡμεῖς σωθῆναι οὐ δυνάμεθα (TO)

15,1: Si ne... pas... vous ne pouvez pas être sauvés

27,31: Si ne... pas... vous ne pouvez pas être sauvés (TA)

Si ne... pas... nous ne pouvons pas être sauvés (TO)

Dans les sections que nous avons déjà vues, le thème du salut est d'ailleurs typique de Act II (cf. 2,21.40.47; 4,9.12; jamais au niveau du Document P ou de Act I). Il y a donc de fortes chances pour que les vv. 1-2a aient été rédigés par Act II, qui reprend et modifie le texte des vv. 5 et 7a.

bb) Ces vv. 5 et 7a pourraient être alors, soit de Act I, soit du Document P. La première hypothèse semblerait s'imposer puisque nous sommes ici dans la geste de Paul, ignorée du Document P. Il faut opter cependant pour ce Document, étant donné le parallélisme qui existe entre le début du v. 5 et 6,9 (TO), un texte que nous avons attribué au Document P:

6,9: ἐξανέστησαν δέ τινες ἐκ τῆς συναγωγῆς...

15,5: ἐξανέστησαν δέ τινες ἀπὸ τῆς αἱρέσεως...

6,9: or se levèrent certains de la synagogue...

15,5: or se levèrent certains de la secte...

Nous verrons plus loin d'autres arguments qui permettent d'attribuer au Document P l'un des deux récits fusionnés ici. Nous préciserons également le contexte primitif de ce récit au niveau de ce Document.

2. La finale du récit (15,22-34)

La finale du récit contient aussi des indices que deux textes ont été fusionnés[1]. Ces indices sont certes moins nets qu'aux vv. 1 à 7, mais ils se situent dans la même perspective.

a) La lettre que Jude et Silas sont chargés de porter à Antioche contient cet remarque curieuse: «Nous avons donc envoyé Jude et Silas qui de vive voix vous annonceront les mêmes choses» (v. 27). Pourquoi donner le même message par

---

[1] Ce point a été entrevu par Jüngst (p. 135) et par Pott (p. 46); ce dernier a bien vu que deux traditions étaient fusionnées dans le récit actuel, celle de la lettre envoyée pour signifier les décisions de l'assemblée de Jérusalem et celle du message oral.

lettre et de vive voix? Ce verset ne serait-il pas l'indice que deux textes sont ici mêlés, comme en 15,1-7a? Selon l'un, on envoyait une lettre pour faire connaître les décisions de l'assemblée de Jérusalem; selon l'autre, Jude et Silas devaient transmettre ces décisions de vive voix. Ce dualisme apparaît dans la finale du passage, mieux marqué dans le TA[1]: aux vv. 30b-31 Jude et Silas donnent la lettre à leurs destinataires qui la lisent et se réjouissent de l'exhortation qu'elle leur apporte; au v. 32, Jude et Silas exhortent les frères de vive voix. Le doublet est rendu sensible par la présence, au v. 31 du substantif "exhortation" (παράκλησις) et au v. 32 du verbe "exhorter" (παρακαλεῖν).

b) Un indice littéraire vient confirmer cette hypothèse. Le v. 30 commence par ces mots: «Eux donc, ayant été congédiés (οἱ μὲν οὖν ἀπολυθέντες), descendirent à Antioche...» Mais la formule initiale est difficile puisqu'elle renvoie aux gens qui sont mentionnés au v. 22! Primitivement, le v. 30a devait suivre immédiatement le v. 22 (cf. 13,4; 15,3 et les contextes antérieurs), ce qui suppose l'absence de la lettre mentionnée aux vv. 23-29.

c) Nous sommes donc en présence de deux finales différentes, qui correspondent aux deux débuts de récit que nous avons relevés aux vv. 1-5. Selon l'une des finales, Jude et Silas étaient envoyés porter une lettre concernant les obligations imposées aux païens convertis; selon l'autre, ils étaient envoyés pour transmettre de vive voix le même message.
        La lettre est certainement postérieure au message oral et fut composée par Act II. Au v. 24, elle fait allusion à des frères de Jérusalem qui ont troublé les chrétiens d'Antioche par des paroles inconsidérées; ceci renvoie à 15,1 et non à 15,5, donc au texte de Act II et non à celui du Document P. - La lettre est envoyée "aux frères d'Antioche et de Syrie et de Cilicie" (v. 23), ce qui suppose une certaine diffusion du christianisme qui était hors des perspectives du récit du Document P ou même de Act I. - Au v. 28, le jugement de l'Esprit saint joint à celui des gens qui envoient la lettre rappelle 5,32, texte dans lequel Act II a ajouté le témoignage de l'Esprit à celui des apôtres. Tout ceci convient bien à une rédaction faite par Act II.
        Le message oral appartenait donc au récit du Document P. Nous en aurons confirmation plus loin.

3. Le contexte primitif du récit du Document P

        Le Document P ne comportait que la geste de Pierre tandis que le récit de l'assemblée de Jérusalem appartient, dans l'état actuel des Actes, à la geste de

---

[1] La reconstitution du TO est assez conjecturale. Son meilleur témoin, le manuscrit latin l, est corrompu; on notera toutefois que, au v. 31, il conserve le substantif "réconfort", que nous avons cru devoir enlever du TO, mais à tort semble-t-il.

Paul. Est-il possible de prouver que le récit primitif n'appartenait pas à la geste de Paul, mais bien à la geste de Pierre? Et si oui, à quel contexte de cette geste de Pierre devons-nous le rattacher?

a) Dans la discussion qui se tient à Jérusalem, Paul et Barnabé ne jouent pratiquement aucun rôle. Ils n'interviennent qu'au v. 12, pour rappeler leurs récents succès auprès des païens, mais ce verset est une interpolation[1] étant donné la reprise rédactionnelle qui l'enserre: «Toute la foule se tut et ils écoutaient Barnabé et Paul raconter combien de signes et de prodiges Il avait faits par eux parmi les païens. Quand ils se furent tus, s'étant levé, Jacques dit...» Donc, selon le récit primitif, Paul et Barnabé ne jouaient aucun rôle dans cette assemblée de Jérusalem[2]. Mais serait-il vraisemblable que Paul, dont on connaît par ailleurs la fougue avec laquelle il voulait défendre ses idées, ne soit pas intervenu dans un débat où précisément c'étaient ses idées qui étaient en discussion, d'après 15,1-2? Tout se passe comme si Paul et Barnabé étaient absents de cette assemblée de Jérusalem.

b) Nous en avons un autre indice dans le fait suivant. Paul semble ignorer le décret qu'il était censé porter aux chrétientés d'Antioche, de Syrie et de Cilicie. Énumérant les difficultés du récit de l'assemblée de Jérusalem, J. Dupont écrit: «Paul lui-même ne parle de ce décret ni en Ga 2 6 (décisions de l'assemblée de Jérusalem), ni dans 1 Cor 8-10 et Rm 14 (où il traite de problèmes analogues).»[3] Ceci nous confirme que Paul n'était pas là quand fut porté ce décret, et qu'il n'en a jamais eu connaissance.

c) Par ailleurs, le discours que prononce Jacques en 15,13ss, se réfère beaucoup plus aux événements racontés à propos de la conversion de Corneille. Comme le note J. Dupont dans la BJ à propos du v. 20: «Les exigences de Jacques sont celles que, d'après Lv 17-18, les Juifs imposaient aux Gentils désireux de fréquenter la synagogue; elles répondent à la question soulevée en Ac 11 3 (c'est nous qui soulignons) et Ga 2 12-14: que faut-il demander aux païens convertis pour que les judéo-chrétiens n'aient pas à craindre de souillure légale en les fréquentant?... Les clauses de Jacques ont donc pour but de faciliter les rapports entre helléno-chrétiens et judéo-chrétiens; elles ne se rapportent pas directement au débat sur la nécessité de la circoncision pour le salut (Ga 2 2-10; Ac 15 1,11).»[4] La dernière phrase de J. Dupont est peut-être un peu forcée. Disons que le

---

[1] Cf. déjà Pott (p. 44); Goguel (p. 243 et surtout p. 250, note 1).

[2] Voir en ce sens les remarques de Goguel, pp. 242s.

[3] BJ, p. 136, note *a*.

[4] BJ, p. 141, note *b*. - Voir dans le même sens: Charles PERROT, "Les décisions de l'assemblée de Jérusalem", dans RSR 69 (1981) 195-208.

discours de Jacques vise à la fois le problème des rapports entre helléno-chrétiens et judéo-chrétiens et le problème de la circoncision des païens convertis. Il se situerait donc beaucoup mieux dans la perspective du récit de la conversion de Corneille (9,43-11,18), récit dont le noyau central, nous l'avons vu, remonte au Document P. En 11,3, on reproche à Pierre d'être entré dans la maison d'un païen. Le discours de Jacques, en 15,13ss, répond précisément à ce reproche fait à Pierre. - Pour d'autres raisons, Goguel arrive à la même conclusion. Il écrit en effet (p. 250): «La discussion rapportée en *15,6-21* n'est en effet que le doublet, ou peut-être la suite, de celle de *11,1-18*.» Et il ajoute en note: «Ce qui suggère l'idée d'une suite c'est que Jacques dit, (*15,14*): "Siméon vous a raconté..." ce qui doit viser non pas *15,7-11* où il y a seulement une allusion mais *11,5-17*.»

Les trois arguments que nous venons de développer nous orientent vers la même conclusion: primitivement, l'assemblée de Jérusalem se situait dans le prolongement du récit de la conversion de Corneille, comme l'avaient bien vu Waitz et Cerfaux, et non dans son contexte actuel.

d) Cette conclusion se trouve confirmée par les remarques suivantes. Tout le bloc constitué par l'épisode de l'assemblée de Jérusalem fait l'effet d'un corps étranger entre le premier (13-14) et le deuxième (15,35ss) voyage missionnaire de Paul et de Barnabé[1]. D'une part, en effet, il est encadré par une reprise rédactionnelle constituée par 14,28 et 15,35: dans ces deux textes on nous dit que Paul et Barnabé demeurent à Antioche. Mais surtout 15,33 (TA) ne s'accorde pas avec la suite des événements. Ce verset précise que Jude et Silas reviennent d'Antioche vers ceux qui les ont envoyés, c'est-à-dire à Jérusalem; mais, d'après 15,40, quelques jours plus tard (15,36) Paul va partir d'Antioche pour son deuxième voyage missionnaire en prenant Silas comme compagnon de voyage. Silas serait donc en fait demeuré à Antioche. C'est ce que nous dit le TO aux vv. 33 et 34, mais nous sommes certainement devant une correction faite par Act II, tandis que Act III aurait gardé le texte primitif du récit (Document P et Act I).

De ces deux remarques, il faut conclure que le récit de l'assemblée de Jérusalem n'est plus dans son contexte primitif, ce qui confirme les analyses précédentes.

e) Ajoutons un dernier argument. La finale du récit du chapitre 15, selon le Document P, formait inclusion avec 11,2 (TO), que nous avons attribué à ce Document:

---

[1] Ce point a déjà été signalé par M. GOGUEL, "Le récit d'Actes 15, l'histoire de Corneille et l'incident d'Antioche", dans RHPR 3 (1923) 138-144 (spécialement 138-139). - Voir aussi dans le même sens D. R. CATCHPOLE, "Paul, James and the Apostolic Decree", dans NTS 23 (1976/77) 428-444 (surtout 436).

11,2 (TO)	15,32
	Ἰούδας τε καὶ Σιλᾶς...
καὶ προσφωνήσας	
	διά λόγου πολλοῦ παρεκάλεσαν
τοὺς ἀδελφοὺς καὶ ἐπιστηρίξας	τοὺς ἀδελφοὺς καὶ ἐπεστήριξαν
ἐξῆλθεν	
πολὺν λόγον ποιούμενος...	
	Jude et Silas...
et, ayant appelé à (lui)	
	avec force discours exhortèrent
les frères et les ayant affermis,	les frères et les affermirent
il partit	
faisant force discours...	

Avant de revenir à Jérusalem vers ceux qui les ont envoyés, Jude et Silas agissent exactement comme avait fait Pierre au moment où il quittait Césarée pour s'en retourner à Jérusalem.

4. Le discours de Pierre en 15,7-11

Nous pouvons maintenant analyser le discours que prononce Pierre aux vv. 7-11. Nos conclusions précédentes en seront confirmées. Dans ce discours, Pierre renvoie explicitement ses auditeurs à celui qu'il avait prononcé en revenant à Jérusalem après la conversion des païens de Césarée (11,5-18). Nous avons vu que, pour l'essentiel, ce discours du chapitre 11 remontait au Document P. Mais celui du chapitre 15 fut composé par Act II. Il se réfère en effet au récit de la conversion de Corneille tel qu'il fut raconté par Act II, et non par le Document P ou par Act I (voir le sens des récits). De même, les vv. 8-9 reprennent 11,15.17 selon la rédaction faite par Act II. En 11,15.17, nous allons placer en retrait les additions faites par Act II:

Act 15	Act 11
	15 Or, pendant que je commençais à parler,
8 Et Dieu qui connaît les cœurs leur a rendu témoignage en leur donnant l'Esprit Saint tout comme à nous,	l'Esprit tomba sur eux tout comme sur nous au début.
9 et il n'a fait aucune différence entre eux et nous, ayant purifié leurs cœurs par la foi.	17 Si donc Il leur a donné le même don, qu'à nous, ayant cru au Seigneur Jésus...

En 11,15, nous avons un texte du Document P auquel Act II ajouta le v. 17, qui développe le thème de la foi. Puisque ce développement se lit aussi en 15,9, nous pouvons en conclure que 15,8-9 est une rédaction de Act II qui reprend 11,15.17.

On notera encore l'introduction du discours de Pierre, en 15,7b: «S'étant levé, Pierre leur dit en Esprit: "Hommes (mes) frères..."», assez proche de celle qui se lit en 1,15-16a (Act II): «Et en ces jours-ci, Pierre, s'étant levé au milieu des frères, dit: ( ) "Hommes (mes) frères..."» Dans le discours, Dieu est appelé "connaisseur-des-cœurs" (καρδιογνώστης) comme en 1,24, (Act II). Enfin, au v. 10, la formule "nous croyons de façon à être sauvés" répond à l'objection des judéo-chrétiens formulée en 15,1: «Si vous n'êtes pas circoncis... vous ne pouvez pas être sauvés.» Ce thème du salut est absent du parallèle de 15,5 (Document P).

On peut donc dire que le discours de Pierre, en 15,7-11, n'est qu'un doublet, rédigé par Act II, du discours que, selon le Document P, Pierre avait donné à Jérusalem devant le même auditoire.

B) L'ÉVOLUTION DES RÉCITS

Pour pouvoir retracer l'évolution des récits, reprenons-en les diverses sections afin d'apporter un certain nombre de précisions.

1. Le début du récit (vv. 1-2)

D'après les analyses précédentes, les vv. 1-2 remontent à Act II. Mais, surtout au v. 2, le TO est très différent du TA. Comment expliquer ces différences?

a) Le v. 2b, sous la forme longue du TO, remonte certainement à Act II. La parenthèse "car Paul disait, en insistant, (qu'ils devaient) demeurer comme (lorsqu')ils avaient cru" s'inspire de 1 Cor 7,17ss (voir le sens du récit), ce qui convient bien à Act II. On notera d'ailleurs que le ὡς... οὕτως du texte de 1 Cor est remplacé par un οὕτως καθώς qui ne se lit ailleurs que dans le seul TO (15,15; 17,11) et en Lc 24,24 dans l'épisode des disciples d'Emmaüs dont le style est apparenté à celui de Act II. Enfin le verbe "insister fort" (διισχυρίζεσθαι) ne se lit ailleurs dans le NT qu'en Act 12,15, de Act II et en Lc 22,59. Nous ne sommes donc pas devant une addition de scribe, mais devant un texte de Act II supprimé par Act III.

Il en va de même de la proposition "pour y être jugés devant eux au sujet de cette question" attestée dans le seul TO au v. 2c. La construction κρίνεσθαι ἐπὶ... περί ne se lit ailleurs dans tout le NT qu'en Act 24,21 et 25,9, textes de Act III et de Act I. Ici, il ne peut s'agir que de Act II étant donné les remarques précédentes. De toute façon, le texte est lucanien et ne peut être attribué à l'activité d'un scribe.

b) Le sens du v. 2c est assez différent dans le TO et dans le TA. Dans le TO, ce sont les gens venus de Jérusalem qui ordonnent à Barnabé et à Paul, ainsi qu'à quelques autres, d'y monter pour y comparaître devant les apôtres et les Anciens. Dans le TA, c'est la communauté d'Antioche qui décide que Barnabé, Paul, et quelques-uns d'entre eux vont monter à Jérusalem pour soumettre le problème aux apôtres et aux Anciens. Il n'est plus question de "comparaître" devant eux. Or certains indices permettent de penser que c'est Act III qui, ici, a écourté et changé un texte de Act II. Au v. 2b, le TA est difficile, du point de vue grammatical. Normalement, le verbe ἔταξαν devrait avoir comme sujet implicite les gens venus de Jérusalem, inclus dans le pronom αὐτούς qui précède immédiatement. Mais c'est impossible étant donné le ἐξ αὐτῶν qui suit et qui désigne certainement les frères d'Antioche. La difficulté vient de ce que Act III a supprimé le sujet exprimé dans le TO "Ceux qui étaient venus de Jérusalem..." De même dans le TA, à la fin du verset, l'expression περὶ τοῦ ζητήματος τούτου demeure en l'air, et les traducteurs sont obligés d'ajouter un verbe pour obtenir un texte satisfaisant. On a donc, là aussi, l'impression de se trouver devant un texte tronqué.

2. Quelques remarques sur les vv. 3-12

a) Nous avons vu (p. 168) que les versets 3-4, qui décrivent le voyage de Paul et de Barnabé d'Antioche à Jérusalem, sont du Document P; mais à ce niveau, ils se lisaient à la suite de 11,26a. Nous ne reviendrons pas sur ce point.

b) Il n'y a rien de spécial à dire sur les vv. 5-7a. Rappelons simplement que les vv. 5 et 7a donnent le début du texte du Document P. Mais le v. 6 doit être de Act II car il est nécessaire pour faire le lien entre les vv. 1-2 et 7b.

c) Comme nous l'avons dit déjà, le discours de Pierre aux vv. 7b-11 est une composition de Act II. On notera simplement, au v. 10, les modifications apportées par Act III: orientation plus théologique ("tenter Dieu") et détails plus précis.

d) Le v. 12 est une insertion de Act III, signalée par la reprise rédactionnelle du verbe "se taire". Elle est de Act III puisqu'elle "reprend" une phrase de Act II "La foule se tut" (v. 12a). On notera le participe ἐξηγουμένων qui correspond au ἐξηγεῖτο du TA dans le parallèle de 21,19, correction par Act III du διηγεῖτο de Act II attesté par le TO.

Act III a supprimé le début du v. 12, attesté dans le seul TO. En analysant le sens du récit de Act III, nous avons donné la signification de cette omission.

3. Le discours de Jacques (vv. 13b-21)

a) Nous avons vu qu'il était, pour l'essentiel, du Document P. Mais aux vv. 15-18 Act III a inséré la citation de Am 9,11-12 comme il avait inséré la citation de Am 5,25-27 en 7,42b-43; ces deux citations sont introduites par la même formule: "selon qu'il est écrit".

b) Le v. 21 pourrait être un ajout de Act II. On notera la formule "lu chaque sabbat" (κατὰ πᾶν σάββατον ἀναγινωσκόμενος), dont on a l'équivalent en 13,27, un texte que nous avons attribué à Act II "lues chaque sabbat" (τὰς κατὰ πᾶν σάββατον ἀναγινωσκομένας).

4. La finale du récit (vv. 22-34)

a) Le v. 22 était fondamentalement du Document P, mais il fut amplifié par Act II[1]. Celui-ci ajouta les mots "aux apôtres et aux Anciens avec", qui font écho au v. 6, de Act II, ainsi que la mention de Paul et de Barnabé qui n'apparaissaient pas dans le récit du Document P. Par ailleurs, Jude et Silas n'étaient pas envoyés à Antioche, mais à Césarée: c'est Act II qui a changé le nom. Aux vv. 22 et 25, Act III a changé le datif ἐκλεξαμένοις en un accusatif. Ailleurs, ce verbe a toujours le sens transitif (qui correspond ici au datif), soit au niveau du Document P (6,5) et de Act I (13,17), soit à celui de Act II (1,2.24; 15,7).

b) Les vv. 23-29, qui donnent le "décret" de l'assemblée de Jérusalem, sont de Act II, comme nous l'avons dit plus haut. Il faut toutefois attribuer à Act III la composition des vv. 25-27 pour les raisons suivantes.

ba) Au v. 25, nous avons l'ordre "Barnabé et Paul". Act II aurait dit "Paul et Barnabé", comme au v. 22 (cf. 15,2a.2b.35; 13,43.46.50, tous textes de Act II). En revanche, la formule "Barnabé et Paul" est de Act III d'après 14,14 (TA) et 15,12[2]. On notera le parallélisme de situation: en 14,14, Act II avait écrit "Paul et Barnabé" (TO) tandis que Act III change en "Barnabé et Paul" (TA); en 15,22, Act II avait écrit "Paul et Barnabé" tandis que, faisant écho à ce texte en 15,25, Act III change en "Barnabé et Paul". Act III revient ainsi, en partie, à la formule

---

[1] Waitz et Cerfaux avaient admis eux aussi que, dans ce verset, les noms de Paul et de Barnabé furent ajoutés par le Rédacteur, lequel avait aussi changé "Césarée" en "Antioche".

[2] Nous avons vu plus haut que 15,12 était une glose de Act III insérée dans un texte de Act II.

de Act I "Barnabé et Saul" (11,30; 12,25; 13,7; cf. 13,1). Serait-ce une manifestation d'antipaulinisme?

bb) Le v. 27 fait une synthèse entre les deux traditions concurrentes: les décisions de l'assemblée de Jérusalem sont transmises, soit oralement, soit par écrit; il ne peut donc être que de Act III.

Les vv. 25 et 27 ne peuvent être dissociés puisqu'ils se complètent pour reprendre, sous forme de doublet, le contenu du v. 22, de Act II selon sa forme actuelle: envoi, avec Barnabé et Paul (ordre inversé au v. 22), d'hommes choisis (v. 25), qui sont Jude et Silas (v. 27).

bc) On notera alors la reprise rédactionnelle formée par le verbe "il a plu", au début des vv. 25 et 28.

c) Le v. 30a est du Document P, comme nous l'avons dit, et faisait suite au v. 22. Mais le texte de ce Document nommait la ville "Césarée" et non pas "Antioche". Act II reprit ce v. 30a et y ajouta les vv. 30b-31. En revanche au v. 31, on suivra le TA plutôt que le TO pour reconstituer le récit de Act II. La restitution du TO reste trop conjecturale pour pouvoir être utilisée.

d) Sous leur forme TA, les vv. 32-33 sont du Document P: Jude et Silas remplissent leur mission (à Césarée) et reviennent à Jérusalem. Act II a modifié le texte (vv. 32-34 TO) afin de faire rester Silas à Antioche, puisqu'il va repartir avec Paul pour le deuxième voyage missionnaire (v. 40). Act III est revenu au texte du Document P (repris par Act I).

Au début du v. 32, c'est Act III qui ajouta les noms de Jude et de Silas, superflus au niveau du Document P.

XXII. LE DEUXIÈME VOYAGE DE PAUL
(15,36-18,22)

A) PAUL ET BARNABÉ SE SÉPARENT
(15,36-40)

Cette section forme l'introduction au deuxième voyage missionnaire de Paul. Le récit de Act I ne comportait que le v. 40. Tout le reste, c'est-à-dire la querelle entre Paul et Barnabé, fut ajouté par Act II.

1. La querelle entre Paul et Barnabé

a) Les vv. 36-39 donnent la raison pour laquelle Paul va entreprendre son deuxième voyage missionnaire sans être accompagné de Barnabé: ce dernier voulait prendre avec eux Jean-Marc, Paul ne le voulait pas. Ceci suppose que, pour l'auteur qui a rédigé ce passage, le premier voyage missionnaire avait été effectué par un groupe de missionnaires dont on ne retint pratiquement que Paul et Barnabé. Or cette perspective n'était pas celle de Act I, mais de Act II. Par exemple, lors du séjour des missionnaires à Lystre (14,7ss), ce dernier a rédigé l'épisode comme si Paul et Barnabé étaient seuls en scène. C'est donc lui aussi qui, en 15,36-39, rédige le texte en ne tenant compte que de Paul et de Barnabé.

b) En donnant le sens du récit (tome II, pp. 285s), nous avons dit que cette querelle entre Paul et Barnabé faisait peut-être écho à celle que mentionne Paul en Gal 2,13, à propos de l'incident d'Antioche qui l'a opposé à Pierre[1]. Dans ce cas, nous aurions un indice supplémentaire que le présent récit fut rédigé par Act II puisque, en 15,1ss, il avait déjà réinterprété un récit du Document P en fonction de l'incident d'Antioche, comme nous l'avons dit en faisant l'analyse littéraire de cet épisode.

---

[1] Cf. Goguel (p. 256). - Voir aussi en ce sens: J.R. PORTER, "The 'Apostolic Decree' and Paul's Second Visit to Jerusalem", dans JTS 47 (1946) 173.

c) Au début du v. 36, la formule "Or après quelques jours" (μετὰ δέ τινας ἡμέρας) est typique du style de Act II (dans le seul TO: 17,19; 21,15; et aussi 24,24). - En revanche, l'expression "annoncer la parole" est ailleurs de Act I (13,5; 17,13), mais Act II la reprend ici de 13,5 où est notée l'activité de Jean-Marc aux côtés de Paul et Barnabé; c'est la personne de ce Jean-Marc qui va motiver la querelle entre les deux apôtres. - Toujours au v. 36, on notera quelques contacts avec le vocabulaire de l'évangile de l'enfance: le verbe ἐπιστρέφειν au sens de "retourner" dans un lieu (Lc 2,39), au lieu du plus habituel ὑποστρέφειν, et le verbe ἐπισκέπτεσθαι au sens de "visiter" (Lc 1,68.78; cf. 7,16 et Act 7,23). - Aux vv. 37-38, le verbe συμπαραλαμβάνειν, avec double suffixe, est bien dans la manière de Act II (cf. p. 26). - Au v. 38, il faut probablement maintenir dans le TO l'expression εἰς τὸ ἔργον[1], qui renvoie à 13,2, un verset ajouté par Act II. - On pourra enfin comparer le v. 39 à 16,26, un texte de Act II:

15,39:   ἐγένετο δὲ παροξυσμὸς ὥστε ἀποχωρῆσαι...
16,26:   ἄφνω δὲ σεισμὸς ἐγένετο μέγας ὥστε σαλευθῆναι...

15,39:   or il y eut irritation au point qu'ils se séparèrent...
16,26:   or soudain, il y eut un grand séisme au point que furent ébranlés...

2. L'activité littéraire de Act III

a) Rappelons ce que nous avons dit à propos de 13,1-3 (p.180). Au v. 36, Act II avait seulement "Or après quelques jours, Paul dit:", sans qu'il soit précisé ceux auxquels Paul s'adressait. C'est Act III qui a ajouté "à Barnabé", expression qui est passée dans le TO, mais à une place différente, au niveau de la transmission du texte. Act III a aussi supprimé la finale du v. 36 telle qu'elle se lit dans le TO. Il a donc simplifié le texte pour en supprimer tout ce qui laissait supposer que les missionnaires du premier voyage étaient plus nombreux.

b) Au v. 38, il a remplacé le style direct utilisé par Act II en style indirect.

B) D'ANTIOCHE À TROAS
(15,41-16,8)

À partir de 15,40, Paul commence son deuxième voyage missionnaire. Partant d'Antioche, il ira jusqu'à Troas en passant par la Syrie, la Cilicie, la Phrygie, la Galatie et la Mysie. La rédaction de cette section a connu une évolution assez complexe.

---

[1] Elle n'est omise que par des témoins très secondaires du TO, et qui attestent souvent une autre forme de texte.

BA) VISITE DES ÉGLISES DÉJÀ ÉVANGÉLISÉES
(15,41-16,5)

1. Paul prend avec lui Timothée

a) D'après 16,1b-3, outre Silas (15,40), Paul aurait pris avec lui Timothée pour l'aider dans ce deuxième voyage missionnaire. Mais ce disciple n'apparaîtra pas dans la suite immédiate du voyage. À Philippes, lors de l'émeute populaire provoquée par l'exorcisme de la pythonisse (16,19ss), Paul est seul avec Silas. De même à Thessalonique (17,4), puis à Bérée (17,10). Timothée ne va réapparaître brusquement qu'en 17,14, puis en 18,5, texte qui complète celui de 17,14: Silas et Timothée restent à Bérée, puis rejoignent Paul à Corinthe. Or, en 17,14, au moins dans le TO, le nom de Timothée semble ajouté puisque le verbe principal est au singulier: «Or resta Silas [et Timothée] là.» Le personnage de Timothée n'apparaissait donc pas dans les récits de Act I, et c'est Act II qui aurait composé les vv. 1b-3 pour mentionner qu'il devint collaborateur de Paul dans l'œuvre d'évangélisation des païens.

b) Plusieurs indices confirment cette hypothèse. En 16,1b, Timothée est appelé "disciple", terme habituel chez Act II tandis que Act I parle toujours des "frères". Sa mère est une "veuve"[1]; or, d'après 6,1 et 9,36ss, on connaît l'intérêt de Act II pour cette catégorie de personnes dans les communautés chrétiennes, catégorie bien attestée par les épîtres pastorales. Il est dit encore de cette mère qu'elle était "croyante" (πιστῆς), adjectif qui reviendra en 16,15 à propos de Lydie dans un texte que nous attribuerons à Act II. Ailleurs, Act II est le seul à appeler les chrétiens des "croyants" (10,45; 12,3 TO), ce qui est spécialement fréquent dans 1 Tim (3,11; 4,3.10.12; 6,2; cf. Tit 1,6). La description de la mère de Timothée peut être rapprochée spécialement de 1 Tim 5,16, qui clôt le développement de l'épître sur les veuves: «Si une croyante a des veuves (dans sa parenté)...» (εἴ τις πιστὴ ἔχει χήρας...).

Pour toutes ces raisons, nous pouvons admettre que les vv. 1b-3, qui mentionnent le choix de Timothée par Paul pour l'accompagner dans son voyage missionnaire, est un ajout de Act II. En donnant le sens des récits, nous avons vu quels furent les motifs qu'il a eus pour placer ici cet épisode.

c) On peut se demander toutefois si le v. 2 ne serait pas un ajout de Act III. En effet, la formule μαρτυρεῖσθαι ὑπό n'est utilisée ailleurs que par cet auteur (10,22; 22,12). Notons que, selon ce v. 2, il y aurait eu déjà de nombreux disciples à Iconium et à Lystre, ce qui est impossible au niveau de Act I.

---

[1] Le substantif a disparu du TA par haplographie.

2. Les régions parcourues par Paul

Il reste à résoudre les problèmes posés par les autres versets de cette section, dans lesquels le TO apparaît si différent du TA.

a) En 15,41, il est dit que Paul et Silas (v. 40) "traversèrent la Syrie et la Cilicie, affermissant les églises, transmettant les commandements des Anciens". L'allusion au "décret" de l'assemblée de Jérusalem est évidente; n'oublions pas qu'il avait été envoyé aux frères "d'Antioche, de Syrie et de Cilicie" (15,23). Or, nous l'avons vu, c'est Act II qui a imaginé l'envoi d'un tel décret à ces églises. Par ailleurs, si Paul et Silas traversent ces régions, c'est pour "affermir" les églises, ce qui correspond au but que se serait donné l'apôtre en entreprenant ce deuxième voyage, d'après 15,36, un texte de Act II. On peut donc attribuer à cet auteur la rédaction de 15,41. Nous verrons plus loin que Act III n'en a gardé que la première moitié, rejetant en 16,4 la communication du décret de l'assemblée de Jérusalem.

b) En 16,1a, il est dit que Paul et son compagnon arrivèrent à Derbé et à Lystre. Ceci correspond encore au dessein formé par Paul d'après 15,36: repasser par les villes qu'il avait évangélisées. Cette mention de Lystre a aussi pour but de préparer le petit récit concernant le choix de Timothée par Paul (vv. 1b.3). Nous sommes donc encore devant un ajout de Act II.

c) Le cas du v. 4 est plus délicat. Sous sa forme TA, il ne peut pas remonter à Act I puisqu'il y est fait mention du décret de Jérusalem porté par les apôtres et les Anciens. On notera la formule ὡς δὲ διεπορεύοντο, avec la conjonction initiale fort prisée de Act III et le verbe διαπορεύεσθαι, ici seulement dans les Actes au lieu de l'habituel διέρχεσθαι, comme aussi la forme παρεδίδοσαν au lieu de l'habituel παρεδίδουν. Act III a transféré ici, en le donnant sous une forme plus précise, le thème que Act II avait ajouté en 15,41. On peut donc penser que le v. 4, tel qu'il se lit dans le TA, est de Act III.

Mais sous sa forme TO, le v. 4 fut-il composé par Act II, ou cet auteur n'aurait-il pas repris un verset qu'il lisait dans Act I? C'est cette seconde hypothèse qui doit être retenue. Il ne s'agit plus en effet d'affirmer les églises déjà fondées, mais d'un apostolat nouveau: «Or, traversant les villes, ils proclamaient avec beaucoup d'assurance le Seigneur Jésus Christ.» Par ailleurs, le thème de "proclamer (κηρύσσειν) Jésus" convient bien à Act I (9,20; cf. 8,5, du Document P), mais Act II aurait employé plutôt le verbe "évangéliser" (5,42; 11,20b). Quant au thème très général de "traverser les villes", sans autre précision, il se rattache difficilement au contexte antérieur. De quelles villes s'agit-il? Derbé et Lystre, mentionnées au v. 1? Mais on aurait dû avoir la précision "ces villes". Nous sommes en présence d'une donnée très générale, assez bien dans la manière de Act I qui ne s'intéresse pas aux détails du voyage de Paul.

Ainsi, au v. 4, Act II nous a conservé le texte de Act I, moyennant peut-être quelques menues modifications comme l'addition de la formule "avec beaucoup d'assurance" et celle du titre de "Seigneur" devant le nom de "Jésus" (opposer 9,20). Le récit de Act I passait donc du v. 40 au v. 4 lu dans le TO.

d) Le v. 5 est certainement un ajout de Act II qui nous a habitués à ces refrains notant l'accroissement des églises (cf. spécialement 9,31).

BB) LE VOYAGE JUSQU'À TROAS
(16,6-8)

L'itinéraire décrit en 16,6-8 pose des problèmes difficiles. Essayons de les résoudre.

1. Deux additions de Act II

Au v. 6b, il est dit que Paul et Silas ne purent aller en Asie parce qu'ils en furent empêchés par l'Esprit. De même, au v. 7b, les deux missionnaires ne peuvent aller en Bithynie parce que l'Esprit de Jésus ne leur permet pas d'y aller. Ce thème de l'Esprit qui dirige les pas des missionnaires est typique de Act II. On le retrouvera en 19,1; 20,3 et aussi 17,15, mais, dans ces trois textes, uniquement dans le TO et, nous le verrons, comme des additions ou des modifications faites par Act II.

Du point de vue littéraire, il faut comparer 16,7b et 19,1a (TO):

16,7b   ἤθελον εἰς Βιθυνίαν πορεύεσθαι
κατὶ οὐκ εἴασεν αὐτοὺς τὸ πνεῦμα τοῦ Ἰησοῦ

19,1a   θέλοντος δὲ τοῦ Παύλου... πορεύεσθαι εἰς Ἱεροσόλυμα
εἶπεν αὐτῷ τὸ πνεῦμα ὑποστρέφειν εἰς τὴν Ἀσίαν

16,7b   ils voulaient aller en Bithynie
et ne le leur permit pas l'Esprit de Jésus

19,1a   or tandis que Paul voulait... aller à Jérusalem
l'Esprit lui dit de retourner en Asie

On notera, en 16,7b, le verbe "permettre" ou "laisser" (ἐᾶν), inutilisé par Act I ou l'auteur du Journal de voyage, mais fréquent dans Act II (cf. surtout, dans le seul TO: 5,38; 18,21; 24,27).

De même, on pourra rapprocher 16,6b "empêchés par l'Esprit de parler la Parole à quelqu'un en Asie" de 17,15 (TO) "car il avait été empêché de leur proclamer la Parole". La forme passive du verbe, dans les deux textes, est assez remarquable.

2. Les textes de Act I et du Journal de voyage

Ces additions de Act II ont été facilitées par le fait que cet auteur se trouvait ici devant deux textes parallèles qu'il a voulu utiliser: l'un de Act I et l'autre du Journal de voyage. Cette dualité est soulignée par la double mention de la Mysie: aux vv. 7a et 8a. Il faut en effet nécessairement une suite au récit de Act I. Mais, même si les vv. 9-10 ont été ajoutés par Act II (cf. *infra*), cet auteur incorpore à son récit le Journal de voyage dès les vv. 11-12a. En étudiant le Journal de voyage pour lui-même (pp. 321ss), nous verrons que, dans ce Journal, 16,11-12a était précédé de la section reportée maintenant en 27,2a.5.7a., mais qu'il manque un élément de liaison. Voici donc comment nous proposons de voir la répartition des textes.

Le texte de Act I a été conservé par Act III aux vv. 6a.8 lus selon le TA: «Or ils traversaient la région phrygienne et galate. ( ) Ayant longé la Mysie, ils descendirent à Troas.»

Le texte du Journal de voyage a été conservé par Act II aux vv. 7a et 8b: «Étant parvenus en vue de la Mysie ( ) [nous arrivâmes] à Troas.» Comme il l'a fait souvent ailleurs, Act II, en reprenant ce texte, a changé un "nous arrivâmes" (κατηντήσαμεν) en "ils arrivèrent" (κατήντησαν); c'était indispensable s'il voulait obtenir un texte quelque peu logique. On notera l'expression "étant parvenus en vue de..." (γίνεσθαι κατά suivi d'un accusatif de lieu); elle a son équivalent en 27,7a, dans le Journal de voyage, et nulle part ailleurs dans le NT.

BC) AU DELÀ DE TROAS
(16,9-12a)

1. Le récit de Act I

Quelle était la suite du récit de Act I? Nous le savons, c'est Act II qui a utilisé le Journal de voyage et l'a incorporé dans la trame des Actes (tome I. p. 20). Ainsi, 16,9ss fut placé ici par Act II. Or, le style "nous" se prolonge jusqu'à 16,17, et tous les événements qui suivent, bien que rédigés en style "ils", se situent dans le prolongement de ce qui est raconté en style "nous" et ne peuvent en être dissociés. C'est donc tout le bloc 16,9-40 qui fut inséré ici par Act II. Il faut alors attendre 17,1 pour retrouver la suite du voyage de Paul selon Act I. Mais comment faire le lien entre 16,8 et 17,1? Comment, selon Act I, Paul et son compagnon se rendaient-ils de Troas en Macédoine?

Dans le TO, la séquence 16,9-10 est cohérente. Paul vient d'avoir une vision: un homme le prie de se rendre en Macédoine (v. 9). Aussitôt levé, il raconte sa vision au groupe "nous" qui y voit un appel de Dieu à aller évangéliser les habitants de cette région (v. 10). En revanche, le TA n'offre pas la même cohérence. Comment les gens du groupe "nous" peuvent-ils déclarer "aussitôt nous cherchâmes à partir vers la Macédoine" puisque Paul ne leur a pas révélé sa vision? Cette phrase, difficile dans son contexte actuel, ne serait-elle pas l'élément du récit de Act I qui nous manque et que Act III aurait voulu incorporer vaille que vaille dans les éléments repris du récit de Act II? De fait cette phrase, lue à la troisième personne du pluriel et non à la première, formerait au niveau de Act I la suite logique du v. 8: «Ils (Paul et Silas) descendirent à Troas ( ) (et) aussitôt [ils cherchèrent] à partir en Macédoine.»

La logique impose ici la mention d'un embarquement à Troas; on la trouve au v. 11a, lue dans le TA. Cet embarquement à Troas était suivi de l'arrivée à Thessalonique, mentionné en 17,1b, le v. 1a étant de Act II puisqu'il est lié à l'étape de Philippes. Voici donc quel serait ce texte de Act I, reconstitué par conjecture:

> **8** Ayant longé la Mysie, ils descendirent à Troas **10b** et aussitôt [ils cherchèrent] à partir en Macédoine ( ). **11a** De Troas, ayant pris le large ( ), **17,1b** ils vinrent à Thessalonique...

La séquence constituée par 16,11a et 17,1b trouve de bons parallèles littéraires, d'abord en 13,13: «De Paphos, ayant pris le large, Paul et ses compagnons vinrent à Pergé de Pamphylie», ensuite en 18,21-22 selon le TO: «Mais lui, ayant pris le large, vint à Césarée.»

2. Le texte du Journal de voyage

Il faut laisser au Journal de voyage les vv. 11-12a. Ils ne présentent aucune difficulté. Mais qu'en est-il des vv. 9-10? Le v. 10 est rédigé en style "nous" et le v. 9 en style "neutre": Paul vit en songe un macédonien qui lui demandait de passer en Macédoine. Il raconte sa vision au groupe "nous", lequel comprend que Dieu les appelle à évangéliser les Macédoniens. Cette vision de Paul et son interprétation se lisait-elle dans le Journal de voyage? Il ne semble pas. D'une part, en effet, elle ne peut pas se concilier avec 19,21, ce texte que nous avons replacé au début du Journal et dans lequel, avant de partir, Paul disait ses projets: il veut aller en Macédoine et en Grèce. Puisque la Macédoine est le but de son voyage, les vv. 9-10 du chapitre 16 n'ont plus aucun objet.

D'autre part, le style est plutôt celui de Act II. Une comparaison avec celui de 10,1ss, ajouté par Act II, est significative. En 16,9 la vision est décrite en ces termes: «Et en vision fut vu par Paul comme un homme macédonien, debout devant lui, priant et disant...» C'est la transposition, à la forme passive, de ce qui est dit en 10,3: «(Corneille) vit en vision clairement... un ange entrant chez lui et disant...» Quant à la phrase "Il nous raconta (διηγήσατο) la vision", elle a son équivalent en 10,8 (TO) "Leur ayant raconté (ἐξηγησάμενος) la vision". Nulle part ailleurs dans les Actes on ne trouve l'idée de "raconter" une vision.

Il faut donc attribuer à Act II l'addition des vv. 9-10, même si le v. 10 est rédigé en style "nous". On notera que Act III a pris beaucoup de liberté à l'égard de ce texte; il se l'est permis parce que c'était une rédaction de Act II et non du Journal de voyage.

C) LE SÉJOUR À PHILIPPES
(16,12b-40)

La suite du deuxième voyage de Paul comporte une série de récits dont les deux premiers sont encore rédigés en style "nous": la conversion de Lydie (vv. 12b-15) puis l'exorcisme d'une pythonisse par Paul (vv. 16-18), mais les autres en style "ils": une émeute populaire, conséquence de cet exorcisme, qui entraîne l'emprisonnement de Paul et de Silas, puis leur mise en liberté à la suite d'un tremblement de terre plus ou moins miraculeux (vv. 19-39) enfin le retour de Paul et de Silas auprès de Lydie et leur départ de Philippes. L'analyse littéraire de cet ensemble est assez délicate. Après avoir envisagé diverses hypothèses, comme nous le dirons plus loin, nous avons adopté la solution suivante: l'épisode de la conversion de Lydie fut entièrement rédigé par Act II. En revanche, ceux qui constituent l'exorcisme de la pythonisse suivi des aventures de Paul et de Silas remontent pour l'essentiel au Journal de voyage, mais furent considérablement développés par Act II. Act III s'est contenté d'ajouter quelques gloses.

CA) LA CONVERSION DE LYDIE
(16,13-15)

Beaucoup de commentateurs reconnaissent que le Rédacteur des Actes a ajouté au Journal de voyage un certain nombre d'épisodes qu'il aurait rédigés en style "nous". C'est le cas du récit de la conversion de Lydie, aux vv. 13-15, qui, pour nous, fut composé par Act II. Les indices littéraires qui vont dans ce sens sont les suivants.

Le récit culmine dans le baptême de Lydie, au v. 15. Or, jusqu'ici, le thème du baptême ne fut développé que dans des textes de Act II (1,5; 2,38.41; 8,12.36-38; 9,18; 10,47-48), et il en sera de même dans la suite des récits des Actes. Notons d'ailleurs la formule qui est employée: «Lorsqu'elle eut été baptisée, et toute sa maison.» Nous aurons l'équivalent en 16,33, dans le seul TO: «Et il fut baptisé, lui et sa maison.» Ce dernier texte remonte sûrement à Act II.

Ailleurs, le terme de "maison" employé au sens figuré comme ici, ne se lit que dans des textes de Act II (11,14; 10,2; 16,31; 18,8).

Nous savons que le style de Act II s'apparente à celui du récit de l'apparition des disciples d'Emmaüs, en Lc 24,13-32. Or, selon la fin du v. 15, Lydie demande vivement à Paul et à Silas: «...étant entrés dans ma maison, restez(-y) (μένετε).» Et le récit ajoute: «Et elle nous (y) contraignit (παρεβιά–σατο ἡμᾶς).» Nous avons le même jeu de scène en Lc 24,29: «Et ils le contraignirent (παρεβιάσαντο αὐτόν) en disant: "Reste (μεῖνον) avec nous."» - De même, au v. 14, il est dit que le Seigneur "ouvrit (διήνοιξεν) le cœur" de Lydie; on rapprochera cette formule du texte de Lc 24,32: «Notre cœur n'était-il pas brûlant... tandis qu'il nous ouvrait (διήνοιγεν) les Écritures.»

En résumé, nous pensons que l'épisode de la conversion de Lydie fut rédigé par Act II (mais pour le début du v. 13, cf. *infra*) qui le mit en style "nous" afin de l'harmoniser au contexte dans lequel il l'insérait.

CB) L'EXORCISME DE LA PYTHONISSE
(16,16-40)

À partir du v. 16, nous lisons une suite d'épisodes qui sont liés les uns aux autres: Paul exorcise une servante de l'esprit mauvais qui la possédait (vv. 16-18); à l'instigation des maîtres de la servante, Paul et Silas sont jetés en prison (vv. 19-24); mais un tremblement de terre bouleverse le gardien de la prison qui se convertit au christianisme, lui et sa famille (vv. 25-34); au matin, les stratèges qui ont fait jeter Paul et Silas en prison donnent l'ordre de les libérer et, sur les protestations de Paul, viennent eux-mêmes les prier de partir (vv. 35-40). Il est curieux de constater que cette séquence, commencée en style "nous", change brusquement de style à partir du v. 19, au moment où Silas, resté jusqu'ici dans l'ombre, apparaît sur la scène: du v. 19 jusqu'à la fin du récit, tout est rédigé en style "ils". Comment expliquer ce fait littéraire?

1. L'unité relative du récit

Une première solution qui se présente d'elle-même à l'esprit serait d'attribuer au Journal de voyage le début de cette séquence, en style "nous", racontant l'exorcisme de la pythonisse (vv.16-18), et de dire que tout le reste, en style "ils", aurait été ajouté par Act II. Cette solution se heurte toutefois au fait littéraire suivant: il est clair que toute la section en style "nous" (vv. 16-18) a son parallèle exact dans le récit de Lc 8,27-28 qui raconte l'exorcisme d'un homme possédé d'un esprit impur, ou plutôt, d'après le récit sous sa forme actuelle, d'une "légion" d'esprits mauvais que Jésus va envoyer dans un troupeau de porcs qui vont se précipiter dans la mer. Nous étudierons ce fait plus en détail dans les analyses qui vont suivre. Mais la finale du récit des Actes (vv. 38-40), en style "ils", complète ce parallélisme avec celui de Luc (Lc 8,35c-37). Il faut donc admettre une unité, au moins partielle, entre l'épisode de l'exorcisme de la pythonisse, en style "nous", et la suite des événements racontés dans le récit des Actes, en style "ils"[1].

2. Un récit remontant au Journal de voyage

Nous avons vu plus haut que le récit de la conversion de Lydie (vv. 13-15), bien que rédigé en style "nous", ne remontait pas au Journal de voyage mais avait été composé par Act II. On serait donc tenté d'attribuer aussi à Act II le récit de l'exorcisme de la pythonisse (vv. 16-18), malgré sa rédaction en style "nous". À partir du v. 19, notre auteur aurait renoncé à l'artifice littéraire du style "nous" pour adopter un style "ils" qu'il aurait conservé jusqu'à la fin du récit (v. 40). C'est l'hypothèse que nous avions envisagée en premier. Mais finalement nous avons attribué au Journal de voyage les vv. 16-18 (moins quelques interpolations) et 35-39, c'est-à-dire tout ce qui correspond au parallèle de Lc 8,27ss. Voici les raisons qui nous ont amenés à adopter cette hypothèse[2].

a) Au début du récit de la conversion de Lydie (v. 13a) comme au début du récit de l'exorcisme de la pythonisse (v. 16a), nous lisons l'indication que le groupe "nous" se rendait à un lieu de prière, c'est-à-dire à une synagogue. Ne serions-nous pas devant une sorte de reprise rédactionnelle? Pour répondre à cette question, analysons de plus près les formules en question.

Au v. 16a, nous trouvons la structure littéraire suivante: le verbe "il arriva" (ἐγένετο), en début de phrase, est suivi d'un génitif absolu, puis d'un infinitif sujet. Nous avions la même construction en 3,1 et, de façon un peu plus lâche, en 2,1, et aux deux passages seulement dans le TO. En 2,1 comme en 3,1, nous avons reconnu qu'une telle structure littéraire était de Act II, par imitation du style de la Septante. On peut en conclure que le début du v. 16 fut composé par Act II.

Le v. 13a commence par l'indication temporelle "Or le jour du sabbat" (τῇ δὲ ἡμέρᾳ τῶν σαββάτων). Un tel usage du mot σάββατα, au pluriel, pour désigner le jour du sabbat, ne se lit ailleurs dans les Actes qu'en 13,14 (TA), un texte remontant à Act I mais que Act II change en singulier (τῷ σαββάτῳ: TO).

---

[1] La suite de nos analyses excluera l'hypothèse selon laquelle Act II, sachant que l'exorcisme de la pythonisse offrait un parallèle avec Lc 8,27-28, aurait de lui-même complété le parallélisme lorsqu'il composait les vv. 38b-40.

[2] C'est la position de Goguel (pp. 161s): «La guérison de la servante faisait partie de la source à la première personne et avec elle très certainement ce qui est la conséquence logique de l'épisode à savoir l'emprisonnement de Paul et les poursuites dirigées contre lui ainsi que son départ de Philippes.» Pour justifier le passage de la première à la troisième personne, Goguel renvoie aux travaux de Norden que nous avons mentionnés dans le tome I, p. 17.

Ailleurs, Act II utilise régulièrement le singulier (13,27.42.44; 18,4; 18,19 TO). En 16,13a, la formule "Or le jour du sabbat" ne peut donc pas avoir été écrite par Act II: elle doit remonter au Journal de voyage.

Puisque, nous l'avons dit plus haut, l'épisode de la conversion de Lydie (vv. 13b-15) fut écrit par Act II, la seule façon de justifier les notes stylistiques que nous venons de dégager est la suivante. L'épisode de l'exorcisme de la pythonisse remonte au Journal de voyage et il commençait à 16,13a. Act II y a inséré le récit de la conversion de Lydie aux vv. 13b-15, puis, au v. 16a, il a ajouté la mention du groupe "nous" se rendant au lieu de prière, "reprenant" le thème exprimé au v. 13a.

Une telle reconstitution du début du récit de l'exorcisme de la pythonisse, selon le Journal de voyage, est confirmée par le parallèle de Lc 8,27:

Act 16,13a.16a	Lc 8,27
τῇ δὲ ἡμέρᾳ τῶν σαββάτων	
ἐξήλθομεν ἔξω τῆς πύλης	ἐξελθόντι δὲ αὐτῷ
παρὰ τὸν ποταμὸν	ἐπὶ τὴν γῆν
οὗ ἐνομίζετο προσευχὴ εἶναι	
ἐγένετο δὲ	
πορευομένων ἡμῶν	
εἰς τὴν προσευχὴν	
	ὑπήντησεν
παιδίσκην τινὰ	ἀνήρ τις ἐκ τῆς πόλεως
ἔχουσαν πνεῦμα πύθωνος	ἔχων δαιμόνια
ἀπαντῆσαι ἡμῖν	

Or le jour du sabbat	
nous sortîmes hors de la porte	Or lui qui sortait
le long de la rivière	à terre,
où il semblait qu'il y eut un lieu	
de prière	
or il arriva	
tandis que nous allions	
au lieu de prière	
	vint à (sa) rencontre
(que) une certaine servante	un certain homme
ayant un esprit de python	ayant des démons
vint à notre rencontre	

On voit que c'est le v. 13a du texte des Actes qui complète le parallélisme avec le texte de Lc 8,27, et non le v. 16a. Dans ce v. 16a, nous avons mis en retrait la reprise rédactionnelle ajoutée par Act II. On peut se demander, de plus, si Act II n'aurait pas aussi introduit la structure grammaticale ἐγένετο + infinitif. Comme dans le parallèle de Lc 8,27, le texte du Journal de voyage aurait été: παιδίσκη τις ἔχουσα πνεῦμα πύθωνος ὑπήντησεν ἡμῖν.

b) À la fin du récit des Actes, on nous dit que Paul et Silas partirent après avoir exhorté "les frères" (v. 40). Mais Act II évite d'ordinaire cette expression et préfère parler des "disciples". Nous avons là un nouvel indice que le noyau primitif du récit de l'exorcisme de la pythonisse remonte plus haut que Act II, au Journal de voyage.

c) Ajoutons une dernière remarque. Si le récit de l'exorcisme de la pythonisse, dans son entier (vv. 16-40) avait été composé par Act II, il serait impossible de rendre compte de toutes ses particularités littéraires. C'est ce que montrera la suite de nos analyses.

3. À la recherche du récit primitif

Il nous faut déceler maintenant les interpolations que Act II, et éventuellement Act III, a insérées dans le récit primitif.

a) Au v. 16b, nous apprenons que, en rendant des oracles, la pythonisse "procurait un grand profit à (ses) maîtres". Furieux de voir disparaître la source de leurs profits, ceux-ci traînent Paul et Silas à l'agora où ils les accusent de troubler l'ordre public par leur prédication (vv. 19-21). Ces détails se lisaient-ils dans le récit primitif? Le problème se pose parce que, au v. 22a, on nous dit que "une foule nombreuse se souleva contre eux (Paul et Silas)", sans qu'un lien soit mis entre l'intervention de cette foule et celle des maîtres de la pythonisse. La première hypothèse qui se présente à l'esprit est celle-ci. Dans le récit primitif, seule la foule se soulevait contre Paul et Silas (v. 22a), sa colère provenant de ce que les gens attachaient une grande valeur aux oracles de la pythonisse. Tout ce qui concerne les maîtres de celle-ci aurait été ajouté par Act II. Un détail stylistique semblerait favoriser cette hypothèse. Au v. 16b, on nous dit que la servante "procurait un grand profit" (ἐργασίαν πολλὴν παρεῖχεν) à ses maîtres. La même formule se lira en 19,24 à propos de l'orfèvre Démétrius qui "procurait un profit assez grand" (παρείχετο οὐκ ὀλίγην ἐργασίαν) aux artisans qui travaillaient avec lui. Or ce dernier texte est certainement de Act II, comme nous le verrons en son temps. Donc, dans le présent récit, le v. 16b serait aussi de Act II, ce qui obligerait à attribuer également à Act II les vv. 19-21, incompréhensibles sans ce v. 16b. Ainsi, le v. 22a, mentionnant la réaction hostile de la foule, serait du Journal de voyage tandis que les vv. 16b et 19-21, décrivant la réaction hostile des maîtres de la pythonisse, auraient été ajoutés par Act II. C'est l'hypothèse que nous avions faite en premier.

Elle se heurte toutefois à plusieurs difficultés. Au v. 22a, on notera le verbe συνεφίστημι, qui comporte deux préfixes. Or de tels verbes, fort nombreux dans les Actes, sont typiques du style de Act II (cf. p. 26) ce qui inviterait à attribuer ce v. 22a à Act II et non au Journal de voyage. Ceci nous est confirmé par le v. 39b lu dans le seul TO: «...de peur que ceux qui ont crié contre vous ne se rassemblent». C'est une allusion au v. 22a où l'on voit la foule "crier" contre Paul et Silas. Or, nous le verrons, ce v. 39b du TO, qui rompt le parallélisme avec le récit de Lc 8,27ss que comporte le TA, est dû à un remaniement de Act II - Le v. 19 contient une phrase qui a son parallèle stylistique en 21,30b, un texte que nous attribuerons à Act I (et non à Act II):

16,19: ἐπιλαβόμενοι τὸν Παῦλον... εἵλκυσαν ἐπὶ τὴν ἀγοράν
21,30: ἐπιλαβόμενοι τοῦ Παύλου εἷλκον ἔξω τοῦ ἱεροῦ

16,19: s'étant saisis de Paul... ils (les) traînèrent à l'agora
21,30: s'étant saisis de Paul ils (le) traînaient hors du Temple

On notera que, en 16,19, le TA a le verbe "traîner" tandis que le TO a le verbe "tirer" (ἔσυραν). Act III (TA) aurait donc gardé ici le texte du Journal de voyage, souvent proche de celui de Act I, tandis que Act II (TO) aurait changé le verbe. - Au v. 16b, la précision que la servante affligée d'un esprit de Python procurait un grand profit à ses maîtres s'inscrirait bien dans le parallèle avec Lc 8,27 signalé plus haut. En effet, après avoir noté que l'homme possédé des démons vint à la rencontre de Jésus, le texte lucanien donne lui aussi une précision sur cet homme: «et depuis longtemps il ne portait pas de vêtement et il ne demeurait pas dans une maison mais dans des tombeaux» (v. 27b). - Plus loin, nous montrerons que le rapport stylistique entre 16,16b et 19,24 (cf. *supra*) provient de ce que Act II a effectué une reprise rédactionnelle: en composant 19,24, il a volontairement "repris" les expressions qui se lisaient en 16,16b dans le Journal de voyage. On notera d'ailleurs la différence de style. En 16,16b on a l'expression neutre ἐργασίαν πολλὴν tandis qu'on aura en 19,24 οὐκ ὀλίγην ἐργασίαν, typique du style de Act II (Aa 9: 12,18; 14,28; 15,2; 17,4; 19,23.24; cf. dans le TA 17,12, par imitation de 17,4; 27,20).

Nous laisserons donc au Journal de voyage les vv. 16b et 19-21 tandis que nous considérerons comme une glose de Act II le v. 22a.

b) Nous reviendrons plus loin sur la formule assez maladroite "ayant suivi Paul et nous" (v. 17a). - Au v. 18a, nous pourrons attribuer à Act II l'addition temporelle "Elle faisait cela durant beaucoup de jours". Dans le récit du Journal de voyage, il n'y avait qu'une seule venue de Paul au lieu de prière (v. 13a). Act II, ayant dédoublé cette venue (v. 16a), a cru bon de renchérir en prolongeant le jeu de scène sur de nombreux jours. La formule "de nombreux jours" se lit ailleurs dans les Actes qu'en 1,5, un ajout de Act II (cf. Lc 2,36, dans l'évangile de l'enfance; Lc 15,13; Jn 2,12).

c) La suite du v. 18 est difficile. Le participe "excédé" semble lié à l'addition du v. 18a: c'est parce que la pythonisse renouvelle son manège durant de nombreux jours que Paul est excédé. On le tiendra donc pour une addition de Act II. Mais quelle était la suite du texte, celui du TA "et s'étant tourné Paul dit à l'esprit", ou celui du TO "Paul dit en esprit"? Le parallèle avec le récit de Lc 8,29a invite à donner la préférence au TA.

d) Nous pouvons maintenant relever le parallélisme qui existe entre Act 16,17-18 et Lc 8,28-29a:

Act 16,17-18	Lc 8,28-29a
αὕτη κατακολουθοῦσα τῷ Παύλῳ	ἰδὼν δὲ τὸν Ἰησοῦν
( ) ἔκραξεν	ἀνακράξας προσέπεσεν αὐτῷ
λέγουσα·	καὶ φωνῇ μεγάλῃ εἶπεν·
οὗτοι οἱ ἄνθρωποι	τί ἐμοὶ καὶ σοί, Ἰησοῦ
δοῦλοι τοῦ θεοῦ τοῦ ὑψίστου εἰσὶν	υἱὲ τοῦ θεοῦ τοῦ ὑψίστου
οἵτινες καταγγέλλουσιν ὑμῖν	δέομαί σου
ὁδὸν σωτηρίας	μή με βασανίσῃς
–( ) Παῦλος ( ) ἐπιστρέψας	
τῷ πνεύματι εἶπεν·	
παραγγέλλω σοι	παρήγγειλεν γὰρ
	τῷ πνεύματι τῷ ἀκαθάρτῳ
ἐν ὀνόματι Ἰησοῦ Χριστοῦ	
ἐξελθεῖν ἀπ' αὐτῆς	ἐξελθεῖν ἀπὸ τοῦ ἀνθρώπου
Elle, ayant suivi Paul,	Or, ayant vu Jésus,
cria	s'étant écrié, il se prosterna devant lui
en disant:	et il dit d'une voix forte:
«Ces hommes sont	«Qu'y a-t-il entre toi et moi, Jésus,
des serviteurs du Dieu Très-Haut	fils du Dieu Très-Haut,
qui vous annoncent	je t'en prie,
la voie du salut.»	ne me tourmente pas.»
- ( ) Paul, s'étant tourné	
dit à l'esprit:	
«Je te commande	Car il commandait
	à l'esprit impur
au nom de Jésus	
de sortir d'elle.»	de sortir de l'homme.

e) Les vv. 25-34 racontent comment un tremblement de terre, ayant secoué la prison où étaient enfermés Paul et Silas, les portes s'ouvrirent, les liens des prisonniers se dénouèrent, et le gardien de la prison, frappé par le séisme et la magnanimité de Paul, se convertit au christianisme, se fit baptiser et dressa la table en vue de célébrer une eucharistie. J. Dupont, se faisant l'écho de nombre de commentateurs[1], note dans la BJ: «Noter que les vv. 35s ne font aucune allusion (du moins dans le texte adopté) aux événements rapportés dans les vv. 25-34, en sorte que ces derniers ont l'air d'une parenthèse.»[2] Ajoutons que ces versets ne trouvent aucun parallèle dans le récit de Lc 8,27ss. Nous pouvons les considérer comme une addition faite par Act II. La tonalité sacramentelle des vv. 31-34 (baptême et eucharistie) est d'ailleurs bien dans la manière de Act II.

Ajoutons quelques notes stylistiques. Au v. 25, le substantif "prisonnier" (δέσμιος) ne se lira ailleurs que dans des textes de Act II (23,18; 25,14.27; 28,17 et 28,16 TO; cf. 16,27). - Au v. 29, le verbe "s'élancer" (εἰσπηδᾶν) est un hapax du NT. On le rapprochera de cet autre hapax du NT, de même sens, ἐκπηδᾶν, qui se lit en 14,14 et 10,25 (TO), deux textes de Act II. Le rapprochement avec 10,25 est spécialement intéressant puisqu'on trouve le même jeu de scène: un païen se jette aux pieds de Pierre ou de Paul. - On notera enfin, au v. 34, le verbe ἀγαλλιᾶν, comme en Lc 1,47, que l'on rapprochera du substantif ἀγαλλίασις utilisé en Lc 1,14.44 et en Act 2,46; ce dernier texte est de Act II et offre la même tonalité liturgique que 16,34.

Complétons les remarques de J. Dupont en disant que les vv. 23b-24, insistant sur les mesures prises pour que les prisonniers soient bien gardés, sont en dehors des perspectives du Journal de voyage. Nous y verrions plutôt la main, non pas de Act II, mais de Act III qui a déjà ajouté de semblables précisions en 5,23 et en 12,4.6.

f) Lus selon le TA, les vv. 35-39 rejoignent le thème amorcé aux vv. 22-23a: Paul refuse d'être délivré à la sauvette alors que les coups qu'ils ont reçus, bien que citoyens romains, et leur emprisonnement ont été publics. Ils demandent donc aux stratèges de venir eux-mêmes les prier de sortir et ceux-ci, remplis de crainte, s'exécutent. Tout ceci forme la suite normale du récit du Journal de voyage.

Au v. 39 du TA, la phrase "et les ayant fait sortir, ils les priaient", qui n'a pas d'écho dans le TO, semble une addition de Act III qui laisse en l'air le "ils leur demandaient" qui précède. La séquence καὶ παρεκάλεσαν αὐτοὺς ( ) ἀπελθεῖν se retrouve dans le TO avec simple changement de ἀπελθεῖν en ἐξ‑ελθεῖν. Act III a voulu tenir compte de la fin du v. 37 où Paul exige des stratèges: «...qu'ils nous fassent sortir.»

La fin du v. 38 et le v. 39 nous font rejoindre le parallèle avec le récit lucanien (Lc 8,35c.37), mais le contact littéraire est plus précis avec le parallèle de Mc 5,15c.17:

[1] Entre autres, voir: Spitta (pp. 218-222), Jüngst (p. 156), Goguel (p. 263), Trocmé (p. 131).
[2] BJ, p. 151, note *e*.

Act 16,38c.39	Mc 5,15c.17
ἐφοβήθησαν δὲ...	καὶ ἐφοβήθησαν.
καὶ ἐλθόντες παρεκάλεσαν αὐτοὺς	καὶ ἤρξαντο παρακαλεῖν αὐτὸν
ἀπελθεῖν ἀπὸ τῆς πόλεως	ἀπελθεῖν ἀπὸ τῶν ὁρίων αὐτῶν
mais ils eurent peur...	et ils eurent peur
et étant venus ils leur demandaient	et ils se mirent à lui demander
de partir de la ville	de partir de leur territoire

g) Aux vv. 35 et 39-40, le TO offre un texte assez différent du TA. Notons d'abord que le v. 35a, propre au TO, fait allusion au séisme qui s'est produit durant la nuit (cf. 16,26). Il ne peut donc avoir été rédigé que par Act II qui a introduit ce thème dans le récit. - Par ailleurs, le v. 39 contient de nombreuses notes stylistiques qui doivent remonter à Act II. Au début du verset, la formule "Et étant arrivés... à la prison" contient deux caractéristiques stylistiques: le participe παραγενόμενοι en début de phrase, suivi de la préposition εἰς. Or nous ne trouvons ailleurs ces deux caractéristiques unies comme ici qu'en 9,26 et en 21,16 (TO) deux textes de Act II. - Le thème des "amis" qui viennent avec les stratèges rappelle les amis qui sont venus avec Corneille au-devant de Pierre, selon une addition de Act II (10,24; cf. 19,31 et 27,3, deux textes que nous attribuerons à Act II). - L'expression "ce qui vous concerne" (τὰ καθ᾽ ὑμᾶς) ne se lit ailleurs dans tout le NT qu'en 24,22, un texte de Act II. - La conjonction "de peur que" (μήποτε) ne se rencontre ailleurs que dans un texte ajouté par Act II (5,39). - Le verbe "se rassembler" (συστρέφειν) est typique du style de Act II car il se rencontre presque exclusivement dans le TO (4,13; 10,41; 11,28; 17,5; 23,12; cf. 28,3 dans TO et TA). - On notera enfin le rapprochement avec Lc 7,4: «Ceux-ci, étant arrivés à Jésus, le priaient avec insistance en disant...», le thème des "amis" se lisant un peu plus loin, au v. 6. - Le v. 39 du TO n'est donc pas dû à quelque remaniement de scribe mais il fut certainement rédigé par Act II.

Comment alors se représenter l'évolution des récits aux vv. 35-39? Le TO contient un doublet évident: il est dit à deux reprises que les stratèges eurent peur: une première fois en raison du séisme (v. 35a TO), une seconde fois parce qu'ils ont fouetté et emprisonné des citoyens romains (v. 38 TA et TO). Par ailleurs, dans le TO, le v. 39 forme la suite normale du v. 35a: les stratèges reconnaissent que Paul et Silas sont des hommes justes à cause du tremblement de terre qui s'est produit durant la nuit. Nous pensons alors que Act II avait remplacé les vv. 35b à 39 du récit du Journal de voyage (TA) par les vv. 35a et 39 tels qu'ils se lisent dans le TO. C'est Act III qui a fusionné les deux récits, omettant toutefois le doublet concernant la frayeur des stratèges (v. 35a TO).

h) Au v. 40, dans le TA, il faut évidemment tenir pour un ajout de Act III les mots "ils entrèrent chez Lydie et, (les) ayant vus", qui supposent le récit de la conversion de cette femme. Act III les a introduits par influence du récit de Act II (TO). - Dans ce récit de Act II, on notera la phrase "ils leur racontèrent ce que le Seigneur avait fait pour eux", qui a son parallèle en Mc 5,19: «...et raconte-leur tout ce que le Seigneur a fait pour toi.» Act II a conscience d'avoir éliminé au v. 39 le parallélisme avec le récit de l'exorcisme du possédé de Gergesa. Il veut alors le retrouver au v. 40 en reprenant une phrase qu'il lisait en Mc 5,19.

4. Le personnage de Silas

À partir du v. 19, le Journal de voyage mettait-il en scène deux personnages, Paul et Silas, comme c'est le cas dans le récit actuel? On en peut douter, car ailleurs, si ce Journal parle à plusieurs reprises de l'activité de Paul, jamais l'apôtre n'intervient en compagnie de l'un de ses disciples. Un indice le confirme. Au v. 17, nous l'avons noté plus haut, on lit cette formule maladroite "ayant suivi Paul et nous". Pourquoi n'a-t-on pas simplement "nous ayant suivis"? Nous pensons que le Journal de voyage n'avait ici que la mention de Paul, et que les mots "et nous" furent ajoutés par Act II.

5. Des reprises rédactionnelles

Cette section du Journal de voyage s'arrête ici. Une nouvelle section reprendra à partir de 20,5 et même, nous le pensons, dès 20,2. Mais ce n'est certainement pas un hasard si l'épisode qui précède immédiatement 20,2 est l'émeute des orfèvres (19,23-40), qui offre des contacts littéraires certains avec le récit de l'exorcisme de la pythonisse. Nous avons noté plus haut que Démétrius, comme la pythonisse, "procurait un grand profit", l'une à ses maîtres, l'autre à ses artisans (16,16; 19,24). Mais Paul fait disparaître cette source de profits (16,19; 19,25). Il s'ensuit une source d'ennuis pour lui ou pour ses compagnons, qui sont traînés devant les autorités afin d'y être accusés (16,20; 19,29).

On notera encore la similitude des formules qui se lisent en 16,40 et en 20,1: «ils exhortèrent les frères et ils sortirent» - «ayant fait venir les disciples et (les) ayant exhortés, (les) ayant salués, il sortit.»

Nous sommes en présence de deux reprises rédactionnelles. Lorsqu'il a séparé les deux sections du Journal de voyage, Act II a voulu rappeler le contexte de 16,16-40 en 19,23-20,1.

D) PAUL À THESSALONIQUE
(17,1-9)

Ce récit est pour l'essentiel de Act I. Il faisait suite à 16,10b.11a, où il est dit que Paul passe en Macédoine après s'être embarqué à Troas.

1. Paul prêche dans la synagogue

Rappelons que le v. 1a est une cheville rédactionnelle composée par Act II; il faut donc suivre le TO pour avoir la teneur primitive du récit de Act I. Act III l'a modifié parce que, au v. 1b, il veut reprendre le texte de Act I qui commençait par le verbe "ils vinrent" (ἦλθον), d'après le parallèle de Lc 4,16 (cf. p. 213).

Les vv. 1b-3 n'offrent pas de difficulté. Le TO, plus concis, doit être préféré au TA, sauf en ce qui concerne le début du v. 1b (cf. *supra*).

2. La réaction des assistants (v. 4)

La prédication de Paul eut des résultats positifs, mentionnés au v. 4. Mais le TO est ici assez différent du TA, et il est difficile de choisir entre les deux pour établir le texte de Act I. En d'autres termes: Act III (TA) aurait-il gardé le texte de Act I, que Act II (TO) aurait modifié; ou ne serait-ce pas plutôt Act II qui aurait conservé le texte de Act I, modifié ensuite par Act III?

a) Il faut d'abord écarter une variante attestée par D et quelques autres témoins, que nous avons attribuée au TO[2]: «beaucoup d'adorateurs de Dieu et une grande foule de Grecs.» Comment une grande foule de Grecs, c'est-à-dire de païens, aurait-elle pu se convertir au christianisme alors que Paul vient seulement de prêcher dans la synagogue des Juifs (vv. 1-2)? Si des Grecs se convertissent, ce ne peut être que des "prosélytes" (cf. 13,43), des païens favorables au judaïsme, qui en avaient adopté les coutumes et participaient ainsi aux réunions synagogales. Act I les appelle ici des "adorateurs" de Dieu. Il faut donc choisir entre le TA et le TO tel que nous avons essayé de le reconstituer.

b) Le TA distingue trois catégories de gens qui se convertissent: quelques Juifs de la synagogue, une grande foule de "Grecs adorateurs" de Dieu, c'est-à-dire de prosélytes, et enfin un nombre important parmi les femmes des notables de la ville. On a l'impression que les deux dernières catégories sont distinguées de ceux qui se trouvaient dans la synagogue; mais alors, comment ont-ils pu être touchés par la prédication de Paul? Par ailleurs, la deuxième partie du verset contient deux fois la particule de liaison τε, très rare au niveau de Act I mais typique du style de Act III.

Le TO a un texte plus satisfaisant: «Et certains d'entre eux furent persuadés par l'enseignement, (à savoir) beaucoup de Grecs adorant (Dieu) et les femmes des notables en bon nombre.» Il ne semble pas que les Juifs eux-mêmes se soient laissé convaincre, ce que dira précisément le v. 5 et ce que laissera entendre aussi 17,11.

Nous dirons donc que, ici, Act II (TO) avait gardé le texte de Act I et qu'il fut modifié par Act III (TA).

3. La réaction des Juifs hostiles (v. 5)

La réaction des Juifs hostiles est donnée au v. 5. Le début du verset, ici encore, est assez différent dans le TO et dans le TA, mais le choix est plus facile à faire. Le TO contient un participe, "ayant rassemblé" (συστρέψαντες), qui est typique de son style (dans le seul TO: 4,13; 10,41; 11,28; 16,39; 23,12; et seulement 28,3 dans le TA et dans le TO). Il faut donc l'attribuer à Act II, qui a voulu remplacer les deux participes attestés dans le TA: "ayant ramassé" (προσ–λαβόμενοι) et "ayant fait un attroupement" (ὀχλοποιήσαντες), probablement parce que ce dernier verbe était assez insolite: on n'en connaît pas d'autre attestation, ni dans le grec biblique, ni même dans le grec profane. Par ailleurs, dans le TA, ce sont tous les Juifs qui semblent responsables des troubles survenus à leur instigation; dans le TO, seulement les Juifs restés incroyants. Act II aurait changé le texte de Act I, conservé par Act III, afin de moins charger le peuple juif.

Les vv. 6-10a n'offrent pas de difficulté spéciale. Ici encore, on préférera le TO, plus succinct, au TA. On notera la parenté entre le v. 10a et 9,30, un texte de Act I: la vie de Paul étant en danger, les frères l'envoient ailleurs.

E) PAUL À BÉRÉE
(17,10b-15)

Pour l'essentiel, ce récit remonte à Act I. On y retrouve les caractéristiques habituelles des récits de Act I. Nous pensons toutefois que le v. 11 fut ajouté par Act II, qui a également complété les vv. 14b et 15.

1. Les additions faites par Act II

a) Le verset 11 offre trop de caractéristiques stylistiques de Act II pour pouvoir être attribué à Act I. L'expression "recevoir la parole (de Dieu)" ne se lit ailleurs qu'en 8,14; 11,1; 13,48 TO, des textes de Act II. - La formule "avec beaucoup d'empressement" (μετὰ πάσης προθυμίας) rappelle le style de Act II (cf. 20,19; 24,3; 28,31, et 16,4 ajouté probablement par Act II; 9,20 dans le seul TO). - L'expression "chaque jour" est employée 5 fois sur 7 par Act II (2,46.47;

16,5; 17,17; 19,9), et le verbe ἀνακρίνειν n'est utilisé ailleurs que par cet auteur.
- À la fin du verset (TO), la formule οὕτως καθώς ne se lit ailleurs dans le NT
qu'en 15,2 (TO) de Act II et en Lc 24,24, dans le récit de l'apparition de Jésus aux
disciples d'Emmaüs (cf. Phil 3,17, mais séparés). Il faut nous arrêter un peu sur ce
dernier texte, car il contient aussi la construction ἀπέρχεσθαι ἐπί que l'on retrouvera en Act 17,14 dans le seul TO; elle ne se lit ailleurs dans le NT qu'en Mat
22,5:

Lc 24,24:	καὶ <u>ἀπῆλθόν</u> τινες τῶν σὺν ἡμῖν <u>ἐπὶ</u> τὸ μνημεῖον
	καὶ εὗρον <u>οὕτως καθὼς</u> καὶ <u>αἱ γυναῖκες εἶπον</u>
Act 17,14:	...ἐξαπέστειλαν <u>ἀπελθεῖν ἐπὶ</u> τὴν θάλασσαν
Act 17,11:	ἀνακρίνοντες... εἰ ἔχει ταῦτα <u>οὕτως καθὼς Παῦλος ἀπαγγέλλει</u>

b) Au v. 14b, nous apprenons que Silas et Timothée restèrent à Bérée
tandis que Paul s'en allait à Athènes. Le nom de Timothée fut certainement
ajouté par Act II puisque c'est lui qui a introduit ce personnage dans le deuxième
voyage missionnaire de Paul, en 16,1b-3. Il l'a fait ici de façon un peu maladroite,
en laissant le verbe au singulier (TO): «Mais resta là Silas, et Timothée.» Selon
Act I, Silas est le seul compagnon de Paul durant ce deuxième voyage
missionnaire. Il est donc seul à rester à Bérée.

c) Au début du v. 15, le TO seul nous dit que Paul "évita la Thessalie car il
avait été empêché de leur proclamer la Parole". Le thème est analogue à celui qui
se lit en 16,6b, avec le même verbe κωλύειν. Comme on ne voit pas pourquoi
Act III aurait omis ce texte, il vaut mieux le considérer comme une addition faite
par Act II.

Le v. 15a (TA) mentionne l'arrivée de Paul à Athènes; il doit donc
remonter à Act I dont le récit, sans lui, serait incompréhensible. - Le problème du
v. 15b est plus difficile. On pourrait se contenter d'attribuer à Act II l'addition du
nom de Timothée, comme au v. 14b. Mais cet ordre donné par Paul à Silas (et à
Timothée) de le rejoindre prépare 18,5, où nous verrons Silas et Timothée
rejoindre Paul à Corinthe. Or, nous verrons en 18,5 un ajout de Act II. Ici donc, le
v. 15b doit aussi avoir été ajouté par Act II.

2. Précisions sur le texte de Act I

a) À la fin du v. 10, il faut probablement garder la formule complexe
attestée par le TA παραγενόμενοι... ἀπῄεσαν. Le verbe ἄπειμι est un hapax du
NT mais que l'on rapprochera du verbe ἔξειμι, relativement fréquent dans les
Actes (13,42; 17,15; 20,7; 27,43; et dans le seul TO: 20,4; 21,17).

b) Au v. 12, ne doit remonter à Act I que la première phrase, la seule qui soit attestée dans le TA et dans le TO: «Beaucoup d'entre eux, donc, crurent.» Act II (TO) a complété de façon à obtenir une opposition qu'il redonnera en 28,24, et Act III (TA) en harmonisant sur 17,4. Dans le TA, on notera le substantif ἑλληνίς, ailleurs dans le NT seulement en Mc 7,26.

c) À la fin du v. 13, il faut garder au texte de Act I le verbe οὐ διελίμπανον, attesté dans le seul TO. Il est tombé par haplographie avant que ne soit changé le singulier ὄχλον (TO) en un pluriel (TA).

d) Au v. 14a, c'est Act III (TA) qui a gardé le texte de Act I puisque, nous venons de le voir à propos du v. 11, le TO donne une construction grammaticale typique du style de Act II. - Au v. 14b, Act III reprend l'ajout de Act II, mais en mettant le verbe au pluriel.

F) PAUL À ATHÈNES
(17,15-34)

1. Les additions de Act II

L'activité de Paul à Athènes se serait exercée, et dans la synagogue des Juifs (v. 17a), et à l'agora (v. 17b), donc d'abord en milieu juif, puis en milieu païen. Ce deuxième thème est largement développé aux vv. 18-33, avec le long discours que prononce Paul à l'Aréopage. Mais il est clair que le v. 34a, où l'on nous dit que "certains crurent", ne va pas après les vv. 32-33: la masse des auditeurs se moquent de Paul et celui-ci les quitte. En revanche, ce v. 34a devait suivre primitivement le v. 17a; on retrouve un schéma classique au niveau de Act I: Paul prêche dans la synagogue des Juifs et quelques-uns se laissent convaincre (cf. 17,2-4, en plus développé; 17,10.12a).

On peut donc penser que tout ce qui concerne la prédication de Paul aux païens (vv. 17b-33) fut ajouté par Act II. Une telle prédication en milieu païen est d'ailleurs inconcevable au niveau de Act I: jusqu'ici, Paul n'a parlé qu'aux Juifs (ou aux prosélytes) dans leurs synagogues; Act I ne s'intéresse pas à la conversion en masse des païens. C'est au contraire le souci dominant de Act II. Essayons alors de préciser les additions de Act II.

a) Le v. 16 suppose le retour de Silas et de Timothée, puisque Paul les attend, comme aussi la prédication aux païens, puisque Paul s'indigne de la présence de nombreuses idoles dans la ville. Tout le verset fut donc composé par Act II.

b) Voici comment nous proposons de reconstituer la suite du récit au niveau de Act I. Il faut maintenir le v. 17a: «Il discutait donc dans la synagogue des Juifs» (cf. TO). Le récit se poursuivait au v. 34, dans lequel on supprimera la mention de Denys l'Aréopagite, et les mots "et beaucoup d'autres avec eux". On aurait donc simplement: «Et certains crurent, parmi lesquels ( ) une femme du nom de Damaris ( ).» Ainsi reconstituée, la phrase offre quelque analogie avec celle qui se lit en 13,1 (TO), de Act I. Act III (TA) a amplifié le texte, comme il l'avait fait en 17,4. Le récit ainsi reconstitué, très simple, est parfaitement dans la ligne des épisodes qui précèdent.

2. Deux additions de Act III

a) Nombre d'auteurs considèrent le v. 21 comme une insertion dans la trame du récit primitif. Au v. 19, Paul est mené devant l'Aréopage, c'est-à-dire devant le haut conseil d'Athènes. Le texte contient une note d'hostilité contre Paul: on veut qu'il s'explique sur les doctrines nouvelles qu'il enseigne afin de pouvoir juger si on le laissera parler en public. En revanche, le v. 21 a une tonalité très différente, comme si l'on invitait Paul à parler uniquement par curiosité intellectuelle. Comme le note J. Dupont: «... la remarque tranche un peu sur le contexte.»[1] Par ailleurs, le v. 20b ne fait que reprendre, sous une forme à peine différente, ce qui a été dit à la fin du v. 19. On peut donc considérer les vv. 20b-21 comme une addition de Act III.

b) C'est Act III aussi qui a ajouté la remarque qui termine le v. 18, attestée dans le seul TA, "car il annonçait Jésus et la résurrection". Cette remarque vient trop tôt et détruit l'effet des vv. 31-32.

G) PAUL À CORINTHE
(18,1-17)

1. L'arrivée de Paul à Corinthe

L'arrivée de Paul à Corinthe est exprimée au v. 1 et remonte sûrement à Act I. Mais dans la première partie du verset, quel était le texte primitif? Le TA donne une formule avec le verbe χωρίζεσθαι tandis que l'on a ἀναχωρεῖν dans le TO. Le premier verbe est attesté en Act 1,4a dans un passage que nous avons attribué à Act I. En revanche, le second ne se rencontre ailleurs que dans des textes de Act II (23,19; 26,31). On peut en conclure que Act III (TA) a gardé ici le texte de Act I tandis que Act II (TO) l'a quelque peu transformé.

---

[1] BJ, p. 156, note c.

2. Le séjour de Paul chez Aquila (vv. 2-3)

Aux vv. 2-3, nous apprenons que Paul rencontra à Corinthe un Juif du nom d'Aquila et qu'il s'établit chez lui. Nous sommes devant une insertion faite par Act II dans le récit de Act I. Voici les raisons qui nous le font penser.

a) Si l'on fait abstraction de ces deux versets, nous obtenons la séquence suivante: Paul arrive à Corinthe (v. 1); entrant dans la synagogue, il y discutait avec les Juifs (v. 4). C'est le schéma classique des récits de Act I (13,14; 17,1-2; 18,19). Si, ailleurs, ce schéma est rompu, c'est en raison d'une courte insertion faite par Act II (13,51 et 14,1; 17,15a et 17,17a). On peut penser qu'il en va de même ici.

b) Dans la suite des récits, nous constaterons que les personnages d'Aquila (et de Priscille) furent ajoutés par Act II. Le cas est assez clair au v. 7. Selon le TA, Paul quitte la synagogue où il discutait avec les Juifs (μεταβὰς ἐκεῖθεν) pour venir s'établir dans la maison d'un certain Justus. Il n'est pas question d'un séjour précédent de Paul chez Aquila, qui n'est pas nommé. Dans le TO au contraire, Paul quitte la maison d'Aquila (μεταβὰς δὲ ἀπὸ Ἀκύλα) pour venir s'établir dans la maison de Justus. Act III a gardé ici le texte de Act I tandis que Act II, en reprenant ce texte, y a introduit la mention d'un séjour de Paul chez Aquila.

Nous verrons de même plus loin que, dans la petite section constituée par les vv. 18-21, la mention d'Aquila fut ajoutée à deux reprises par Act II. Aquila sera encore mentionné au début du troisième voyage missionnaire de Paul (18,26), alors que ce troisième voyage fut entièrement rédigé par Act II.

c) Quelques remarques d'ordre stylistique vont également dans ce sens. Au v. 2, l'expression (Ποντικὸν) τῷ γένει ne se lit ailleurs qu'au niveau de Act II (4,36; 18,24). Il en va de même du verbe διατάσσειν suivi de l'infinitif (7,44; 24,23). La construction διὰ τό suivie de l'infinitif (vv. 2 et 3) est spécialement fréquente chez Act II (3,10 TO; 6,10 TO; 8,11; 12,20; 27,4; 28,18; ailleurs en 4,2 et 27,9). Enfin le verbe γνωρίζειν, rare dans les évangiles et les Actes, se lit en Lc 2,15.17, dans l'évangile de l'enfance. Tout ceci dénote le style de Act II et non celui de Act I.

d) Nous pouvons donc conclure que les vv. 2-3 furent insérés par Act II dans la trame du récit de Act I. Et c'est parce qu'il était devant un texte de Act II, et non de Act I, que Act III s'est permis de le reprendre avec une très grande liberté. Ici donc, le TO nous donne le texte primitif (Act II) tandis que le TA atteste les remaniements faits par Act III.

3. Le refus des Juifs (vv. 4-6)

Aux vv. 4-6, les problèmes de critique textuelle et de critique littéraire sont étroitement mêlés.

a) Ici encore, TO et TA diffèrent considérablement. Au début du v. 4, le TA a simplement "il discutait dans la synagogue chaque sabbat", texte dans le même style que 17,17, de Act I. Le TO est plus développé: "Entrant dans la synagogue chaque sabbat, il discutait..." À première vue, ce texte pourrait être aussi dans le style de Act I (14,1; 17,2; 18,19). Mais pour dire "entrer", cet auteur aurait alors utilisé le verbe εἰσέρχεσθαι, comme dans les passages cités à l'instant, tandis que l'on a ici le verbe εἰσπορεύεσθαι. Le TO nous donne donc un texte remanié par Act II.

Au v. 5b, la forme attestée par le TO est probablement due à un remaniement de Act II. L'expression "force discours" conviendrait bien au style de Act II (2,40; 13,44; mais cf. 11,2 TO et 15,32, deux textes du Document P). De même, le génitif absolu "les Écritures étant interprétées" rappelle Lc 24,27, un passage du récit de l'apparition de Jésus aux disciples d'Emmaüs, récit dont le style s'apparente à celui de Act II. Le verbe "interpréter" se lit encore en Act 9,36, dans une glose de Act II.

Enfin au v. 6a, l'expression du TO "certains Juifs" a pour but de diminuer la culpabilité du peuple juif en général: ceux qui s'opposent à Paul ne sont pas tous les Juifs, comme semble le dire le TA (vv. 5b-6a), mais seulement certains d'entre eux.

Dans son ensemble, comme au v. 1, le TA semble donc refléter le texte de Act I mieux que le TO qui nous donne celui de Act II.

b) En donnant le sens des récits, nous avons vu que les vv. 4b, mentionnant la conversion des païens, et 5a, signalant la venue de Silas et de Timothée à Corinthe, avaient été ajoutés par Act II. Le texte de Act I ne comportait donc que les vv. 4a et 5b du TA: «Il discutait dans la synagogue chaque sabbat ( ), attestant aux Juifs que le Christ, (c')est Jésus.» Ainsi reconstitué, ce texte s'apparente aux textes de Act I que nous avons rencontrés en 17,17a et en 17,1-3.

4. Une allusion au prophète Ézéchiel (vv. 9-10)

Les vv. 6 et 9-10 sont étroitement liés par leur référence implicite à deux textes voisins du prophète Ézéchiel, comme nous l'avons montré en donnant le sens des récits (tome II, pp. 247ss). Ils doivent donc remonter à Act I puisqu'ils se situent dans la même ligne que le récit de la conversion de Paul (9,1-30) au niveau de Act I.

Il faut toutefois attribuer à Act II la fin du v. 6 "Maintenant, je vais aux gentils", comme nous l'avons dit en exposant le sens du récit. Cette orientation nouvelle vers les païens apparaît encore aux vv. 10b-11, qui sont donc de Act II.

5. Paul s'établit chez un certain Justus (v. 7)

Nous avons dit plus haut (p. 229) pourquoi nous pensions que, ici encore, Act III (TA) avait conservé le texte de Act I, remanié par Act II (TO).

6. La conversion de Crispus (v. 8)

Le v. 8 fut lui aussi composé par Act II. La mention de la conversion de Crispus fut ajoutée pour tenir compte de 1 Cor 1,14, texte dans lequel Paul affirme aux Corinthiens: «Je n'ai baptisé aucun de vous, si ce n'est Crispus et Gaïus.» Par ailleurs, la phrase du v. 8b "Et une grande foule de Corinthiens... étaient baptisés..." ne peut être que de Act II; en effet, elle suppose la conversion de nombreux païens et elle contient le thème du baptême, introduit ailleurs par Act II.

Au début de ce v. 8 (TO), les mots "Un certain chef de synagogue, du nom de Crispus" sont de style parfaitement lucanien (cf. Lc 16,20, entre autres textes). Act III (TA) a changé le texte pour faire de Crispus le chef de la synagogue dont on vient de parler dans les versets précédents. On notera que, en 18,17, le chef de la même synagogue s'appellera Sosthène; il est vrai que ce ne sera plus à la même époque.

7. Paul comparaît devant Gallion (vv. 12-17)

L'épisode de Paul comparaissant devant Gallion (vv. 12-17) est difficile à évaluer.

a) Certains arguments font penser que, dans son ensemble, le récit fut composé par Act I. Le TO, en effet, offre un certain nombre de caractéristiques stylistiques que l'on peut attribuer à Act II. Mais elles sont absentes du TA. Act III aurait-il systématiquement enlevé ces caractéristiques? Le plus logique est d'admettre que Act II a remanié un texte de Act I, mieux conservé par Act III. Voici quelques exemples de ce fait littéraire. Au v. 12 la construction du verbe ἐπιβάλλειν avec le datif (TO) est propre à Act III (Act 4,3); Act I aurait mis ἐπί et l'accusatif (5,18; 21,27). À la fin du v. 17, le verbe προσποιεῖσθαι ne se lit ailleurs dans tout le NT qu'en Lc 24,28, dans le récit de l'apparition de Jésus aux disciples d'Emmaüs, qui offre de nombreux contacts littéraires avec Act II. On notera encore au v. 17 la préposition ἔμπροσθεν, contraire au style de Act II qui a partout ailleurs ἐνώπιον par influence de la Septante.

b) En faveur d'une composition par Act I, on peut encore invoquer un argument d'un tout autre ordre. Gallion était proconsul d'Achaïe (18,12) comme Sergius Paulus était proconsul de Chypre (13,7). Ce sont les deux seuls proconsuls nommés dans les Actes. Or, l'épisode où intervient Sergius Paulus inaugure le premier voyage missionnaire de Paul. Le présent épisode clôt le deuxième et dernier voyage missionnaire de Paul (le troisième voyage fut composé par Act II). Nous aurions donc une "inclusion" au niveau de Act I.

c) On peut toutefois se demander si les vv. 14b-15a n'auraient pas été ajoutés par Act II. Certains indices de vocabulaire favoriseraient cette hypothèse. Aux vv. 14b-15a, nous avons la séquence εἰ μέν... εἰ δέ, caractéristique absolue des Actes (Aa 87) que l'on retrouvera en 19,38 et 25,11, deux textes de Act II. - Au v. 15 il s'agit de "problèmes" (ζητήματα) concernant la Loi juive, comme en 15,2, de Act II (cf. 23,29; 25,19; 26,3, tous textes de Act II). - Au même verset, l'expression formée d'un article suivi de l'expression καϑ' ὑμᾶς ne se lit ailleurs qu'en 17,28 et 24,22, deux textes de Act II.

Nous aurions donc eu, au niveau de Act I, la séquence suivante: les Juifs accusent Paul de contrevenir à la Loi juive (v. 13); au moment où celui-ci va ouvrir la bouche pour se défendre, Gallion se contente de dégager sa responsabibité en disant: «Je ne consens pas à être juge de ces choses» (vv. 14a et 15b). Les vv. 14b et 15a sont inutiles.

H) PAUL À ÉPHÈSE, FIN DU VOYAGE
(18,18-22)

1. Priscille et Aquila (v. 18)

a) Au v. 18, la mention de Priscille et d'Aquila, qui accompagnent Paul à son départ de Corinthe, semble avoir été ajoutée au récit primitif (Wellhausen, p. 37). À cause de cette insertion, on pourrait se demander si c'est Paul ou Aquila qui s'est fait raser la tête à Cenchrées en raison d'un vœu. La structure de la phrase indiquerait plutôt Aquila, mais presque tous les commentateurs pensent qu'il s'agit de Paul, le personnage central de tout ce voyage. Nous pensons que l'insertion fut faite par Act II (mais cf. infra), qui veut préparer ce qu'il dira en 18,26: à Éphèse, Aquila compléta la formation chrétienne d'Apollos. Il est possible que Act II ait voulu tenir compte également de 1 Cor 16,19, texte dans lequel Paul atteste la présence d'Aquila et de Priscille à Éphèse, et même d'une église établie dans leur maison. On verra, à propos du troisième voyage, que Act II a utilisé les données de 1 Cor 16,5-12 pour rédiger 19,22 et peut-être aussi l'épisode d'Apollos, en 18,24-28.

b) Ajoutons toutefois une précision. En 18,26 (TO), un texte rédigé par Act II, ce dernier ne parlera que d'Aquila, tandis que Act III (TA) ajoutera le nom de Priscille avant celui de son mari. De même, en 18,21, Act II ne s'intéressera qu'au seul Aquila. Il est alors probable qu'au v. 18 l'incise ajoutée par Act II ne portait que "et avec lui Aquila"; c'est Act III qui aurait ajouté le nom de Priscille, comme il le fera en 18,26.

2. Paul dans la synagogue d'Éphèse (vv. 19-21)

a) Les vv. 19-21 sont difficiles. Dans le TA, au v. 19, après la phrase "et là il laissa ceux-ci", les mots "mais lui" (αὐτὸς δέ) indiquent une opposition qui implique, non pas que Paul entre dans la synagogue de la ville, mais qu'il quitte Éphèse. Cette opposition est bien respectée dans le TO aux vv. 21b-22: «Il laissa Aquila à Éphèse; mais lui, ayant pris le large, il vint à Césarée...» Pour rendre compte de cette difficulté, Loisy (pp. 704ss) et Haenchen (p. 483) proposent de tenir les vv. 19b-21a pour une glose du Rédacteur; le texte de sa source aurait eu cette forme: «Ils arrivèrent à Éphèse et il les laissa là. Mais lui ( ), il prit le large à Éphèse...» Cette hypothèse est séduisante, et nous avions pensé l'adopter. Elle se heurte toutefois, pour nous, à deux difficultés. D'une part, puisque nous avons admis, avec Wellhausen, que la mention (de Priscille et) d'Aquila, au v. 18, était une insertion de Act II dans le récit de Act I, nous ne pouvons pas garder comme texte de Act I le v. 19a tel qu'il se lit dans le TA puisqu'il implique la présence de ces deux personnages aux côtés de Paul. Il faut donc adopter le texte, au singulier, donné par le TO: «Or étant arrivé à Éphèse, le sabbat suivant, ( ) (il)[1] entra dans la synagogue...» Dans ce cas, l'hypothèse proposée par Loisy et Haenchen ne peut plus être retenue. Par ailleurs, si nous adoptions l'hypothèse de Loisy et de Haenchen, l'activité de Act II serait incompréhensible. C'est à lui en effet qu'il faudrait attribuer, au v. 21, les paroles de Paul "Il me faut absolument passer à Jérusalem la fête qui vient". Mais, nous le verrons plus tard, Act II a escamoté le séjour de Paul à Jérusalem par lequel se terminait, au niveau de Act I, le deuxième voyage missionnaire. Il est alors impensable que Act II ait donné comme raison du départ précipité de Paul son désir de célébrer la prochaine fête à Jérusalem; cette raison ne se justifie qu'au niveau du récit de Act I.

b) Nous pensons donc que, aux vv. 19-21a, c'est Act II qui a conservé le texte de Act I. Il se serait contenté d'ajouter, au v. 21b, l'allusion à un retour éventuel, qui prépare les développements du chapitre 19 (de Act II, comme nous le verrons plus tard), et la mention d'Aquila laissé à Éphèse. Un détail confirme l'attribution du v. 19b, sous sa forme TA, à Act III. Pour dire que Paul "laissa"

---

[1] Le nom de Paul a été ajouté par Act II, rendu nécessaire après l'insertion de la mention de Priscille et d'Aquila au v. 18.

Aquila (et Priscille) à Éphèse, on lit κατέλιπεν au v. 19b du TA tandis que Act II emploie le verbe εἴασεν (v. 21c du TO). Le même changement de verbe se lira en 24,27b, et nous l'attribuerons avec quelque certitude à l'activité littéraire de Act III. Il doit en être de même ici.

c) Nous venons de voir que, au v. 21, le texte de Act I avait été mieux conservé dans le TO que dans le TA. C'est toutefois Act II qui a ajouté, vers la fin du verset, la clause "Or il laissa Aquila à Éphèse. Mais lui". Nous proposons de restituer le texte de Act I en tenant compte du TO et du TA; on aurait eu, au v. 21 complété par le début du v. 22: ἀνεχθεὶς δὲ ἀπὸ τῆς Ἐφέσου ἦλθεν εἰς τὴν Καισάρειαν, structure identique à celle que l'on a en 13,13, un texte de Act I: ἀναχθέντες δὲ ἀπὸ τῆς Πάφου... ἦλθον εἰς Πέργην τῆς Παμφυλίας.

3. L'évolution des récits

Voici donc comment nous proposons de voir l'évolution des textes aux vv. 19-22a. Au niveau de Act I (vv. 19-21a du TO), Paul arrive à Éphèse (v. 19a); le sabbat suivant, il entre dans la synagogue et y discute avec les Juifs (v. 19b; cf. 17,2.17, de Act I). Ceux-ci lui demandent de rester un certain temps (cf. 10,48b, de Act II), mais il refuse (v. 20) en arguant qu'il doit passer à Jérusalem la fête qui approche (v. 21a). Il prend alors le large pour venir à Césarée (vv. 21c-22a).

Aux vv. 19-21a, Act II garde le texte de Act I; il se contente d'expliciter le nom de Paul après le verbe "il entra". Au v. 21b, il ajoute aux paroles de Paul le souhait formulé par lui de revenir un jour, et au v. 21c, il note que Paul laissa Aquila à Éphèse.

Act III a ajouté, au v. 18, le nom de Priscille à celui d'Aquila dans une incise insérée par Act II. À la fin du v. 18, il change la forme littéraire de façon à moins donner l'impression que c'est Aquila, et non Paul, qui s'est fait raser la tête à Cenchrées. Ayant augmenté le groupe des voyageurs, Act III met au début du v. 19 le verbe au pluriel ("ils arrivèrent") et il note tout de suite que Paul laissa là ses compagnons (v. 19a TA). Enfin au v. 21, il supprime le motif donné par Paul de sa hâte à partir: célébrer la prochaine fête à Jérusalem, puisque le séjour de Paul dans cette ville a été quasi éliminé du récit par Act II (cf. v. 22).

Au v. 22, on ne peut que conjecturer la reconstitution du texte de Act I. La finale "il descendit à Antioche" est certainement de Act II. La solution la plus simple est alors de supposer que, au lieu du participe καὶ ἀσπασάμενος on avait un indicatif qui servait de verbe principal à la phrase: ἠσπάσατο. Le texte de Act I aurait donc eu cette teneur: «Ayant pris le large [à Éphèse], il vint à Césarée et, étant monté, [il salua] l'Église.» Il n'était pas nécessaire de préciser que le terme de la "montée" était Jérusalem puisque cette ville venait juste d'être mentionnée comme terme du voyage de Paul (18,21 TO).

Tout le récit du troisième voyage missionnaire de Paul, de 18,23 à 21,17, est une composition de Act II destinée à donner des détails sur l'activité de Paul à Éphèse (cf. 1 Cor 16,8). Nous l'avons établi en donnant le sens des récits et nous ne reviendrons pas sur cette démonstration. Nous donnerons seulement, à l'occasion quelques indices stylistiques qui vont dans le même sens. Pour composer cette longue section, Act II démarqua en partie le schéma général du deuxième voyage missionnaire, dans lequel il inséra des épisodes de son crû, et il utilisa toute la deuxième partie du Journal de voyage (de 20,5 à 21,18) dans laquelle il inséra l'épisode de la résurrection du jeune Eutyche à Troas (20,7-11) et la prophétie d'Agabus (21,10-13); il compléta aussi le discours de Paul aux Anciens d'Éphèse, à Milet (20,17-38).

A) LE DÉBUT DU VOYAGE
(18,23 et 19,1)

Le début du troisième voyage de Paul se lit en 18,23, avec un texte quasi identique dans le TO et dans le TA. Après la parenthèse constituée par l'épisode d'Apollos (18,24-28), sur lequel nous reviendrons plus loin, la suite du périple de Paul se trouve en 19,1; mais ici, le TO diffère considérablement du TA. Et comme, au moins dans le TO, 19,1 est littérairement lié à 18,23, il nous faut analyser ensemble ces deux versets.

1. Le récit selon le TO

Nous pensons que la séquence formée par 18,23 + 19,1 (TO) fut composée par Act II; voici nos raisons.

a) Comme nous l'avons noté en analysant le sens du récit, la séquence 18,23 + 19,1 démarque le début du deuxième voyage de Paul, en 15,40ss, mais selon la forme qu'il avait dans Act II puisqu'il suppose l'interdiction faite à Paul par l'Esprit d'aller en Asie. Cette séquence ne peut donc pas être de Act I.

Comme elle est attestée dans le TO, elle doit être de Act II. On notera la formule "affermir les disciples", analogue à celle que l'on a en 14,22, de Act II.

b) Le début du v. 23 contient une donnée chronologique assez vague: "ayant passé quelque temps" (ποιήσας χρόνον τινά). Une telle formule ne se lit ailleurs dans tout le NT qu'en 15,33 "ayant passé (quelque) temps" (ποιήσας δὲ χρόνον) un texte que nous avons attribué au Document P. Les deux formules se distinguent par l'addition d'un adjectif indéfini en 18,23. Or ce même type d'addition se retrouve, uniquement dans le TO, en 5,36; 17,34; 18,8.15 (cf. aussi 2,37; 4,13; 14,19; 18,6). On peut en conclure que 18,23 fut rédigé par Act II, qui reprend la formule de 15,33 (Document P) en la modifiant légèrement.

2. Le récit selon le TA

Puisque 18,23, que ce soit sous sa forme TO ou TA, est de Act II, nous ne nous occuperons ici que de 19,1 sous sa forme TA.

a) Comparons ce texte de 19,1 avec celui de 9,32.33a, qui constitue le début du récit de la guérison d'Énée au niveau du Document P:

19,1	9,32.33a
ἐγένετο δὲ	ἐγένετο δὲ
ἐν τῷ τὸν Ἀπολλῶ εἶναι ἐν Κορίνθῳ	
Παῦλον διελθόντα τὰ ἀνωτερικὰ μέρη	Πέτρον διερχόμενον διὰ πάντων
ἐλθεῖν εἰς Ἔφεσον	κατελθεῖν ( ) [εἰς] Λύδδα
καὶ εὑρεῖν...	εὗρεν δὲ ἐκεῖ...
Or il arriva	Or il arriva
tandis qu'Apollos était à Corinthe	
(que) Paul, traversant les régions hautes,	(que) Pierre, tout en circulant,
vint à Éphèse	descendit ( ) (à) Lydda.
et (y) trouva...	Il y trouva...

La comparaison de ces textes permet de faire les remarques suivantes. Ils ont tous deux la même ossature: «Or il arriva (que) Un tel, traversant... vint/descendit» (en grec, le verbe est le même, mais il est affecté d'un préfixe dans le second cas). Une telle analogie de style entre deux textes qui sont forcément d'origine différente, puisque le premier remonte au Document P tandis que le second ne pourrait être, au mieux, que de Act II, ne peut s'expliquer qu'en faisant appel à l'activité littéraire du dernier rédacteur, Act III. Cette conclusion est confirmée par la remarque suivante. En 28,8, nous retrouverons une structure analogue, mais dans le seul TA:

ἐγένετο δὲ τὸν πατέρα τοῦ Ποπλίου... συνεχόμενον κατακεῖσθαι...
or il arriva (que) le père de Poplius, en proie à... était couché...

Nous sommes bien devant une structure littéraire analogue: le verbe ἐγένετο δέ a pour sujet une proposition infinitive ayant elle-même un sujet, lequel est affecté d'un participe. Attestée dans le seul TA en 28,8 comme en 19,1, une telle structure doit être attribuée à Act III.

b) Un autre indice permet d'attribuer 19,1, sous sa forme TA, à l'activité rédactionnelle de Act III. Selon Act II (TO), c'est l'Esprit qui dit à Paul de revenir en Asie tandis que celui-ci voulait aller à Jérusalem. On trouvera un thème analogue en 20,3 (TO): l'Esprit dit à Paul de revenir par la Macédoine tandis que celui-ci voulait s'embarquer pour la Syrie. Le TA n'a pas ce jeu de scène: l'initiative de revenir par la Macédoine revient à Paul lui-même. Mais nous verrons que, en 20,3, le TA offre des notes stylistiques typiques de Act III. C'est donc Act III qui supprime le thème de l'Esprit, en 19,1 comme en 20,3.

On peut donc attribuer à Act II la rédaction du début du troisième voyage missionnaire de Paul, en 18,23 (TA et TO) comme en 19,1 (TO). Ceci tend à confirmer le résultat des analyses précédentes: le troisième voyage de Paul serait une rédaction de Act II.

B) L'ACTIVITÉ MISSIONNAIRE D'APOLLOS
(18,24-28)

Avant de parler de l'arrivée de Paul à Éphèse (19,1), le texte lucanien décrit l'activité missionnaire d'Apollos (diminutif d'Apollônios, TO), d'abord à Éphèse (vv. 24-26), puis en Achaïe (vv. 27-28). Un certain nombre d'indices confirment que nous sommes en présence d'un récit composé par Act II.

En donnant le sens de ce récit, nous avons vu qu'il voulait tenir compte de la donnée de 1 Cor 16,12. Ce souci de tenir compte de lettres pauliniennes est typique de Act II. Ajoutons ici quelques remarques stylistiques qui vont dans le même sens.

Au v. 24, Apollos est présenté en ces termes: «Or un certain Juif, du nom d'Apollônios...» (Ἰουδαῖος δέ τις ὀνόματι Ἀπολλώνιος); c'est là le style de Act II (5,1; 8,9; 10,1; cf. 19,24), mais non de Act I. - Au v. 25, Apollos est caractérisé par deux expressions successives qui ont une saveur paulinienne: d'une part, il avait été "instruit de la Parole du Seigneur" (κατηχημένος τὸν λόγον), formule qui ne se lit ailleurs qu'en Gal 6,6: «Que celui qu'on instruit de la Parole (ὁ κατηχούμενος τὸν λόγον) donne de tous ses biens à qui l'en instruit»; d'autre part, il était "fervent en esprit" (ζέων τῷ πνεύματι) expression identique à celle de Rom 12,11. - Au même verset, la phrase "il enseignait exactement ce qui concernait (τὰ περί) Jésus" a son équivalent dans plusieurs textes de Act II: «...enseignant ce qui concernait (τὰ περί) le Seigneur Jésus» (28,31) - «...enseignant ce qui concernait (τὰ περί) le royaume de Dieu» (1,3) - «...connaissant très exactement ce qui concernait (τὰ περί) la Voie» (24,22). Nous sommes bien devant la façon d'écrire de Act II. - Au v. 26, le verbe "avoir de l'assurance" (παρρησιάζεσθαι) est typique du style de Act II (9,27.28; 13,46; 14,3; 26,26); il implique le thème des "signes et prodiges" qui accompagnent la prédication chrétienne et lui donnent son assurance, thème étranger à la pensée de Act I. - Au v. 27, le terme de "disciples", que l'on retrouvera dans l'épisode suivant (19,2a), convient mieux au style de Act II qu'à celui de Act I. - On notera enfin, au v. 28, le verbe composé avec double préfixe: διακατηλέγχετο, typique du style de Act II (cf. p. 26).

Ceci confirme que les renseignements concernant Apollos, donnés en 18,24-28, ont été rédigés par Act II. Il est vrai que le thème exprimé au v. 28 se lisait en 17,2-3 dans un texte de Act I: Apollos comme Paul réfute les Juifs à partir des Écritures. En donnant le sens du récit, nous avons vu pourquoi Act II avait volontairement repris ce texte pour l'appliquer à Apollos.

C) LES JOHANNITES D'ÉPHÈSE
(19,1-7)

Cet épisode fut rédigé par Act II. En analysant le sens de ce récit, nous avons été amenés à le comparer à d'autres récits de Act II avec lesquels il offre des analogies thématiques certaines: l'activité d'Apollos décrite en 18,24ss, la mission de Pierre et de Jean en Samarie pour conférer l'Esprit aux nouveaux convertis (8,14-17), le récit de la Pentecôte tel que l'a réinterprété Act II (2,4.17). Nous avons relevé quelques traits qui rejoignent les préoccupations habituelles de Act II: établir un parallèle entre Pierre et Paul, et surtout montrer que Paul était un véritable apôtre. Complétons en donnant ici quelques notes stylistiques plus précises.

Au v. 2, Paul demande aux disciples: «Est-ce que vous avez reçu l'Esprit saint, ayant cru (πιστεύσαντες)?» De même, en 11,17, Pierre déclare à propos du don de l'Esprit accordé par Dieu aux païens de Césarée: «Si donc Il leur a donné le même don qu'à nous, ayant cru (πιστεύσασιν) dans Seigneur Jésus...» Ce sont les deux seules fois dans les Actes où l'on a le participe aoriste du verbe πιστεύειν. Or, nous avons attribué 11,17 à Act II. - Le v. 4 décrit l'activité du Baptiste en termes en partie identiques à ceux qui furent employés en 13,24-25, un texte que nous avons attribué à Act II. Les deux passages ont en commun l'idée que Jean a annoncé "un baptême de pénitence pour le peuple" (βάπτισμα μετανοίας τῷ λαῷ) et l'affirmation par Jean que Jésus vient "après lui" (μετ' ἐμέ).

Pour toutes ces raisons, on peut raisonnablement conclure que l'épisode des Johannites d'Éphèse, dans sa totalité, est une composition de Act II.

D) PAUL DANS LA SYNAGOGUE D'ÉPHÈSE
(19,8-10)

Ajoutons seulement quelques notes stylistiques aux remarques faites en exposant le sens du récit.

Au v. 9, il est dit que certains des Juifs "restaient incrédules, en parlant mal de la Voie". Ce terme de "Voie" pour désigner le christianisme ne se lit ailleurs que dans des textes de Act II (18,26; 19,23) ou de Act III (9,2; 22,4; 24,14.22). Par ailleurs, le verbe "mal parler" (κακολογεῖν) est utilisé ici par influence de Mc 9,39, comme nous l'avons vu en donnant le sens du récit de la section suivante. Cette influence marcienne dénote l'activité rédactionnelle de Act II. La formule "devant la foule" (ἐνώπιον τοῦ πλήθους) a son équivalent en 6,5, un texte de Act II. Enfin, à ce même verset, on notera le terme de "disciples", typique de Act II.

E) GUÉRISONS ET EXORCISMES
(19,11-20)

Ce passage des Actes comporte les sections suivantes: Paul effectue des guérisons nombreuses et des exorcismes (19,11-12); des exorcistes juifs veulent l'imiter, mais sont malmenés par les esprits mauvais qu'ils avaient l'intention de chasser (19,13-17); les fidèles d'Éphèse renoncent à leurs pratiques magiques (19,18-19); un petit sommaire sur le succès de la prédication clôt cette section (19,20) consacrée au problème des guérisons et des exorcismes.

Ce texte n'est pas d'une seule venue: un récit de Act II, assez court, présentant les exorcistes juifs sous un jour favorable (vv. 13, 17c, 20) fut amplifié par Act III dans un sens défavorable aux exorcistes par l'addition des vv. 11-12 et 14-17ab, et par la mention de l'abandon des pratiques magiques par les fidèles d'Éphèse (vv. 18-19).

1. Paul thaumaturge (19,11-12)

Les vv. 11-12 contiennent un court sommaire dans lequel nous voyons Paul accomplir de nombreux miracles, même par objets interposés, et des exorcismes. Il offre un certain parallélisme avec celui qui se lisait en 5,12a.15-16, à propos de Pierre. En voici les caractéristiques stylistiques.

Au début du v. 11, les miracles sont désignés par le mot grec δυνάμεις. Cette façon de parler est courante dans les Synoptiques[1]. En revanche, dans les Actes, on a le plus souvent, soit le terme de σημεῖον[2], comme dans le quatrième évangile, soit la forme complexe héritée de la Septante: σημεῖα καὶ τέρατα[3]. Le mot δύναμις, avec ce sens, ne se lit qu'en 2,22, dans un remaniement de Act III attesté par le seul TA, et en 8,13, un texte que nous avons attribué à Act III. - Ce terme est suivi de la formule participiale οὐ τὰς τυχούσας, "peu ordinaires", qui a son équivalent exact en 28,2, mais dans le seul TA (Act III?). - Au v. 12, le terme νόσος, "maladie", ne se lit nulle part ailleurs dans les Actes mais est fréquent dans les Synoptiques. Pour marquer l'expulsion des esprits mauvais, nous avons à la fin de ce même v. 12 le verbe ἐκπορεύεσθαι, cas unique dans le NT au lieu de l'habituel ἐξέρχεσθαι[4]. Notons enfin, toujours dans ce v. 12, deux mots d'origine latine: σουδάρια et σιμικίνθια; ailleurs, ils sont surtout de Act III.

Ces diverses notes stylistiques indiqueraient une rédaction faite par Act III. Mais l'attribution à cet auteur ne sera confirmée que lorsque nous aurons compris son intention, après l'analyse des vv. 13-17.

2. Les exorcistes malmenés (19,13-17)

Le TA offre un récit assez incohérent. Les vv. 13-14 parlent, d'une façon très générale, d'exorcistes juifs qui expulsent les démons mauvais au nom de Jésus. Mais au v. 15, il s'agit d'un esprit mauvais particulier, et d'un homme possédé par cet esprit, comme si cet homme avait déjà été présenté dans le contexte antérieur. On se trouve devant un texte tronqué. Comme le TO ne présente pas la même anomalie, grâce à son v. 14, c'est à partir de lui que nous allons raisonner.

a) Dans le TO, le v. 14 ne fait que reprendre, dans une perspective plus particulière, les données du v. 13. Mais le vocabulaire est assez différent. Au v. 13, nous lisons la formule "nommer... le nom" (ὀνομάζειν... τὸ ὄνομα) tandis que l'on a au v. 14 "invoquer le nom" (ἐπικαλεῖσθαι τὸ ὄνομα). Ces deux formules sont relativement fréquentes dans la Septante, où les verbes "nommer" et "invoquer" traduisent le même verbe hébreu קרא. - Au v. 13, la formule est plus complète: "nommer... le nom du Seigneur Jésus", tandis que le v. 14 a simplement "invoquer le Nom". - La formule un peu mystérieuse du v. 13 "Nous

---

[1] Mat 7,22; 11,20-23; 13,54.58; 14,2; Mc 6,2.14; Lc 10,13; 19,37.

[2] Act 4,16.22; 8,6.

[3] Act 2,43; 4,30; 5,12; 6,8; 7,36; 14,3; 15,12.

[4] Mat 8,32; 12,43; 17,18; Mc 1,25-26; 5,8.13; 7,29-30; 9,25-29; Lc 4,35-36; 4,41; 8,2; 8,29; 8,33.35.38; 11,14.24; Act 8,7; 16,18.

vous exorcisons (ἐξορκίζομεν) par Jésus que Paul prêche" est explicitée au v. 14 sous la forme "Nous te commandons, par Jésus que Paul prêche, de sortir"[1]. Nous sommes en présence de deux textes appartenant à deux niveaux rédactionnels différents.

Le v. 13 offre quelques caractéristiques du vocabulaire de Act II. Au début du verset, le verbe "entreprendre" (ἐπιχειρεῖν) ne se lit ailleurs dans tout le NT qu'en Act 9,29, un texte de Act II, et en Lc 1,1 qui doit être du même auteur. On tiendra compte aussi du substantif ἐπιχείρεσις, en 12,3, mais dans le seul TO et qui doit donc être de Act II. - Plus caractéristique encore est le verbe "circuler" (περιέρχεσθαι), attesté ici dans le TA comme dans le TO, mais qui ne se lit ailleurs dans les Actes que dans le TO et est donc typique de Act II (9,32; 10,38; 13,6; 17,23). - La formule "nommer... le nom", fréquente dans la Septante mais qui ne se lit ailleurs dans le NT qu'en 2 Tim 2,19 (cf. Is 26,13), fut préférée par Act II à l'expression "invoquer le nom" parce que cette dernière revêt pour lui un sens technique, en relation avec la confession de foi baptismale (9,14.21; repris par Act III en 22,16) qui ne serait pas en situation ici.

Reportons-nous maintenant à la conclusion du récit, au v. 17a: «Ceci devint connu de tous ceux, Juifs et Grecs[2], qui habitaient Éphèse.» On avait une formule analogue en 1,19, un texte certainement de Act III: «Et (ceci) devint connu de tous ceux qui habitent Jérusalem.» Les mots "Juifs et Grecs" détruisent d'ailleurs la formule habituelle "tous ceux qui habitent" (Bb 29); on notera qu'au v. 10, elle avait déjà été ajoutée par Act III. La conclusion donnée par le v. 17ab est donc de Act III. Nous pouvons alors émettre l'hypothèse selon laquelle les vv. 14-17ab auraient été ajoutés par Act III, les vv. 13 et 17c remontant seuls à Act II. Cette hypothèse va être confirmée par les remarques suivantes.

b) Nous lisons au v. 17c: «Et le nom de Jésus fut magnifié.» Il est difficile de voir comment le nom de Jésus fut magnifié par la mésaventure survenue aux exorcistes juifs. En revanche, ce v. 17c formerait une bonne conclusion au v. 13, mais à une condition: interpréter les vv. 13 et 17c dans un sens favorable aux exorcistes juifs. C'est ce que nous avons fait en exposant le sens du récit et en rapprochant Act 19,9.13 de Mc 9,38-40. Ce sont les seuls passages du NT où se rencontre le verbe "dire du mal de" (κακολογεῖν) et où il est question d'exorcistes juifs qui agissent en utilisant la puissance du nom de Jésus. L'emprunt de Act 19,9.13 à Mc 9,38-40 est certain.

Signalons tout de suite, au v. 20, un autre emprunt fait par Act II à Mc 11,22. Il s'agit de l'expression "la foi de Dieu", qui vient dans un contexte analogue: celui de prodiges accomplis grâce à la puissance que Dieu prête aux

---

[1] Cf. Lc 8,29; Act 16,18.

[2] Il faut maintenir dans le TO les mots "Juifs et Grecs", tombés par haplographie dans le ms 209.

hommes. Une telle expression ne se lit ailleurs dans le NT qu'en Rom 3,3, mais avec un sens très différent.

c) Mais Act III, toujours hostile aux Juifs, ne se satisfait pas de ce texte qu'il reçoit de Act II. Il ajoute d'abord les vv. 11-12, qui montrent, par contraste, la légitimité des exorcismes pratiqués par Paul. Il ajoute ensuite les vv. 14-17ab pour tourner en ridicule les exorcistes juifs qui, pour lui, ne sont que des gens qui se livrent à une contrefaçon éhontée.

d) Mais comment, dans cette hypothèse, rendre compte du v. 14 du TA? Voici la solution que nous proposons. Act III avait comme texte celui que nous lisons dans le TO. Mais ce v. 14 fut omis accidentellement par un scribe, par saut du même au même (comparer la fin du v. 13 à celle du v. 14). Un autre scribe voulut remédier partiellement à cet accident en composant le v. 14 du TA, remède encore imparfait puisque le récit, lu dans le TA, demeure incohérent.

3. L'abandon des pratiques magiques (19,18-19)

Les vv. 18-19 nous apprennent que beaucoup des nouveaux convertis abandonnent l'exercice de la magie, qui était florissante à Éphèse. Il est difficile de déterminer à quel niveau rédactionnel appartient ce texte. L'analyse stylistique n'est pas d'un grand secours. On notera seulement, au début du v. 19, le ἱκανοί gouvernant un génitif, seul cas dans les Actes. Le thème semble convenir au ton péjoratif de l'épisode précédent, ce qui favoriserait une attribution à Act III. On peut ajouter aussi que le petit sommaire du v. 20, de Act II sous sa forme TO, se rattache mieux au v. 17c qu'aux vv. 18-19.

F) L'ÉMEUTE DES ORFÈVRES
(19,21-40)

1. Les projets de Paul (19,21-22)

Pour indiquer quels sont les projets de Paul, Act II a inséré au v. 21 un court fragment du Journal de voyage. C'était déjà l'opinion de Goguel (p. 162), comme nous dirons plus explicitement en traitant le problème de 20,3 (cf. p. 244). Il l'a complété, au v. 22, par des renseignements repris des lettres de Paul, comme nous l'avons indiqué en donnant le sens du récit (tome II, p. 314).

On notera, au v. 22, le verbe διακονεῖν, ailleurs dans les Actes seulement en 6,2, dans une addition de Act II.

2. L'émeute des orfèvres (19,23-40)

C'est par ce long épisode que se termine le séjour de Paul à Éphèse. Il fut rédigé par Act II, comme tous les récits qui l'ont précédé pour étoffer ce séjour de l'apôtre en cette ville. Il constitue un bloc homogène. Seuls, les vv. 33-34 pourraient avoir été ajoutés par Act III, car ils semblent superflus; mais aucun indice littéraire ne vient appuyer cette suggestion. Nous les garderons donc au récit primitif.

Les notes stylistiques sont peu abondantes. Rappelons d'abord les contacts littéraires que nous avons déjà indiqués entre 19,23 et 12,1.18 (p. 177), et entre 19,24 et 16,16 (p. 218). - Au v. 26, la formule "non seulement... mais même" se retrouvera en 24,5, dans le seul TO et donc de Act II. - Au v. 29, Gaïus et Aristarque sont appelés "compagnons" (συνεκδήμους) de Paul, titre donné à Tite en 2 Cor 8,19. - Au v. 30, la mention des "disciples" est typique de Act II, et le verbe "empêcher" (κωλύειν) est bien dans son style (8,36; 10,47; 16,6; 24,23; 27,43; cf. 17,15 dans le TO). - Au v. 31, quelques Asiarques sont dits "amis" de Paul, terme qui ne se lit ailleurs qu'au niveau de Act II (10,24; 27,3). - Au v. 33, le verbe "faire son apologie" ne se lira plus loin que dans des textes de Act II (24,10; 25,8; 26,1.2.24). - Au v. 34, la formule "mais ayant reconnu qu'il était juif" aura son équivalent en 22,29 "Ayant reconnu qu'il était romain", un texte que nous attribuerons à Act II.

G) PAUL EN GRÈCE ET EN MACÉDOINE
(20,1-5)

Cette petite section remonte en partie au Journal de voyage dont le texte fut conservé par Act III (TA); mais elle fut profondément remaniée par Act II (TO).

1. Les remaniements de Act II

a) Le v. 1 fut composé par Act II pour faire le lien entre l'épisode précédent et les renseignements donnés par le Journal de voyage, qui vont suivre.

b) Dans le TO, le jeu de scène des vv. 2-3 a son équivalent en 19,1 (TO), moyennant une inversion:

19,1 (TO)	20,2-3 (TO)
	διελθὼν δὲ τὰ μέρη ἐκεῖνα
	καὶ χρησάμενος λόγῳ πολλῷ
	ἦλθεν εἰς τὴν Ἑλλάδα.
	ποιήσας δὲ μῆνας τρεῖς...

θέλοντος δὲ τοῦ Παύλου
κατὰ τὴν ἰδίαν βουλὴν
πορεύεσθαι εἰς Ἱεροσόλυμα
εἶπεν αὐτῷ τὸ πνεῦμα
ὑποστρέφειν εἰς τὴν Ἀσίαν.
διελθὼν δὲ τὰ ἀνωτερικὰ μέρη
ἔρχεται εἰς Ἔφεσον...

ἠθέλησεν

ἀναχθῆναι εἰς τὴν Συρίαν
εἶπεν δὲ τὸ πνεῦμα αὐτῷ
ὑποστρέφειν διὰ τῆς Μακεδονίας.

ayant traversé ces régions
et ayant usé de force discours,
il vint en Grèce.
Or, ayant passé trois mois...
il voulut

tandis que Paul voulait,
selon sa propre volonté,
aller à Jérusalem,
l'Esprit lui dit
de revenir en Asie.
Or, ayant traversé les hautes régions,
il vient à Éphèse...

prendre le large vers la Syrie
mais l'Esprit lui dit
de revenir par la Macédoine.

C'est le même auteur qui a rédigé ces deux passages. Et comme 19,1 ne peut être que de Act II, il en va de même de 20,2-3 (TO).

2. Un récit du Journal de voyage

Mais si ce petit fragment, selon sa version TO, fut rédigé par Act II, que faire de sa version TA? Il est difficile d'admettre que Act III ait pu délibérément enlever du texte toute référence à l'action de l'Esprit. C'est donc Act II qui a modifié un texte plus ancien conservé par Act III, et ce texte ne peut remonter qu'au Journal de voyage que l'on va retrouver dès le v. 6 (TO), ou même dès le v. 5 (TA). On notera que, selon le Journal, Paul fera allusion aux complots des Juifs contre lui (20,19b) et ici (20,3), c'est en raison d'un complot des Juifs qu'il modifie ses projets.

Nous avions décidé d'attribuer au Journal de voyage, et le petit fragment de 19,21, et ici les vv. 2c-3, bien qu'ils soient rédigés à la troisième personne, lorsque nous avons lu avec plaisir ces lignes de Goguel (p. 162): «Le récit de voyage ne peut avoir été donné comme il l'est dans *20,5-15* puis dans *21,1-18* (les deux fragments se relient assez bien l'un à l'autre) sans que le programme du voyage ait été indiqué comme il l'est dans *19,21-22* et sans que l'itinéraire, pour le moins singulier, qui est adopté pour aller de Corinthe en Syrie ait été expliqué, comme c'est le cas dans *20,3*. Donc, ici encore, le morceau à la première personne se relie organiquement à des morceaux à la troisième personne qui le précèdent.»

Le "ici encore" de Goguel fait allusion à la solution proposée pour la finale du récit de l'exorcisme de la pythonisse: dans le Journal de voyage, le fragment constitué par 16,35-40 bien que rédigé à la troisième personne, formait la conclusion du récit commencé en style "nous" (16,16ss). C'est aussi l'hypothèse que nous avons adoptée. On notera que, en coupant en deux le Journal de voyage (16,35-40 était suivi de 20,2c-3ss) Act II a composé le récit de l'émeute des orfèvres d'Éphèse (19,23-40) qui est une réplique du récit de l'exorcisme de la pythonisse de Philippes (voir spécialement 19,24, qui est une "reprise" de 16,16).

On attribuera à Act II le début du v. 2, avec en particulier la phrase "et ayant usé de force discours", car le Journal de voyage n'avait pas pour but de décrire l'activité apostolique de Paul. L'expression "force discours", connue du Document P (11,2 TO; 15,32), est utilisée surtout par Act II (dans le seul TO: 13,44; 18,5; cf. 2,40). Dans le Journal de voyage, la fin de 20,2 faisait suite à la fin de 16,40: «... et [il partit] et il vint en Grèce.»

3. Un ajout de Act II

C'est peut-être Act II qui a ajouté au texte du Journal de voyage la liste des compagnons de Paul, aux vv. 4-5 (et le ἡμεῖς δέ du début du v. 6). Une telle liste n'est pas dans le style de ce Journal.

On notera que Act III (TA) fait commencer le Journal de voyage, en style "nous" dès le v. 5 tandis que Act II (TO) ne le fait commencer qu'au v. 6. Il est possible que Act III ait changé le texte pour mieux montrer que l'auteur du Journal de voyage n'était pas l'un des sept compagnons de Paul mentionnés au v. 4. Dans le TO, ce fait n'apparaît qu'à la lecture du v. 6.

H) LE VOYAGE PAR MER
(20,6-21,19)

Le récit en style "nous" commence en 20,5 selon le TA, mais en 20,6 seulement selon le TO. Il va se poursuivre jusqu'en 21,19. Pour l'essentiel, nous avons ici la suite du Journal de voyage dont les fragments précédents se lisaient en 16,10-13a.16ss et 20,2c-3. Mais il faut préciser quelles furent les additions faites par Act II et, éventuellement, par Act III.

HA) LA RÉSURRECTION D'EUTYCHE
(20,6b-13a)

Bien qu'il soit rédigé en style "nous", le récit de la résurrection d'Eutyche, avec son introduction (v. 6b) et sa conclusion (v. 13a), est une composition de Act II[1].

1. Un récit de Act II

a) La plupart des traits que nous avons relevés en donnant le sens de ce récit (tome II, p. 317) portent la marque de Act II: la mention de la célébration eucharistique et l'importance donnée au thème de la résurrection; le parallélisme de situation entre Paul et Pierre; l'influence de Mc 5,39. De même, la formule "il amena le jeune homme vivant" (v. 12) rappelle celle de 9,41 "il la présenta vivante" (cf. 1,3), un texte que nous avons attribué à Act II.

b) Un détail littéraire vient confirmer ces conclusions. Mettons en parallèle 20,6b-7 et 16,12b-13:

16,12b-13	20,6b-7
ἦμεν δὲ ἐν ταύτῃ τῇ πόλει διατρίβοντες ἡμέρας τινάς. τῇ δὲ ἡμέρᾳ τῶν σαββάτων ἐξήλθομεν ἔξω τῆς πύλης παρὰ τὸν ποταμὸν οὗ ἐνομίζετο προσευχὴ εἶναι.	καὶ διετρίψαμεν ἡμέρας ἑπτά. ἐν δὲ τῇ μιᾷ τῶν σαββάτων συνηγμένων ἡμῶν τοῦ κλάσαι ἄρτον
nous demeurions dans cette ville quelques jours. Or, le jour du sabbat, nous sortîmes hors de la porte le long du fleuve où il semblait y avoir un lieu de prière...	et nous demeurâmes sept jours. Or, le premier jour de la semaine tandis que nous étions réunis pour rompre le pain...

Les deux séquences sont analogues: mention d'un séjour de (quelques) jours, avec le verbe "demeurer"; indication temporelle à portée liturgique ("sabbat" et "semaine" correspondent au même substantif grec); mention d'un acte liturgique... Elles ne se retrouvent nulle part ailleurs dans les Actes. On peut donc conclure que les deux passages sont littérairement liés. Act II démarque le texte du Journal de voyage, comme il l'a fait pour 19,24 (qui reprend 16,16), mais il transforme la note liturgique: dans le Journal de voyage, elle est à caractère juif

---

[1] Goguel aussi (p. 290) parle d'un ajout du Rédacteur. Selon Trocmé (pp. 140s), Luc, témoin oculaire, aurait composé ce récit à partir d'une courte notice du "diaire" (Journal de voyage).

car le "lieu de prière" est une synagogue; dans le récit de Act II, elle est à caractère chrétien: la formule "comme nous étions réunis pour rompre le pain" évoque la célébration eucharistique. On reconnaît là l'intérêt de Act II pour la liturgie. Rappelons que, pour composer l'introduction au troisième voyage missionnaire (18,23 et 19,1), Act II avait aussi démarqué le début du deuxième voyage missionnaire de Paul (15,40), de Act I (cf. tome II, p. 304).

c) Nous avons inclus le v. 6b dans le parallèle entre les deux textes. Ce séjour de Paul à Troas, qui se prolonge durant sept jours, ne s'accorde pas avec sa hâte d'arriver à Jérusalem pour y célébrer la fête de la Pentecôte, hâte qui l'obligera à éviter Éphèse (20,16). En ajoutant ce v. 6b, Act II veut préparer l'épisode de la résurrection d'Eutyche, le premier jour de la semaine. En conséquence, il faut attribuer aussi à Act II le début du v. 13: «Quant à nous, étant descendus vers le bateau".

2. Une glose de Act III

Le v. 11, qui mentionne explicitement le repas eucharistique, vient rompre la logique du récit, surtout dans le TO où Paul amena (ἤγαγεν) l'adolescent vivant (v. 12a) après avoir quitté (ἐξῆλθεν) la scène (v. 11b). On notera aussi que ce v. 11 renchérit sur le v. 7: là il parla "jusqu'au milieu de la nuit", et ici "jusqu'au jour". Un détail stylistique confirme l'attribution du v. 11 à Act III: pour dire "jusqu'à", nous avions la préposition μέχρι au v. 7, qui n'est pas anormale au niveau de Act II (cf. 10,30), mais au v. 11 c'est la préposition ἄχρι, préférée par Act III[1]. En ajoutant ce v. 11, Act III a voulu évoquer le repas eucharistique mentionné au v. 7, et qui ne semblait pas avoir eu lieu; comme souvent ailleurs, il montre ici un souci de précision. Pour sauvegarder la vraisemblance du récit il change, au début du v. 12, le singulier "il amena" en un pluriel impersonnel "ils amenèrent".

HB) DISCOURS AUX ANCIENS D'ÉPHÈSE
(20,17-38)

La plupart des commentateurs admettent que tout l'épisode des Anciens d'Éphèse (20,17-38) aurait été inséré par l'auteur des Actes dans une section en style "nous" allant de 20,5 à 21,17. De fait, la finale de l'épisode est rédigée en style "ils" (20,38), et ce long discours de Paul détonnerait dans le reste du Journal de voyage qui, pour nombre de commentateurs, se contente de mentionner les diverses étapes de Paul et de ses compagnons. Nous nous étions ralliés nous-

---

[1] Cf. dans le seul TA en 1,2; 11,5; 13,11; 27,33, où Act III change la préposition qu'il lisait dans sa source; en 20,6; 26,22; 28,15, où notre auteur l'emploie dans de menues additions qu'il fait au texte de sa source; enfin dans des sections déjà attribuées à Act III: 22,4.22; 23,1.

mêmes à cette hypothèse, mais une étude plus approfondie du discours de Paul
nous a amenés à proposer l'hypothèse suivante. Le Journal de voyage contenait
déjà un discours de Paul aux Anciens d'Éphèse qu'il avait convoqués lors de
l'escale de Milet. Une telle intervention de Paul est normale dans le Journal de
voyage puisqu'on en retrouvera d'analogues dans la troisième section de ce
Journal (27,9-10 et 27,21-22). Mais le discours de l'apôtre fut amplifié, d'abord
par Act II qui lui donna une intention beaucoup plus moralisante, ensuite par Act
III qui ajouta spécialement les vv. 33-35.

1. Quelques faits littéraires

Signalons d'abord quelques faits littéraires qui permettent de penser que
cet épisode remonte fondamentalement au Journal de voyage. Nous essayerons
ensuite de reconstituer le récit primitif en éliminant les additions faites par Act II
et par Act III.

a) Ce récit contient un certain nombre de doublets. Au v. 18, les mots
"Quand ils furent arrivés près de lui" expriment, non seulement la venue des
Anciens jusqu'à Milet, mais aussi leur rassemblement autour de Paul pour
l'entendre. Cette formule se suffisait à elle-même (cf. le TA ici et en 21,18). La
précision qu'ajoute le TO "tandis qu'ils étaient ensemble" est donc superflue; elle
pourrait d'ailleurs elle aussi se suffire à elle-même, comme en 2,1 (surtout dans le
TO). Nous sommes donc en présence d'un doublet. - Les vv. 20 et 27 contiennent
la même formule: «Je n'ai rien omis (pour) vous annoncer...» - Le v. 23 ne fait
que reprendre, sous une forme plus précise, ce qui avait déjà été dit au v. 22: des
épreuves attendent Paul à Jérusalem.

À eux seuls, ces doublets sont l'indice que le texte de cet épisode fut
remanié et probablement amplifié.

b) Ce discours offre des affinités littéraires différentes[1]. Aux vv. 24 et 29-
32, la pensée et le vocabulaire sont franchement pauliniens, comportant spécialement des contacts très étroits avec les épîtres pastorales. Ce fait littéraire indique une rédaction faite par Act II. En revanche, au v. 28, la pensée et le vocabulaire offrent des analogies évidentes avec ceux de la première épître de Pierre. Par
ailleurs, le v. 28 est étroitement lié aux vv. 26-27 dont le thème essentiel, inspiré
d'Ézéchiel, avait déjà été utilisé par Act I en 18,6. Si Act I s'est inspiré du Journal
de voyage pour rédiger le deuxième voyage missionnaire de Paul, (tome I, pp.
22ss.), on peut conjecturer que les vv. 26-28 devaient déjà se lire dans ce Journal.

---

[1] Pour plus de détails, nous renvoyons aux analyses faites lorsque nous avons exposé le sens du
récit.

Tout ceci nous amène à reprendre l'analyse des versets de cet épisode en envisageant l'hypothèse d'une rédaction faite par l'auteur du Journal de voyage, reprise et amplifiée par Act II, puis par Act III.

2. L'introduction au discours (vv. 17-18a)

a) Au v. 17, précisons un détail. Au lieu de μετεκαλέσατο (TA), on a μετεπέμψατο dans le TO. Or Act II utilise volontiers ce verbe (24,24-26) et surtout il ne craint pas la redondance πέμπειν - μεταπέμψεσθαι, comme on le voit en 10,5 (opposer 10,32, du Document P). C'est donc lui qui a changé le verbe, et celui qui se lisait dans le Journal de voyage a été conservé par Act III (TA).

b) Au v. 18a, nous avons un doublet, comme nous l'avons expliqué plus haut. La formule attestée par le TO "tandis qu'ils étaient ensemble" (ὁμόσε ὄντων αὐτῶν) a son équivalent en 2,1 (TO) dans un texte remanié par Act II: ὄντων αὐτῶν ἐπὶ τὸ αὐτό; elle doit donc être de Act II. Ici encore, Act III (TA) a conservé le texte du Journal de voyage, inséré ensuite dans le TO par un réviseur de ce texte.

3. Paul fait retour sur le passé (vv. 18b-21)

Au v. 18b, les mots "pendant trois ans environ ou même plus" furent ajoutés par Act II au texte du Journal de voyage, mieux gardé par Act III. Si Act III dépendait ici de Act II (TO), on ne voit pas pourquoi il aurait omis cette donnée chronologique.

Le v. 19a (TA=TO) doit être une addition de Act II. La formule "servant le Seigneur" est reprise de Rom 12,11, où l'on a la séquence "fervents en esprit, servant le Seigneur". Mais en 18,25, Act II avait déjà utilisé ce texte des Romains en reprenant la première des deux formules. C'est donc lui qui, ici aussi, reprend la seconde. - L'expression "en toute humilité" doit être de Act II. Elle est paulinienne (Eph 4,2)[1] mais peut être rapprochée aussi de formules analogues, chères à Act II, telles que "en toute assurance" (16,4 TO; 28,31), "en toute ardeur" (17,11), "en toute gratitude" (24,3). - Quant à la mention des "larmes", elle doit être liée à l'addition par Act II (TO) de la donnée chronologique des "trois années" (v. 18b TO) puisqu'on retrouvera les deux thèmes encore liés au v. 31.

L'addition par Act II du v. 19a permet de comprendre le comportement de cet auteur au v. 18c: il a donné une portée moralisante au texte du Journal de

---

[1] Pour l'emploi de ce substantif, voir encore Phil 2,3; Col 2,18.23; 3,12; 1 Pi 5,5, nulle part ailleurs dans le NT.

voyage, comme nous l'avons expliqué en exposant le sens du discours de Paul (tome II, pp. 318ss)[1].

Le v. 20 forme en partie doublet avec le v. 27, comme nous l'avons dit plus haut. Le v. 27, lié au v. 26, donne un thème que Act I a utilisé en 18,6: puisque Paul a fidèlement accompli la mission qu'il avait reçue de Dieu, il n'est pas responsable de l'incrédulité des Juifs. Nous avons donc là un texte qui remonte au Journal de voyage. En revanche, aux vv. 20-21, il s'agit de la prédication aux Juifs et aux païens, un thème qui ne peut être que de Act II. L'expression "les Juifs et les païens" (v. 21), d'inspiration paulinienne (Rom 3,9; 1 Cor 1,24), fut reprise spécialement par Act II (14,1; 20,21; 20,24 TO) et est ignorée de Act I.

4. Des épreuves attendent Paul à Jérusalem (vv. 22-23)

Les vv. 22 et 23 forment doublet. La formulation du v. 23, plus précise, doit être postérieure. On attribuera donc le v. 22 au Journal de voyage et le v. 23 à Act II. Au v. 22, les mots "Et maintenant... je vais à Jérusalem"[2] reprennent ceux de Rom 15,25; ils conviennent donc bien au Journal de voyage (cf. tome I, p. 18).

5. Le testament spirituel de Paul (vv. 24-32)

Nous avons déjà signalé, en donnant le sens du discours, les affinités littéraires différentes des vv. 24-25 et 29-32 d'une part, 26-28 d'autre part. Les premiers sont fortement influencés par le vocabulaire et la pensée de Paul, les derniers par le vocabulaire et la pensée de la première épître de Pierre. Nous avons dit pourquoi les premiers avaient été rédigés par Act II et les derniers remontaient au Journal de voyage. Ajoutons quelques notes supplémentaires. Au v. 24, les expressions "attester... l'évangile de la grâce de Dieu" sont proches de celles de 14,3 (Act II) "rendre témoignage à la parole de sa grâce" (cf. encore 15,11). - Au v. 25, la forme littéraire de la proposition "parmi lesquels je suis passé en proclamant le royaume de Jésus" rappelle celle de 10,38 (Act II) "lui qui a passé en faisant du bien et en guérissant". L'expression "proclamer le royaume" ne se lit ailleurs qu'en Act 28,31, un texte que nous attribuerons à Act II. - Au v. 32, la phrase "je vous remets à Dieu" rappelle la formule parallèle de 14,23 concernant aussi les Anciens des églises fondées par Paul: «Ils les remirent au Seigneur.»

---

[1] Dans le TO, au lieu de ποταπῶς il faut lire ποταπός comme le propose E. Delebecque, pp. 122-123, en note.

[2] Il faut adopter dans le TO la forme Ἱεροσόλυμα, attestée par le codex de Bèze.

6. Le désintéressement de Paul (vv. 33-35)

On s'accorde à reconnaître que le v. 32 forme la conclusion naturelle du discours de Paul: celui-ci confie son auditoire à Dieu et prononce sur lui une sorte de bénédiction. Il est étonnant alors que le discours rebondisse aux vv. 33-35. Après Clemen, Jüngst (p. 175) et d'autres encore, J. Dupont a bien vu que ces vv. 33-35 viennent en surcharge "suivant un procédé qui ressemble à celui des post-scriptum des épîtres (cf. Rm 16,17-20; 1 Co 16,21-22; Ga 6,11-17)"[1]. Il semble d'ailleurs plus normal que, aussitôt après avoir confié les Anciens à Dieu et prononcé sur eux une bénédiction (v. 32), Paul tombe à genoux et se mette à prier (v. 36). Dès lors que l'on admet plusieurs niveaux rédactionnels dans le discours de Milet, il est logique d'attribuer la rédaction des vv. 33-35 au niveau le plus récent, pour nous Act III.

Dans les vv. 33-34, Paul souligne son désintéressement, et comment il a travaillé de ses propres mains pour n'être à charge à personne. Act III l'avait déjà noté en 18,3, en remaniant profondément un texte de Act II.

7. Les adieux à Paul (vv. 37-38)

Les adieux faits à Paul par les Anciens d'Éphèse sont d'autant plus émouvants que Paul leur a annoncé qu'ils ne verront plus son visage (v. 38; cf. v. 25). Cette situation se comprend dans la perspective de Act II, puisqu'après son arrivée à Jérusalem, Paul sera emprisonné, puis envoyé à Rome. Elle ne se comprend pas dans la perspective du Journal de voyage puisque Paul se rendra libre à Rome et aura ainsi la possibilité de revenir à Éphèse. Ces vv. 37-38 sont donc de Act II.

Si on les supprime, on obtient cette séquence entre 20,36 et 21,1: «Et ayant dit cela, s'étant mis à genoux, il pria avec eux tous. Une fois séparés d'eux (ἀποσπασθέντων δὲ ἡμῶν)...»; elle trouve un bon parallèle en Lc 22,41, malgré une inversion: «Et lui s'éloigna d'eux (ἀπεσπάσθη ἀπ᾽ αὐτῶν) d'environ un jet de pierre. Et s'étant mis à genoux, il pria en disant...»

Nous retrouvons le style "nous" en 21,1, verset que Act III a modifié pour y introduire son style.

HC) UNE ESCALE À TYR

(21,4-6)

Les vv. 4-6 forment un tout racontant comment Paul et ses compagnons firent escale à Tyr et y furent reçus par les disciples. Bien que rédigée en style "nous", cette petite section fut composée par Act II qui y inséra le v. 4b, repris du

---

[1] J. DUPONT, *Le discours de Milet* (Lectio Divina, 32). Paris, 1962, p. 23.

Journal de voyage mais qui était situé dans un autre contexte, après le v. 9[1]. Voici les raisons qui nous le font penser.

a) Au v. 4, Paul et ses compagnons rencontrent à Tyr des "disciples", tandis que ce sont "les frères" qu'il saluera à Ptolémaïs (v. 7) et qui le recevront à Jérusalem (v. 17). Ailleurs, dans les Actes, cette différence de vocabulaire distingue les rédactions de Act II ("disciples") de celles de Act I ("frères"). Mais le vocabulaire du Journal de voyage est apparenté à celui de Act I; on peut donc penser que, puisque les vv. 7 et 17 proviennent du Journal de voyage, le v. 4a doit être attribué à Act II, et donc l'ensemble des vv. 4-6.

b) Les vv. 5b-6 semblent difficiles à concilier avec le v. 7. Au v. 7 en effet, le temps du participe aoriste διανύσαντες[2] doit être respecté, et il faut traduire, comme le fait Jacquier (p. 625): «Ayant achevé la navigation, de Tyr nous arrivâmes à Ptolémaïs[3].» Cela veut dire que le voyage maritime s'est terminé à Tyr, où le bateau devait décharger sa cargaison (v. 3), ce qui devait prendre un certain temps. Mais Paul, pressé d'arriver à Jérusalem (20,16), décide de se rendre à pied de Tyr à Ptolémaïs (v. 7). Rien n'indique d'ailleurs que l'étape suivante, Ptolémaïs-Césarée, se soit faite par mer plutôt que par terre. J. Dupont estime même que cette dernière hypothèse est plus vraisemblable[4]. Mais dans ce cas, les vv. 5b-6 sont aberrants puisqu'ils supposent que Paul et ses compagnons continuèrent leur voyage par mer au moins jusqu'à Ptolémaïs, par le même bateau. Ceci confirme que les vv. 4-6 furent insérés dans le Journal de voyage.

c) Le v. 5b, où nous voyons les disciples accompagner Paul jusqu'au rivage, offre un parallélisme étroit avec 20,38b.36, séquence que nous avons attribuée à Act II:

20,38b.36	21,5b
	nous allions notre route
ils l'escortèrent	tandis que tous nous escortaient
	avec femmes et enfants
jusqu'au bateau	en dehors de la ville
... et ayant dit cela,	et
s'étant mis à genoux	nous étant mis à genoux
il pria avec eux tous	nous priâmes

[1] Nous traiterons ce problème du v. 4b à propos de la prophétie d'Agabus, dans le prochain chapitre.

[2] Ce verbe signifie le plus souvent "achever, mener à terme". Si l'auteur du Journal de voyage lui avait donné le sens de "continuer", très peu attesté, il ne l'aurait pas mis à l'aoriste.

[3] C'est pour respecter le temps du participe aoriste que la TOB traduit, de façon curieuse: «Quant à nous, au terme de notre traversée depuis Tyr, nous sommes arrivés à Ptolémaïs.»

[4] BJ, p. 182, note a.

Le parallélisme entre les deux séquences est indéniable, malgré l'inversion, et l'on doit les attribuer au même auteur: Act II. Signalons le verbe "trouver" sous la forme ἀνευρειν, ailleurs dans le NT seulement en Lc 2,16, dans l'évangile de l'enfance.

HD) LA PROPHÉTIE D'AGABUS
(21,10-14)

1. La prophétie d'Agabus

Tandis que Paul et ses compagnons s'étaient arrêtés à Césarée, chez Philippe l'évangéliste, le prophète Agabus arriva de Judée et, au moyen d'un geste symbolique, il prédit à Paul que les Juifs le livreraient aux païens à Jérusalem (21,10-11). Cette prophétie provoque alors des réactions de la part, et des disciples de Césarée, et de Paul (21,12-14). Nous pensons que les vv. 10-11, bien que rédigés en style "nous", furent ajoutés par Act II et que les vv. 12-14 ne remontent qu'en partie au Journal de voyage[1].

a) La prophétie d'Agabus est dominée par le thème des "liens" qui attendent Paul à Jérusalem. Mais en donnant le sens du récit, nous avons vu que ce thème ne s'expliquait qu'au niveau de Act II (cf. d'ailleurs 20,23, de Act II, opposé à 20,22, du Journal de voyage).

b) Tandis que, dans le Journal de voyage, la ville de Jérusalem est désignée par le mot Ἱεροσόλυμα (20,16.22; 21,4.17), on est étonné de trouver la forme Ἱερουσαλήμ dans la prophétie d'Agabus (v. 11) et dans la description de la réaction qu'elle produit (v. 12, et v. 13 dans le seul TA). Or cette seconde forme est propre à Act II dans les Actes. Ce changement de vocabulaire indique certainement deux mains différentes, et c'est un indice très fort qui favorise l'attribution des vv. 10-14 à Act II (mais cf. *infra*).

c) La prophétie d'Agabus fut rédigée en référence à plusieurs textes de l'évangile de Mc (cf. le sens du récit). Une telle utilisation de Mc dénote la main de Act II.

Pour résoudre les problèmes posés par les vv. 12-14, il faut revenir au v. 9, qui présente les filles de Philippe comme prophétesses.

---

[1] Dans le même sens, voir Loisy (pp. 785-787).

2. La prophétie des filles de Philippe (v. 9)

Dans le Journal de voyage, nous l'avons vu (tome II, p. 225), la prophétie que Act II a mise au compte des disciples de Tyr (21,4) avait été prononcée par les filles de Philippe (v. 9)[1]. Et comme c'est Act II qui a ajouté la prophétie d'Agabus (vv. 10-11), le Journal donnait à la suite: le v. 9, la prophétie donnée au v. 4, puis les vv. 12-14.

Mais il faut alors préciser l'activité rédactionnelle de Act II et de Act III. Au v. 4b, Act II aurait évidemment changé un αἵτινες en οἵτινες puisque ce ne sont plus les filles de Philippe qui prophétisent mais les disciples de Tyr. Au même verset, Act III aurait ajouté l'expression "par l'Esprit" pour préciser qu'il s'agissait d'une prophétie, ce qui n'était plus évident (cf. un ajout identique de sa part en 11,28, et analogue en 21,11). - Au v. 12, Act II aurait ajouté la précision "à Jérusalem", sous la forme qui lui est propre εἰς Ἰερουσαλήμ. Une telle précision était superflue quand ce v. 12 était immédiatement précédé du v. 4b. On notera en passant l'excellente séquence formée par les vv. 4b et 12: la prière des amis de Paul correspond exactement aux termes de la prophétie[2]. - Le v. 13, dont le caractère rédactionnel a été souligné plus haut, serait une addition de Act II. Deux remarques stylistiques le confirment. La formule εὐξαίμην ἄν se retrouvera en 26,29, un texte que nous attribuerons à Act II. Quant à l'expression "mourir pour" (ὑπέρ), elle est de saveur paulinienne[3], ce qui convient bien au style de Act II.

En résumé, le texte du Journal de voyage aurait eu cette teneur, à partir du v. 9:

> 9 Il (Philippe) avait quatre filles prophétisant,
> 4b [qui] disaient à Paul ( ) de ne pas monter à Jérusalem.
> 12 Quand nous eûmes entendu cela, nous le priâmes, nous et ceux de l'endroit de ne pas monter ( ).
> 14 Comme il ne se laissait pas convaincre, nous restâmes cois en disant: «Que la volonté du Seigneur arrive.»

---

[1] Loisy (p. 785) pense aussi que, dans le récit primitif, les filles de Philippe devaient prophétiser quelque chose sur Paul. Il leur attribue la prophétie que, selon le Rédacteur, Agabus aurait faite. En 21,4 toutefois, il admet que la proposition "qui disaient à Paul... de ne pas monter à Jérusalem" est un ajout du Rédacteur. Sa position n'est donc pas loin de la nôtre.

[2] Il est probable qu'il faut garder dans le TO la forme ἀναβαίνειν, la forme ἐπιβαίνειν n'étant attestée que par le seul codex de Bèze.

[3] Cf. Rom 5,6.7.7.8; 14,15; 1 Cor 15; 2 Cor 5,15 (bis).

HE) DE CÉSARÉE À JÉRUSALEM
(21,15-17)

Cette courte section qui raconte le trajet de Paul de Césarée à Jérusalem formait la fin de la deuxième section du Journal de voyage. Mais elle fut amplifiée par Act II qui ajouta les vv. 15b-16.

Il existe une reprise rédactionnelle entre les vv. 15b et 17a, plus sensible dans le TA que dans le TO: "nous montâmes à Jérusalem" et "Or, nous trouvant à Jérusalem". L'insertion du v. 16 est confirmée par le détail suivant: au v. 17, ce sont les "frères" qui accueillent Paul et ses compagnons, expression habituelle dans le Journal de voyage comme dans Act I; mais au v. 16, on lit à deux reprises le terme de "disciple", qu'utilise d'ordinaire Act II.

Comme souvent, la reprise rédactionnelle est inversée. Il faut garder en effet au texte du Journal de voyage le v. 17a, avec l'expression γίνεσθαι εἰς, bien dans le style de ce Journal, tandis que le verbe "monter" du v. 15b pourrait avoir été repris du v. 12.

En suivant le TO, on peut donc reconstituer ainsi le texte du Journal de voyage: «Après quelques jours, ayant pris congé ( ) nous nous trouvâmes à Jérusalem. Or les frères nous accueillirent avec joie.»

XXIV. PAUL À JÉRUSALEM
(21,18-23,35)

A) L'ARRIVÉE À JÉRUSALEM
(21,18-26)

Avec le séjour mouvementé de Paul à Jérusalem, nous devrions retrouver la suite du texte de Act I que nous avons quitté en 18,22 sur ces mots: «...il vint à Césarée et, étant monté, [il salua] l'Église.» Paul vient donc d'arriver à Jérusalem. Mais, nous allons le voir, tout le récit de son entrevue avec Jacques est une composition de Act II. Le texte de Act I ne reprenait qu'en 21,26b: Paul entre dans le Temple pour y accomplir les rites de l'achèvement du vœu de naziréat qu'il avait commencé en 18,18.

1. Une composition de Act II

Le lendemain de son arrivée à Jérusalem, Paul et ses compagnons vont trouver Jacques et les Anciens de la ville, et l'apôtre rend compte des heureux résultats de son voyage missionnaire (vv. 18-19). Mais Jacques met Paul en garde contre de mauvais bruits qui circulent sur son compte: il encouragerait les Juifs convertis à abandonner les prescriptions de la Loi de Moïse (vv. 20-21). Il lui conseille donc d'aller au Temple et d'y accomplir publiquement les rites de sa sortie de naziréat: tous verront alors qu'il garde fidèlement les prescriptions de la Loi (vv. 22-24). Jacques rappelle ensuite à Paul les décisions prises à l'assemblée de Jérusalem (15,19-20) concernant les païens qui se convertissent (v. 25), et celui-ci suit ses conseils en allant dès le lendemain dans le Temple (v. 26). Cet ensemble ne peut pas avoir été rédigé par Act I, pour les raisons suivantes.

a) Au v. 21, Paul est soupçonné d'encourager les Juifs qui se convertissent à abandonner la circoncision et les coutumes établies par Moïse. Mais dans les chapitres précédents, il n'a jamais été question de ce problème au niveau du Document P (repris par Act I). Ce qui faisait problème, c'était de savoir si les païens qui devenaient chrétiens devaient se faire circoncire et observer la Loi mosaïque (15,5.19-20). En revanche, dans le discours que Act II attribue à Pierre en 15,7b-11, le problème de l'inutilité de la circoncision pour les païens est élargi et étendu aux Juifs, en référence à Gal 5,1ss. On peut donc penser que, ici aussi, le problème des Juifs qui pourraient abandonner la circoncision en se faisant chrétiens fut introduit par Act II. Il y a transposition au profit des Juifs convertis de ce qui était admis pour les païens convertis.

Or un détail littéraire confirme que, ici, cette transposition fut faite par Act II et non par Act I. Le cas des païens convertis avait été posé par le Document P (suivi par Act I) en 15,5, et son texte avait été repris avec de légères modifications par Act II en 15,1 (doublet de 15,5). Or, comparons 21,21 avec 15,1 et 15,5:

15,5:   δεῖ περιτέμνειν αὐτοὺς καὶ τηρεῖν τὸν νόμον Μωϋσέως
15,1:   ἐὰν μὴ περιτμηθῆτε καὶ τῷ ἔθει Μωϋσέως περιπατῆτε οὐ δύνασθε
        σωθῆναι
21,21: ἀποστασίαν διδάσκεις ἀπὸ Μωϋσέως... λέγων
        μὴ περιτέμνειν αὐτοὺς τὰ τέκνα μηδὲ τοῖς ἔθεσιν περιπατεῖν

15,5:   il faut les circoncire et observer la Loi de Moïse
15,1:   si vous n'êtes pas circoncis et si vous ne marchez pas selon la coutume de Moïse,
        vous ne pouvez pas être sauvés
21,21: tu enseignes l'apostasie envers Moïse... disant:
        ne pas circoncire les enfants et ne pas marcher dans ses coutumes

On notera spécialement la formule "marcher selon l(es) coutume(s)" en 21,21 comme en 15,1; ce sont les deux seuls textes des Actes où se trouve le verbe "marcher" au sens métaphorique, par ailleurs si paulinien[1]. On rapprochera aussi de Act 6,14, un texte ajouté par Act II: «... il changera la coutume que Moïse nous a transmise.» Ce terme de "coutumes", au pluriel, se lit surtout dans des textes de Act II (26,3; 28,17; cf. 16,21 du Journal de voyage).

Le thème d'abandonner la Loi mosaïque a bien été transposé du cas des païens à celui des Juifs, mais cette transposition s'est faite à partir du texte, non du Document P=Act I (15,5), mais de Act II (15,1). Ceci confirme que 21,21 fut rédigé par Act II et non par Act I.

b) Au v. 25, Jacques met Paul au courant des décisions de l'assemblée de Jérusalem concernant le minimum d'observances à imposer aux païens qui se convertissent. Ces décisions furent d'abord proposées par Jacques en 15,20, un texte du Document P gardé par Act I, puis promulguées sous forme de décret, en 15,29, un texte de Act II. Ici, la séquence ἀπεστείλαμεν... κρίναντες reprend en l'inversant celle de 15,19-20 κρίνω... ἐπιστεῖλαι, du Document P, mais la

---

[1] On compte environ 32 cas. Noter spécialement 2 Cor 12,18 et Gal 5,16, où le verbe est construit avec le datif, comme ici.

formulation des décisions correspond à celle de Act II, avec le substantif
εἰδωλόθυτον et l'ordre "sang... unions illégitimes". Il faut en conclure que 21,25
est de Act II.[1]

Et puisque les problèmes traités aux vv. 21 et 25 constituent toute la raison
d'être de l'entrevue de Paul avec Jacques, on peut en inférer que c'est toute la
section 21,18-25 qui fut composée par Act II.

c) Au v. 24, Jacques aurait dit à Paul, faisant allusion aux quatre personnes
ayant fait le vœu de naziréat: «Les ayant pris, purifie-toi avec eux...» Et Paul
réalisera ce conseil au v. 26a: «Alors, ayant pris les hommes... purifié avec eux...»
Mais quel sens donner à ce verbe "purifier"? Haenchen[2] a bien vu la difficulté. Il
ne peut pas s'agir d'une façon de désigner le vœu de naziréat, pour trois raisons.
D'abord parce que nous n'avons aucune attestation d'un tel usage du verbe.
Ensuite parce que les quatre personnes que Paul prend avec lui sont déjà des
nazirs. Enfin parce que la durée minima du vœu de naziréat était de 30 jours,
tandis qu'ici ce vœu n'aurait duré que sept jours (v. 27). S'agissait-il alors d'une
de ces purifications destinées à enlever une impureté légale contractée précédemment[3]? On aurait pu l'admettre à la rigueur pour Paul, arrivant de l'étranger.
Mais comment expliquer que chacun des quatre nazirs aient eu besoin de se
purifier, et juste au moment où Paul arrive à Jérusalem? Haenchen pense que la
difficulté du texte provient de ce que l'évangéliste a remanié sa source d'une
façon assez maladroite. Nous le pensons aussi, mais en proposant une solution
différente. Au v. 26, comme nous le verrons plus loin, Act I désignait le vœu de
naziréat par le mot "purification" (ἁγνισμός), repris de Nomb 6,5 (LXX). Act II
n'a pas compris qu'il s'agissait du vœu de naziréat, et il anticipe au v. 24 en
introduisant le verbe "purifier", sans se préoccuper de savoir de quel genre de
purification il pouvait s'agir.

d) La reprise du texte de Act I, après la longue interruption constituée par
le troisième voyage, doit donc être cherchée au v. 26, où il est dit que Paul entre
au Temple pour y accomplir les rites de l'achèvement de son vœu de naziréat,

---

[1] Certains s'étonneront que nous puissions mettre au même niveau rédactionnel 21,25 et 15,29:
ici, Jacques semble apprendre à Paul les décisions que Paul lui-même avait été chargé de porter
à Antioche d'après 15,25. Sur ce problème, voir les réflexions de C. PERROT: "Les décisions de
l'assemblée de Jérusalem", dans RSR 69 (1981) 205. Après avoir noté que les décrets de
l'assemblée de Jérusalem restaient en vigueur à l'époque de Luc, il ajoute à propos de 21,25:
«Au niveau du livre, le rappel en question s'adresse aux lecteurs des Actes... et non pas à Paul!
N'allons pas alors nous projeter au cœur du référent dit événementiel, interprété psychologi-
quement, en déclarant que "Jacques semble presque apprendre à Paul l'existence de la lettre de
15,23-29" (sic la TOB).»

[2] P. 540, note 4 et p. 541, note 1.

[3] Cf. Nomb 19,12; 31,19.24; Jos 3,5; 2 Chron 29,5.34; 30,17.

commencé en 18,18. Mais ce verset fut remanié par Act II en fonction du contexte antérieur, qui est de lui. Il faut en éliminer tout ce qui implique la présence des quatre personnes que Paul a prises avec lui sur les conseils de Jacques. On remarquera d'ailleurs que le début du verset "Alors (τότε) ayant pris les hommes", avec sa note temporelle initiale, est étrange avant la formule "le jour suivant" (τῇ ἐπιούσῃ ἡμέρᾳ) qui devait marquer le commencement du texte de Act I. Voici la reconstitution que nous proposons: «( ) Le jour suivant ( ), il entra dans le Temple en annonçant l'achèvement des jours de la purification jusqu'au moment où serait offerte ( ) une offrande.»

On notera alors la reprise rédactionnelle, plus sensible dans le TA que dans le TO: au début du v. 18 τῇ δὲ ἐπιούσῃ εἰσήμεθα (TA: εἰσήει), et au v. 26 τῇ ἐπιούσῃ ἡμέρᾳ ( ) εἰσήει. Ce verbe ne se lit ailleurs dans le NT qu'en Act 3,3 et Hebr 9,6, au lieu du plus fréquent εἰσέρχεσθαι. Cette reprise rédactionnelle pourrait confirmer l'insertion par Act II des vv. 18-25.

2. Le problème des vv. 18-19

Les vv. 18-19 sont rédigés en style "nous" dans le TO et en style "ils" dans le TA, mise à part l'expression "avec nous". On serait donc tenté d'attribuer ces vv. 18-19 du TO à la fin du Journal de voyage repris par Act II. Mais plusieurs indices font penser que Act II a rédigé ce passage en mettant lui-même le style "nous" pour rester dans la perspective du contexte antérieur. Ce n'est pas la première fois qu'il complète le Journal de voyage en adoptant son style. Notons d'abord la présence des Anciens aux côtés de Jacques (v. 18), qui vont poser le problème des païens convertis comme en 15,2.6.22.23; 15,41 (TO), tous textes de Act II. Nous sommes ici en même contexte, comme nous l'avons dit plus haut. - Au v. 19, Paul rapporte à Jacques et aux Anciens "ce que Dieu avait fait parmi les gentils grâce à son ministère". Mais le Journal de voyage n'a jamais rien dit d'une activité missionnaire de Paul auprès des païens, ce qui est au contraire l'idée principale de Act II. - Signalons aussi quelques notes stylistiques: le verbe διηγεῖσθαι, comme en 9,27, de Act II (cf. 12,17 du Document P; Lc 8,39; 9,10); le terme de "ministère", comme en 20,24 (Act II). C'est donc bien l'ensemble des vv. 18-19 qu'il faut considérer comme une composition de Act II, malgré leur style "nous".

B) PAUL ARRÊTÉ DANS LE TEMPLE
(21,27-30)

Ce récit remonte à Act I mais on peut y discerner quelques modifications faites par Act II et par Act III.

1. Les remaniements de Act III

a) Au début du v. 27, Act III remplace le génitif absolu du TO par une formule commençant par ὡς δέ; il avait agi de même en 7,23, dont la formule initiale reprend celle de 7,30.

b) Au v. 30a, nous avons une amplification du thème exprimé au v. 27: ce n'est pas seulement "toute la foule" se trouvant dans le Temple qui est en émoi, mais "toute la ville", et le peuple accourt. Haenchen a bien vu que ce v. 30a était une addition de l'évangéliste cherchant à donner plus de piquant au récit repris de sa source[1]. Pour nous, cette addition fut faite par Act III qui introduit ici "le peuple" (λαός) afin de constituer l'auditoire devant lequel Paul prononcera son discours au chapitre 22 (cf. 21,36.39.40).

c) À la fin de ce v. 30, Act III a ajouté le détail que "les portes du Temple furent fermées". Si ce détail, attesté dans le seul TA, remontait à Act I, on ne voit pas pourquoi Act II l'aurait supprimé.

2. Les additions de Act II

a) Au début du v. 27, les commentateurs sont perplexes devant l'indication temporelle "Tandis que s'achevait le septième jour"[2]. Certains ont voulu expliquer cette précision en fonction de la fête de la Pentecôte, mentionnée en 20,16; mais on aurait attendu une formule telle que "le septième jour de la fête". D'autres ont renvoyé à Nomb 6,9; mais il s'agit ici d'un cas très particulier: le nazir a été pollué par le contact d'un cadavre, et il doit recommencer à zéro son vœu. Le mieux est de voir ici une addition de Act II dans la ligne des développements qu'il a faits aux vv. 24 et 26 et se référant à Nomb 19,12: «Celui-ci se purifiera le troisième jour et le septième jour et il sera pur.» Encore une fois, Act II ne s'inquiète pas trop de savoir quelle est l'impureté qui a été contractée.

b) À la fin du v. 27, la phrase "et ils mettent les mains sur lui" fait double emploi avec la proposition participiale qui se lira au v. 30 "et s'étant saisi de Paul"; elles sont en effet équivalentes (comparer Mc 14,49 et Lc 22,53). C'est la phrase du v. 27 qui fut ajoutée par Act II. Elle rompt en effet la séquence de Act I "Ils ameutèrent toute la foule ( ) en criant et en disant..." (cf. un jeu de scène semblable en 17,8). Par ailleurs, la proposition participiale du v. 30 est liée au

---

[1] Haenchen ironise sur les essais faits par Zahn et B. Weiss pour justifier historiquement ce double mouvement de foule (p. 548).

[2] Nous avons dit plus haut qu'il fallait préférer le TO au TA, celui-ci résultant d'une correction faite par Act III.

thème de Paul traîné hors du Temple, nécessaire au niveau de Act I car on voit difficilement se passer dans le Temple les événements qui vont suivre (vv. 32ss).

c) Au v. 28, deux accusations sont portées contre Paul. L'une est de portée très générale: c'est lui qui parle partout contre le peuple et contre la Loi et contre ce Lieu; l'autre concerne un fait particulier: il a pollué le saint Lieu en y introduisant un païen. La première accusation reprend les termes de celle qui avait été portée contre Étienne, selon Act I (6,13b). Elle se lisait certainement dans le récit de Act I. Mais la seconde ressemble à un ajout. Au v. 27, en effet, on nous dit seulement que les Juifs d'Asie ont vu Paul dans le Temple; lui seul semble en cause et sa vue suffit à exciter la colère des Juifs. Ce scénario correspond exactement à ce qui s'est passé durant les deux voyages de Paul, selon Act I. Mais pour justifier la seconde accusation, il faut supposer que ces mêmes Juifs d'Asie ont aussi vu Trophime dans le Temple, comme cela est dit au v. 29 qui ressemble fort à une glose venant un peu tard. Notons que Trophime avait déjà été nommé par Act II, en 20,4. Nous pensons donc que les vv. 28b et 29 furent ajoutés par Act II.

C) PAUL SAUVÉ PAR LE TRIBUN
(21,31 - 23,11)

Cette longue section comporte les épisodes suivants. Averti du tumulte dont Paul est la cause, le tribun arrive avec une troupe de soldats, retire Paul de la foule sur le point de le tuer, le fait lier de deux chaînes et ordonne aux soldats de le faire entrer dans la caserne (21,31-34). Mais arrivé sur les marches de la dite forteresse, Paul demande au tribun la permission de parler au peuple en furie. Ce dernier, après un court dialogue avec Paul, donne son autorisation (21,35-40a) et celui-ci se lance dans un long discours au cours duquel il raconte sa conversion sur le chemin de Damas (21,40b-22,21). Mais au moment où il dit comment le Christ l'a chargé d'aller évangéliser les païens (22,21), la foule des Juifs réclame sa mort et le tribun ordonne une seconde fois de le faire entrer dans la caserne (22,24a). Il veut alors le soumettre à la question, par le fouet, afin de savoir la vérité sur toute cette affaire. Mais Paul ayant invoqué son titre de citoyen romain, le tribun renonce à le faire fouetter (22,24b-29). Le lendemain, toujours pour connaître la vérité, le tribun fait comparaître Paul devant le Sanhédrin. Habilement, Paul crée la division entre les membres du tribunal en affirmant sa foi en la résurrection, ce qui provoque une violente discussion entre Pharisiens et Sadducéens (22,30-23,9). Craignant pour la vie de Paul, le tribun ordonne une troisième fois à son armée de conduire Paul dans la caserne (23,10).

Ce long récit n'est pas homogène. Toute la section contenant le discours de Paul et ce qui lui sert de préface (21,35-22,24a) fut insérée par Act III dans le récit de Act II, lequel avait lui-même inséré dans le récit de Act I les épisodes où l'on voit le tribun soucieux de savoir les motifs pour lesquels les Juifs s'en prennent si violemment à Paul (21,32b-34 et 22,24b-23,10a). C'est ce qu'il nous faut montrer maintenant[1].

CA) LES TROIS NIVEAUX

À trois reprises donc, dans ces épisodes mouvementés, le tribun donne l'ordre d'introduire Paul dans la caserne, et, dans les trois cas, un brouhaha de la foule est à l'origine de cet ordre. Mettons les trois textes en parallèle:

21,34	22,23-24	23,9.10b
ἄλλοι δὲ ἄλλα ἐπεφώνουν	κραυγαζόντων τε αὐτῶν	κραυγῆς δὲ γενομένης
...ἐκέλευσεν	...ἐκέλευσεν ὁ χιλίαρχος	...ἐκέλευσεν
		τὸ στράτευμα καταβῆναι
		καὶ ἁρπάσαι αὐτὸν
		ἐκ μέσου αὐτῶν
αὐτὸν ἄγεσθαι	εἰσάγεσθαι	καὶ ἄγειν
εἰς τὴν παρεμβολήν	εἰς τὴν παρεμβολήν	εἰς τὴν παρεμβολήν
mais ils vociféraient (les uns une chose) les autres une autre (chose)	tandis qu'ils vociféraient...	une clameur s'étant produite
... il ordonna	le tribun ordonna	il ordonna à l'armée de descendre et de l'enlever du milieu d'eux
de le conduire dans la caserne	de l'introduire dans la caserne	et de le conduire dans la caserne

Nous sommes en présence d'un triplet littéraire et nous allons montrer que, au niveau de Act II, 22,24b suivait 21,34 tandis que, au niveau de Act I, 23,10bc devait suivre immédiatement 21,32a.

---

[1] Avec quelques hésitations concernant le début et la fin exactes de l'insertion, l'addition par le Rédacteur de toute la section qui va de 21,35 (ou 37) à 22,22 (ou 23, ou 25) a été reconnue, entre autres, par Pott (pp. 57s), Wellhausen (p. 47), Loisy (pp. 808 et 820s), Goguel (p. 301). La solution que nous proposons, plus complexe, pouvait être difficilement envisagée par des commentateurs qui n'admettent qu'une source retravaillée par un unique Rédacteur. Mais Loisy (p. 832) notera à propos de 23,10: «C'est la répétition de l'émeute dans laquelle l'Apôtre a été pris, et l'on peut dire que le récit piétine sur place.»

1. Une insertion faite par Act III (21,35-22,24a)

Prouvons d'abord que le grand discours de Paul devant la foule des Juifs (22,1-23) et la section qui le prépare (21,35-40) sont une insertion faite par Act III dans le récit de Act II. Cette insertion est marquée par la reprise rédactionnelle que constitue 22,24 par rapport à 21,34: pour échapper au tumulte de la foule, le tribun ordonne de faire entrer Paul dans la caserne. Pour mieux suivre notre démonstration, mettons en parallèle les deux composantes de cette reprise rédactionnelle:

21,34	22,23-24
Mais ils vociféraient...	Tandis qu'ils vociféraient...
et comme il ne pouvait pas connaître	
le certain à cause du tumulte,	
il ordonna de le conduire	le tribun ordonna de l'introduire
dans la caserne.	dans la caserne,
	disant de le mettre à la question par le
	fouet afin qu'il sache pour quelle raison
	ils criaient ainsi contre lui.

a) En 22,24b, le tribun ordonne de soumettre Paul à la question afin de savoir pour quel motif la foule crie contre lui. Mais cette procédure ne cadre pas avec le contexte antérieur actuel. Même s'il n'a pu saisir tout le sens du discours de Paul (22,1-22), le tribun sait bien que ce sont ses derniers propos concernant sa mission auprès des païens (22,21) qui ont provoqué la fureur de la foule des Juifs. Faire fouetter Paul ne lui apprendrait rien de plus.

En revanche, une telle procédure se comprend beaucoup mieux en fonction de ce qui est raconté en 21,32-34. Après avoir fait enchaîner Paul, le tribun veut s'enquérir de deux choses: qui est-il et pourquoi ce tumulte contre lui (21,33)? Mais les cris de la foule en furie l'empêchent de connaître la vérité (21,34a); il ordonne donc de conduire Paul dans la caserne (21,34b), puis de le soumettre à la question en le faisant fouetter (22,24b). Mais apprenant que Paul est citoyen romain, il révoque son ordre et le lendemain, toujours pour savoir la vérité sur cette affaire, il fait comparaître Paul devant le Sanhédrin (22,30-23,10a). Toute cette séquence forme une unité thématique dans laquelle s'insère malencontreusement l'épisode de Paul adressant un long discours à la foule (21,35-22,24a).

b) Du point de vue littéraire, 22,24b, complété par 22,30 correspondent exactement à la situation décrite en 21,34:

21,34	22,24b	22,30
	ἵνα ἐπιγνῷ δι' ἣν αἰτίαν	
ἄλλοι δὲ ἄλλα		
ἐπεφώνουν	οὕτως ἐπεφώνουν αὐτῷ	
καὶ μὴ δυναμένου αὐτοῦ		...βουλόμενος
γνῶναι τὸ ἀσφαλές...		γνῶναι τὸ ἀσφαλές...
	afin qu'il sache	
	pour quelle raison	
mais ils vociféraient	ils vociféraient ainsi	
(les uns une chose) les	contre lui	
autres une autre (chose)		
et comme il ne pouvait pas		...voulant
connaître le certain...		connaître le certain...

Le verbe "vociférer" ne se lit ailleurs dans les Actes qu'en 12,22. L'expression que nous avons traduite par "le certain", munie de l'article, ne se lit nulle part ailleurs dans le NT. On comparera aussi avec Lc 1,4: «afin que tu connaisses... la certitude...» (ἵνα ἐπιγνῷς... τὴν ἀσφάλειαν)[1].

On peut donc conclure que le récit de Act II passait directement de 21,34 à 22,24b.

2. Une insertion faite par Act II (21,32b-23,10a)

Voici les arguments qui nous permettent de penser que, au niveau de Act I, 23,10bc devait suivre immédiatement 21,32a.

a) Dans le récit sous sa forme actuelle, 23,10 forme la conclusion de l'épisode de Paul comparaissant devant le Sanhédrin réuni en présence du tribun (23,1-10a). Grâce à son habileté, Paul a réussi, non seulement à diviser l'assemblée, mais encore à s'attirer les sympathies du groupe des Pharisiens qui en viennent à prendre sa défense: «Que trouvons-nous de mal en cet homme? Si un esprit lui avait parlé, ou un ange?» (23,9). Dans ces conditions, les craintes du tribun, exprimées au v. 10b, sont mal fondées: «(Le tribun) craignant que Paul ne fût mis en pièces (μὴ διασπασθῇ) par eux...» Ce dernier verbe, dont le sens est très fort, ne se justifie pas dans ce contexte où la fraction la plus importante du Sanhédrin vient de se déclarer en faveur de Paul.

Il s'explique fort bien, en revanche, si l'on rapproche 23,10bc des événements racontés en 21,27-32a. Les Juifs d'Asie ameutent la foule qui s'empare de Paul et cherche à le tuer en le frappant violemment (v. 31; cf. v. 32b). C'est à ce moment-là que Paul risque d'être mis en pièces (διασπᾶν, 23,10a) par la foule en furie. On comprend alors que le tribun, averti du danger que court un citoyen

---

[1] Mais voir aussi Act 2,36, avec ἀσφαλῶς au lieu de τὸ ἀσφαλές.

romain (21,31), descende avec une troupe de soldats (21,32a) auxquels il ordonne d'arracher (ἀρπάσαι) Paul du milieu de la foule et de le faire entrer dans la caserne où il se trouvera en sécurité (23,10bc).

b) Le début de la lettre que le tribun Lysias adressera plus tard au gouverneur romain de Césarée (23,27) confirme la structure du récit primitif que les analyses précédentes ont permis de dégager. Lysias y fait référence aux circonstances ayant entouré l'arrestation de Paul, donc aux événements racontés en 21,30ss. Mettons ces deux passages en parallèle[1]:

21-23		23,27
21,27	...les Juifs d'Asie...	cet homme
30	ayant saisi Paul...	saisi par les Juifs
31	Tandis qu'ils cherchaient	et allant
	à le tuer,	être supprimé par eux,
	avis (en) parvint au tribun...	
32	qui aussitôt, ayant pris des soldats	
	et des centurions, accourt à eux	survenant
23,10b	Craignant que Paul ne fût mis	
	en pièces par eux,	
	il ordonna à l'armée ( )	avec l'armée,
	de l'enlever (ἀρπάσαι)	je l'ai retiré (ἐρυσάμην).
	du milieu d'eux.	

La lettre de Lysias suppose un récit dans lequel 23,10bc suivait immédiatement 21,32a. Le mot "armée" (στράτευμα) ne se lit dans les Actes que dans ces deux passages. Par ailleurs, le verbe "je l'ai retiré" évoque l'idée d'arracher quelqu'un à un danger violent et correspond au verbe attesté en 23,10 beaucoup mieux qu'au pâle "se saisit de" (ἐπελάβετο) utilisé en 21,33[2]. Par ailleurs, cette lettre de Lysias ne fait aucune allusion au discours que Paul aurait tenu devant le peuple en 22,1-22.

c) Du point de vue littéraire, on notera en 21,34 la formule ἄλλοι... ἄλλα qui ne se lit ailleurs dans tout le NT qu'en Act 19,32, un texte que nous avons attribué à Act II. Ce v. 34 doit donc être de Act II et non pas de Act I.

---

[1] Nous donnons les textes tels qu'ils se lisent actuellement dans les Actes, sans tenir compte des analyses littéraires qui seront faites plus loin pour éliminer du récit de Act I certains ajouts de Act II. Le problème traité ici n'en serait pas modifié.

[2] On pourrait raisonner de même à partir de la façon dont l'avocat Tertullus présente les événements racontés en 21,27ss, selon Act 24,6-7 (TO).

CB) LE RÉCIT DE ACT I

Ce récit ne comportait que les vv. 31-32a du chapitre 21 et le v. 10bc du chapitre 23.

a) À la fin du v. 31, la phrase "Vois donc qu'ils ne fassent une émeute", attestée dans le seul TO, est une addition de Act II. Le mot "émeute" (στάσις), en effet, ne se lit ailleurs que dans des textes que nous avons attribués (15,2; 19,40) ou que nous attribuerons (23,7.10a; 24,5) à Act II. Par ailleurs, l'impératif "vois" se retrouvera en 22,26 (TO), texte qui, nous l'avons dit, doit être de Act II.

Il reste que, au niveau de Act I, la phrase "Jérusalem est en confusion" fait difficulté. D'une part, elle suppose l'addition par Act III du v. 30a, selon lequel l'émeute s'est étendue à toute la ville. D'autre part, Jérusalem y est désignée par le nom Ἰερουσαλήμ alors que l'on aurait attendu Ἱεροσόλυμα au niveau de Act I. Voici alors la solution que nous proposons. Selon Act II, lorsque le tribun écrira une lettre au gouverneur romain pour lui expliquer ce qui s'est passé, il affirmera que Paul proclamait son titre de citoyen romain au moment où il était menacé de mort par la foule (23,27, TO). Ceci contredit ce que Act II nous dit en 22,25-26: c'est seulement après l'arrestation de Paul que le tribun aurait appris sa qualité de citoyen romain, au moment où on s'apprêtait à lui donner la question par le fouet (22,25-26). En 22,25-26 et en 23,27, Act II aurait transposé, en le réinterprétant, un détail du récit de Act I qui se lisait en 21,31. On pourrait alors supposer, en 21,31-32a, un texte de Act I qui avait cette forme: «Tandis qu'ils cherchaient à le tuer, [criant et affirmant être romain] (cf. 23,27), avis (en) parvint au tribun ( ) qui aussitôt, ayant pris des soldats et des centurions, accourut à eux.» On notera que, dans cette hypothèse, le relatif qui commence le v. 32 est beaucoup mieux en situation[1].

b) En 23,10bc, il faut supprimer du texte de Act I l'expression "descendre et" puisque d'après 21,32 l'armée est déjà sur place; elle fut ajoutée par Act II.

CC) LE RÉCIT DE ACT II

1. L'arrestation de Paul (21,32b-34)

La première section ajoutée par Act II ne pose pas de problème spécial; les quelques menues variantes entre le TO et le TA peuvent s'expliquer par l'activité des scribes. On notera seulement, au début du v. 34, le changement de

---

[1] On explique d'ordinaire la différence de perspective entre 21,31 et 23,27 en disant que, dans sa lettre au procurateur romain, le tribun a voulu se donner le beau rôle, tout en évitant de dire qu'il avait été sur le point de faire flageller un citoyen romain (22,25-26).

ἄλλο en ἄλλα, qui pourrait ne remonter qu'au TO² (D SyrH Chr) étant donné le parallèle de 19,32.

2. L'interrogatoire de Paul (22,24b-29)

La section concernant l'interrogatoire de Paul a été quelque peu retouchée par Act III. Outre des variantes de détails, voici les retouches les plus importantes.

a) Notons d'abord deux retouches stylistiques. Au v. 27, dans la rédaction de Act II (TO) le tribun pose à Paul une question introduite par la conjonction "si" (εἰ σὺ Ῥωμαῖος εἶ;), ce qui est un sémitisme. Act III a grécisé cette construction en remplaçant la conjonction par l'expression "dis-moi". - Au début du v. 28, Act II (TO) avait employé la formule "répondant... il dit", inspirée de la Septante et qui lui est familière (4,19; 5,29; 8,24.34.37). Act III la remplace par un simple "il répondit", qu'il a utilisé en 22,8 et qu'il semble affectionner (TA: 11,9; 15,13; 21,13; 25,12).

b) Au v. 29, l'activité de Act III est plus difficile à comprendre. Nous avons essayé de l'expliquer en donnant le sens du récit de Act III. Rappelons seulement ici l'incohérence de ce récit: le tribun est effrayé parce qu'il a chargé de liens un citoyen romain (v. 29) et c'est seulement le lendemain qu'il le fait délier (v. 30)!

3. Paul comparaît devant le Sanhédrin (22,30-23,10a)

N'ayant pu obtenir les renseignements qu'il voulait puisqu'il doit renoncer à soumettre Paul à la question par le fouet, le tribun décide de recourir à une autre procédure: il va faire comparaître Paul, le lendemain, devant le Sanhédrin[1].

a) Un certain nombre de détails confirment que ce récit est bien, fondamentalement, de Act II. En 22,30, comme nous l'avons dit plus haut, les expressions "voulant connaître le certain" reprennent celles de 21,33, de Act II. - Au v. 6, Paul affirme: «Je suis Pharisien, fils de Pharisien.» Il déclarera de même devant Agrippa, dans un texte que nous attribuerons à Act II: «... j'ai vécu... en Pharisien» (26,5). Ce sont les deux seuls textes des Actes où Paul revendique la qualité de "Pharisien", comme il le fait en Phil 3,5; cet écho d'une lettre de Paul est bien dans la manière de Act II. - Enfin, au v. 10a, les mots "comme s'était produite une grande agitation" rappellent ceux de 15,2, un texte que nous avons attribué à Act II "s'étant produites agitation et vive discussion..."

---

[1] Cette scène est généralement reconnue comme un ajout du Rédacteur. Cf. Spitta (pp. 264ss), Jüngst (p. 181), Pott (p. 58), Wellhausen (p. 47), Loisy (pp. 824ss), Goguel (p. 303).

b) Mais le texte de Act II semble avoir été surchargé par Act III. L'addition la plus importante est constituée par l'épisode du grand prêtre qui fait frapper Paul sur la bouche (23,1-5). On notera en effet que le v. 6b "(Paul), sachant que... s'écria dans le Sanhédrin: Hommes (mes) frères..." ressemble fort à un doublet du v. 1a: «Paul, ayant regardé fixement le Sanhédrin, dit: Hommes (mes) frères...» Après le v. 1, il était inutile de rappeler que Paul cria "dans le Sanhédrin". Cette répétition est d'autant plus anormale que le mot "Sanhédrin" revêt deux sens différents: au v. 1, il désigne les membres qui constituent le Sanhédrin tandis qu'au v. 6 il s'agit du lieu où se réunissait cet organisme religieux. De même, la répétition de l'interjection "Hommes (mes) frères", à quelques versets d'intervalle, est anormale. Nous aurions donc une sorte de reprise littéraire, mais inversée, et l'on peut conjecturer l'addition des vv. 1-5 par Act III.

Au point de vue stylistique, la construction du verbe ἀτενίζειν avec le datif (v. 1a) est normale au niveau de Act III (3,12 TA), mais pourrait convenir aussi à Act II (10,4; 14,9) tandis que Act I aurait mis l'accusatif précédé de εἰς. Il faut noter surtout la citation de Ex 22,27 faite en 23,5. Elle est introduite par la formule "car il est écrit" (γέγραπται γάρ), qui ne se lit ailleurs qu'en 1,20, un texte que nous avons attribué à Act III (cf. le même verbe, mais sans la conjonction, en 7,42, de Act III, et en 13,33, de Act I). Par ailleurs, la façon de citer l'Écriture est la même qu'en 1,20. Ici, le texte de l'Exode a le pluriel: «Tu ne maudiras pas les chefs de ton peuple»; mais Act 23,5 a le singulier, car le texte est cité en référence au grand prêtre. De même en 1,20, le psaume 69,26 a le texte au pluriel: «Que leur campement devienne désert et que personne n'habite dans leurs demeures»; mais Act 1,20 met le texte au singulier puisqu'il se réfère à Judas: «Que son campement devienne désert, et que personne n'habite en elle.» C'est le même auteur qui a cité l'Écriture en 1,20 et en 23,5; or nous avons attribué 1,20 à Act III; 23,5 doit donc être aussi de Act III. Précisons enfin que, au v. 3, il faut garder l'expression κατὰ τὸν νόμον (cf. 22,12; 24,14; deux textes de Act III); c'est par haplographie qu'elle manque dans quelques témoins du TO.

c) Il faut encore attribuer à Act III le v. 9. Comme nous l'avons dit en donnant le sens du récit de Act III, la finale "Si un esprit lui avait parlé, ou un ange" renvoie aux événements racontés par Paul au chapitre 22, soit à la vision de Paul sur le chemin de Damas, soit plutôt à l'apparition qu'il dit avoir eue à Jérusalem (22,17-21). Puisque tout ce discours du chapitre 22 est de Act III, il faut lui attribuer aussi la rédaction du v. 9. On a noté d'ailleurs que les mots "esprit" et "ange" n'avaient pas le même sens au v. 9 et au v. 8. - Au début du v. 9, la forme que nous avons attribuée au TO pourrait n'être qu'un arrangement du texte fait par le palimpseste de Fleury.

4. Le Seigneur apparaît à Paul (23,11)

Il faut enfin attribuer à Act II la vision que Paul aurait eue, selon 23,11. Au niveau de Act I, Paul n'a encore porté aucun témoignage au Christ. En revanche, sa comparution devant le Sanhédrin, introduite par Act II, est un témoignage en faveur de la résurrection en général (23,6), et donc indirectement en faveur de la résurrection du Christ. On notera la forme Ἰερουσαλήμ, héritée de la Septante et typique de Act II.

D) COMPLOT DES JUIFS CONTRE PAUL
(23,12-22)

Toute cette section est une composition de Act II[1] qui reprend et amplifie le thème d'un complot contre Paul qu'il lisait dans le récit de Act I, en 25,1-3.

1. Act II transpose un texte de Act I

Act II a anticipé et amplifié le récit de Act I qui se lit en 25,1-3. Cette conclusion s'appuie sur les faits littéraires suivants.

a) Ce récit du complot des Juifs contre Paul est très lourd, assez pénible à lire. Le v. 14 reprend presque littéralement les données du v. 12 concernant le vœu de tuer Paul. Au v. 18, le centurion redit au tribun les paroles que Paul lui a dites au v. 17. Aux vv. 20-21, le neveu de Paul redit au tribun tout ce que nous avons appris des vv. 14-15. On a l'impression de piétiner quelque peu. Nous sommes loin des récits sobres, alertes, auxquels Act I nous a habitués. Ajoutons que toute tentative pour alléger le récit s'avère assez vite sans espoir: elle nous obligerait à reconstituer des textes de façon tout à fait arbitraire.

b) Le style de plusieurs passages de ce morceau favorise l'hypothèse d'une rédaction faite par Act II.
Au v. 14, le couple "grands prêtres et Anciens" indique la main de Act II qui transforme l'expression de 25,2 (Act I) "grands prêtres et notables des Juifs" en "grands prêtres et Anciens", comme il le fera en 25,15. Presque partout ailleurs, en effet, c'est lui qui a introduit le titre de "Ancien" dans les récits des Actes[2].

---

[1] Loisy (pp. 838ss), suivi par Goguel (pp. 305-307), admet que Paul fut réellement transféré de Jérusalem à Césarée, mais tout le récit du complot fomenté par les Juifs serait du Rédacteur.

[2] Les "Anciens" des Juifs: 4,5.8; 24,1; 25,15. Les "Anciens" des chrétiens: 14,23; 15,2.6.22.23; 15,41 (TO); 21,18 (cf. 11,30, de Act I; 15,4, de Act III mais par influence de 15,2.6; 20,17 du Journal de voyage).

Au v. 15, la séquence qui se lit dans le TO: συναγαγόντες + substantif à sens collectif + verbe principal, se lisait déjà en 14,27 et 15,30, deux textes que nous avons attribués à Act II:

23,15: συναγαγόντες τὸ συνέδριον ἐμφανίσατε
14,27: συναγαγόντες τὴν ἐκκλησίαν ἀπήγγειλαν
15,30: συναγαγόντες τὸ πλῆθος ἐπέδωκαν

23,15: ayant réuni le Sanhédrin, signifiez...
14,27: ayant réuni la communauté, ils annoncèrent...
15,30: ayant réuni la foule, ils remirent...

Le v. 16 a même structure littéraire que 22,26, que nous avons attribué à Act II:

23,16 ἀκούσας δὲ... παραγενόμενος εἰς τὴν παρεμβολὴν ἀπήγγειλεν τῷ Παύλῳ
22,26 τοῦτο ἀκούσας... προσελθὼν τῷ χιλιάρχῳ ἀπήγγειλεν αὐτῷ (TO)

23,16 or ayant entendu... étant arrivé dans la caserne il (l')annonça à Paul...
22,26 ayant entendu cela... s'étant approché du tribun il lui annonça...

Le v. 19 offre des contacts stylistiques, et avec 9,27 sous sa forme TO, et avec 21,33, ces deux textes ayant été rédigés par Act II:

23,19: ἐπιλαβόμενος δὲ τῆς χειρὸς αὐτοῦ   ayant pris sa main
9,27: ἐπιλαβόμενος αὐτὸν τῆς χειρός   lui ayant pris la main

23,19: ἐπυνθάνετο... τί ἐστιν   il s'informait... qu'est-ce...
21,33: ἐπυνθάνετο... καὶ τί ἐστιν   il s'informait... et qu'est-ce...

De telles formules ne se retrouvent nulle part ailleurs dans les Actes.

Comparons enfin le v. 22 à 5,40b (TO), un texte de Act II:

23,22: ἀπέλυσε τὸν νεανίσκον παραγγείλας μηδενὰ γνῶναι ὅτι...
5,40b: ἀπέλυσαν παραγγείλαντες μὴ λαλεῖν τινί...

23,22: il renvoya le jeune homme, ayant ordonné que personne ne sache...
5,40b: ils (les) renvoyèrent leur ayant ordonné de ne parler à personne...

On voit que le style de Act II se reconnaît tout au long des versets 14 à 22. L'ensemble du récit doit donc être attribué à Act II et non pas à Act I.

c) Bien que la formulation littéraire soit différente, il est clair que le récit de 23,12-22 n'est que le démarquage, notablement amplifié, du thème du complot contre Paul que l'on retrouvera en 25,1-3, un récit que nous attribuerons à Act I.

Pour faire ressortir ce fait littéraire, mettons en parallèle, d'une part les vv. 14-16 et 20-21 du chapitre 23, selon le TO, et d'autre part les vv. 2b-3 du récit du chapitre 25:

25,2-3b	23,14-16	23,20-21
	προσελθόντες	
	τοῖς ἀρχιερεῦσιν καὶ	
	τοῖς πρεσβυτέροις εἶπαν...	
ἐνεφάνισαν δὲ	ἐμφανίσατε τῷ χιλιάρχῳ	
οἱ ἀρχιερεῖς καὶ		
οἱ πρῶτοι τῶν Ἰουδαίων		τοῖς Ἰουδαίοις συνεφωνήθη
κατὰ τοῦ Παύλου		
καὶ παρεκάλουν αὐτόν...		ἐρωτῆσαί σε
ὅπως μεταπέμψηται αὐτὸν	ὅπως καταγάγῃ αὐτὸν	ὅπως καταγάγῃς τὸν Παῦλ.
εἰς Ἱεροσόλυμα	εἰς ὑμᾶς...	εἰς τὸ συνέδριον...
	ἡμεῖς δὲ ἔτοιμοί ἐσμεν	εἰσὶν γὰρ... ἔτοιμοι.
ἔνεδρον ποιοῦντες		
ἀνελεῖν αὐτὸν	τοῦ ἀνελεῖν αὐτόν...	τοῦ ἀνελεῖν αὐτόν.
κατὰ τὴν ὁδόν.		
	ἀκούσας δὲ...	
	τὸ ἔνεδρον αὐτῶν...	
	s'étant approchés	
or les grands prêtres et	des grands prêtres et	
	des Anciens, ils dirent...	
		il a été convenu
les notables des Juifs		par les Juifs
requirent	requérez du tribun	
contre Paul		
et ils le priaient...		de te demander
qu'il le fasse venir	qu'il l'amène	que tu amènes Paul
à Jérusalem	à vous...	au Sanhédrin,
	mais nous, nous sommes prêts	ils sont... prêts
faisant une embuscade		
pour le supprimer en chemin.	à le supprimer...	à le supprimer.
	ayant entendu (parler)	
	de leur embuscade...	

Il est clair que le schéma de 25,2-3 est repris dans la rédaction des vv. 14-16 et 20-21 du chapitre 23. Voici donc comment nous proposons de reconstituer l'évolution des récits, de Act I à Act II. Mais pour le faire, il faut anticiper les analyses que nous ferons dans la suite du chapitre 23 et au chapitre 24.

Au niveau de Act I, les Juifs espéraient pouvoir éliminer Paul lors de l'incident du Temple (21,18ss), mais ils en ont été empêchés par l'intervention du tribun qui le fait mettre en sûreté dans la caserne (21,31-32a suivis de 23,10bc), puis le fait transférer à Césarée et le remet à la juridiction du gouverneur romain (23,23-25.31-33). Tout le chapitre 24, nous le verrons, fut composé par Act II. La suite du texte de Act I doit donc se lire en 25,1-3: les Juifs demandent au gouverneur romain de faire transférer Paul de Césarée à Jérusalem, espérant pouvoir le tuer en route en organisant une embuscade. Telle était la séquence des événements au niveau de Act I. Mais, nous venons de le dire, Act II a ajouté au récit de sa source tous les événements racontés au chapitre 24. L'embuscade dont avait parlé Act I en 25,1-3 se trouve maintenant repoussée beaucoup trop loin dans le temps, puisqu'elle aurait eue lieu deux ans plus tard (24,27). Act II imagine donc une nouvelle embuscade en composant le récit de 23,13-22, en partie calqué sur celui de 25,1-3. Elle sera déjouée grâce à l'intervention du neveu de Paul.

2. Les remaniements de Act III

a) Au v. 15, Act II avait écrit: «Maintenant donc, nous vous le demandons, ...ayant réuni le Sanhédrin, requérez du tribun qu'il vous l'amène comme si vous alliez examiner ce qui le concerne.» Sur la suggestion des comploteurs, le Sanhédrin va donc se réunir pour exprimer au tribun le désir de mieux examiner l'affaire, Paul étant présent. Act III a jugé qu'une telle requête était peu plausible puisque, la veille, le tribun avait déjà réuni le Sanhédrin pour tirer l'affaire au clair, sans succès étant donné la discussion qui s'était élevée entre Pharisiens et Sadducéens à propos du problème de la résurrection (22,30-23,10a). Il remanie donc le texte en supprimant la mention explicite d'une nouvelle réunion du Sanhédrin: «Maintenant donc, vous, requérez du tribun, avec le Sanhédrin, qu'il vous l'amène comme si vous alliez examiner plus exactement ce qui le concerne.» Ce n'est plus le Sanhédrin qui prend l'initiative d'intervenir auprès du tribun, mais les grands prêtres et les Anciens mentionnés au v. 14.

b) C'est Act III qui a introduit dans le récit la mention du nombre des conjurés: plus de quarante (vv. 13 et 21); les scribes ont ensuite complété le TO en conséquence. L'argument principal nous sera donné dans l'épisode suivant: Act III éprouvera le besoin de faire accompagner Paul à Césarée par une escorte imposante (23,23 TA) en raison précisément du grand nombre des conjurés. En 23,21, le TO primitif ne devait pas avoir cette mention des quarante comploteurs, qui s'insère mal entre le verbe "ils sont" et les mots "prêts à le supprimer". Cette anomalie apparaît mieux quand on compare ce v. 21 à la fin du v. 15, où l'on a la phrase "Nous sommes prêts à le supprimer". On devait avoir aussi au v. 21: «Toi donc, n'aie pas confiance, car ils sont ( ) prêts à le supprimer.» Act III en a profité pour remanier profondément ce v. 21, mettant en évidence, à la fin du verset, le fait que les conjurés sont prêts à agir, ce qui va justifier d'autant plus les précautions que le tribun va prendre selon le v. 23.

c) Du point de vue stylistique, on notera qu'à deux reprises Act III a changé le style indirect de Act II en style direct (vv. 19 et 22). Nous rencontrerons un nouveau cas dans la section suivante.

E) PAUL EST ENVOYÉ À CÉSARÉE
(23,23-35)

La section suivante contient trois parties: le tribun confie à deux centurions le soin de conduire Paul à Césarée (23,23-25a); sous la forme qu'il revêt dans le TO, ce récit remonte à Act I, avec quelques retouches de Act II; mais Act III (TA) a développé le récit dans le sens d'une véritable expédition militaire. La seconde partie est constituée par la lettre que le tribun envoie au gouverneur romain Félix (23,25b-30); elle fut composée par Act II. Quant à la dernière partie, elle raconte l'arrivée de Paul et de son escorte à Césarée (23,31-35). Le noyau en remonte à Act I, mais le texte fut amplifié par Act II.

1. Le tribun décide d'envoyer Paul à Césarée (23,23-25a)

a) La suite du récit, non seulement au niveau de Act II (24,1ss), mais aussi au niveau de Act I (25,1ss), suppose que Paul se trouve à Césarée; l'envoi de Paul dans cette ville par le tribun remonte donc, pour l'essentiel, à Act I. À la fin du v. 24, le nom du gouverneur a été ajouté par Act II[1]; dans le récit de Act I, le gouverneur romain était Festus, que l'on retrouvera en 25,1ss.

b) Il faut attribuer à Act I la rédaction du v. 25a, bien qu'il ne soit attesté que par le seul TO. Ce v. 25a serait totalement inutile après les détails du complot donnés aux vv. 14-22, et c'est pourquoi ils ont été supprimés par Act III. En revanche, ils sont nécessaires au niveau de Act I pour expliquer pourquoi le tribun envoie Paul à Césarée, où il se trouvera en sécurité. Le tribun connaît l'acharnement des extrémistes juifs, et il craint une épreuve de force de leur part pour s'emparer de Paul et le tuer.

c) Ayant précisé dans l'épisode précédent que le complot contre Paul comprenait plus de quarante personnes, Act III a remanié le texte de ses sources en faisant du transfert de Paul de Jérusalem à Césarée une véritable expédition militaire: les deux centurions seront accompagnés de deux cents soldats, de soixante-dix cavaliers et de deux cents hommes d'armes (v. 23 TA)[2]. Ici encore

---

[1] L'addition pourrait être aussi de Act III, comme au v. 26.

[2] Loisy (p. 843), suivi par Goguel (p. 306), a bien vu l'invraisemblance d'un tel déploiement de force, imaginé, pense-t-il, par le Rédacteur.

(cf. 23,19 et 22), Act III a introduit dans le récit le style direct tandis que Act I, repris par Act II, avait le style indirect.

2. La lettre du tribun au gouverneur Félix (vv. 25b-30)

a) Cette lettre est une composition de Act II[1]. Au niveau de Act I, en effet, une lettre du tribun Lysias au gouverneur romain était superflue. Après l'arrivée de Paul à Césarée (23,33a), la suite du récit de Act I se lisait en 25,1ss. Or, d'après 25,2, c'est à Jérusalem et non à Césarée que les Juifs se constituent accusateurs de Paul. Là, le gouverneur romain avait pour ainsi dire le tribun Lysias sous la main et il pouvait apprendre de lui tout ce qui s'était passé. En revanche, cette lettre de Lysias prépare la comparution de Paul devant Félix (24,1ss), un récit composé par Act II. Il est donc logique d'attribuer la composition de cette lettre à Act II.

b) La majeure partie de la lettre rapporte des faits que seul Act II a raconté ou va raconter: la comparution de Paul devant le Sanhédrin (vv. 28-29; cf. 22,30ss) et l'ordre donné aux accusateurs de Paul de venir s'expliquer devant le gouverneur (v. 30; cf. 24,1ss). Il est vrai que le v. 27 raconte l'arrestation de Paul en tenant compte d'une donnée qui ne se lisait que dans Act I: sur le point d'être lynché par la foule, Paul criait qu'il était citoyen romain (cf. la restitution du texte que nous avons donnée en 21,31). Mais il était difficile pour Act II de faire avouer par le tribun comment, selon son récit (22,25-26), il avait appris que Paul était citoyen romain: c'était au moment où il avait donné l'ordre de le flageller! Act II a donc repris ici un détail de la rédaction de Act I, comme si le tribun se donnait le beau rôle d'avoir sauvé un citoyen romain en péril de mort.

c) Act III a légèrement modifié la lettre afin de la rendre plus conforme aux événements. À la fin du v. 27, il supprime le détail de Paul se proclamant citoyen romain au moment de son arrestation. D'une façon plus générale, il écrit seulement que Lysias est venu sauver Paul "ayant appris qu'il était romain". Act III ne fait que reprendre la formule qui se lisait en 22,29.

Au v. 29, il supprime la mention de Moïse et le nom de Jésus puisqu'il n'en avait pas été fait mention dans la séance du Sanhédrin.

Au v. 30, selon Act II, Lysias donne comme seul motif de l'envoi de Paul à Césarée le désir qu'il a de confier au gouverneur le jugement d'un cas délicat concernant un citoyen romain. La peur qu'il avait eue d'un coup de force des Juifs pour s'emparer de Paul n'était pas tellement glorieuse pour lui, et il préfère n'en rien dire à Félix. Act III rétablit la vérité en ajoutant la mention du complot des Juifs, au début du v. 30 (TA).

---

[1] Loisy (p. 844) et Goguel (p. 306) attribuent la composition de cette lettre au Rédacteur.

3. L'arrivée de Paul à Césarée (23,31-35)

a) Au niveau de Act I, la fin de ce récit ne comportait que les vv. 31-33, sous la forme qu'ils ont dans le TO. Mais le v. 33 ne devait pas mentionner la remise de la lettre au gouverneur, et l'on peut restituer un texte tel que "ils vinrent à Césarée et ( ) ils présentèrent Paul au procurateur". Act III (TA) a complété ces versets pour tenir compte de l'escorte imposante qu'il a introduite au v. 23.

b) Les vv. 34-35 ne peuvent pas remonter à Act I puisqu'ils se réfèrent à la lecture de la lettre de Lysias par le gouverneur Félix, et que cette lettre ne fut composée que par Act II. Ils doivent donc être eux aussi de Act II. On notera également que le v. 35 annonce la scène qui sera décrite en 24,1ss, une composition de Act II comme nous le verrons plus loin.

A) COMPARUTION DE PAUL DEVANT FÉLIX
(24,1-23)

1. Un récit de Act II

Un certain nombre d'arguments permettent de penser que ce récit fut composé par Act II, et non par Act I.

a) Aussi bien Tertullus que Paul font allusion à des événements antérieurs que Act II a ajoutés aux récits de Act I. Ainsi, Tertullus accuse Paul d'avoir essayé de profaner le Temple (v. 6a) et Paul s'en défend (v. 18). Une telle accusation reprend celle qui avait été formulée par les Juifs d'Asie en 21,28b, mais qui fut ajoutée par Act II. De même, aux vv. 20-21, Paul renvoie ses auditeurs à l'épisode de sa comparution devant le Sanhédrin (22,30ss); le v. 21 est même une reprise quasi littérale de 23,6. Mais ce récit fut composé par Act II. On peut en conclure que le récit de la comparution de Paul devant Félix est une composition de Act II. Ajoutons un détail littéraire. En 21,27, Act I avait donné "les Juifs d'Asie" comme étant à l'origine des troubles contre Paul. Or 24,19, qui renvoie à ce passage, parle seulement de "certains Juifs d'Asie". Cette façon d'innocenter l'ensemble des Juifs en disant que le mal fait à Paul ne fut provoqué que par certains d'entre eux est typique de Act II (cf. 18,6; 23,12 TO).

b) Aux chapitres 23-24, nous sommes en présence de la séquence suivante: les Juifs projettent une embuscade contre Paul en profitant de ce que le tribun le fera transférer d'un lieu dans un autre (23,12ss); puis Paul comparaît devant le gouverneur romain Félix mais ses ennemis ne peuvent rien prouver de ce dont ils l'accusent (24,1ss; cf. 24,12-13). Nous lisons une séquence analogue en 25,1ss. Les Juifs projettent une embuscade contre Paul en profitant de ce que le gouverneur romain le fera transférer de Césarée à Jérusalem (25,2-3); puis Paul comparaît devant le gouverneur Festus et ses ennemis ne peuvent rien prouver contre lui (25,6ss; cf. 25,7b). Mais nous avons vu que, au chapitre 23, l'embuscade projetée par les Juifs contre Paul n'était qu'un dédoublement, amplifié, fait par Act II, de l'embuscade semblable racontée par Act I au chapitre 25. Il y a donc de fortes chances pour que la comparution de Paul devant le gouverneur Félix, racontée au chapitre 24, ne soit elle aussi qu'un dédoublement, fait par Act II, de la comparution de Paul devant le gouverneur Festus racontée au chapitre 25.

Cette déduction se trouve confirmée par la comparaison stylistique que l'on peut faire entre 25,2 d'une part et 23,15 complété par 24,1 d'autre part; mettons les textes en parallèle:

25,2-3	23,15	24,1
		κατέβη
		ὁ ἀρχιερεὺς Ἀνανίας
		μετὰ ῥήτορος Τερτύλλου
ἐνεφάνισαν δὲ	ἐμφανίσατε	οἵτινες ἐνεφάνισαν
	τῷ χιλιάρχῳ	τῷ ἡγεμόνι
οἱ ἀρχιερεῖς καὶ		
οἱ πρῶτοι τῶν Ἰουδαίων		
κατὰ τοῦ Παύλου		κατὰ τοῦ Παύλου
καὶ παρεκάλουν αὐτόν...	[ἐρωτῆσαί σε, v. 20]	
ὅπως μεταπέμψηται αὐτὸν	ὅπως καταγάγῃ αὐτὸν	
εἰς Ἱεροσόλυμα...	εἰς ὑμᾶς...	
les grands prêtres		le grand prêtre Ananie
et les notables des Juifs		descendit avec un avocat,
		Tertullus,
requirent	requérez	qui requirent
	du tribun	auprès du procurateur
contre Paul		contre Paul...
et ils le priaient,	[de te demander: v. 20]	
demandant une faveur de lui,		
qu'il le fasse venir	qu'il l'amène	
à Jérusalem...	à vous...	

Il est clair que 23,15 et 24,1 se complètent pour donner un parallèle stylistique très étroit à 25,2-3. Si donc, nous l'avons vu plus haut, 23,15 est une composition de Act II qui ne fait que démarquer 25,2-3, un texte de Act I, nous pouvons légitimement conclure que 24,1 ne fait, lui aussi, que démarquer 25,2 et doit être de Act II.

c) En analysant le sens du récit, nous avons vu que ce récit de la comparution de Paul devant Félix imitait celui de la comparution de Jésus devant Pilate. Ce parallèle entre Paul et Jésus fut systématisé par Act II, et non par Act I.

d) Plusieurs passages de ce récit sont marqués par le style et le vocabulaire pauliniens, ce qui dénote plutôt une activité littéraire de Act II, voire de Act III (cf. *infra*), mais non de Act I. On relève: au v. 2 le substantif "providence" (πρόνοια) ailleurs seulement en Rom 13,14, que l'on rapprochera aussi du verbe "prévoir" (προνοεῖν), propre à Paul (Rom 12,17; 2 Cor 8,21; 1 Tim 5,8). - Au v. 3, l'expression "avec action de grâces" (μετὰ εὐχαριστίας) comme en 1 Tim 4,3.4 et Phil 4,6 (le substantif "action de grâces" se rencontre 12 fois dans les épîtres de Paul). - Au v. 4, le verbe "importuner" (ἐγκόπτειν), comme en Rom 15,22; Gal 5,7; 1 Thess 2,18 (cf. aussi 1 Pi 3,7). - Le substantif "patience" (ἐπιεικία), ailleurs seulement en 2 Cor 10,1, que l'on rapprochera de l'adjectif "patience" (ἐπιεικής), utilisé en Phil 4,5; 1 Tim 3,3; Tit 3,2. - Au v. 15, l'expression "avoir espoir" (ἐλπίδα ἔχειν) est presque exclusivement paulinienne (Rom 15,4; 2 Cor 3,12; 10,15; Eph 2,12; 1 Thess 4,13; mais aussi 1 Jn 3,3). - Au v. 16, le terme "irréprochable" (ἀπρόσκοπος) ne se lit ailleurs qu'en 1 Cor 10,32 et Phil 1,10. - Quant à l'expression "avoir conscience" (συνείδησιν ἔχειν), elle n'est employée ailleurs qu'en 1 Tim 1,19; 3,9 et 2 Tim 1,3. On peut même se demander dans quelle mesure ce dernier texte n'aurait pas inspiré la rédaction de Act 24,14b.16. - Enfin au v. 23, l'expression "avoir de la souplesse" (ἔχειν ἄνεσιν) ne se lit ailleurs qu'en 2 Cor 2,13 et 7,5 (pour le substantif seul, cf. 2 Cor 8,13; 2 Thess 1,7).

Ces arguments cumulatifs nous permettent de conclure que, dans son ensemble, le récit de la comparution de Paul devant le gouverneur Félix est une composition de Act II. C'est un démarquage du texte dans lequel Act I racontera la comparution de Paul devant le gouverneur Festus, en 25,6ss. Bien entendu, en reprenant ce récit de Act I, Act II supprime tout ce qui a trait à la demande de Paul d'être jugé à Rome, devant le tribunal de l'empereur (25,10-13); une telle demande serait prématurée dans la nouvelle perspective chronologique qu'il nous donne en introduisant le personnage du gouverneur Félix.

2. L'activité littéraire de Act III

Sans nous arrêter aux détails, voyons dans quelle mesure Act III a modifié le texte hérité de Act II.

a) Au v. 5, le texte donné par le TO est certainement authentique. D'une part, en effet, l'expression "notre nation", absente du TA, correspond à celle de Lc 23,2, texte dont s'est inspiré Act II (cf. tome II, p. 334). Par ailleurs, la structure de la séquence propre au TO a son équivalent exact en Act 19,26, un texte que nous avons attribué à Act II:

19,26:   οὐ μόνον τῆς Ἐφέσου ἀλλὰ καὶ σχεδὸν πάσης τῆς Ἀσίας
24,5:   οὐ μόνον τῷ ἔθνει ἡμῶν ἀλλὰ σχεδὸν πάσῃ τῇ οἰκουμένῃ

19,26:   non seulement d'Éphèse, mais encore de presque toute l'Asie
24,5:   non seulement à notre nation, mais à presque tout le (monde) habité

Le TA donne donc une correction du texte de Act II par Act III. L'activité soi-disant néfaste de Paul ne se serait exercée qu'envers les Juifs.

b) Act III a supprimé du récit de Act II les vv. 6b-7, attestés dans le seul TO. Selon Act II (TO), Tertullus propose à Félix d'interroger le tribun Lysias pour se faire confirmer les accusations qu'il porte contre Paul. Au début du v. 8, en effet, le relatif "auprès duquel" a pour antécédent le sujet de la phrase qui précède: "le tribun Lysias" (v. 7). C'est de fait vers cette solution que s'orientera Félix au terme de l'audience, pour temporiser: «Quand le tribun descendra, je statuerai sur l'affaire» (v. 22a). Toutefois, Lysias ne semble jamais être descendu à Césarée et toute l'affaire fut laissée à la diligence du successeur de Félix, Festus (chap. 25). Ne serait-ce pas pour tenir compte de cette suite des événements que Act III a voulu omettre les vv. 6b-7? Dans sa rédaction, l'antécédent du relatif placé au début du v. 8 n'est plus le tribun, mais Paul dont il était question aux vv. 5-6a. Et c'est effectivement à Paul que Félix va donner la parole.

c) Il faut attribuer à Act III l'addition du v. 9. Selon ce texte, les Juifs approuvent les paroles de Tertullus. Mais d'après le v. 1 (TO), seuls le grand prêtre et Tertullus étaient descendus à Césarée pour accuser Paul devant le gouverneur romain. C'est Act III qui a ajouté la présence d'un certain nombre d'Anciens (TA). Cette addition et celle du v. 9 sont solidaires l'une de l'autre. Ajoutons un détail stylistique. Ce v. 9 contient le participe φάσκοντες; or ce verbe ne se lit ailleurs dans les Actes qu'en 25,19 et dans le seul TA (= Act III) où il remplace un ἔλεγεν de Act II.

d) Les vv. 14-16 font l'effet d'un ajout qui rompt le fil du discours entre les vv. 13 et 17. Aux vv. 11-13, puis 17-19, Paul rappelle les conditions dans lesquelles les Juifs d'Asie s'en sont pris à lui lorsqu'il était dans le Temple (cf. 21,27ss), et il affirme combien étaient fausses les accusations formulées contre lui à ce moment-là. Mais aux vv. 14-16, c'est le problème de la résurrection qui est en cause, comme si les Juifs d'Asie reprochaient à Paul, avant tout, de proclamer sa foi en la résurrection des morts. Au point de vue du thème, cet ajout est analogue à celui que fera à nouveau Act III en 26,6-8. Notons que, au v. 15, Paul parle de la résurrection "des justes et des injustes". Cette croyance en la résurrection des justes et des injustes ne semble pas attestée dans le judaïsme contemporain de la première génération chrétienne. Dans le NT, la seule attestation claire en dehors de notre texte est Jn 5,28-29. Tout ceci pourrait être un indice de la rédaction tardive du v. 15.

Ces vv. 14-16 contiennent plusieurs mots ou expressions attestés avec une certaine fréquence dans d'autres passages que nous avons attribués à Act III. Au v. 14, le terme de "Voie", pour désigner métaphoriquement le christianisme, se lisait déjà en 9,2 et 22,4, deux textes que nous avons attribués à Act III (cf. encore 19,9.23). L'emploi du terme, en 24,22, est lié à celui de 24,14 (cf. *infra*). - Le mot "secte" (αἵρεσις) est moins typique, mais il se lisait en 5,17 dans une glose de Act III. - Le verbe "servir" (λατρεύειν) se lisait en 7,42, un texte de Act III. - L'adjectif "paternel" (πατρῷος) a déjà été utilisé en 22,3 (Act III) et ne se retrouvera plus qu'en 28,17. - Le participe τὰ γεγραμμένα ("ce qui a été écrit") a son équivalent en 13,29, un texte attesté dans le seul TA et qui est de Act III. - Enfin la formule "selon la Loi" (κατὰ τὸν νόμον) est propre à Act III (cf. 22,12 et 23,3; en 24,6, c'est une addition de scribe). - Au v. 16, le terme "conscience" (συνείδησις) ne se lit ailleurs dans les Actes qu'en 23,1, au début du récit de la séance devant le Sanhédrin (Act III).

e) En liaison avec l'insertion des vv. 14-16, il faudrait admettre aussi deux autres additions de Act III.

Au v. 5c, l'accusation selon laquelle Paul serait "chef de file de la secte des Nazôréens" fait l'effet d'une addition. Les premières accusations sont d'ordre politique, tandis que celle-ci a une tonalité nettement religieuse. Paul répondra à cette accusation précisément dans les vv. 14-16, où l'on retrouve le terme de "secte" religieuse (v. 14).

Dans le même sens, la précision donnée au v. 22 "(Félix) connaissant très exactement ce qui concernait la Voie" ne peut être que de Act III, car elle se réfère à la déclaration de Paul faite aux vv. 14-16, avec le même terme de "Voie" pour désigner le christianisme, terme qui, nous l'avons dit plus haut, ne se lit ailleurs que dans des textes de Act III. On remarquera par ailleurs que les expressions insérées séparent anormalement le verbe "ajourna" du participe "en disant" (opposer: 7,26.27.35.40; cf. 22,24 et les nombreux cas avec le participe au présent).

f) Il faut enfin attribuer à Act III l'addition des vv. 20-21, qui font référence à la comparution de Paul devant le Sanhédrin, racontée en 22,30-23,10. En analysant le discours de Paul au chapitre 26, nous verrons combien Act III insiste sur le fait que Paul est mis en jugement en raison de sa foi en la résurrection, sans se préoccuper du fait que les Pharisiens croyaient en la résurrection des morts et ne pouvaient donc pas reprocher à Paul cette croyance (cf. 26,6-8). C'est déjà ce thème qui est évoqué ici, aux vv. 20-21. Deux détails stylistiques confirment l'attribution à Act III de ces versets. Au début du v. 20, l'expression "ceux-ci eux-mêmes" (αὐτοὶ οὗτοι) se lisait déjà au v. 15, dans un texte que nous venons d'attribuer à Act III. On la retrouvera encore en 25,25, au singulier et au génitif, mais dans le seul TA (remaniement dû à Act III). Au v. 21, le terme de "résurrection" est suivi du déterminatif "des morts", comme en 23,6, mais dans le seul TA tandis que le TO n'a pas le déterminatif.

B) L'INTERVENTION DE DRUSILLA

(24,24-27)

1. Un récit de Act II

Puisque le récit de la comparution de Paul devant le gouverneur Félix est de Act II, les entretiens de Félix et de Drusilla avec Paul, qui en forment la suite, doivent être aussi de Act II. Quelques indices le confirment.

a) Le parallélisme entre Paul et Jésus, commencé dans l'épisode précédent, se poursuit ici, comme nous l'avons montré en exposant le sens du récit. Ce fait souligne la parenté entre les deux épisodes, qui doivent donc être du même auteur, Act II.

b) Le v. 26 a des affinités littéraires avec l'épisode de Simon le magicien, que nous avons attribué à Act II. Le terme "argent" ne se lit qu'ici et en Act 8,18.20.

c) Dans ce petit récit, on trouve de nouveau quelques affinités avec le vocabulaire et le style de Paul. Au v. 24, la formule "au sujet de la foi dans le Christ" (περὶ τῆς εἰς Χριστὸν πίστεως) a son équivalent en Col 2,5: "la solidité de votre foi dans le Christ" (τὸ στερέωμα τῆς εἰς Χριστὸν πίστεως ὑμῶν)[1]. Au v. 25, outre le terme très paulinien de "justice", on relève le mot "continence" (ἐγκράτεια); ce terme ne se lit ailleurs qu'en Gal 5,23 et aussi en 2 Pi 1,6; mais on tiendra compte aussi des mots voisins "être continent" (1 Cor 7,9; 9,25) et "continent" (Tit 1,8).

2. Les remaniements de Act III

a) Au v. 27, Act II (TO) disait que Félix laissa Paul en prison à cause de Drusilla, donc parce que Drusilla le lui avait demandé. Act III (TA) change le texte en s'inspirant de 25,9a.14b: Félix laisse Paul en prison "voulant faire plaisir aux Juifs". On notera la différence de style, qui indique la main de Act III: en

---

[1] Ce fait littéraire doit être complété par cet autre cas: en 26,18, un texte également de Act II, on aura la formule "par la foi, celle en moi" (πίστει τῇ εἰς ἐμέ), que l'on rapprochera, pour la place de l'article, des formules "par la foi, celle en Christ Jésus" (ἐν πίστει τῇ ἐν Χριστῷ Ἰησοῦ).

25,9, pour dire "plaisir" il y avait la forme χάριν, conforme au style de Lc/Act (Lc 1,30; 17,9; Act 2,47; 7,10.46; 11,23; 25,3); mais en 24,27 Act III (TA) introduit la forme hellénistique χάριτα, attestée seulement en Jude 4. Ce remaniement de Act III a pour but de souligner la culpabilité des Juifs: ils désirent que Paul reste en prison bien qu'il n'ait fait l'objet d'aucune condamnation.

b) Act III avait déjà estompé l'importance de Drusilla au v. 24. Selon Act II, c'est Drusilla qui désire voir et entendre Paul, et en fait la demande à son mari Félix. Dans le récit de Act III (TA), toute l'initiative vient de Félix, et Drusilla n'est là que comme simple spectatrice.

C) PAUL DEVANT FESTUS
(25,1-12)

1. Un récit de Act I

a) Au niveau de Act I, le récit de la comparution de Paul devant le gouverneur romain Festus, à Césarée, forme le lien normal et nécessaire entre l'arrivée de Paul dans cette ville, envoyé par le tribun Lysias (23,33), et son embarquement pour Rome (27,1).

b) Du point de vue stylistique, le texte est assez neutre. On notera cependant la forme ῾Ιεροσόλυμα pour dire "Jérusalem", qui revient à quatre reprises (vv. 1,3,7,9, celle du v. 3 n'ayant été conservée que par le seul TO), tandis que Act II aurait employé plutôt ᾽Ιερουσαλήμ (cf. 24,11). - Plus caractéristique est la formule "les Juifs de Jérusalem" (v. 7 TO)[1], typique du style de Act I (17,13; 21,27 repris sous une forme un peu différente par Act II en 24,19).

2. Les additions de Act II

a) Quelques additions de Act II doivent être admises en fonction des analyses précédentes: au v. 1, la précision que Festus monte à Jérusalem "ayant fait son entrée dans la province"; à la fin du v. 3, le thème du vœu accompli par les conjurés (dans le seul TO; cf. 23,12ss, de Act II); enfin le v. 8, qui fait référence à 21,27-29 relu par Act II (cf. aussi Lc 23,2). Les caractéristiques stylistiques en faveur d'une attribution à Act II sont rares. Notons seulement, au v. 1, le terme de "province" (ἐπαρχεία) qui ne se lit ailleurs dans tout le NT qu'en Act 23,34, un passage que nous avons attribué à Act II.

---

[1] L'addition du participe καταβεβηκότες, dans le TA, est une leçon facilitante due, soit à Act III, soit à un scribe.

b) Mais on peut attribuer aussi à Act II la rédaction des vv. 10b-11a. Ces deux demi-versets font l'effet d'une insertion entre l'affirmation de Paul au v. 10a: «Je me tiens devant le tribunal de César; où il me faut être jugé», et sa demande formulée au v. 11b: «J'en appelle à César.» La phraséologie est d'ailleurs celle de Act II. La formule "faire quelque chose méritant la mort (ou la prison)" ne se lit ailleurs qu'au niveau de Act II (23,29; 25,25; 26,31; 28,18). Le thème de "ne pas refuser de mourir" avait déjà été exprimé en 21,13, de Act II. Enfin, en dehors de ce texte, le verbe "accuser" (κατηγορεῖν) ne se lit qu'une fois au niveau de Act I (25,5) mais sept fois dans les textes de Act II (22,30; 24,2.8.13.19; 25,16; 28,19).

3. Une retouche de Act III

On remarquera que, au v. 8, Act III a changé le style indirect de ce verset en style direct (cf. 23,19.22.23).

D) L'INTERVENTION DU ROI AGRIPPA
(25,13-26,32)

Dans l'épisode précédent, de Act I, Paul a comparu devant le gouverneur romain Festus et, pour échapper à la haine des dirigeants juifs, il a demandé de comparaître devant le tribunal de l'empereur, ce qui implique son envoi à Rome. Cette demande lui a été accordée par Festus: «Tu en as appelé à César, tu iras à César» (25,12). Mais l'embarquement de Paul pour Rome ne sera raconté qu'au début du chapitre 27. Entre temps, le roi Agrippa est arrivé à Césarée avec sa sœur Bérénice. Il a d'abord un entretien avec Festus, qui le met au courant du cas de Paul. Agrippa lui exprime alors le désir de voir Paul (25,13-22). Suit un long récit racontant la comparution de Paul devant Agrippa, en présence de Festus, comparution qui donne à Paul l'occasion de raconter une nouvelle fois sa vie de persécuteur des chrétiens, puis sa conversion lors de l'épisode du chemin de Damas (25,23-26,29). Finalement, tout le monde s'accorde pour reconnaître l'innocence de Paul; mais il est impossible de lui rendre sa liberté puisqu'il en a appelé à César (26,30-32).

Nous retrouvons donc, en finale, le thème de l'appel à César par lequel se terminait le récit précédent (25,12). Ne serions-nous pas en présence d'une reprise rédactionnelle, indice possible que tout ce qui concerne l'intervention du roi Agrippa pourrait être une insertion dans un récit de Act I, lequel passait directement de 25,12 à 27,1 (TO)? C'est effectivement ce que l'analyse des textes va confirmer. Cette hypothèse aura en outre l'avantage d'attribuer les divers récits de la conversion de Paul à chacun de nos trois niveaux rédactionnels. Nous avons vu en effet que le récit du chapitre 9 remontait, pour l'essentiel, à Act I et

que celui du chapitre 22 avait été composé par Act III; rien de plus normal alors
que d'attribuer la rédaction du troisième récit (26,1ss) à Act II.

DA) FESTUS ET AGRIPPA
(25,13-22)

Analysons d'abord le récit de l'arrivée du roi Agrippa à Césarée, en
compagnie de Bérénice, et de son entrevue avec Festus (25,13-22). Il fut composé
par Act II.

a) Lors de la première entrevue d'Agrippa avec Festus, celui-ci donne au
roi un compte rendu des événements qui viennent de se dérouler à Jérusalem et à
Césarée, événements racontés en 25,1-12 dans un récit que nous avons attribué à
Act I. L'exposé fait par Festus suit pas à pas le récit fait en 25,1-12, comme nous
l'avons montré en donnant le sens du récit.

b) Ce parallélisme est souligné par une certaine identité de vocabulaire.
Voici les passages les plus caractéristiques:

Act 25	Act 25
1 Φῆστος δὲ... ἀνέβη εἰς Ἱεροσόλυμα ἀπὸ Καισαρείας	15 ...γενομένου μου εἰς Ἱεροσόλυμα
2 ἐνεφάνισαν δὲ οἱ ἀρχιερεῖς καὶ οἱ πρῶτοι τῶν Ἰουδαίων κατὰ τοῦ Παύλου καὶ παρεκάλουν αὐτὸν	ἐνεφάνισαν οἱ ἀρχιερεῖς καὶ οἱ πρεσβύτεροι τῶν Ἰουδαίων
3 αἰτούμενοι χάριν παρ' αὐτοῦ...	αἰτούμενοι κατ' αὐτοῦ καταδίκην
6 ...καθίσας ἐπὶ τοῦ βήματος ἐκέλευσεν τὸν Παῦλον ἀχθῆναι	17 ...καθίσας ἐπὶ τοῦ βήματος ἐκέλευσα ἀχθῆναι τὸν ἄνδρα
9 ... εἶπεν τῷ Παύλῳ· θέλεις εἰς Ἱεροσόλυμα ἀναβὰς ἐκεῖ περὶ τούτων κριθῆναι ἐπ' ἐμοῦ	20 ...ἔλεγον εἰ βούλοιτο πορεύεσθαι εἰς Ἱεροσόλυμα κἀκεῖ κρίνεσθαι.

1 Or Festus... monta à Jérusalem	15 Tandis que je fus à Jérusalem,
2 Or les grands prêtres et les notables des Juifs requirent contre Paul et ils le priaient,	les grands prêtres et les Anciens des Juifs m'ont requis
3 demandant une faveur de lui.	demandant condamnation contre lui.
6 ...assis au tribunal il ordonna que Paul fût amené	17 ...assis au tribunal j'ai ordonné que fût amené l'homme
9 ...il dit à Paul: «Veux-tu,	20 ...je disais s'il voulait

étant monté à Jérusalem	aller à Jérusalem
y être jugé devant moi	et y être jugé.
sur ces (choses)?	

Cette façon de démarquer le récit de Act I (25,1-12) correspond à la façon de procéder de Act II telle que nous l'avons constatée dans les chapitres précédents. En 23,14ss, Act II avait repris les données du récit de 25,2-3 pour composer un premier récit selon lequel les Juifs avaient projeté d'organiser une embuscade contre Paul lorsqu'on le transférerait d'un endroit dans un autre. En 24,1ss, Act II avait repris les données du récit de 25,1-2.7ss pour composer le récit de la comparution de Paul devant le gouverneur Félix. De même ici, il reprend les données de 25,1-12 pour rédiger l'entretien que Festus a avec le roi Agrippa pour le mettre au courant des récents événements concernant Paul.

c) D'ailleurs, les divergences entre nos deux textes s'expliquent par l'activité rédactionnelle de Act II telle que nous l'avons constatée aux chapitres 24 et 25.

Au v. 14, Festus commence par dire à Agrippa: «Un homme a été laissé par Félix enchaîné.» Cette phrase, qui suppose les événements racontés au chapitre 24, et plus spécialement en 24,27, ne peut être que de Act II puisque c'est lui qui a composé le chapitre 24.

Au v. 15, au lieu de la formule "les notables des Juifs" (25,2), on a "les Anciens des Juifs". Or en 23,14 Act II avait remplacé ce mot "notable" par "Anciens" (cf. p. 270). On aurait ici la même réaction stylistique. On remarquera de plus que, ici seulement dans les Actes, le mot "Anciens" est suivi de la précision "des Juifs", indice que la formule utilisée dans ce v. 15 est bien dérivée de celle qui se lit en 25,2: "les notables des Juifs".

Aux vv. 15b-16, le texte du récit s'écarte notablement de celui de 25,3-5, mais c'est en raison de l'activité littéraire précédente de Act II. En 25,3 en effet, les Juifs demandent à Festus de transférer Paul de Césarée à Jérusalem afin de pouvoir lui tendre une embuscade sur la route. Mais ce thème avait déjà été réutilisé par Act II pour composer la scène de 23,12ss. Il doit donc ici le remplacer par un autre thème: les Juifs demandent à Festus, non plus de transférer Paul d'un endroit à un autre, mais de prononcer contre lui un jugement de condamnation. Act II se trouve alors obligé de changer aussi la suite du texte. En 25,4-5, dans le récit de Act I, Festus refusait la demande des Juifs en déclarant que Paul allait rester à Césarée, et que c'étaient les Juifs qui devaient descendre dans cette ville s'ils voulaient accuser Paul. En 25,16, Festus déclare qu'il ne peut pas condamner un homme sans avoir entendu sa défense.

On le voit, tout porte à croire que le récit rédigé par Act I en 25,1-12 fut repris par Act II, et en 23,12ss pour composer l'épisode de l'embuscade projetée contre Paul, et en 24,1ss pour rédiger le récit de la comparution de Paul devant

Félix, et en 25,13ss pour composer l'entretien dans lequel Festus met le roi Agrippa au courant des événements qui viennent de se passer concernant Paul.

d) Un autre argument en faveur de la composition par Act II de l'ensemble 25,13-22 est la présence de notes pauliniennes dans le style du morceau. Au v. 14, le verbe "exposer" (ἀνατίθεσθαι) ne se lit ailleurs qu'en Gal 2,2. - Au v. 16, l'expression "recevoir la faculté d'une défense" pourrait faire allusion à 2 Tim 4,16. - Mais surtout, on rapprochera les propos de Festus au v. 18 "ils ne portaient aucun motif mauvais, comme je (le) soupçonnais" (ὡς ὑπενόουν πονήραν), de la description donnée en 1 Tim 6,4 de celui qui n'accueille pas l'enseignement du Christ: «C'est... un ignorant en mal de questions (ζητήσεις) oiseuses ou de querelles de mots; de là viennent... les soupçons malveillants (ὑπόνοιαι πονηραί).» Le mot "question" (ζήτησις) se lira en 25,20 dans la bouche de Festus. - Enfin, au v. 19, l'opposition "mort (τεθνηκότος)... vivant", appliquée au Christ, rejoint la thématique paulinienne "mourir (ἀποθνήσκειν)... vivre", si fréquente dans ses lettres (Rom 6,2.10; 8,13; 14,7-9; 2 Cor 5,15; 6,9; Gal 2,19-21; Phil 1,21; Col 2,20; 3,3; 1 Thess 4,14; cf. Jn 6,58 et surtout 11,25-26).

DB) PRÉSENTATION DE PAUL À AGRIPPA
(25,22-27)

Pris entre deux pièces composées par Act II: le rapport fait par Festus à Agrippa sur le prisonnier Paul (25,13-21) et l'apologie de Paul devant ce roi (26,1ss), le présent récit ne peut être que de Act II ou de Act III. En dépit d'un vocabulaire et d'un style assez neutre, il n'y a aucune raison de refuser à Act II la rédaction de ce passage, et les divergences assez nombreuses entre le TO et le TA renforcent cette conclusion: Act III a repris et modifié un texte de Act II. En exposant le sens du récit, nous avons vu quelles furent les intentions de Act II en rédigeant ce récit.

DC) LE DISCOURS DE PAUL
(26,1-32)

La comparution de Paul devant Agrippa est constituée, pour l'essentiel, par un long discours apologétique de Paul, composé avec art (26,1-29). Après l'avoir entendu, Agrippa et Festus reconnaissent que Paul est innocent et que l'affaire aurait pu se terminer par un non-lieu si Paul n'en avait pas appelé à César (26,30-32). L'ensemble de ce passage est une composition de Act II, à laquelle Act III aurait ajouté les vv. 6-8, 10b-11a, 20b et 21-23. Essayons de préciser ces divers points.

1. Une composition de Act II

En exposant le sens du discours de Paul devant Agrippa, nous avons vu qu'il "historicisait" les données fournies par Paul sur sa conversion, en Gal 1,11-17. Par ailleurs, il nous donne un résumé des idées maîtresses de Act II. Tout cet ensemble ne peut remonter qu'à Act II. Ajoutons ici quelques remarques annexes.

a) L'exorde flatteur du discours adressé au roi Agrippa (26,2-3) rappelle celui non moins flatteur de Tertullus, puis de Paul, dans leur discours au gouverneur Félix (24,2-3.10), discours que nous avons attribué à Act II. On comparera spécialement 24,10 et 26,3 (TO):

24,10: ὄντα σε κριτὴν... ἐπιστάμενος
26,3:   γνώστην ὄντα σε... ἐπιστάμενος

24,6:   sachant... que tu es juge
26,3:   sachant... que tu es au courant

b) Signalons quelques particularités stylistiques. Dans les premiers versets de ce passage, voici un certain nombre de mots ou d'expressions qui ne se lisent ailleurs que dans des textes de Act II. Aux vv. 1, 2 et 24, le verbe "faire sa défense" (19,33; 24,10; 25,8). - Aux vv. 2 et 7, le verbe "accuser" (ἐγκάλειν; 19,38.40; 23,28.29). - Au v. 3, le mot "question" (ζήτημα; 15,2; 23,29; 25,19; cf. 18,15 de Act II). - Au v. 4, le mot ἔθνος pour désigner la nation juive (24,2.10.17; 28,19; cf. 10,22b, de Act III). - Au v. 5, Paul déclare qu'il appartenait au parti des Pharisiens, comme en 23,6. Tout ce début ne peut être que de Act II. Comme la suite en dépend étroitement, elle doit être aussi de Act II.

Signalons encore le cas du v. 19. L'adjectif "incrédule" (ἀπειθής) ne se lit ailleurs dans le NT qu'en Lc 1,17; Rom 1,30; 2 Tim 3,2; Tit 1,16; 3,3. - L'adjectif "céleste", en dehors de la formule matthéenne stéréotypée "le Père céleste", ne se lit qu'ici et en Lc 2,13 dans tout le NT. - Le substantif "vision", sous la forme ὀπτασία, ne se lit ailleurs qu'en Lc 1,22; 24,23 et 2 Cor 12,1. Les principaux contacts littéraires sont donc avec l'évangile de l'enfance de Lc, avec l'épisode des disciples d'Emmaüs (Lc 24,23) et avec les épîtres pastorales. Tout ceci convient bien au style de Act II.

Sans pousser plus avant ces analyses stylistiques, on peut conclure que le discours de Paul en 26,1-29 est une composition de Act II. On en dira de même de la scène qui termine ce discours, en 26,30-32. Ceci confirme ce que nous avions pressenti depuis longtemps: le thème de l'appel fait par Paul au tribunal de César, exprimé déjà en 25,12 dans le récit de Act I, se retrouve en 26,32 sous forme de reprise rédactionnelle dans la rédaction de Act II. Les deux textes introduisent le voyage par mer de Paul vers Rome (27,1ss), qui nous a été transmis, nous le verrons, sous deux formes différentes: l'une qui remonte à Act I (TO) et l'autre au Journal de voyage en style "nous" (TA) que Act II a largement utilisé ailleurs.

2. L'activité littéraire de Act III

Outre des retouches de détail, dont il est souvent difficile de préciser si elles sont dues à Act III ou à l'activité de quelque scribe, on peut attribuer à Act III les remaniements suivants.

a) Act III a ajouté les vv. 6-8 dans lesquels Paul affirme que, s'il est mis en jugement, c'est en raison de sa croyance en la résurrection, bien que cette croyance soit conforme à la tradition juive. Ces vv. 6-8 rompent la séquence normale entre les vv. 5 et 9, de Act II. C'est parce qu'il était Pharisien, appartenant à la plus stricte secte juive (v. 5), que Paul s'était mis à persécuter les chrétiens (v. 9). Pour rédiger cette séquence des vv. 5 et 9, Act II s'était référé à Phil 3,5-6, texte dans lequel Paul, après avoir rappelé ses origines juives, précise qu'il était: «...quant à la Loi, un Pharisien; quant au zèle, un persécuteur de l'Église.» C'est de cette séquence que s'inspirera Act III lorsqu'il rédigera le passage parallèle de 22,3-4: «...instruit aux pieds de Gamaliel selon toute l'exactitude de la Loi des pères, zélateur comme vous l'êtes aujourd'hui. Et j'ai persécuté cette Voie, enchaînant et livrant à la prison des hommes et des femmes...» Qu'il s'agisse de la source utilisée par Act II (Phil 3,5-6) ou de la rédaction faite par Act III (22,3-4) sur le texte de Act II, il n'y a pas de place pour le développement sur le thème de la résurrection. Nous avons d'ailleurs vu, en donnant le sens du récit, que c'est Act III qui attacha une telle importance au thème de la résurrection dans les attaques des Juifs contre Paul.

b) La description de l'activité de Paul contre les chrétiens, aux vv. 10-11, semble surchargée, spécialement avec la mention du pouvoir reçu des grands prêtres (v. 10b) qui reviendra au v. 12 à propos de Damas. Par ailleurs, les expressions des vv. 10b-11a sont proches de celles qui se lisent dans le passage parallèle de 22,5c.19-20, de Act III:

Act 26,10b-11	Act 22
	20b καὶ αὐτὸς ἤμην ἐφεστὼς
	καὶ συνευδοκῶν
	καὶ φυλάσσων τὰ ἱμάτια
ἀναιρουμένων τε αὐτῶν	τῶν ἀναιρούντων αὐτόν...
κατήνεγκα ψῆφον	
	19 ἐγὼ ἤμην φυλακίζων καὶ δέρων
καὶ κατὰ πάσας τὰς συναγωγὰς	κατὰ τὰς συναγωγὰς
	τοὺς πιστεύοντας ἐπὶ σέ.

πολλάκις τιμωρῶν αὐτοὺς
ἠνάγκαζον βλασφημεῖν...

5c ἄξων... εἰς Ἰερουσαλὴμ
ἵνα τιμωρηθῶσιν.

20b moi aussi j'étais présent
et d'accord avec eux
et gardant les manteaux
de ceux qui le supprimaient.

et tandis qu'ils étaient suprimés
j'ai apporté (mon) suffrage.

19 j'emprisonnais
et battais
de par les synagogues
ceux qui croient en toi.

et par toutes les synagogues,

5c pour amener liés à Jérusalem
afin qu'ils soient châtiés...

souvent, en les châtiant
je (les) forçais de blasphémer.

On notera que l'expression "par les synagogues" et le verbe "châtier" ne se lisent nulle part ailleurs dans le NT.

Nous proposons donc de restituer le texte de Act II aux vv. 10-11 sous cette forme plus courte: «...ce que précisément je fis à Jérusalem, et j'ai enfermé en prisons beaucoup de saints ( ). Or, excessivement en fureur contre eux, je (les) poursuivais jusque dans les villes du dehors.»

c) Au v. 20, Act III a ajouté les mots "d'abord et à Jérusalem et dans toutes les villes de Judée". Nous avons vu que, pour composer le discours de Paul, Act II avait "historicisé" les données de Gal 1,11ss. Mais cette mention d'une prédication à Jérusalem, aussitôt après celle faite à Damas, ne s'accorde pas avec Gal 1,17, où Paul dit formellement qu'après sa conversion il n'est pas monté à Jérusalem. Il est difficile d'attribuer une telle contradiction à Act II. D'ailleurs, tout ce récit de la conversion de Paul a pour but de légitimer sa vocation d'apôtre des païens. Or le v. 20 le montre exerçant son activité à Jérusalem et dans toutes les villes de Judée. Ce n'est pas dans la ligne fondamentale du discours de Paul. Nous avons donc là une additon faite par Act III; pour lui, Paul fut l'apôtre des Juifs aussi bien que des païens.

d) Il faut encore attribuer à Act III la rédaction des vv. 21-23. Le contexte antérieur parle de la vocation de Paul comme apôtre des païens. D'après le v. 21, c'est "à cause de cela" que Paul fut arrêté par les Juifs dans le Temple. Ce thème n'apparaît pas dans le récit de 21,27-28. En revanche, il fut introduit par Act III en 22,21-22: dès que Paul affirme qu'il est envoyé vers les païens, les Juifs réclament sa mort. Ici donc, le v. 21 doit être aussi de Act III.

Le v. 23 fait difficulté. En 13,47, un texte de Act II, Paul s'applique l'oracle de Is 49,6.9: «Voici (que), lumière, je t'ai établi parmi les gentils.» Ce thème est repris implicitement en 26,18, comme nous l'avons dit en exposant le sens du discours de Paul. Or, au v. 23, c'est le Christ qui doit "annoncer la lumière au peuple et aux gentils". Il est difficile de mettre au même niveau les textes de 13,47 et de 26,18 d'une part, et celui de 26,23 d'autre part. Ce dernier doit donc être de Act III.

On aura noté au passage que, en ce v. 23, le Christ apporte la lumière "<u>au</u> <u>peuple</u> et aux gentils". Cet intérêt pour l'évangélisation du peuple juif est en dehors des perspectives du discours de Paul. C'est une preuve de plus que ce v.23 fut ajouté par Act III. On peut alors se demander si, au v. 17, la mention du "peuple", assez étrange, n'aurait pas été ajoutée par Act III avant celle des nations païennes.

Remarquons enfin que, au v. 26, Act III (TA) ajoute au texte de Act II les mots "Car cela n'a pas été accompli dans un recoin". Le démonstratif ne peut renvoyer qu'à un fait précis et de notoriété publique. Ce ne peut être que la "passion" de Jésus, voire sa résurrection, évoquée au v. 23. Ce v. 23 aurait donc été ajouté par Act III en même temps que la fin du v. 26.

À la fin du v. 22, il faut garder dans la rédaction de Act III la formule "car il est écrit dans Moïse" (cf. 1,20; 7,42), bien qu'elle soit attestée dans le seul TO. La formule du TA est due à une correction de scribe constatant que le Pentateuque ne contient aucune allusion à la mort et à la résurrection du futur Messie.

XXVI. DE CÉSARÉE À ROME
(27,1-28,16)

PRÉLIMINAIRES

Paul ayant fait appel à César, le gouverneur romain Festus l'envoie à Rome sous la garde d'un centurion, avec quelques autres prisonniers. Ce voyage va s'effectuer par mer. Embarqués à Césarée, les voyageurs, après un long détour par les côtes d'Asie Mineure, arrivent en Crète où, malgré les avis de Paul, ils se décident à changer de port. Surpris par la tempête, ils ne sont plus maîtres du navire qui, finalement, s'échoue quelque part sur les côtes de l'île de Malte. Ils passent l'hiver dans cette île, bien reçus par les indigènes du pays, puis s'embarquent à nouveau pour arriver enfin à Rome. L'ensemble forme un récit très vivant, plein de détails pittoresques, mais qui pose un certain nombre de problèmes. Nous allons voir que, en fait, nous nous trouvons en face d'un récit complexe, dans lequel se mêlent deux traditions différentes, l'une rédigée en style "nous" et l'autre en style "ils". Pour mieux sérier les difficultés, occupons-nous d'abord exclusivement du récit sous sa forme TA; nous verrons ensuite comment il se présente sous sa forme TO, puis nous tirerons quelques conclusions qui nous aideront à reconstituer les deux formes primitives du récit: l'une en provenance du Journal de voyage (style "nous") et l'autre de Act I (style "ils")[1].

1. Le récit selon le TA

a) Du point de vue du style, le récit tel qu'il se présente dans le TA n'est pas homogène. Tout le début, depuis l'embarquement à Césarée jusqu'à l'arrivée à Bons-Ports, en Crète (27,1-8) est rédigé en style "nous" et doit donc provenir du Journal de voyage. On peut en dire autant de la dernière partie du récit, concer-

---

[1] La critique littéraire de ce voyage par mer a été à peine ébauchée par les commentateurs. La tendance générale est à exclure du récit primitif les sections où Paul intervient. Notons simplement la position de Trocmé (p. 137) en ce qui concerne l'activité de l'auteur des Actes. Il n'attribue au Journal de voyage que 27,1-8 et 28,7-16. Le reste serait de l'auteur des Actes qui, témoin oculaire, aurait "donné des événements de ces journées de tempête une description conventionnelle, dans un style romanesque, imité de tel ou tel écrivain à la mode".

nant le séjour à Malte, puis le voyage de Malte jusqu'à Rome (28,1-16). En revanche, à l'exception du v. 37, toute la section qui va du v. 33 au v. 44, comportant le repas pris sur les instances de Paul (vv. 33-36), les dernières mesures prises pour sauver le navire (vv. 38-41), enfin l'arrivée en catastrophe sur le rivage de l'île de Malte (vv. 41-44), est exclusivement rédigée en style "ils". En particulier, la description du repas, que beaucoup tiennent pour une célébration eucharistique, ne peut absolument pas provenir du Journal de voyage (cf. surtout les vv. 35-36). On notera encore que, aux vv. 13-31, dans lesquels est décrite la tempête, style "nous" et style "ils" s'enchevêtrent de façon assez peu cohérente, souvent dans la même phrase. Le moins que l'on puisse dire est que, si le fonds du récit remonte au Journal de voyage, il aurait été fortement remanié et amplifié par le rédacteur final (pour nous par Act II); ce point est admis par nombre de commentateurs.

b) Mais, même à ne considérer que le TA, le problème se complique du fait de la présence de doublets jouant en partie sur la différence entre style "nous" et style "ils". On notera d'abord la fin des vv. 15 et 17: «ayant laissé (aller), nous étions emportés (ἐφερόμεθα)» - «ainsi ils étaient emportés (ἐφέροντο)». Plus typique encore est le doublet formé par les vv. 17b et 29a:

17b: φοβούμενοί τε μὴ... ἐκπέσωσιν... οὕτως ἐφέροντο
29a: φοβούμενοί τε μὴ... ἐκπέσωμεν... ηὔχοντο

17b: et craignant qu'ils ne tombassent... ainsi ils étaient emportés
29a: et craignant que nous ne tombassions... ils priaient

En raison de ces doublets présents dans le TA, ne faudrait-il pas admettre que le récit actuel résulterait de la fusion de deux récits plus ou moins parallèles, l'un rédigé en style "nous" et l'autre en style "ils", ceci n'excluant pas la présence d'additions importantes effectuées lors de la fusion des deux récits primitifs? Cette hypothèse va se trouver confirmée par une comparaison entre TA et TO; mais avant de la faire, disons comment se présente le récit dans le TO.

2. Le récit selon le TO

Dans le TO, la distinction entre les deux styles est plus tranchée que dans le TA. En 27,1, le récit commence en style "ils" alors qu'il est en style "nous" dans le TA. Mais ensuite, le style "nous" se prolonge sans interruption du v. 2 au v. 20, compte tenu du fait que les vv. 11-12, qui mettent en scène le pilote et l'armateur du bateau, sont d'un style que l'on pourrait qualifier de "neutre". De 27,27 à 28,1, le récit est rédigé presque exclusivement en style "ils"; les deux seules exceptions se trouvent à la fin du v. 35 (conclusion du repas eucharistique) et au v. 37 où nous est donné le nombre des passagers présents sur le bateau. La distinction entre les deux styles est donc beaucoup plus tranchée dans le TO que dans le TA. Ce fait apparaît spécialement aux vv. 13-20: tandis que les deux styles sont étroitement mêlés dans le TA, le TO est exclusivement rédigé en style "nous".

3. Un certain parallélisme entre les deux styles

Comparons maintenant de plus près les récits tels qu'ils sont donnés dans le TO et dans le TA. On constate qu'un certain nombre de passages sont donnés en style différent selon qu'ils sont lus dans le TA ou dans le TO. En voici le relevé:

	TA	TO
27,1	"nous"	"ils"
27,9s	"ils"	"nous"
27,13	"ils"	"nous"
27,17	"ils"	"nous"
27,19	"ils"	"nous"
28,1	"nous"	"ils"

Précisons que, en 27,13, en 27,19 et en 28,1, le verbe principal de la phrase est identique dans les deux formes de texte.

Nous reviendrons plus loin sur le fait curieux que, en 27,1 et en 28,1, l'opposition entre les deux styles est inversée par rapport aux autres cas. Il n'empêche qu'une comparaison entre le TO et le TA nous invite à conclure que le récit du voyage de Paul par mer nous a été transmis sous deux traditions différentes, l'une en style "nous", qui proviendrait donc du Journal de voyage, l'autre en style "ils" qui ne peut remonter qu'à Act I. C'est Act II qui les aurait fusionnées.

4. Deux voyages différents?

Mais il faut poser une nouvelle question, beaucoup plus radicale: les deux textes racontent-ils le même voyage de Paul? Sous sa forme actuelle, mêlant les deux traditions, Paul effectue le voyage comme prisonnier, sous la garde d'un centurion romain (27,1.6.11.31.43; 28,16). Mais relisons la section où les voyageurs se trouvent à Malte (28,1-11); Paul y apparaît jouissant d'une entière liberté: il s'occupe d'alimenter le feu allumé par les indigènes de l'île; lui et ses compagnons sont reçus durant trois jours par le Premier de l'île; les indigènes qui souffrent de quelque maladie accourent vers lui pour se faire guérir. Tout ceci est écrit en style "nous", et le centurion a complètement disparu de l'horizon. Il est intéressant d'ailleurs de comparer 28,11 à 27,6. Dans ce dernier texte, il est dit:

«Et le centurion, ayant trouvé un bateau alexandrin naviguant vers l'Italie, nous[1] fit embarquer.» En revanche, en 28,11, nous lisons: «Après trois mois, nous prîmes le large sur un bateau qui avait hiverné dans l'île, alexandrin.» Ce n'est plus le centurion qui a l'initiative, mais le groupe désigné par le pronom "nous".

Revenons maintenant aux vv. 11-12 du chapitre 27, lus selon le TA. Au v. 11, on nous dit que le centurion fit confiance au pilote et au capitaine plus qu'aux paroles de Paul; c'est donc lui qui aurait décidé le départ. Mais d'après le v. 12, ce serait "la majorité" des passagers qui aurait pris la décision de prendre le large. Qu'est devenu le centurion? Il a, ici aussi, disparu de l'horizon. C'est pour éviter cette contradiction entre les vv. 11 et 12 que Wellhausen, suivi par Bauernfeind, proposait de rattacher directement le v. 12 au v. 8 dans la source suivie par l'auteur des Actes[2].

Nous sommes donc amenés à envisager l'hypothèse selon laquelle les deux récits primitifs ne parleraient pas du même voyage de Paul. Dans le Journal de voyage, Paul serait allé à Rome entièrement libre, et donc sans être placé sous la garde d'un centurion romain. Si le centurion est mentionné dans trois passages en style "nous" (27,1b; 27,6; 28,16), ce serait en raison de l'activité rédactionnelle de Act II. Au contraire, dans le récit de Act I, c'est comme prisonnier que Paul aurait accompli ce voyage.

A) L'INTRODUCTION DU RÉCIT
(27,1)

Dès l'introduction du récit, en 27,1, nous constatons l'existence de deux traditions différentes puisque le TA est rédigé en style "nous" tandis que le TO est en style "ils". Mais quelle forme avaient les textes dans le Journal de voyage et dans le récit de Act I?[3]

1. Le Journal de voyage

a) Le Journal de voyage commençait par cette phrase: «Or, lorsqu'il fut décidé que nous naviguerions vers l'Italie...» (27,1a). Comme le note très justement Delebecque (p. 275): «Avec ce texte on ne sait pas qui est l'auteur de la décision. Rien ne prouve que ce soit le procurateur Festus.» On pourrait le

---

[1] Nous verrons plus loin que Act II a changé un pronom "les" primitif en "nous" afin d'obtenir un texte cohérent.

[2] Wellhausen, p. 53. - Bauernfeind, pp. 271S.

[3] Les développements qui vont suivre reprennent, en les précisant, ceux que nous avions donnés dans notre article "Le Texte Occidental des Actes des Apôtres. À propos de Actes 27,1-13", dans ETL 63 (1987) 48-58. On notera que nous avons changé la façon de désigner les divers niveaux de rédaction.

conclure du contexte antérieur, mais le Journal de voyage fut rédigé alors que n'existait pas encore ce contexte antérieur. Il pourrait s'agir tout aussi bien d'une décision prise par Paul et par ses compagnons de voyage. On remarquera aussi que le terme du voyage est indiqué de façon beaucoup moins précise que dans le TO: les voyageurs partent simplement pour l'Italie; Rome n'est pas explicitement nommée.

b) En 27,1b, on est étonné de la forme impersonnelle qui est employée: «ils remirent Paul et quelques autres prisonniers à un centurion du nom de Julius, de la cohorte Auguste.» D'après le contexte antérieur, il s'agit de l'exécution d'un ordre donné par le gouverneur Festus. Mais on se heurte alors à une difficulté historique, bien vue par J. Rougé[1]. Il n'est pas vraisemblable que le gouverneur romain lui-même ait ordonné l'embarquement de Paul et de ses compagnons, ce que suppose le v. 1 du TA. C'est la raison pour laquelle Rougé propose de suivre ici, non pas le TA, mais le TO: le choix du voyage par mer et la présence de compagnons auprès de Paul seraient dus à l'initiative du centurion (v. 2), non du gouverneur Festus. Cette difficulté historique peut entrer en ligne de compte dans le cas du Journal de voyage, puisqu'il s'agirait, par définition, du compte rendu des événements donné par un témoin oculaire. Ceci nous amène à conclure que, dans le Journal de voyage, le v. 1b n'existait pas; il s'agit d'une harmonisation faite par Act III (TA) d'après le récit de Act I (v. 1 selon le TO). Le Journal de voyage ne contenait que le v. 1a (TA), selon lequel la décision de s'embarquer pour l'Italie aurait été prise par Paul et ses compagnons.

2. Le récit de Act I

Dans le récit concurrent (TO), rédigé en style "ils", l'embarquement de Paul y est fait sur l'ordre explicite du procurateur Festus, ce qui nous rattache étroitement au contexte antérieur, plus ou moins proche. En fait, il faisait suite à 25,12, le dernier passage que nous avons attribué à Act I, où Festus dit à Paul: «Tu en as appelé à César, tu iras à César».

Mais le v. 1a, qui ne fait qu'expliciter le thème de 25,12, est probablement une suture rédactionnelle ajoutée par Act II. Le passage de 25,12 à 27,1b est en effet excellent: «Alors Festus, s'étant entretenu avec son conseil, déclara: "Tu en as appelé à César, tu iras à César." ( ) Le (jour) suivant, ayant convoqué un centurion du nom de Julius, il lui remit Paul avec d'autres prisonniers.»

[1] J. ROUGÉ, "Actes 27,1-10", dans *Vigiliae Christianae*, 14 (1960) 199.

3. Les choix de Act II et de Act III

Les choix faits ici par Act II et par Act III pourraient s'expliquer ainsi. Au v. 1b (TO), Act II a adopté le texte de Act I parce qu'il était en harmonie avec le contexte antérieur, ce qui n'était pas le cas pour le Journal de voyage, comme nous l'avons précisé plus haut. Il a ajouté le v. 1a comme cheville rédactionnelle. Mais Act III a opté pour le texte du Journal de voyage (v. 1a, TA) puisque la suite du récit, au moins jusqu'au v. 8, sera en style "nous"; il obtenait ainsi un récit plus homogène. Mais il ajouta le v. 1b (TA), par harmonisation sur le récit de Act I.

B) LA PREMIÈRE PARTIE DU VOYAGE
(27,2-13)

Analysons maintenant la première partie du voyage, en nous arrêtant juste avant le déclenchement de la tempête (v. 14). Aussi bien dans le TO que dans le TA, les vv. 2 à 8 sont rédigés en style "nous". Le début du v. 9 est en style "nous" dans le seul TO, mais en style neutre dans le TA. Les vv. 9b-12 n'ont plus le style "nous", mais cela pourrait provenir de ce que l'auteur du Journal de voyage met en scène des personnages précis: Paul, le centurion, le pilote du navire. Toutefois, au v. 13, on lit dans le TA "ils longèrent" tandis que le TO a "nous longeâmes". Même si les données du problème sont inversées par rapport à ce que nous avons constaté au v. 1, cette résurgence de la dualité des styles nous oblige à analyser de plus près les vv. 2 à 12 pour voir si, contrairement aux apparences, on ne pourrait pas y retrouver deux textes concurrents, comme aux vv. 1 et 13.

1. Les quatre niveaux rédactionnels aux vv. 8-12

Commençons par les vv. 9 à 12, qui vont nous donner la solution du problème.

a) Aux vv. 9 et 10, indissociables l'un de l'autre, TA et TO offrent entre eux peu de divergences, sinon au début du v. 9 où, nous l'avons dit plus haut, seul le TO a la forme "nous". Laissons de côté pour l'instant cette divergence sur laquelle nous reviendrons plus loin. Aussi bien dans le TO que dans le TA, ces versets offrent une difficulté qui a été bien vue par Bauernfeind dans son commentaire[1]. Selon la forme actuelle du récit (TA ou TO), il s'agirait d'effectuer par mer un trajet relativement court: de Bons-Ports (v. 8) à Phénix (v. 12). Ces

---

[1] O. Bauernfeind, p. 271: «Paulus scheint bei seiner Warnung v 10 doch die grosse Fahrt nach Italien im Auge zu haben, ob er auch einen Hafenwechsel ablehnt, steht dahin.» Pour cet auteur, dans la source de Luc le récit passait directement du v. 8 au v. 12.

deux ports étaient situés sur la côte méridionale de la Crète et distants d'une centaine de kilomètres seulement, soit à peu près la distance qui séparait Césarée de Ptolémaïs (Acre). Un tel trajet pouvait s'effectuer dans la journée, en longeant la côte de l'île, et ne devait pas offrir de difficulté majeure. Dans ces conditions, on ne comprend pas les craintes de Paul exprimées au v. 10: «Hommes, je vois que (c'est) avec violence et beaucoup de perte, non seulement pour la cargaison et le bateau, mais encore pour nos vies (que) va être la navigation.» Ces craintes ne peuvent se justifier que dans la perspective d'un voyage assez long, loin des côtes de la Crète.

Cette remarque de Bauernfeind est confirmée par le v. 21a dans lequel Paul rappelle les avertissements qu'il a donnés au v. 10: «Hommes, il fallait, m'ayant fait confiance, ne pas prendre le large (loin) de la Crète (μὴ ἀνάγεσθαι ἀπὸ τῆς Κρήτης)[1] et faire l'économie de cette violence et de cette perte.» Ces expressions du v. 21 montrent bien que, au v. 10, il s'agissait, non pas d'aller d'un port à l'autre en longeant les côtes de la Crète, mais bien de quitter la Crète pour se rendre en Italie malgré la saison déjà avancée, comme le suggère Bauernfeind.

Aussi bien dans le TO que dans le TA, les vv. 9 et 10 attestent donc l'existence d'une forme plus ancienne du récit qui ignorait au moins le v. 12 où il est question de se rendre simplement à Phénix.

b) Analysons maintenant le v. 12, ce qui va nous permettre de préciser l'hypothèse faite par Bauernfeind. Ici, le TO diffère considérablement du TA. Ce dernier est beaucoup plus long et les éléments qu'il a en propre ont pour but de justifier le changement de port: de Bons-Ports à Phénix. Si l'on décide de quitter Bons-Ports, c'est parce que cet endroit "était impropre à l'hivernage" (ἀνευθέτου δὲ τοῦ λιμένος ὑπάρχοντος πρὸς παραχειμασίαν); on ira donc "hiverner" (παραχειμάσαι) à Phénix, port de la Crète "regardant vers le sud-ouest et vers le nord-ouest" (βλέποντα κατὰ λίβα καὶ κατὰ χῶρον), donc abrité des vents violents de l'hiver. Tous ces détails sont absents du TO. On notera en passant que le substantif χῶρος est transcrit du latin *corus* et ne se rencontre nulle part ailleurs dans la littérature grecque.

Examinons maintenant comment se présente ce TO aux vv. 11 et 12a: «Or le pilote et le capitaine furent d'avis de prendre le large pour, s'ils le pouvaient, arriver à Phénix, un port de la Crète.» Il n'est plus question des avantages de Phénix sur Bons-Ports, mais simplement de gagner Phénix. Par ailleurs, ce texte suppose que l'on va entreprendre un voyage difficile, voire périlleux, comme l'indique la formule avec l'optatif grec "s'ils le pouvaient..." (εἰ ἄρα δύναιντο). Ce souhait se comprendrait mal s'il s'agissait seulement d'aller de Bons-Ports à

---

[1] La traduction "et ne pas quitter la Crète" est celle d'Osty, reprise par la BJ et par la TOB. E. Delebecque (p. 152) traduit "ne pas prendre le large loin de la Crète"; le sens du verbe est mieux précisé, mais pas celui de la préposition ἀπό.

Phénix dans la journée, en longeant la côte. Il en va de même de la remarque qui sera faite au v. 13 "estimant (pouvoir) exécuter leur dessein (δόξαντες τῆς προθέσεως κεκρατηκέναι)", qui suppose un projet assez audacieux. Enfin, la précision que Phénix est "un port de la Crète" serait difficile à justifier si l'on se trouvait déjà dans cette île. Toutes ces expressions supposent qu'on est loin de la Crète et que l'on va entreprendre une traversée longue et hasardeuse pour y arriver.

Ces remarques complètent celles que nous avons faites à propos des vv. 9-10. Selon ces versets, les voyageurs, arrivés à Bons-Ports (v. 8), veulent se lancer dans une longue traversée malgré les avertissements de Paul. Il n'est pas question d'aller simplement jusqu'à Phénix, mais bien de quitter la Crète (v. 21) pour se rendre en Italie, ou peut-être seulement en Sicile. Ces vv. 9-10 excluent la présence des vv. 11-12. Par ailleurs, dans le TO, les vv. 11-12a supposent que l'on n'est pas encore en Crète: c'est au prix d'une traversée longue et hasardeuse que l'on va s'efforcer d'atteindre le port de Phénix, situé dans cette île. Dans le TO, les vv. 11-12a excluent la présence des vv. 8-10. Il faut en conclure que les vv. 8-10 (TA et TO) d'une part, les vv. 11-12a (TO) d'autre part, appartenaient primitivement à deux traditions différentes concernant un voyage de Paul par mer. On rejoint le problème posé par les vv. 1 et 13, où nous pouvons déceler deux rédactions différentes: l'une rédigée en style "nous" et l'autre en style "ils". On le rejoint d'autant mieux que, au témoignage du TO, le début du v. 9 aurait été rédigé en style "nous" tandis que les vv. 11-12 sont rédigés en style "ils".

c) Voici dès lors comment nous concevons l'évolution des récits aux vv. 1 et 8-12.

ca) Le récit de Act I comportait les vv. 1 et 11-12a tels qu'ils sont donnés dans le TO. Ayant décidé d'envoyer Paul à Rome, selon le vœu qu'il a lui-même exprimé (25,12), le gouverneur Festus le remet aux mains d'un centurion qui doit le convoyer jusqu'à la destination finale (27,1b TO). D'après le contexte antérieur, on se trouve à Césarée, port important de la Méditerranée. Le pilote et le capitaine du bateau frété par le centurion (cf. *infra*) décident de gagner d'une traite "Phénix, un port de la Crète" (vv. 11-12a TO). Mais le voyage de Césarée à Phénix constituait une expédition longue et hasardeuse car il se passait tout entier en pleine mer, loin des côtes. On comprend alors les réticences du narrateur au v. 12a "s'ils le pouvaient" et au v. 13b "estimant (pouvoir) exécuter leur dessein".

cb) Le récit du Journal de voyage commençait au v. 1 selon la forme donnée par le TA. Sans lien explicite avec le contexte antérieur, le texte disait seulement: «Or, lorsqu'il fut décidé que nous naviguerions vers l'Italie...» On se trouve vraisemblablement à Césarée, comme dans le récit de Act I. Après diverses péripéties (cf. *infra*), le bateau arrive à Bons-Ports, situé sur la côte sud de la Crète (v. 8). Mais ce voyage de Césarée à Bons-Ports a pris du temps (v. 9a, TO en style "nous") et, les voyages par mer n'étant plus sûrs (v. 9b), Paul conseille de rester à Bons-Ports sans chercher à quitter la Crète (v. 10; cf. v. 21) pour se rendre en Italie.

La suite du récit du Journal de voyage est plus délicate à reconstituer. Dans le TA, il existe une contradiction entre les vv. 11 et 12b. Selon le v. 11, la décision de partir malgré les avis de Paul aurait été prise par le pilote et le capitaine du bateau, approuvés par le centurion. Selon le v. 12b, cette décision serait le fait de "la majorité" (οἱ πλείονες) des passagers. Cette contradiction provient de la juxtaposition, dans le TA, de nos deux textes fondamentaux. Mais nous avons vu que, dans le récit de Act I, la décision de partir avait été prise par le pilote et le capitaine du navire (vv. 11-12a du TO), c'est donc dans le Journal de voyage que cette décision est le fait de "la plupart". - Pour retrouver la suite du récit du Journal de voyage, après les vv. 8-10, on éliminera d'abord le v. 11, qui provient d'une harmonisation faite sur le récit de Act I par Act III, et au v. 12 tous les détails qui donnent les raisons du changement de port, de Bons-Ports à Phénix (cf. *supra*). Il reste cette simple phrase: «Mais la majorité fut d'avis de prendre le large.»

cc) Au v. 1, Act II suivit le texte de Act I (v. 1b TO) parce qu'il formait la suite normale du contexte antérieur; il ajouta cependant le v. 1a pour obtenir une meilleure séquence. Aux vv. 8-12, il fusionna les deux récits parallèles, celui du Journal de voyage aux vv. 8-10 (TO, avec le style "nous" au début du v. 9), celui du récit de Act I aux vv. 11-12a (TO). Cette fusion des deux récits primitifs introduisit la dualité des ports: Bons-Ports (v. 8) et Phénix (v. 12), et le passage de l'un à l'autre. Il ajouta le v. 12b qui tenait compte des deux traditions en expliquant pourquoi le départ fut décidé (vv. 11-12a TO) malgré les avis de Paul (vv. 9-10): le centurion préféra se fier aux assurances données par le pilote et le capitaine du navire (v. 12b). D'après ce texte, on a l'impression que la décision de partir fut prise par le centurion. Mais, comme l'a bien noté J. Rougé: «(ceci est) contraire à toutes les traditions maritimes qui veulent et à bon droit: que le capitaine soit, en matière de navigation, maître après Dieu à son bord, même s'il croit bon de demander l'avis de ceux qu'il estime capables, c'est toujours lui qui décide en dernier lieu.»[1] Tout ceci donna le texte que nous lisons actuellement dans le TO, avec ses tensions internes (cf. *supra*).

cd) Act III a sous les yeux le récit de Act I, le Journal de voyage et le récit complexe de Act II. Au v. 1, il préfère reprendre le texte du Journal de voyage, en style "nous", puisque même dans Act II la suite du récit sera rédigée en style "nous"; il assure ainsi l'homogénéité du récit qui n'avait pas été respectée par Act

---

[1] Art. cit. p. 203.

II. Aux vv. 9-12, Act III dépend du récit complexe de Act II, mais il le remanie considérablement. Au début du v. 9, la formule "et comme nous avions passé beaucoup de jours" ne semble pas lui plaire et il la remplace par "or un long temps ayant passé". Surtout, au v. 12, il ajoute tous les détails qui justifient le changement de port résultant de la fusion par Act II des deux récits primitifs: Bons-Ports se prêtait mal à l'hivernage, tandis que Phénix tourné vers le sud-ouest et le nord-ouest, était abrité des vents violents de l'hiver. Toujours au v. 12, il reprend un détail négligé par Act II, en provenance du Journal de voyage: la décision de partir fut prise par "la majorité" des passagers, ce qui l'oblige à transposer le thème, ajouté par Act II (v. 12b TO), du centurion qui ne fait pas confiance à Paul (v. 11 TA). Sa rédaction nouvelle nous est donnée par le TA.

2. Les niveaux rédactionnels des vv. 4 à 7

Les vv. 4 à 7 sont rédigés en style "nous". Peut-on alors les intégrer purement et simplement au Journal de voyage? Ce serait trop beau!

a) Dans le Journal de voyage, nous l'avons vu, Paul et ses compagnons s'embarquent sur un navire qui compte aller directement de Crète en Italie. Même en supposant une escale à Sidon (v. 3), pourquoi ce détour en contournant l'île de Chypre par l'est et le nord, en traversant le golfe de Cilicie et la mer de Pamphylie, en passant par Myre et Cnide?[1] Act II a essayé de rendre cet énorme détour vraisemblable en notant que "les vents étaient contraires" (v. 4b), mais sans nous convaincre. Et de plus, pourquoi ce bateau qui comptait aller en Crète s'arrête-t-il à Myre sans pousser plus loin, ce qui oblige les passagers à changer de navire? Voilà vraiment bien des difficultés!

b) L'analyse littéraire de ces vv. 4 à 7 nous invite à proposer une solution assez radicale. On remarque d'abord que, dans le TO, il existe une reprise rédactionnelle entre le v. 4 "et de là, ayant pris le large, nous navigâmes sous (le vent) de Chypre", et le v. 7b "et de là, ayant pris le large, ayant navigué sous le (vent) de la Crète..." Par ailleurs, au v. 7, cette formule "et de là ayant pris le large" ne va pas avec la phrase qui précède; en effet, elle suppose toujours que l'on repart d'un endroit où l'on a fait escale, ce qui n'est pas le cas au v. 7a "nous fûmes en vue de Cnide"; il n'y a pas eu d'escale à Cnide! Les vv. 4-7a ont donc été ajoutés par Act II dans le texte du Journal de voyage. Selon ce Journal, le navire allait directement de Sidon (v. 3) en Crète (v. 7b).

c) D'où proviennent alors ces vv. 4 à 7a? Ont-ils été rédigés entièrement par Act II? Mais si oui, pourquoi cet auteur aurait-il imaginé ce détour par les

---

[1] Sur l'invraisemblance de ce détour, voir les remarques de Rougé, art. cit. pp. 194-195.

côtes d'Asie Mineure? Voici la solution que nous proposons mais que nous ne développerons que plus tard, lorsque nous essayerons de reconstituer la teneur du début du Journal de voyage (pp. 321ss). Les vv. 5 et 7a appartenaient bien au Journal de voyage, mais ils étaient situés dans un tout autre contexte. Ils décrivent en effet un voyage est-ouest le long des côtes sud d'Asie Mineure qui suppose un point de départ à Séleucie, le port d'Antioche. Nous verrons au chapitre suivant qu'ils formaient le début du Journal de voyage et devaient précéder 16,7a.8b.9-12. Paul et ses compagnons partent d'Antioche, s'embarquent à Séleucie, longent les côtes d'Asie Mineure et font escale à Myre (27,5), passent au large de Cnide (27,7a) puis obliquent vers le nord-nord-ouest pour longer l'Asie puis la Mysie (16,7a) et aboutir finalement à Troas (16,8b).

En insérant ce fragment du Journal de voyage repris d'un autre contexte, Act II a ajouté le v. 4, qui constitue une reprise littéraire inversée par rapport au v. 7b, qui lui est bien en place.

d) Dans les analyses précédentes, nous avons laissé de côté le cas du v. 6, qui doit être traité à part. Nous y voyons les voyageurs changer de bateau à Myre, sur les côtes de Lycie. En fait, le port de Myre n'est mentionné qu'au v. 5; le v. 6, pris en lui-même, dit simplement que le centurion fit embarquer Paul et ses compagnons sur un bateau qui devait naviguer vers l'Italie. Revenons alors au récit de Act I reconstitué plus haut. Au v. 1b (TO), le gouverneur Festus remet Paul aux mains d'un centurion appelé Julius. Aux vv. 11-12a (TO), le pilote et le capitaine du bateau ont décidé d'atteindre, si possible, le port de Phénix, situé en Crète. On voit tout de suite qu'entre les vv. 1b et 11-12a, il manque au récit un élément essentiel: l'embarquement du centurion et de ses prisonniers dans un bateau particulier. En principe, la mention de cet embarquement aurait totalement disparu du récit actuel puisque les vv. 2 à 7 sont rédigés en style "nous", propre au Journal de voyage, aussi bien dans le TO que dans le TA. Mais ce serait étonnant, car Act II, d'ordinaire, a le souci de garder intégralement le texte de ses sources, quitte à effectuer quelques transpositions nécessaires. Et puisque, nous l'avons vu à propos des vv. 8-12, Act II fusionne les récits de Act I et du Journal de voyage, il est vraisemblable qu'il a réalisé la même opération à propos de l'embarquement du centurion et de ses prisonniers. Dans cette hypothèse, on peut laisser au Journal de voyage l'embarquement mentionné au v. 2 (cf. toutefois *infra*), mais celui dont il est question au v. 6 aurait été repris par Act II au récit de Act I. Il faudrait alors admettre que, à la fin de ce v. 6, Act I devait avoir "il les fit embarquer"; mais Act II se devait de changer le pronom "les" en "nous" pour sauvegarder l'homogénéité dans son texte.

3. Les niveaux rédactionnels du v. 2

a) Le v. 2 est de rédaction assez différente dans le TO et dans le TA. La variante la plus importante est la précision que le bateau "devait naviguer vers les côtes d'Asie", absente du TO. C'est une addition de Act III destinée à justifier le changement de bateau noté au v. 6; ce changement était nécessaire, précise Act III, puisque le premier bateau remontait vers le nord au lieu d'aller vers l'Italie. Pour effectuer cette addition, Act III reprend la formule de Act II (TO) "devant naviguer" (μέλλοντες πλεῖν), au nominatif pluriel, mais il l'applique au bateau en la mettant au datif singulier (μέλλοντι πλεῖν; cf. 20,3, dans le seul TA, correction de Act III).

b) Dans le TO, le v. 2a a donc la teneur suivante: «Devant naviguer, nous embarquâmes dans un bateau d'Adramyttium.» Or il est impossible de le rattacher à cette partie du Journal de voyage. D'une part, en effet, ce demi-verset fait doublet avec le v. 1a (TA). D'autre part, le port d'Adramyttium était situé au nord-ouest de la Mysie, non loin de Troas. Il faut donc rattacher ce v. 2a aux vv. 5.7a puisque, nous l'avons dit plus haut, le voyage que décrivent ces versets devait aboutir finalement à Troas.

c) À la fin du v. 2, la mention d'Aristarque le Macédonien est probablement un ajout de Act II, influencé par Col 4,10 où il est dit que ce personnage sera compagnon de captivité de Paul.

4. Les niveaux rédactionnels du v. 3

a) Aux vv. 3 et 4a, nous lisons que le bateau fait escale à Sidon et que le centurion ordonne aux amis de Paul de prendre soin de lui. Parti de là (κἀκεῖθεν), le bateau va ensuite longer Chypre (v. 4a). Dans les récits de voyage des Actes, l'adverbe "de là" revient à six reprises (14,26; 16,12; 20,15; 21,1; 28,15 et ici). Mais dans tous les autres cas, cet adverbe suit immédiatement le nom propre indiquant la ville d'où l'on part. On aurait donc attendu ici un texte tel que: «Nous arrivâmes à Sidon ( ) et de là, ayant pris le large, nous navigâmes sous (le vent) de Chypre...» Tout ce qui concerne la sollicitude du centurion à l'égard de Paul apparaît comme un ajout. Il pourrait être de la main de Act II, comme nous l'avons vu en étudiant le sens des textes.

b) Il reste alors le v. 3a: «Or nous touchâmes à Sidon.» Nous rejoignons ici sans aucun doute le texte en place du Journal de voyage, qui devait indiquer le lieu d'embarquement des voyageurs à destination de la Crète. Sidon était un port fréquenté par les bateaux devant se rendre en Italie. Mais Act II en a changé le verbe. Au lieu de "nous touchâmes" (κατήχθημεν), il devait y avoir un simple "nous vînmes" (ἤλθομεν) puisque les voyageurs sont supposés venir de Césarée.

En fait, est-on obligé de penser que Act II a changé le verbe? Le palimpseste de Fleury a ici *venimus*, traduction normale de ἤλθομεν, qui pourrait donc être la leçon du TO donnant le texte de Act II. Ce serait alors Act III (TA) qui aurait changé ἤλθομεν en κατήχθημεν. Avec le sens de "débarquer", ce verbe ne se lit qu'une fois ailleurs dans les Actes, en 28,12, précisément dans un texte ajouté par Act III.

Finalement, voici comment on peut reconstituer le texte du Journal de voyage:

1a (TA)	Or, lorsqu'il fut décidé que nous naviguerions vers l'Italie
3a (TO)	nous vînmes à Sidon
7b (TO)	et de là, ayant pris le large, ayant navigué sous le vent de la Crète,
8 (TO)	nous arrivâmes à Bons-Ports dont une ville était proche.

5. Le départ (v. 13)

Reste le problème du v. 13. Comme au v. 1, nous y trouvons la distinction entre style "nous" (TO) et style "ils" (TA). Tandis que Act II continue à suivre le Journal de voyage, Act III a jugé préférable de revenir au texte de Act I; on constate d'ailleurs que, dans les versets suivants, il va mêler les deux styles de façon assez peu cohérente.

a) Le TO ne fait aucune difficulté dans la perspective du Journal de voyage: «Un léger vent du sud s'étant levé, nous longeâmes la Crète.» Pour voguer vers l'Italie, en partant de Bons-Ports, il était nécessaire de longer pendant quelque temps les côtes de la Crète.

b) En revanche, dans la perspective du récit de Act I, le TA pose quelques problèmes. Nous nous trouvons encore, rappelons-le, à Césarée Maritime, au début du voyage. Rien à dire de la proposition initiale "estimant (pouvoir) exécuter leur dessein". Nous avons déjà dit qu'elle convenait fort bien à la situation décrite au v. 12a du TO. Rien à dire non plus de la précision "ayant levé l'ancre", normale pour un début de navigation. En revanche, malgré sa formulation à la troisième personne du pluriel, le verbe "ils longèrent" est impossible: en quittant Césarée, on ne se met pas aussitôt à "longer" la Crète. Le récit de Act I devait avoir un texte tel que "ils naviguaient vers la Crète" (ἐπλέοντο εἰς τὴν Κρήτην)[1] puisque, d'après le v. 12, la Crète est le but premier de ce voyage. Il est clair que Act III ne pouvait pas garder le texte sous cette forme puisque, dans son récit, le

---

[1] Un manuscrit de la Vulgate (D) pourrait avoir gardé un écho de ce texte avec sa traduction *navigabant creten*.

bateau se trouvait déjà en Crète. Ici donc, il aurait fait un compromis entre Act I (troisième personne du pluriel) et le Journal de voyage (verbe "longer"). Dans ces conditions, on attribuera aussi à une influence du Journal de voyage le génitif absolu initial "un vent du sud soufflant légèrement", qui se lit à la fois dans le TO et dans le TA. Au v. 13, le texte de Act I aurait donc cette teneur: «Estimant (pouvoir) exécuter leur dessein, ayant levé l'ancre, ils [naviguaient vers] la Crète.»

C) TEMPÊTE ET ARRIVÉE À MALTE
(27,14-28,1)

Dans la suite du récit, du moins aux vv. 14-20, le TO est rédigé uniformément en style "nous" tandis que styles "nous" et "ils" alternent dans le TA, signe qu'il a subi l'influence des deux récits. Nous allons donc tenter d'abord une reconstitution du Journal de voyage (style "nous") à partir du TO; nous analyserons ensuite le TA pour voir dans quelle mesure il est possible, à partir des éléments qu'il nous donne, de reconstituer le récit de Act I.

1. Le Journal de voyage

a) Dans le TO, les vv. 14-20 sont rédigés exclusivement en style "nous", mais ils offrent une séquence impossible. Une tempête se déchaîne (v. 14) et, poussé par le vent, le bateau arrive à l'île de Clauda où les voyageurs s'arrêtent (ἐμείναμεν ἐκεῖ). Même si ce dernier verbe grec n'est pas assuré, l'idée est certainement que les voyageurs vont rester dans l'île pendant un certain temps. Mais comment expliquer alors les vv. 18-20 selon lesquels le bateau est encore sous l'effet de la tempête et en pleine mer? Pour résoudre cette difficulté, voici l'hypothèse que nous proposons. Dans le Journal de voyage, les vv. 15-17 marquaient le terme de cette partie du voyage faite sous l'effet de la tempête. Mais ils ont été déplacés de leur contexte par Act II qui voulait fusionner les deux récits en les conservant intégralement et se trouvait donc devant deux termes du même voyage: celui du Journal (Clauda, 27,16) et celui du récit de Act I (Malte, 28,1). Primitivement, ces vv. 15-17 devaient se lire juste avant 28,2, en style "nous", où il est dit que les habitants de l'île accueillirent favorablement les voyageurs. Dans le Journal de voyage, on devait donc avoir la séquence suivante: au début, les vv. 14 et 18-20; en finale, les vv. 15-17 suivis de 28,2.

b) Mais quelle était l'île où s'échouait le bateau poussé par la tempête? Selon 27,16, il s'agirait de l'île de Clauda (TO) ou de Cauda (TA), située à une cinquantaine de kilomètres au sud de la Crète[1]. Mais c'est impossible dans le récit du Journal de voyage puisque le bateau n'y arrive qu'après de nombreux jours, poussé par la tempête (v. 20). Selon le récit de Act I, qui démarque le schéma du Journal de voyage (cf. tome I, pp. 23-24), le bateau se serait échoué finalement à Malte (28,1). Mais Malte était en fait un archipel dont une des îles, jouxtant l'île principale, s'appelait Gaulus, en grec Γαῦδος[2]. Le passage de l'un à l'autre nom était facile. Actuellement, l'île située au sud de la Crète s'appelle Γαῦδος en grec, et Gozzo en italien. Celle qui jouxte Malte s'appelle Gozo, mais Strabon[3] lui donnait le nom de Γαῦδος, c'est-à-dire le nom de l'île située près de Malte (cf. le ms. Ψ et Cassiodore en Act 27,16). Que de confusions cela pouvait provoquer, même de la part des scribes qui recopiaient les manuscrits! Voici donc l'hypothèse que nous proposons. Dans le Journal de voyage, au terme de la tempête, le bateau s'échouait sur l'île de Gaulus = Γαῦδος, située tout près de l'île de Malte. L'auteur de ce Journal, témoin oculaire, avait noté fidèlement ce nom. En démarquant le Journal de voyage, Act I aurait préféré nommer l'île de Malte, beaucoup plus connue (28,1). Quant à Act II, il se trouvait devant deux îles différentes marquant le terme de cette première partie du voyage: Gaudos et Malte. Il résolut le problème en jouant sur la similitude des noms et changea Gaudos en Caudos (ou Claudos), qu'il donna d'ailleurs avec une désinence féminine, faisant de cette île située au sud de la Crète une simple étape entre la Crète et Malte (v. 16 TO). Act III jugea impossible un débarquement à Cauda et, selon lui, le bateau serait simplement passé "sous le vent" de cette île (v. 16 TA).

Ceci nous oblige à revenir sur le v. 17. Il est clair que la proposition participiale "craignant que nous ne fussions emportés vers la Syrte" ne peut pas rester dans le Journal de voyage. Si le bateau était déjà rendu près de Malte, il n'y avait aucun danger qu'il ne fût déporté vers les côtes d'Afrique situées au sud-est. Act II a repris ici un détail du récit de Act I, se contentant de le mettre en style "nous" pour garder un récit homogène.

c) Dans le Journal de voyage, le récit de la tempête commençait donc au v. 14 et se poursuivait aux vv. 18-20. Bien qu'il soit en style "neutre", il faut garder au Journal le v. 21, qui correspond au v. 10. Ce texte ne peut pas être de Act II d'après les explications que nous avons données en commentant les vv. 9-12. Mais Paul ne pouvait pas prendre la parole seulement pour reprocher à ses compagnons de voyage de n'avoir pas suivi ses conseils. On gardera donc aussi le v. 22, dont le verbe παραινῶ fait écho au παρήνει de la fin du v. 9. On en

---

[1] Les deux formes sont attestées par les écrivains anciens, mais toujours au masculin. Cf. l'article de BÜRCHNER, dans PAULY-WISSOWA, vol. vii, col. 861 et vol. xi, col. 57 et 553s.

[2] Cf. l'article de WEISS, dans PAULY-WISSOWA, vol. vii, col. 875s.

[3] *Geogr.* vi, 277.

supprimera toutefois la finale "sauf du bateau" puisque, comme nous le dirons plus loin, c'est Act II qui a introduit le thème du bateau mis en pièces.

On peut hésiter quant à l'origine des vv. 23-26 qui racontent la vision d'un ange par Paul. Ce thème est spécialement fréquent au niveau de Act II, et l'on peut penser qu'il fut introduit ici par cet auteur. On notera d'ailleurs, au v. 23 l'expression "que je sers" (ῷ λατρεύω), de saveur paulinienne (Rom 1,9; 2 Tim 1,3), ce qui convient bien au style de Act II. De même, au v. 25, l'expression "selon que" (καθ' ὃν τρόπον) ne se lit ailleurs qu'en 15,11, de Act II (opposer 1,11, de Act I, sans la préposition).

Le v. 26 n'a rien à voir avec la vision dont Paul vient d'être le bénéficiaire. Il complète au contraire le v. 22 en donnant la raison pour laquelle les passagers du bateau doivent avoir confiance. Nous le laisserons donc au Journal de voyage.

d) Dans la suite de cette partie du récit, selon le TO, seul le v. 37 est en style "nous": il donne le nombre des passagers du bateau. Si on veut le garder au niveau du Journal de voyage, la seule place possible est à la suite du v. 26.

En résumé, le Journal de voyage comportait, pour cette partie du récit, les vv. 14; 18-22 (sauf les trois derniers mots) ; 26; 37; 15-16 et 17b.

2. Le récit de Act I

Sa reconstitution est assez complexe du fait de l'activité littéraire de Act III. Celui-ci, plus que Act II, écrit en dépendance du récit de Act I, mais il fusionne davantage les deux textes primitifs et il ajoute un grand nombre de détails pittoresques afin de rendre son récit plus piquant.

a) Le v. 14 est formulé de façon très différente dans le TA et dans le TO; et puisque le TO nous donne le texte du Journal de voyage, on peut penser que le TA reflète assez fidèlement celui de Act I. Mais Act III l'a adapté à son nouveau contexte. Au niveau de Act I, en effet, le départ mentionné au v. 13 se faisait dans le port de Césarée, et il n'était pas question de l'île de Crète. Au v. 14 donc, au lieu de "un vent d'ouragan fondit sur elle" il devait y avoir dans le récit de Act I "un vent d'ouragan fondit sur eux".

Toujours au v. 14 (TA), la précision "qui est appelé Euraquilon" (εὐρα-κύλων) est un ajout de Act III. Ce nom hybride latino-grec, pour indiquer un vent de nord-est, n'est pas autrement attesté dans la littérature grecque; il est traduit du latin et a donc les mêmes caractéristiques que le χῶρος ajouté par Act III au v. 12[1].

b) Les vv. 15-17 vont nous donner de précieux renseignements sur l'activité littéraire de Act III. Notons d'abord que, au v. 17b, le TA a un texte parallèle à celui du TO, mais rédigé en style "ils" tandis que le TO est en style "nous". Act III dépend donc ici du texte de Act I. Mais aux vv. 15b-16a, nous trouvons deux verbes en style "nous": "nous étions emportés" (ἐφερόμεϑα), à la fin du v. 15, et "nous pûmes" (ἰσχύσαμεν) au v. 16. Le premier de ces verbes fait doublet avec celui qui se lit à la fin du v. 17 "ils étaient emportés" (ἐφέροντο). Le second de ces verbes se concilie difficilement avec le verbe "ils utilisaient" (ἐχρῶντο), en style "ils", qui en dépend. Que s'est-il passé? Le début du v. 16 offre un style contraire à celui de Lc/Act, car le participe "courant sous (le vent)" sépare indûment le participe "appelée" de son substantif "île". C'est le signe que Act III reprend les vv. 15-16 de Act II (TO), beaucoup plus courts, mais en les retravaillant de façon à éviter le thème d'une escale provisoire à l'île de Cauda. Act III complète donc le récit de Act I en fonction des textes parallèles de Act II. Par ailleurs, il n'hésite pas à donner des détails pittoresques nouveaux: ici, le thème "nous pûmes avec peine nous rendre maîtres de la chaloupe".

Au v. 17a, les deux premiers mots, "qu'ayant remontée" (ἣν ἄραντες), liés au v. 16, sont aussi une addition, assez maladroite, de Act III. On l'a noté plus haut, ils font grammaticalement dépendre le verbe "ils utilisaient" (style "ils") du verbe "nous eûmes la force" (style "nous"). Voici donc comment nous proposons de reconstituer le texte de Act I aux vv. 15-17: «Tandis que le bateau était entraîné et qu'il ne pouvait faire face au vent ( ) ils utilisaient des moyens (de secours) en ceinturant le bateau. Et craignant qu'ils ne tombassent sur la Syrte, ayant lancé les agrès, ainsi ils étaient emportés.»

c) Aux vv. 18-19, nous retrouvons l'opposition entre style "ils" du TA et style "nous" du TO à propos du verbe "jeter" (ἔρριψαν/ἐρρίψαμεν), à la fin du v. 19. Nous pouvons donc attribuer ces versets du TA à Act I, moyennant deux précisions.

Au v. 18, le génitif absolu initial est en style "nous" et doit donc avoir été ajouté par Act III sous l'influence du récit de Act II. Ce génitif absolu est d'ailleurs mal placé, avant la note temporelle "le lendemain".

Ce texte des vv. 18-19 doit être complété par le v. 38b, car on obtient alors un excellent parallèle au texte de Jonas 1,5, comme nous l'avons noté en donnant le sens du récit (tome II, p. 261).

---

[1] Cf. C.J. HEMER, "Euraquilo and Melita", dans JTS NS 26 (1975) 100-111 (cf. 102-103). Cet auteur cite une attestation latine du terme *euraquilo*, dans une rose des vents découverte à Thugga, en Afrique proconsulaire, mais de date inconnue.

C'est Act II qui a déplacé la finale du texte pour une raison difficile à préciser. Pour faire le lien avec le contexte antérieur, il a ajouté le v. 38a "Comme ils étaient rassasiés..." Mais la simple phrase "le bateau était allégé", très bien en place dans le contexte de la citation de Jonas 1,5, était devenue un peu elliptique dans le contexte des vv. 33-37, et Act III a jugé bon de l'étoffer: «ils allégeaient le bateau en jetant le blé à la mer.»

d) Nous avons vu que les vv. 20-26 étaient du Journal de voyage, complété par Act II. La suite du texte de Act I doit donc se trouver aux vv. 27-29. Mais quelques précisions sont nécessaires.

Au v. 27, la proposition "tandis que nous étions emportés dans l'Adriatique", rédigée en style "nous" et attestée dans le seul TA, est un ajout de Act III. - En ce même v. 27, la phrase "les matelots pressentirent une terre (χώραν)" annonce déjà le texte de 28,1 (TO), certainement de Act I: «Et étant descendus à terre, ils reconnurent la région (χώραν) qu'elle s'appelait Malte.» Cela nous confirme l'appartenance de ce v. 27 au récit de Act I. - Mais selon le TA, le texte de ce v. 27 a été surchargé par Act III: «...les matelots pressentirent quelque terre leur faire écho.» On ne nous dit pas clairement à quoi les matelots ont reconnu l'approche d'une terre. - Le v. 28 n'offre aucune variante entre TO et TA. Par ailleurs, il semble dépendre de l'addition faite par Act III au v. 27. Nous pensons qu'il s'agit d'une composition anecdotique de Act III.

e) Nous en arrivons au difficile problème posé par les vv. 29 et 41, qui forment doublet dans le TO. Ils nous donnent la clef permettant de reconstituer la fin de cette section du voyage par mer.

ea) Dans le TO, les vv. 29 et 41 ont la phrase ἐπέκειλαν τὴν ναῦν, qui ne se lit qu'au v. 41 dans le TA. Les auteurs sont embarrassés pour traduire ce v. 41 en raison du contexte antérieur. Osty traduit: «Mais ils touchèrent un haut fond entre deux courants et y firent échouer le navire», traduction reprise à quelques variantes près dans la BJ. On lit dans la TOB: «Mais ils touchèrent un banc de sable et y échouèrent le vaisseau.» Toutes ces traductions semblent supposer que les matelots firent échouer volontairement le bateau sur le banc de sable sous-marin qu'ils viennent de toucher, ce qui est impensable. Delebecque a bien vu la difficulté et il l'évite en traduisant: «Mais on tomba sur un banc de sable et le bâtiment toucha le fond.» C'est logique, mais on est loin du texte grec!

Deux remarques linguistiques, faites par Fr. Blass, vont nous donner la solution du problème. Les verbes κέλλειν et ἐπικέλλειν ne sont utilisés qu'en poésie, et spécialement chez Homère. En prose classique, on aurait les verbes ὀκέλλειν et ἐποκέλλειν, ce dernier se lisant dans les manuscrits tardifs de Act 27,41. Par ailleurs, pour désigner le bateau, nous avons ici le substantif ναῦς, hapax du NT. Or c'est un mot de la langue littéraire, tandis qu'en grec hellénistique on utilise habituellement πλοῖον, terme qui revient 19 fois dans les Actes, dont 14 fois aux chapitres 27 et 28. En fait, comme le suggère Blass, la formule tout à fait anormale ἐπέκειλαν τὴν ναῦν s'inspire de l'Odyssée! Avec le verbe simple ou le verbe composé, elle constitue la façon habituelle de décrire l'arrivée des vaisseaux d'Ulysse sur une plage quelconque, d'ordinaire sans la moindre tempête[1]. Puisqu'il n'y a pas de port, les voyageurs "échouent le navire" sur le sable de la plage, sans que ce verbe "échouer" prenne le sens péjoratif qu'il a habituellement en français[2].

Or, dans le TO, en 28,1, la proposition participiale "étant descendus à terre" fait abstraction de toute arrivée en catastrophe et ne peut se concilier avec le tragique des vv. 41b-44, même lus selon le TO. Si nous les omettons, nous obtenons un parallélisme remarquable avec les textes de Odyss. 9,546-547 = 12,5-6 (cf. 11,20), comme nous l'avons montré en donnant le sens du récit de Act I (tome II, pp. 261s).

eb) Comme nous l'avons signalé plus haut, dans le TO, les vv. 29 et 41 sont en partie parallèles. Nous sommes en présence d'une reprise rédactionnelle, mais inversée comme souvent chez Act II: c'est le v. 41a qui donne le texte de Act I, "repris" au v. 29 par Act II. On devra donc attribuer à Act II la rédaction des vv. 29-40, sous leur forme TO[3]. On notera le caractère liturgique des vv. 33-35, qui conviennent bien à Act II.

ec) Les vv. 41b-44 furent ajoutés par Act II puisqu'ils sont liés à la destruction du navire.

3. L'activité littéraire de Act II et de Act III

Elle découle des remarques faites précédemment. Nous en avons donné la signification en analysant le sens des récits (tome II, pp. 348ss et 381ss).

---

[1] *Odyss.* 9,148; 9,546; 10,511; 11,20; 12,5.

[2] En fait, ce verbe ne revêt un sens péjoratif que lorsqu'il est intransitif. D'après le "petit Robert", le sens transitif est: «Pousser jusqu'au contact avec la côte (une embarcation).» Ce sens est illustré par cette phrase de Chateaubriand: «J'échouais mon bateau au rivage.»

[3] En tenant compte du fait que Act II reprend le v. 37 au Journal de voyage, et le v. 38, en partie, au récit de Act I, tiré d'un autre contexte.

D) LE SÉJOUR À MALTE
(28,1-10)

Le séjour à Malte de Paul et de ses compagnons était raconté de façon beaucoup plus succincte aussi bien dans le Journal de voyage que dans le récit de Act I. Essayons d'en reconstituer les textes.

1. Le récit de Act I

a) Le v. 1 n'offre pas de difficulté spéciale. Si le TA le donne en style "nous", il n'en va pas de même du TO: «Et, étant descendus à terre, ils reconnurent la région, qu'elle s'appelait Malte.» Nous avons ici le récit de Act I. Comme nous l'avons dit plus haut, ce texte faisait suite à 27,41a, lu également dans le TO: les matelots amènent le bateau au rivage (27,41a), puis ils descendent à terre (28,1). Il n'était pas question d'une arrivée en catastrophe, comme le supposent les vv. 43-44 qui précèdent; elle est exclue par l'expression "étant descendus à terre".

b) Quelle était la suite du récit de Act I? Il ne faut pas la chercher au v. 2 du TO, rédigé en style "nous", et de façon si concise qu'il est impossible d'y déceler des traces du texte de Act I. Mais qu'en est-il du TA? Il est rédigé lui aussi entièrement en style "nous", mais il comporte un doublet possible: "(ils) nous manifestaient une humanité peu banale" et "ils nous reçurent tous". Cette séquence est d'ailleurs anormale, car on ne peut traiter avec bienveillance que des gens que l'on a d'abord reçus; ne serait-ce pas un indice que le TA offre un texte composite? Or, la deuxième partie du verset correspond, en plus développé, à ce qui est dit dans le TO. L'hypothèse se présente alors d'elle-même: la première partie du verset, propre au TA, proviendrait du récit de Act I. Comme il l'a fait ailleurs, Act III aurait fusionné les textes de Act I et du Journal de voyage (= Act II). Dans cette hypothèse, Act III se devait de changer le pronom personnel de façon à obtenir un texte homogène; on lisait au niveau de Act I: «Les barbares leur manifestaient une humanité peu banale.»

c) C'est encore grâce à Act III que nous allons pouvoir reconstituer la suite du texte de Act I. Lisons les vv. 10-11a dans la traduction de E. Delebecque (p. 156): «Ils nous comblèrent d'honneurs et, au moment où nous prenions le large (ἀναγομένοις), mirent à bord de quoi subvenir à nos besoins. Trois mois plus tard, nous prîmes le large (ἀνήχθημεν) sur un cargo d'Alexandrie...» Le même verbe se lit, au v. 10 au participe présent, et au v. 11 à l'indicatif aoriste. Mais la séquence est vraiment difficile! Nous proposons de voir, dans le v. 10b, la suite du texte de Act I. Delebecque a mis sa traduction en style "nous", ce qui était normal étant donné le contexte; mais, séparé de son contexte antérieur, ce v. 10b a un style "neutre"; on peut aussi bien traduire, très littéralement: «et ils mirent à bord de quoi subvenir aux besoins de (eux) prenant le large.» Ce v. 10b viendrait fort bien à la suite du v. 2: les indigènes de l'île manifestèrent leur bienveillance aux voyageurs en les ravitaillant pour la suite de leur voyage.

En résumé, le récit de Act I ne comportait que les vv. 1 (TO), 2a (TA) et 10b (TA).

2. Le texte du Journal de voyage

Essayons maintenant de préciser le texte du Journal de voyage en éliminant les additions de Act II et, éventuellement, de Act III.

a) Bien que rédigé en style "nous", le v. 1 est une composition de Act III. Dans le Journal, cette première partie du voyage se terminait, non pas à Malte, mais à Gauda, et sans qu'il y ait de naufrage (27,15-17, TO). Ce v. 1 du chapitre 28 implique au contraire le naufrage en catastrophe et l'arrivée à Malte. Act III reprend ici le texte de Act II (TO), qu'il modifie de plusieurs façons. Il le met à la première personne du pluriel de façon à l'harmoniser sur le contexte postérieur. Il introduit le participe "ayant été sauvés", qui fait écho à la finale de 27,44 et évoque la catastrophe du bateau. Enfin il supprime la prolepse de la phrase de Act II.

b) Nous avons dit déjà que le v. 2a, sous sa forme TO, donnait le texte du Journal de voyage et faisait donc suite à 27,15-17: nous sommes dans l'île de Gaudos. Mais l'épisode de Paul piqué par une vipère tandis qu'il ramassait des branchages secs pour alimenter le feu allumé par les indigènes de l'île (28,2b-6) est une addition de Act II. Au v. 4, en effet, la réflexion des indigènes suppose l'arrivée du bateau en catastrophe: sauvé de la mer, Paul va mourir d'une piqûre de serpent! Par ailleurs, la situation décrite dans cet épisode n'est pas sans analogie avec l'épisode de Lystre (14,8ss), selon lequel Barnabé et Paul sont assimilés aux dieux Zeus et Hermès. Or nous avons attribué cet épisode à Act II. Il doit en être de même ici.

c) La section suivante comporte le récit de la guérison du père de Poplius (vv. 7-8), puis un petit sommaire racontant les guérisons faites par Paul (v. 9). Cet ensemble détonnerait dans le Journal de voyage qui, jusqu'ici, n'a jamais rapporté de tels récits. Deux détails stylistiques confirment l'attribution des vv. 7-8 à Act II. Au début du v. 7, la formule "Or il y avait quelqu'un" (ἦν δέ τις) ne se lit ailleurs dans les Actes qu'en 9,10, rédigé par Act II. Surtout, l'expression "prier sur quelqu'un" (προσεύχεσθαι περί τινος) doit être rapprochée de 12,5 (TO): «Or il y avait une grande prière pour lui à Dieu (προσευχὴ ἦν περὶ αὐτοῦ).»

Ce n'est donc qu'au v. 10a que l'on retrouve le texte du Journal de voyage; il faisait suite au v. 2a: «Les barbares nous recevaient, ( ) eux qui nous honorèrent de nombreux honneurs.» Nous avons vu plus haut que le v. 10b provenait du récit de Act I.

E) DE MALTE À ROME
(28,11-16)

1. Une addition de Act III

Le TA décrit assez longuement l'itinéraire du voyage de Malte à Rome: Syracuse, où les voyageurs demeurent durant trois jours (v. 12); Rhegium, Puteoli, où les frères les accueillent durant sept jours (vv. 13-14a), enfin Rome (v. 14b). Le TO est beaucoup plus expéditif puisqu'il passe sous silence toutes les étapes intermédiaires: partis de Malte sur un bateau alexandrin (v. 11), les voyageurs arrivent finalement à Rome (v. 14b). Puisque les deux textes sont rédigés en style "nous", deux hypothèses peuvent être faites. Selon la première, le texte ultra-court (TO) nous donnerait le Journal de voyage, repris par Act II, et le texte long (TA) serait dû à une amplification faite par Act III. Selon la seconde hypothèse, le texte long serait celui du Journal de voyage, et il aurait été amputé de toutes les étapes intermédiaires par Act II, ou plus probablement par la tradition éthiopienne dont dépendent les trois seuls témoins du texte ultra-court. Pour résoudre ce problème, analysons le vocabulaire et le style du texte long (TA).

Le v. 12 pourrait fort bien avoir été rédigé par l'auteur du Journal de voyage; les deux verbes qui s'y trouvent se lisaient déjà en 21,3 (TO) et 27,3 d'une part, en 21,4 et 21,10 d'autre part. La seule fausse note serait donnée par le datif ἡμέραις τρισίν, alors que l'on aurait attendu l'accusatif (21,4.10; cf. 10,48). Mais ce datif n'est attesté que par le seul codex B, ce qui est insuffisant pour affirmer que cette leçon aberrante remonte au TA primitif.

En revanche, le style du v. 13 détonne dans le Journal de voyage. Pour indiquer le départ de Syracuse, au lieu du ὅθεν initial (ailleurs seulement en 14,26 et 26,19, avec un sens différent) on aurait attendu la formule habituelle κἀκεῖθεν (16,12; 20,15; 21,1; 27,4; 28,15; cf. 14,26). Le participe qui suit est très difficile. Selon les manuscrits B et S, il faudrait lire περιελόντες, avec le sens de "lever (l'ancre)". Mais ce détail ne se retrouve nulle part ailleurs dans le Journal de voyage, malgré les nombreux départs d'un port à un autre. Il se lit en 27,13 dans le récit de Act I, au départ de Césarée (début du voyage) mais avec une formule très différente. Voudrait-on adopter alors le participe περιελθόντες, avec le reste de la tradition textuelle? Ce verbe ne se lit ailleurs dans les Actes qu'en 19,13. Et quel sens lui donner? Osty, suivi par Dupont, traduit par "longeant

"longeant la côte"; mais le verbe implique l'idée de "circuler autour", alors que le trajet de Syracuse à Rhegium se faisait en ligne droite. D'ailleurs, pour dire "longer la côte" d'une île, on aurait attendu le verbe παραλέγεσθαι (27,8.13). Que l'on adopte l'une ou l'autre variante, on est loin du vocabulaire du Journal de voyage. On pourra opposer le style de ce début de verset à celui de 20,15 ou de 27,4:

> 20,15: κἀκεῖθεν ἀποπλεύσαντες τῇ ἐπιούσῃ κατηντήσαμεν...
> 27,7:   κἀκεῖθεν ἀναχθέντες ὑπεπλεύσαμεν...

> 20,15: et de là, ayant fait voile, le (jour) suivant, nous arrivâmes...
> 27,7:   et de là, ayant pris le large, ayant navigué sous (le vent)...

Toujours au v. 13, au lieu de l'expression "après un jour", on aurait attendu l'un des mots signifiant "le lendemain", probablement τῇ ἐπιούσῃ (16,11; 20,15; 21,18). Le verbe qui suit, ἐπιγίνεσθαι, est un hapax du NT; pour la formule, opposer celle qui est employée par le Journal de voyage en 27,13. L'adjectif δευτεραῖοι est également un hapax du NT, et le Journal de voyage ignore de tels adjectifs formés à partir d'un chiffre.

Le v. 14a offre un style plus orthodoxe, mais il pourrait s'inspirer du texte de 21,4 qui mentionne aussi un séjour de sept jours auprès de disciples. Rappelons que ce dernier texte, sous sa forme actuelle, fut rédigé par Act II et n'appartenait pas au Journal de voyage.

En résumé, si les vv. 12 et 14a pourraient avoir été écrits par l'auteur du Journal de voyage, une rédaction par lui du v. 13 est absolument exclue. Et comme on ne peut dissocier ce v. 13 des vv. 12 et 14a, il faut conclure que l'ensemble des vv. 12-14a fut composé par Act III. Ils ne se lisaient, ni dans le Journal de voyage, ni dans le récit de Act I, lesquels ne donnaient aucun détail sur le trajet effectué de Malte (ou de Gaulos) à Rome[1].

2. L'arrivée à Rome

a) Comme dans les sections précédentes, le texte du Journal de voyage nous a été plus ou moins fidèlement conservé par Act II et il est donné dans le TO aux vv. 11 et 14b-15a. On notera les similitudes: à Rome, les frères viennent à la rencontre de Paul pour le saluer, de même que, en 21,17 les frères reçurent Paul et ses compagnons avec joie lors de leur arrivée à Jérusalem.

En revanche, c'est Act II qui a dû ajouter le v. 15b où il est dit qu'en voyant les frères Paul reprit <u>courage</u> (ἔλαβεν θάρσος). Une telle remarque se

---

[1] À la suite de Wellhausen (p. 55), Loisy (p. 929) et Goguel (pp. 321s) pensent que le séjour à Puteoli (Pouzzoles), mentionné au v. 14a, fut ajouté par le Rédacteur.

comprend mieux dans la perspective d'un Paul prisonnier. Par ailleurs, ce v. 15b répond à 23,11, un texte ajouté par Act II: durant la nuit, Paul voit en vision le Seigneur qui lui dit: «Courage (θάρσει), comme tu as témoigné à Jérusalem, ainsi te faut-il témoigner aussi à Rome.» Les deux mots voisins que nous avons soulignés ne se lisent nulle part ailleurs dans les Actes.

   b) Est-il possible de reconstituer le texte de Act I? Nous avons vu déjà que, au v. 11 repris du Journal de voyage, correspondait le v. 10b en provenance du récit de Act I: «...et à (eux) qui prenaient le large ils mirent (à bord) de quoi (subvenir) à (leurs) besoins.» Le même verbe "prendre le large" se lit dans les deux textes. Notons alors la séquence des vv. 14b et 16 dans le TO: "et nous vînmes à Rome" - "or lorsque nous vînmes à Rome..." On se trouve vraisemblablement devant un doublet, évité par Act III qui a modifié le verbe du v. 16 "Or lorsque nous entrâmes à Rome..." Le v. 16a aurait donc été, dans le récit de Act I, l'équivalent du v. 14b en provenance du Journal de voyage. Act II aurait changé un "ils vinrent" (ἦλθον) primitif en "nous vînmes" pour respecter l'harmonie du récit.

   Mais ce v. 16 a une forme très différente dans le TO et dans le TA. Laquelle doit remonter à Act I? Si la forme TO représentait le texte de Act I repris par Act II, on expliquerait difficilement la réaction de Act III (TA). D'ordinaire, s'il ne se fait pas faute de modifier les passages propres à Act II, il reste beaucoup plus fidèle à Act I. En revanche, on expliquerait mieux un texte de Act I, conservé par Act III (TA) mais modifié par Act II (TO). Cette seconde hypothèse est confirmée par deux remarques stylistiques. D'une part, l'expression "trouver grâce auprès de" (εὑρίσκειν χάριν παρά) ne se lit ailleurs dans tout le NT qu'en Lc 1,30; ce contact avec l'évangile de l'enfance nous indique la main de Act II. Par ailleurs, en 27,1b (TO), Act I désignait les prisonniers remis au centurion par le terme de δεσμῶται tandis qu'en 28,16 (TO) nous avons le mot δέσμιοι, fréquent ailleurs au niveau de Act II (16,25.27; 23,18; 25,14.27; 28,17). On peut donc conclure que c'est sous sa forme TA que le v. 16 doit être attribué à Act I. Il faut admettre toutefois que Act III a changé un ἦλθον primitif en εἰσ-ήλθομεν, pour les raisons indiquées plus haut.

XXVII. PAUL PRISONNIER À ROME
(28,17-31)

Le récit du séjour de Paul à Rome comporte deux entrevues successives entre celui-ci et les notables des Juifs qui habitaient Rome, l'une aux vv. 17-22, l'autre aux vv. 23-29. En conséquence, le rassemblement de ces notables auprès de Paul est noté à deux reprises: d'abord au v. 17, dans le seul TA, grâce au génitif absolu "s'étant réunis", puis au v. 23, dans le TO comme dans le TA, par les mots "ils vinrent auprès de lui". De même, leur départ est noté à deux reprises: d'abord au v. 25 sous forme de fausse sortie grâce à l'imparfait "ils se séparaient", puis au v. 29, mais dans le seul TO, avec les mots "les Juifs s'en allèrent". Ces doublets pourraient être l'indice que le récit de Act I aurait été remanié et amplifié par Act II. Voyons si l'analyse littéraire de l'ensemble le confirme.

1. Des additions de Act II

a) On peut tenir pour une addition de Act II le premier entretien de Paul avec les notables des Juifs (vv. 17b-22). Ayant été convoqués par Paul (v. 17a), ces notables se rassemblent auprès de lui (v. 17b) et l'apôtre leur expose les faits qui ont motivé son arrestation à Jérusalem et son emprisonnement (vv. 18-20). Cette présentation des faits, qui se réfère à différents événements racontés aux chapitres 21 à 26 des Actes, ne peut être que de Act II pour les raisons suivantes.

À la fin du v. 17, Paul dit aux notables: «lié (δέσμιος), à Jérusalem j'ai été livré aux mains des Romains.» Ce sont les termes mêmes de la prophétie d'Agabus en 21,11, qui fut composée par Act II: «...ainsi à Jérusalem ils le lieront (δήσουσιν) et le livreront aux mains des gentils.» Une telle séquence n'a pas d'autre parallèle dans les Actes, spécialement la formule "livrer aux mains de". Ce rapprochement est d'autant plus significatif que, dans les événements racontés en 21,31ss, ce ne sont pas les Juifs qui ont "livré" Paul aux Romains, mais les Romains qui ont arraché Paul des mains des Juifs. - Au même v. 17, la formule "faire contre" (ἐναντίον ποιεῖν) a son équivalent en 26,9 (ἐναντία πρᾶξαι), un texte de Act II. - Enfin, toujours au v. 17, le terme de "coutume" (ἔθος), surtout employé au pluriel, est typique des textes de Act II (6,14; 21,21; 26,3; cf. 15,1).

Les deux premiers de ces textes sont intéressants puisque Paul y est accusé d'agir contre les coutumes héritées de Moïse, comme ici. - Le v. 19 est plus neutre mais contient malgré tout un vocabulaire qui convient bien à Act II. Le verbe "dire le contraire" (ἀντιλέγειν) ne se lit ailleurs dans les Actes qu'en 13,45, dans une addition faite par Act II (cf. aussi au v. 22). - Le verbe "accuser" (κατηγορεῖν) est typique de ce niveau rédactionnel (22,30; 24,2.8.13.19; 25,11.16; cf. 25,5, de Act I). Enfin, dans les différents passages qui évoquent l'arrestation, le procès et la détention de Paul, l'expression "ma nation", pour désigner le peuple juif, est propre à Act II (24,2.10.17; 26,4; 24,5 TO; cf. encore 10,22, de Act III). - Dans la réponse des notables juifs au v. 22, on notera le verbe "contredire" dont nous avons parlé au v. 19.

En conclusion, on tiendra pour une addition de Act II les vv. 17b (à partir de "il leur disait...") à 23a (jusqu'à "...ils vinrent à lui, auxquels").

b) Act II a amplifié l'entrevue de Paul avec les notables des Juifs afin de lui donner un sens plus favorable aux Juifs. C'est lui qui est responsable du v. 24. Ce verset, il est vrai, a son équivalent en 17,12, un texte de Act I, avec le verbe ἀπιστεῖν qui ne se lit que dans ces deux versets. On notera toutefois ici l'opposition οἱ μέν... οἱ δέ, comme en 14,4 et 17,32 en contexte analogue, deux textes de Act II (cf. 27,41.44, de Act III; la formule ne se lit jamais au niveau de Act I). De même la formule "ils étaient persuadés par ce qui était dit" (ἐπείθοντο τοῖς λεγομένοις) se lisait déjà en 8,6 (TO), dans un texte remanié par Act II (cf. 27,12 TO; 17,19 TO; de Act II).

Il faut alors admettre que, au début du v. 25, Act II a ajouté l'expression "entre eux" (πρὸς ἀλλήλους), qui va avec le v. 24. Dans le récit de Act I, les notables juifs sont en désaccord, non pas entre eux, mais avec ce que Paul vient de leur dire concernant le royaume.

On tiendra encore pour une addition de Act II le v. 23c, à partir de "les persuadant..." La construction de ce verbe avec περί ne se lit ailleurs qu'en 19,8, un texte de Act II. Les contacts entre 28,23c-24 et 19,8-9 sont d'ailleurs assez frappants, avec la mention du temps pendant lequel Paul dispensait son enseignement.

Aux vv. 23-25a, le texte de Act I avait seulement: «( ) Il exposait, ayant rendu témoignage, le royaume de Dieu,( ). Étant en désaccord ( ), ils se retiraient.»

c) Mais ce départ des notables n'est qu'une fausse sortie puisque Paul va continuer à leur parler (vv. 25b-27). La sortie réelle n'aura lieu, selon le TO, qu'au v. 29. Ici encore, nous sommes en présence d'une sorte de reprise rédactionnelle. De fait, certains indices permettent de penser que les vv. 25b-29 furent composés par Act II.

Aux vv. 25b-27 Paul cite le texte d'Is 6,9ss qui prophétise le refus des Juifs d'accueillir le salut et, comme une conséquence de ce refus, il fait savoir que, maintenant, ce sont les païens qui sont appelés par Dieu à bénéficier de ce salut (v. 28). Ce thème, inconnu de Act I, est au contraire développé par Act II après le discours que Paul a prononcé à Antioche de Pisidie (13,47). Act II fait appel au prophète Isaïe, en 13,47 pour justifier l'appel des païens, en 28,26-27 pour expliquer le refus des Juifs. C'est d'ailleurs à Act II qu'il faut attribuer toutes les citations explicites d'Isaïe contenues dans le livre des Actes (7,49s; 8,32s; 13,34.47 et ici). Il est possible enfin, comme le note J. Dupont[1], que la formule utilisée en 28,25b "(c'est) à juste titre (καλῶς) que l'Esprit saint a parlé par Isaïe le prophète à vos pères" s'inspire de celle qui se lit en Mc 7,6 (cf. Mat 15,7): «C'est à juste titre (καλῶς) qu'Isaïe a prophétisé de vous.» Dans les deux textes, il s'agit d'une condamnation d'Israël. Cet emprunt possible aux Synoptiques indiquerait la main de Act II. De même, nous avons vu en donnant le sens du récit (tome II, p. 354) que ce passage s'inspirait aussi de Rom 11,7-11, influence paulinienne qui se situe bien au niveau de Act II.

d) Dans la conclusion du récit, les vv. 30-31, inséparables dans le TO, sont certainement de Act II. Ils forment en effet inclusion avec 1,2b-3 (TO), l'introduction composée par Act II lorsqu'il a séparé les Actes de l'évangile (voir le sens du récit).

C'est Act III qui aurait ajouté le v. 30b, attesté dans le seul TA.

3. L'activité rédactionnelle de Act III

Outre les faits signalés dans les analyses précédentes, on notera que, au v. 19, Act III omet la fin des paroles de Paul "mais afin que je rachète ma vie de la mort", absente du TA. Il veut éviter une contradiction entre cette déclaration de l'apôtre et celle que celui-ci faisait en 21,13: «Moi, je souhaiterais, non seulement être lié, mais aussi mourir pour le nom du Seigneur Jésus.»

Au v. 21, Act III exprime avec des verbes au mode personnel ce que le texte de Act II exposait avec des passifs ou des actifs impersonnels. On notera la formule "ni l'un des frères, étant arrivé, n'a annoncé..." que l'on comparera à celle de 5,25a, de Act III (TA) "or quelqu'un, étant arrivé, leur annonça..."

En donnant le sens du récit de Act III, nous avons vu pourquoi cet auteur a supprimé le v. 29.

---

[1] BJ, p. 219, note *i*.

Nous pouvons maintenant revenir sur le Journal de voyage pour préciser quel en était le début.

Selon le texte actuel des Actes, il semblerait que ce Journal, rédigé en style "nous", ait commencé de façon abrupte en 16,9ss où il est dit que Paul eut une vision destinée à le faire passer en Macédoine pour y évangéliser les habitants de cette région. Mais nous avons vu que le récit de cette vision (vv. 9-10) avait été ajouté par Act II et que, en revanche, il fallait faire commencer le Journal dès les vv. 7a. et 8b: «Étant parvenus en vue de la Mysie, nous [arrivâmes] à Troas» (cf. pp. 209ss). Il est difficile de penser que le Journal commençait ainsi.

1. Le début du voyage par mer

a) Reprenons alors les analyses que nous avons faites à propos de voyage par mer de Césarée à Rome. En étudiant la section constituée par 27,1-13, nous avons vu que Act II avait fusionné deux voyages différents, l'un en style "nous" en provenance du Journal de voyage, et l'autre en style "ils" composé par Act I. Ces deux voyages étaient supposés commencer à Césarée. Selon Act I, le bateau essayait d'atteindre directement la Crète. Selon le Journal de voyage, une escale était faite à Sidon, puis le bateau, en principe, serait allé directement en Crète. En fusionnant les deux récits, Act II y inséra les vv. 5 et 7a moyennant une reprise rédactionnelle constituée par les vv. 4a et 7b. D'où proviennent ces versets? En analysant ces textes, nous avions envisagé deux possibilités: une composition par Act II, ou un emprunt par Act II à un troisième récit de voyage par mer. Voyons ce que donnerait cette seconde hypothèse.

Ce troisième récit est rédigé en style "nous". L'hypothèse qui se présente en premier est que nous aurions là un nouveau fragment du Journal de voyage. D'autre part, l'itinéraire est-ouest passe entre l'île de Chypre et les côtes d'Asie Mineure. On traverse le golfe de Cilicie et la mer de Pamphilie, on fait escale à Myre puis on passe en vue de Cnide. Un tel itinéraire est peu vraisemblable pour un bateau voulant d'aller directement de Césarée ou de Sidon vers la Crète, comme c'était le cas dans les deux voyages vers Rome. Il serait au contraire normal pour un voyage fait à partir de Séleucie, le port de la ville d'Antioche.

Nous reviendrons sur ce point plus loin. Remarquons alors que ce trajet décrit en 27,5.7a conviendrait fort bien pour un voyage devant se continuer par le trajet mentionné en 16,7a.8b: après avoir passé au large de Cnide (27,7a), le bateau oblique légèrement vers le nord-nord-ouest, passe au large de l'Asie, longe les côtes de Mysie (16,7a) et arrive finalement à Troas (16,8b), ville située à l'extrémité nord-ouest de cette province. Nous pouvons donc admettre que les vv. 5 et 7a du chapitre 27, ajoutés par Act II, auraient appartenu au début du Journal de voyage.

b) Il nous faut revenir alors sur les vv. 2 et 3 de ce chapitre 27. En analysant ce chapitre 27, nous avions admis provisoirement que le v. 2a indiquait l'embarquement des voyageurs devant se rendre en Italie (Journal de voyage). Mais il est dit que le bateau sur lequel on s'embarque était d'Adramyttium. Ceci n'est guère vraisemblable s'il s'agissait de cingler vers la Crète et l'Italie. En revanche, ce port étant situé en Mysie, à l'est-sud-est de Troas, il devient normal que l'on s'embarque sur ce bateau s'il s'agissait de remonter vers Troas. On peut en conclure que le v. 2a précédait les vv. 5 et 7a dans le Journal de voyage. Ils complètent ces versets pour former le début de ce Journal.

2. Le commencement du Journal

a) Reportons-nous maintenant à la curieuse note circonstantielle qui se lit au début de 11,28, dans le TO, et qui commence un récit qui se passe à Antioche de Syrie: «Tandis que nous étions rassemblés...» Elle est ici hors de contexte puisque tout le reste du récit est rédigé en style "ils". D'où cette note pourrait-elle provenir? Elle offre deux caractéristiques. D'une part, elle est rédigée en style "nous". D'autre part, elle commence un récit où il est question d'une collecte faite pour subvenir aux besoins des frères qui habitent en Judée (11,29). Est-ce un hasard si ces deux caractéristiques sont également celles du Journal de voyage, comme nous l'avons dit dans l'Introduction générale (tome I, p. 19)? Selon toute vraisemblance, Act II, qui a disloqué ce Journal de voyage, en aurait placé le début ici. Et il aurait pu le faire parce que le voyage décrit dans le Journal commençait à Antioche, comme on doit le conclure du trajet décrit en 27,5.7a (cf. *supra*).

b) Mais il est clair que ce génitif absolu de 11,28a (TO) ne peut se rattacher directement à 27,2a.5.7a. Où se trouve l'élément manquant? En 19,21, pensons-nous[1]. Ce verset n'est relié au contexte antérieur que par le très vague "Alors" (TO), remplacé par "Lorsque ces événements furent achevés" dans le

---

[1] C'était déjà l'opinion de Goguel (pp. 283ss). Quant à Loisy (p. 733), il voit en 19,21 un élément de la source écrite par Luc, mais qu'il rataiche à un autre contexte.

texte de Act III (TA). Par ailleurs, le contexte postérieur est difficile: au v. 21, on nous dit que Paul a décidé de quitter Éphèse; mais au v. 22, nous apprenons au contraire qu'il y est resté. Ce n'est vraiment pas logique. Examinons alors de plus près ce v. 21: «(Alors), Paul se décida à traverser la Macédoine et l'Achaïe et à aller à Jérusalem, disant: une fois arrivé là, il me faut voir aussi Rome.» C'est exactement ce qu'il va faire d'après le Journal de voyage. Il navigue jusqu'à Troas et passe en Macédoine pour évangéliser ces contrées. Puis il s'embarque pour Tyr d'où il fait route jusqu'à Jérusalem. Enfin, de Jérusalem, il s'en va jusqu'à Rome.

On notera que, en ce v. 21, Jérusalem est désignée par la forme Ἱεροσόλυμα tandis que Act II aurait employé la forme Ἱερουσαλήμ. C'est l'indice qu'il utilise ici une source: le Journal de voyage.

Voici dès lors comment nous proposons de reconstituer le début du Journal de voyage:

11,28   Tandis que nous étions rassemblés
19,21   Paul se décida à traverser la Macédoine et l'Achaïe et à aller jusqu'à Jérusalem, disant: une fois arrivé là, il me faut voir Rome.
27,2a   Sur le point de prendre la mer, nous embarquâmes sur un bateau d'Adramyttium.

En 11,28, Paul et ses compagnons sont à Antioche. L'embarquement se fait à Séleucie, le port d'Antioche, d'où le trajet par le golfe de Cilicie et la mer de Pamphilie (27,5a), l'escale à Myre (27,5b), le passage au large de Cnide (27,7a), puis la remontée le long des côtes d'Asie Mineure jusqu'à Troas (16,7a.8a), et enfin l'arrivée à Philippes de Macédoine via Samothrace et Néapolis (16,11-12).

INDEX

I. RÉFÉRENCES BIBLIQUES

Gen						
6,8	111	16,8-11	52.54	3,1-5	52.54
15,4	163	18,6	175	3,5	56.78
45,2	159	69,26	41.269		
		109,8	41	**Am**	
Ex		110,1	35.52-54.108	9,11-12	204
2,11	92			5,25-27	109.204
3,5	111	**Sag**			
3,12	111	18,1	132	**Jon**	
22,27	269			1,5	310
		Is			
Lev		5,9	168	**Mal**	
23,29	54	6,9ss	319	3,1-2	185
		23,5	159		
Nomb		26,13	241	**Mat**	
6,5	259	49,6	187.290	3,16	124
6,9	261	53,7-8	122	8,15	72
19,12	259.261	66,1-2	111	9,1ss	67.140
				9,25	72
Deut		**Jer**		15,11	163
18,15.18-19	54s.112	8,9	184	17,1	36
				20,8	18
1 Rois		**Ez**		20,34	72
17,17ss	143	1,26ss	131	22,34	80
18,12	123	3,22s	131		
19,13	163			**Mc**	
		Dan		1,8	31.163
2 Rois		2,30	184	1,9-10	124
2,11	37	7,13	108	1,31	72.143
2,11-12	123s	7,13-14	39	1,41	72
		10,7	132	2,11s	72
Ps				3,5	72
2,1-2	80s	**Joel**		5,15.17	221s
		1,2	51s	5,19	223
		3,1-2	157	5,38.40	142

5,39	246	2,28	159	23,5	156
5,41	72.143	2,33	16	23,25	73
6,55-56	62	2,37	16	23,46	106
7,6	319	2,39	17.191.208	23,51	79
7,33-35	72	2,40	83	24,3	153
8,22s	72	2,47	16	24,4	48
9,2	36	2,51	16	24,15	19.36.38
9,25ss	72	3,4	109	24,19	19
9,27	71.143	4,16	224	24,23	17s.288
9,38-40	241	4,41	115s	24,24	19.202.226
10,52	72	5,12	48.163	24,25.27	18.55
11,22	241	5,15	187	24,27	230
12,12	77	5,18	140	24,28	19.231
13,10	30	5,33	16	24,29	18.215
13,32	39	6,18	115s	24,31	36
14,1	77	7,4	222	24,32	18.215
14,49	261	7,12	163	24,35	19
14,57-58	107s	7,14	72		
14,62	108	7,36-37	163	**Jn**	
15,41	186	8,19	165	5,3-9	67
		8,27ss	216.221	5,5ss	68
Lc		8,27	152.217ss	5,5-6	140
1,11	16	8,27-28	215s	5,8-9	140
1,13	17	8,28-29	220	5,14	68
1,14.44	65	8,29	241		
1,16	16	8,35-37	216.221	**Rom**	
1,17	16.17.288	8,54	72	1,1	181
1,19-20	163	9,29	38	1,30	288
1,20	183	9,32	48	3,9	250
1,22	17.19 288	9,51	37.48	4,12	157
1,30	111.316	12,33	61	11,7-11	319
1,31-34	14s	13,10-11	163	12,11	238
1,35	14.31s	14,33	61	13,14	279
1,64	159	15,6	152	15,4	279
1,65-66	15.86	16,20	231	15,22	279
1,66	86	18,22	61	15,25	250
1,68.76	208	18,35	130	16,17-20	251
1,69	81	18,42s	72		
1,70	54	19,1-2	163	**1 Cor**	
2,4	191	19,8	61	1,14	231
2,4.39	16	20,1ss	77	1,18	66
2,9	16	21,14	86	1,24	250
2,13	17.288	21,15	98.105	7,17ss	202
2,15.17	229	22,41	251	10,32	279
2,18.47	16	22,53	269	14,3-4	136
2,19	16	22,59	202	14,23	46
2,20	15	22,62	117	15,3-5	186
		23,2	279		

16,5-12	232
16,8	235
16,9	193
16,12	237
16,19	232
16,21-22	251

2 Cor

2,12	193
2,13	279
2,15	66
7,5	279
8,19	193
3,12	279
10,1	279
10,15	279
11,32-33	135
12,1	17.19.288

Gal

1,11ss	290
1,13.23	134s
1,15	181
1,17	290
1,18-24	135
2,2	287
2,12	157.161
2,13	208
3,14	53
5,1ss	258
5,7	279
5,23	282
6,6	237
6,11-12	251

Eph

2,12	279
4,2	249
4,11	24

Phil

1,10	279
1,29-30	133
3,5	268
4,6	279

Col

2,5	282
4,3	193
4,10	157

1 Thess

1,9-10	191
2,18	279
3,2-3	192
4,13	279

1 Tim

1,3-7	22
1,19	279
2,10	142
3,1-7	21
3,8-10.12	21
3,9	279
3,11	209
3,13	23
3,16	35
4,3.4	279
4,3.12	21.157.175
5,1-2	21.86
5,3ss	21.142
5,16	209
6,2	78
6,4	287

2 Tim

1,3	279
1,6	20
1,13	23
2,19	241
3,2	288
3,12-17	24
3,15	23
4,1	21
4,1-2	24s
4,2	24
4,3-5	24s
4,5	22
4,7	22.24s
4,16	287

Tit

1,5	20
1,10	157
1,16	288
2,6	21.86
2,15	108
3,1	93
3,3	288

Hebr

6,2	21
9,6	260
10,34	60
13,22	184

Jac

4,12	24
5,9	24
5,10	18

2 Pi

2,9	148

Jude

24	65

II. AUTEURS CITÉS

Augustin   56
Bauernfeind, O.   28.75.82.97.104.118.149.153
     155.162.177.187.296.298
Benoit, P.   58.61
Bihler, J.   104
Black, M.   13
Blass, F.   191.310s
Boismard, M.-É.   74.101.104
Bürchner   307
Calvin   41
Cassiodore   307
Catchpole, D.R.   200
Cerfaux, L   57.195s.204
Chateaubriand   311
Clarke, W.K.L.   13
Davies, J.G.   45
Debrunner   191
Degenhardt, H.J.   58
Delebecque, É.   28.30.38.115.173.250296
   299.312
Dibelius, M.   145
Dupont, J.   7.28.43.56.61.108.123.147.149.155
     183.195.221.228.251.252.314
Epp, E.J.   37
Fee, G.D.   38
Feine, P.   8.27.41.45.68.82.90.93.104
Goguel, M.   8s.27.41.58.61.75.80.89.90.104
   118.127.141.199.200.207.216.221.242
   .244s.246.263.268.270.274.275.315.322
Gourgues, M.   35
Grundmann, W.   45
Haacker, K.   45
Haenchen, E.   8s.28.196.233.259.261
Harnack, A.   8ss.13.27.75.79.80.82.89
     166.167.182

Hemer, C.J.   309
Homère   310s
JacksonF.J.F.   9.27
Jacquier, E.   7.13.252
Jeremias, J.   9.58
Jüngst, J.   8.27.45.68.104.155.164.187.189
     197.221.268
Lake, K.   9.27.45.57
Lamouille, A.   74.101
Loisy, A.   8.27.42.68.75.97.103.104.141.149.
     233.253.254.263.268.270.274
     275.315.322
Mancebo, V.   195
Norden   216
Osty, E.   299.314
Pauly   307
Perrot, C.   199.259
Porter, J.R.   207
Pott, A.   8.27.187.189.197.199.263.268
Quinn, J.D.   20
Richard, E.   104
Rougé, J.   297.301.302
Sparks, H.F.D.   13
Spitta, F.   8.27.41.45.68.104.132.155.187
     189.191.221
Stählin, G.   45
Strabon   307
Strobel, A.   20.22.24
Surkau, H.W.   104
Talbert, C.H.   20
Torrey, C.C.   13
Trocmé, É.   9.28.42.45.97.104.115.117.118
   127.132.141.149.153.155.221.246.293
Waitz, H.   195.204
Weiss, B.   8.27.41.45.75.90.93.104.146

	164.261
Weiss	307
Wellhausen, J.	27.61.79.104.155.263.268
	296.315
Wendt, H.H.	27
Wilcox, M.	13
Wissowa.	307
Zahn, F.	261
Zimmermann, H.	58.61.62

III. LISTE DES ABRÉVIATIONS

BETL	Bibliotheca Ephemeridum Theologicarum Lovaniensium
Bib	Biblica
BJ	Bible de Jérusalem
BZ	Biblische Zeitschrift
BZ NF	Biblische Zeitschrift, Neue Folge
Est. B.	Estudios Bíblicos
Et	Expository Times
ETL	Ephemerides Theologicae Lovanienses
FRLANT	Forschungen zur Religion und Literatur des Alten und Neuen Testament
GCS	Die griechischen Christlichen Schrifsteller
JBL	Journal of Biblical Literature
JSNT	Journal for the Study of the New Testament
JRS	The Journal or Roman Studies
JTS	The Journal of Theological Studies
JTS NS	The Journal of Theological Studies, New Serie
NRT	Nouvelle Revue Théologique
NT	Novum Testamentum
NTS	New Testament Studies
RB	Revue Biblique
RHPR	Revue d'Histoire et de Philosophie Religieuses
RSPT	Revue des Sciences Philosophiques et Théologiques
RSR	Recherches de Sciences Religieuses
SBL	Society of Biblical Literature
SDB	Supplément au Dictionnaire de la Bible
TA	Texte Alexandrin
ThZ	Theologische Zeitschrift
TO	Texte Occidental
TOB	Traduction œcuménique de la Bible
TU	Texte und Untersuchungen zur Geschichte der altchristlichen Literatur
Vig. Christ.	Vigiliae Christianae
ZKG	Zeitschrift für Kunstgeschichte
ZNW	Zeitschrift für die Neutestamentliche Wissenschaft

TABLE DES MATIÈRES

DU TOME III

INTRODUCTION..7
    I. Les sources des actes...7
       A) Bref historique du problème...8
           1. Une source unique...8
           2. Les deux sources...8
           3. Les sources multiples..9
       B) Notre propre hypothèse..10
           1. Notre théorie et les autres théories....................................10
           2. Des arguments nouveaux...11
    II. Le style de Act II...13
       A) Act II et la Septante
       B) Act II et l'évangile de l'enfance...15
           1. Un thème commun transposé..15
           2. Des formules analogues...16
           3. Un vocabulaire commun..18
       B) Act II et les disciples d'Emmaüs
       C) Act II et les épîtres pastorales..21
           1. L'organisation des communautés chrétiennes.......................22
           2. Les menaces contre la saine doctrine.................................23
           3. Une parenté de vocabulaire..24
           4. L'analyse de 2 Tim 3,10-4,8..26
       D) Appendice..28

AUTEURS CITÉS   27

ANALYSES LITTÉRAIRES

    I. Les consignes aux disciples..29
       A) Les additions de Act II..29
            1. Lc 24,47...29
           2. Lc 24,49...30
           3. Act 1,4b-5a..30
           4. Act 1,8..32
       B) Le récit composé par Act I...33
           1. Le don de l'Esprit..33
           2. Le retour à Jérusalem...33
    II. L'ascension...35
       A) Le récit du Document P
       AA) Problèmes de critique textuelle...36
           1. Simple apparition du Ressuscité ou ascension?.....................36
           2. Un problème de vocabulaire...37
           3. Arguments en faveur de la leçon longue..............................37
       AB) Une addition de Act II...38
       B) Le récit de Act I...39

BA) Les retouches de Act III...40

BB) L'activité littéraire de Act II...40

    1. Aux vv. 6b et 7a..40

    2. L'addition du v. 8..40

    3. La liste des apôtres et la mention des femmes (vv. 13 b et 14b)..............40

III. Le choix de Matthias...41

A) Deux niveaux différents...41

    1. Les deux citations du v. 20...41

    2. La leçon du TO au v. 16..41

    3. Le cas du v. 17...42

B) Attribution des niveaux de rédaction...42

IV. Le récit de la Pentecôte..45

A) Les deux niveaux de rédaction..45

    1. Les apôtres sont accusés d'ivresse..45

    2. Une reprise rédactionnelle..46

    3. Les auditeurs de Pierre sont de Jérusalem...46

    4. Le "parler en langues" dans les Actes...47

B) Attribution des divers niveaux..48

C) Les retouches de Act II..48

    1. Le style de la septante...48

    2. Deux retouches stylistiques...49

D) Les remaniements de Act III...49

    1. Le "parler en langues étrangères"...49

    2. Tendances harmonisantes...50

V. Le discours de Pierre..51

A) Première partie du discours..51

  AA) Une addition de Act III...50

  AB) Les additions de Act II...52

    1. Les citations de l'AT...52

    2. Allusion à l'effusion de l'Esprit...52

    3. La prescience de Dieu...53

    4. Une formule littéraire particulière...53

  AC) Le texte de Act I...53

B) Deuxième partie du discours...54

    1. Un texte amplifié...54

    2. Une partie de discours transférée...56

C) La conclusion de l'épisode..57

    1. Le v. 40..57

    2. Le v. 41..57

VI. Les sommaires des Actes...57

A) Les théories proposées...57

B) Deux mini-sommaires..59

C) Un sommaire sur les richesses...59

    1. La teneur exacte du sommaire..60

    2. Une composition du Document P...60

D) Un double sommaire...62

1. Deux sommaires fusionnés..62
2. Le sommaire de Act I..63
3. Le sommaire du Document P..64
4. Un ajout de Act II..65
E) Les sommaires sur la prière..66
    1. Amplifications de sommaires plus anciens..66
    2. Leur attribution à Act II..66
F) Le sommaire sur les miracles..67
G) L'accroissement de l'Église..67
VII. Guérisons, persécutions, don de l'Esprit..67
A) La guérison de l'infirme..67
    AA) L'activité rédactionnelle de Act III..68
        1. Des harmonisations..68
        2. Un récit plus compréhensible..69
        3. Un style plus acceptable en grec..69
    AB) Les doublets contenus dans le récit..70
        1. La finale du récit (vv. 9-11)..70
        2. Les vv. 3-5..71
        3. Les vv. 8-9..71
        4. Deux récits parallèles..71
    AC) L'activité littéraire de Act II..72
        1. Un emprunt à Mc 9,27 (v. 7a)..72
        2. Le cas du v. 11..73
B) Le discours de Pierre..73
    BA) L'activité rédactionnelle de Act III..74
        1. Des retouches de style..74
        2. Une pointe anti-juive..74
        3. Une rédaction plus claire au v. 16..74
    BB) L'activité littéraire de Act II..75
        1. Les Juifs sont excusés..75
        2. Le transfert des vv. 19-26..75
C) La comparution devant le Sanhédrin..76
    CA) L'activité rédactionnelle de Act III..76
        1. Harmonisations sur 5,17ss..76
        2. Retouches stylistiques..77
    CB) L'activité littéraire de Act II..77
        1. La comparution devant le Sanhédrin n'est pas primitive..77
        2. Modifications complémentaires..79
D) Le don de l'Esprit..81
    DA) Intervention de Act III..81
        1. Une explicitation du récit..81
        2. Une citation explicite de Ps 2,1-2..82
    DB) Les remaniements de Act II..82
        1. Addition d'un pronom..82
        2. La prescience de Dieu..83
        3. Finale du récit primitif..83
VIII. Barnabé. Ananie et Saphire..85

A) L'exemple de Barnabé...85

B) Ananie et Saphire..86

IX. Comparution devant le Sanhédrin..89

A) L'activité littéraire de Act II..90

    1. Les apôtres libérés par un ange...90

    2. Un titre dédoublé..92

    3. La défense d'enseigner...92

    4. La mention de l'Esprit au v. 32..93

    5. La révolte de Theudas (v. 36)..93

    6. Un conseil de Gamaliel (v. 38b-39)...94

    7. L'interdiction de parler (v. 40b)..95

    8. Un sommaire sur l'activité des apôtres (v. 42).............................95

B) Les remaniements de Act III..95

    1. Le message de l'ange (v. 20)...95

    2. Une prison bien gardée (vv. 22-23)...96

    3. Quelques retouches rédactionnelles...96

X. Le choix des Sept..97

A) Le sens du récit primitif..98

    1. Les Sept restent au service de la Parole...................................98

    2. La sagesse au service de la Parole...98

    3. L'imposition des mains...99

    4. Le service des tables: un thème surajouté (v. 1)...........................99

    5. Hellénistes et Hébreux..100

B) Essai de reconstitution du récit primitif.......................................100

C) Les sources vétéro-testamentaires...102

D) Un récit du Document P..103

XI. Le martyre d'Étienne..103

A) Le récit proprement dit...104

    1. Reconstitution du récit du Document P.....................................104

    2. Le récit de Act I...107

    3. Quelques retouches dues à Act II..109

    4. Une addition de Act III...109

B) Le discours d'Étienne...109

BA) L'activité littéraire de Act III...110

    1. La citation de Am 5,25-27 (vv. 42-43).....................................110

    2. La culpabilité des Juifs..110

BB) L'activité littéraire de Act II..112

    1. L'inutilité du Temple de Jérusalem..112

    2. La citation de Ex 3,12 au v. 7b...112

    3. La citation de Ex 3,5 au v. 33..113

    4. La citation de Deut 18,15.18 au v.37......................................113

XII. L'évangélisation de la Samarie...113

A) Les versets 1 à 4...113

    1. Le v. 1a, un ajout de Act III...113

    2. Le v. 1b, un texte du Document P..114

    3. Le v. 2, un ajout de Act III..114

4. Le v. 3, un texte de Act I..114

5. Le v. 4, un ajout de Act II...114

B) L'évangélisation de la Samarie..115

   1. Le problème des vv. 6-7..115

   2. L'activité littéraire de Act III...117

   3. Les additions de Act II...119

XIII. Philippe et l'eunuque...121

   A) Les additions de Act II..121

      1. L'intervention de l'ange (v. 26).....................................121

      2. Le problème du v. 28b..122

      3. La citation de Is 53,7-8 (vv. 32-33).............................123

      4. Baptême et venue de l'Esprit.......................................123

      5. La conclusion du v.40..125

   B) Le récit du Document P...125

      1. Analogie avec le récit de la conversion des païens de Césarée....126

      2. Un récit du Document P...126

XIV. La conversion de Paul..127

   A) L'activité littéraire de Act III..127

      1. Le remplacement de 8,3 par 9,1-2................................127

      2. Un remaniement stylistique (v. 3a)...............................130

   B) Les additions de Act II..131

      1. Quelques additions faites aux vv. 3-9............................131

      2. L'intervention d'Ananie (vv. 10-19a)............................133

      3. L'activité de Paul à Damas (vv. 20-22)..........................134

      4. Complot contre Paul; venue à Jérusalem (vv. 24-28).........135

      5. Le sommaire du v. 31..137

   C) Le récit de Act I..137

XV. Guérison d'un paralytique..139

XVI. Résurrection de Tabitha..141

   A) Quelques retouches de Act III...141

   B) Les amplifications de Act II..142

      1. Le thème des veuves aux vv. 36 et 39b..........................142

      2. Les œuvres bonnes et les aumônes (v. 36b)....................142

      3. Influences marciennes..143

      4. La mention des "disciples"...143

   C) Un récit de Act I..144

XVII. Conversion de Corneille...145

   A) Les incohérences du récit actuel......................................145

      1. Quatre descriptions de l'apparition d'un ange..................145

      2. Quel motif décide Pierre à suivre les païens?..................146

      3. Niveaux rédactionnels différents..................................146

   B) Séparation des niveaux rédactionnels................................148

      1. L'introduction du récit (9,43).....................................148

      2. Présentation de Corneille et de sa vision (10,1-9a)...........148

      3. La vision des animaux purs et impurs (10,10-16.19a)........150

      4. Le dialogue entre Pierre et les envoyés de Corneille

(10,21-23a) 151
    5. La rencontre entre Pierre et Corneille (10,24-27) 152
    6. Le dialogue entre Pierre et Corneille (10,28-33) 154
    7. Le discours de Pierre (10,34-43) 156
    8. Le don de l'Esprit et le baptême (10,44-48) 158
    9. Pierre revient à Jérusalem (11,1-3) 160
    10. Le deuxième récit du don de l'Esprit aux païens (11,4-18) 164

XVIII. Évangélisation d'Antioche 165
  A) Évangélisation d'Antioche 165
    AA) Les retouches de Act III 165
      1. Des retouches stylistiques 165
      2. Il évite une maladresse du texte de Act II 166
    AB) Les additions de Act II 166
      1. Le v. 19 166
      2. Le v. 24 167
      3. Le v. 26b 168
      4. Le cas du v. 22a 168
    AC) Un récit du Document P 168
    AD) Un complément au récit 169
      1. La section constituée par 15,3-4 169
      2. Une addition de Act III 170
  B) La collecte pour Jérusalem 170
    1. Un récit de Act I 170
    2. Les retouches de Act II 171
    3. Un remaniement de Act III 171

XIX. Pierre délivré de prison 173
  A) Emprisonnement de délivrance de Pierre 173
    1. L'activité rédactionnelle de Act III 173
    2. Les remaniements de Act II 175
    3. Le texte du Document P 177
  B) La mort d'Hérode 177
    1. La mort d'Hérode 177
    2. Les vv. 24-25 178

XX. Premier voyage missionnaire 179
  A) Le départ en mission 179
    1. Un groupe de missionnaires 179
    2. Autres remaniements de Act II 181
  B) Saul et Barnabé à Chypre 181
    1. Les remaniements de Act II 182
    2. Les retouches de Act III 183
    3. Le récit de Act I 183
  C) Paul et Barnabé à Antioche de Pisidie 184
    CA) De Paphos à Antioche 184
    CB) Le discours de Paul 185
      1. L'activité littéraire de Act III 185
      2. Les additions de Act II 186
      3. Un discours composé par Act I 187

CC) La finale du récit..187
D) Paul et Barnabé à Iconium 189
    1. Les remaniements de Act II 189
    2. L'activité rédactionnelle de Act III 190
E) Paul et Brnabé à Lystre..190
    1. Deux récits parallèles...190
    2. Le problème des vv. 5-7 191
    3. Les remaniements de Act III 192
F) Le retour à Antioche de Syrie..193
    1. Le retour à Antioche de Syrie..194
    2. L'accueil à Antioche (vv. 26-28)...194

XXI. L'assemblée deJérusalem 195
A) Deux récits fusionnés en un seul..196
    1. Un doublet (vv. 1-2a et 5.7a)...196
    2. La finale du récit (15,22-34)..198
    3. Le contexte primitif du récit du Document P...........................199
    4. Le discours de Pierre en 15,7-11...202
B) L'évolution des récits..203
    1. Le début du récit (vv. 1-2)..203
    2. Quelques remarques sur les vv. 3-12.....................................204
    3. Le discours de Jacques (vv. 13b-21).....................................205
    4. La finale du récit (vv. 22-34)..205

XXII. Le deuxième voyage de Paul..207
A) Paul et Barnabé se séparent 207
    1. La querelle entre Paul et Barnabé..207
    2. L'activité littéraire de Act III...208
B) D'Antioche à Troas...209
    BA) Visite des églises déjà évangélisées......................................209
        1. Paul prend avec lui Timothée..209
        2. Les régions parcourues par Paul...210
    BB) Le voyage jusqu'à Troas..211
        1. Deux additions de Act II...212
        2. Les textes de Act I et du Journal de voyage..........................212
    BC) Au delà de Troas 213
        1. Le récit de Act I...213
        2. Le texte du Journal de voyage...214
C) Le séjour à Philippes...215
    CA) La conversion de Lydie..215
    CB) L'exorcisme de la pythonisse 216
        1. L'unité relative du récit..216
        2. Un récit remontant au Journal de voyage.............................217
        3. À la recherche du récit primitif..219
        4. Le personnage de Silas..225
        5. Des reprises rédactionnelles..225
D) Paul à Thessalonique...224
    1. Paul prêche dans la synagogue..224
    2. La réaction des assistants (v. 4)...224

3. La réaction des Juifs hostiles (v. 5)..225
E) Paul à Bérée..225
    1. Les additions faites par Act II...226
    2. Précisions sur le texte de Act I...227
F) Paul à Athènes..227
    1. Les additions de Act II...227
    2. Deux additions de Act III...228
G) Paul à Corinthe..229
    1. L'arrivée de Paul à Corinthe...229
    2. Le séjour de Paul chez Aquila (vv. 2-3)...............................229
    3. Le refus des Juifs (vv. 4-6)..230
    4. Une allusion au prophète Ézéchiel (vv. 9-10).......................231
    5. Paul s'établit chez un certain Justus (v. 7)............................232
    6. La conversion de Crispus (v. 8)..232
    7. Paul comparaît devant Gallion (vv. 12-17)...........................232
H) Paul à Éphèse. Fin du voyage..233
    1. Priscille et Aquila (v. 18)..233
    2. Paul dans la synagogue d'Éphèse (vv. 19-21)......................234
    3. L'évolution des récits...235

XXIII. Troisième voyage missionnaire...235
A) Le début du voyage...235
    1. Le récit selon le TO...235
    2. Le récit selon le TA...236
B) L'activité missionnaire d'Apollos...237
C) Les Johannites d'Éphèse..239
D) Paul dans la synagogue d'Éphèse...239
E) Guérisons et exorcismes..240
    1. Paul thaumaturge (19,11-12)..240
    2. Les exorcistes malmenés (19,13-17)..................................241
    3. L'abandon des pratiques magiques (19,18-19)......................243
F) L'émeute des orfèvres..243
    1. Les projets de Paul (19,21-22)..243
    2. L'émeute des orfèvres (19,23-40)......................................244
G) Paul en Grèce et en Macédoine..244
    1. Les remaniements de Act II..244
    2. Un récit du Journal de voyage...245
    3. Un ajout de Act II...245
H) Le voyage par mer..245
HA) La résurrection d'Éutyche...246
    1. Un récit de Act II..246
    2. Une glose de Act III...247
HB) Le discours aux Anciens d'Éphèse..248
    1. Quelques faits littéraires...248
    2. L'introduction au discours (vv. 17-18a)..............................249
    3. Paul fait retour sur le passé (vv. 18b-21)............................249
    4. Des épreuves attendent Paul à Jérusalem (vv. 22-23)............250
    5. Le testament spirituel de Paul (vv. 24-32)...........................251

6. Le désintéressement de Paul (vv. 33-35)..251

7. Les adieux à Paul (vv. 37-38)..252

HC) Une escale à Tyr..252

HD) La prophétie d'Agabus...253

1. La prophétie d'Agabus..254

2. La prophétie des filles de Philippe (v. 9)..254

HE) De Césarée à Jérusalem...256

XXIV. Paul à Jérusalem..257

A) L'arrivée à Jérusalem...257

1. Une composition de Act II..257

2. Le problème des vv. 18-19...260

B) Paul arrêté dans le Temple...261

1. Les remaniements de Act III..261

2. Les additions de Act II..262

C) Paul sauvé par le tribun...263

CA) Les trois niveaux..264

1. Une insertion faite par Act III (21,35-22,24a)................................265

2. Une insertion faite par Act II (21,32b-23,10a)...............................266

CB) Le récit de Act I...268

CC) Le récit de Act II..269

1. L'arrestation de Paul (21,32b-34)..269

2. L'interrogatoire de Paul (22,24b-29)..269

3. Paul comparaît devant le Sanhédrin (22,30-23,10a)........................270

4. Le Seigneur apparaît à Paul (23,11)...270

D) Complot des Juifs contre Paul..270

1. Act II transpose un texte de Act I..270

2. Les remaniements de Act III..273

E) Paul est envoyé à Césarée..274

1. Le tribun décide d'envoyer Paul à Césarée (23,23-25a)..................275

2. La lettre du tribun au gouverneur Félix (vv. 25b-30).....................276

3. L'arrivée de Paul à Césarée (23,31-35)...277

XXV. Paul à Césarée..277

A) Comparution de Paul devant Félix..277

1. Un récit de Act II..277

2. L'activité littéraire de Act III..280

B) L'intervention de Drusilla..282

1. Un récit de Act II,...282

2. Les remaniements de Act III..283

C) Paul devant Festus...284

1. Un récit de Act I...284

2. Les additions de Act II..284

3. Une retouche de Act III...285

D) L'intervention du roi Agrippa...285

DA) Festus et Agrippa...286

DB) Présentation de Paul à Agrippa..288

DC) Le discours de Paul...289

1. Une composition de Act II...289

2. L'activité littéraire de Act III. 290

XXVI. De Césarée à Rome..293
    Préliminaires 293
        1. Le récit selon le TA..294
        2. Le récit selon le TO..295
        3. Un certain parallélisme entre les deux styles...........................295
        4. Deux voyages différents?..296
    A) L'introduction du récit... 297
        1. Le Journal de voyage...297
        2. Le récit de Act I...298
        3. Les choix de Act II et de Act III..298
    B) La première partie du voyage...298
        1. Les quatre niveaux rédactionnels aux vv. 8-12.........................299
        2. Les niveaux rédactionnels des vv. 4 à 7...................................303
        3. Les niveaux rédactionnels du v. 2..305
        4. Les niveaux rédactionnels du v. 3..306
        5. Le départ (v. 13)..307
    C) Tempête et arrivée Malte..306
        1. Le Journal de voyage...306
        2. Le récit de Act I...308
        3. L'activité littéraire de Act II et de Act III................................312
    D) Le séjour à Malte...312
        1. Le récit de Act I...312
        2. Le texte du Journal de voyage...314
    E) De Malte à Rome...315
        1. Une addition de Act III...315
        2. L'arrivée à Rome... 316

XXVII. Paul prisonnier à Rome..317
        1. Des additions de Act II...317
        3. L'activité rédactionnelle de Act III...319

XXVIII. Le journal de voyage...321
        1. Le début du voyage par mer...321
        2. Le commencement du Journal..322

Références bibliques..327

Auteurs cités... 331

Abréviations.. 333

Imprimerie de la Manutention à Mayenne — le 24 novembre 1989 — N°379-89